道德爭議無處不在，
該如何建立對話、凝聚共識？

道德部落

MORAL TRIBES

EMOTION, REASON,
AND THE GAP BETWEEN US AND THEM

JOSHUA D. GREEN
約書亞·格林──著
高忠義──譯

獻給安德利亞（Andrea）

「如果你讓他曉得他現在是什麼樣子，人會變得更好。」

——安東・契訶夫（Anton Chekhov）[1]

「這個世紀的哲學，是下個世紀的普通常識。」

——新澤西州普林斯頓老虎麵食館幸運餅乾字條

推薦序

開創倫理學的新思維

蔡甫昌

《道德部落》是一本充滿閱讀趣味與思考深度的倫理學著作，作者約書亞・格林將他在神經科學與道德哲學兩領域之專長做了很好的結合與發揮，探討的問題是從近處取材開始，例如歐巴馬推行全國性的健康保險是否合乎憲法的問題；從蓋瑞・哈丁經典的「公地悲劇」發展出來的牧民衝突；大家熟悉的「電車難題」及其相關腦科學實驗的結果；助人的義務與界線何在的問題；財富分配與社會正義的問題；墮胎與胎兒生命權的問題等。這些醫療或生命倫理學的問題，引導讀者進一步探索其背後所涉及之基本道德哲學主題，例如介於「我」及「我群」、「自利」及「利他」、「我群」及「他群」、「個人主義」及「集體主義」，以及不同族群文化（或部落）之間的意識型態差異，還有不同基本倫理學理論「義務論（康德）」、「效用主義（邊沁）」、「德行論理學（亞里斯多德）」的歧異主張。格林引用了許多腦科學、道德心理學實驗來佐證他的論述，提出

「共通貨幣」的概念（訴諸科學證據來建立可衡量事實與價值的共同貨幣），來闡述、改善、主張效用主義。作者最後提出六個原則給全球化部落中的現代牧民，包括：一、面對道德爭議時，請教你的道德直覺，但不要完全信賴它；二、權利不是用來論證，而是用來結束論證的；三、將焦點放在事實上，並且使別人也這麼做；四、當心有偏私的公平；五、運用共通貨幣；六、給予。

本書豐富及具原創性的思維，將帶給喜歡認眞思考生命與生活中大小倫理問題的讀者許多啓發，也指出了應用倫理學與生命倫理學一些可嘗試開創的研究方向，值得向大家推薦！

本文作者爲臺大醫院醫學研究部主治醫師

推薦序

科學研究與哲學思辨的對話

張忠宏

雖然人類生活在有史以來最和平的世紀，戰爭與各種衝突仍像幽靈盤旋不去。然而，歷史經驗告訴我們，道德思考足以改變人們的生活方式，帶來和平與繁榮的前景。

這個信念，是本書的寫作動機。這當然不是多麼獨特、多麼了不起的信念，事實上，每位從事倫理學研究的哲學家，大概都必須抱持類似的信念，才能在自己的工作中，看到意義與價值。

然而，讓本書與眾不同、卓爾不群之處，在於作者廣泛採用了當代實驗心理學、認知科學與其他社會科學的研究成果，結合紮實的哲學訓練，處理重要而爭議不休的哲學問題，提出了令人耳目一新、不得不正視的見解。

首先，格林論證，人有兩種不同的道德能力。第一種道德能力，透過自發、缺乏彈性、卻反應快速的道德情感而運作，用以解決個人與其所從屬的團體間的衝突；第二種道德能力，是理性思考能力，透過審慎的推理及與情境相關的決策原則，解決新穎、複雜及具高度一般性（抽象性）的問題。

其次，格林認爲，我們會密切注意他人在自己所從屬社會的位置，以確定自我與他人的關係，並傾向優待和我們親近的人。格林稱這種傾向爲「部落主義」，而以人生活在「道德部落」裡，來刻畫這種道德處境。

在格林看來，儘管道德情感有過與不及之弊，並非百分之百可靠，但足以帶來道德部落內部的和諧與發展。問題是，當不同的道德部落相互爭奪土地與水草資源，道德情感就暴露出局限不足處，而有賴理性思考能力的介入。

理性思考能力要如何介入並處理道德部落間的衝突呢？格林在這個問題上，轉向了倫理學裡的效用主義，主張：道德上對的事情，就是讓快樂的淨值極大化。但是，他所主張的效用主義，與倫理學裡常見的效用主義有個明顯的不同，即他的效用主義是個有所限制的效用主義。依照這個有所限制的版本，道德上對的事情，除了讓快樂的淨值極大化之外，也不能過度違反人們的道德情感。

這樣一種立場，有三個突出的特點值得注意。第一，格林試圖調和人類所具有的兩種道德能力，使其在道德思考中都有角色可供扮演。第二，格林從人類道德能力的研究，推論道德事務的是非對錯，是以實然（is）來推論應然（ought），以事實來推論規範。第三，理性與道德情感間的關係，是前者既約束後者，又受後者限制。因此，在道德事務上，並沒有一套明確的決定程序，告訴我們一件事情的是非對錯。

受過倫理學訓練的讀者，很容易可以從這三個特點中，看出格林這本書的重要性。但千萬不要以為這本書之所以重要，只是因為它提出了具有以上三個特點的立場。格林廣泛採用了科學研究的成果，來替每個主張辯護。同時，他也利用這些主張，來回應哲學家所提出來的各種挑戰。包括電車問題，以及與其相關的雙重效應原則，代罪羔羊與要求過多、過高等質疑，在文中都有所交代。

對不具有倫理學訓練的讀者來說，這本書也有極高的可讀性。心理學、社會科學、人類學及生物學門裡對道德議題感興趣的老師或學生，不但可以從本書讀到最新的科學研究成果，也可以藉機觀摩，科學研究如何能與哲學思辨對話。

最後，應當指出，本譯作的出版，對台灣學界來說，絕對是場及時雨。近年來，跨領域的道德研究，在國內各大學中，仍處於方興未艾之勢。對此議題有興趣的廣大學子，以及社會各界俊秀賢達，都可因著本書忠實流暢的譯筆，開卷有益。

本文作者為中正大學哲學系副教授兼系主任

目錄

CONTENTS

前 言

Introduction

常識型道德的悲劇

The Tragedy of Commonsense Morality

新牧場上的部落互相打鬥並非因爲他們不道德，而是因爲他們用非常不同的道德觀點看待新牧場上的生活。我將這種悲劇稱作「常識型道德的悲劇」。

在某個深邃黝暗的森林東方，有個牧民部落在公共牧場上牧羊。這裡的規則很簡單：每戶人家獲得相同數量的羊，各家各戶派出代表參加管理公地的長老會議。長年以來，長老會議做出了許多困難的決定。舉例來說，某戶人家養了體型特大的羊，從公地上爲自己取用了更多資源。經過一番熱烈辯論，長老會議決定禁止這件事。另一戶人家則被逮到毒殺鄰居的羊，爲此他們受到嚴厲懲罰，有些人說罰得太重了，有些人則說罰得還不夠。經歷這些挑戰，東方的部落存活了下來，蓬勃發展，其中有些家庭比其他家庭更加興旺。

森林西邊是另一個部落，其中的牧民也共享一個牧場，但是每戶人家的羊隻數量是依據該戶人數來決定。這裡同樣也有長老會議，也做了困難的決定。有個特別會生的家庭有十二個小孩，遠比其他人家都多，有些人抱怨他們從公地耗用了太多資源；另一戶人家的成員生了病，六個孩子在一年中就死了五個，有人認爲剝奪他們一半以上的財產是雪上加霜，並不公平。儘管有這些挑戰，西方部落也存活了下來，蓬勃發展，某些人家比其他人家更發達。

森林北邊又是另一個部落，這裡沒有公共牧場，每戶人家都有一塊用柵欄圍起來的地。這些地的大小與肥沃程度差異很大，有一部分是因爲有些人比其他人聰明、勤勞，他們用積存下來的財產向較不發達的鄰人買來土地。但有些牧民較不發達不是因爲不努力，只是因爲時運不濟，被疾病奪走了他們的牲畜或孩子。還有一些牧民卻出奇地幸運，他們不是因爲特別聰明或勤勞而擁有龐大肥沃的土地，只是因爲繼承而富有。在北方這裡，長老會議不太做事，他們只需要確保牧民遵守相互之間的承諾，並尊重彼此的財產權。北方家庭在財富上的龐大差異是許多紛爭的來源。每年冬天都有一些北方人因爲飢寒交迫死去，但大部分家庭還是發達了，其中一些比起另外一些要興盛許多。

森林南方是第四個部落。他們不僅共享牧場，也共享動物。他們的長老會議非常忙碌，長老們負責管理部落的牲畜、分派工作給人們，並監督他們工作，部落勞力的成果則由所有成員平均分享。這也引發了許多爭執，因爲某些部落成員比其他人聰明而勤勞。長老會議聽到不少關於工人偷懶的抱怨，但努力工作的人還是占大多數，有些人是受到社群精神的感召而工作，其他人則是因爲怕被鄰人斥責而上工。儘管有這些挑戰，南方的部落也存活了下來，雖然不如北方那樣發達，但也夠好了，而且在南方，沒有人在冬天因爲挨餓受凍而死。

有一年夏天，一場大火燒毀了整座森林，只剩下灰燼。之後下了幾場大雨，沒多久，茂密的森林就變成了鋪滿一片嫩綠青草的山丘，是放牧牲畜的絕佳場地。四鄰的部落都趕來宣稱他們的產權，造成許多紛爭。南方部落宣稱新的放牧場是屬於每個人的，必須爲共同的利益加以運用。他們組織了一個新的委員會來管理新的牧場，並邀請其他部落派出代表參加。北方牧民對此嗤之以鼻。當南方人籌畫他們遠大的計畫時，北方人家已經蓋起了房舍與石牆，並且放他們的牲畜出來吃草。許多東方人與西方人也這麼做，只是沒有那麼積極。一些家庭也派出代表參加新的委員會。

這四個部落激烈爭吵，許多人與牲畜因此喪失生命，小爭執變成流血衝突，最後再演變成致命的戰爭：有一隻南方人的羊溜進了北方人的地，北方人歸還了這隻羊，結果另一隻南方的羊又跑來，這次北方人要求贖金，但南方人拒絕付錢，於是北方人殺了那隻羊，南方人也抓了三隻北方人的羊宰掉，北方人再抓來南方人的十隻羊宰掉。接著南方人燒了北方人的農舍，殺了一個小孩。十個北方家庭衝入南方人的聚會所，放火，殺了數十個南方人，包括許多小孩子。就這樣一來一回，他們用暴力與怒氣對幹，讓青翠的山丘浸滿了鮮血。

更糟的是，遠方的部落也來到新的牧場進行開拓。有個部落宣稱新牧場是上帝賜給他們的禮物，在他們的宗教經典裡，早已預言了這場森林大火與綠色山丘。另一個部落宣稱新牧場其實是他們祖先的家園，他們是在好幾代前離開這裡，當時還沒有森林。新到的部落也帶來了在外人眼裡十分奇異、甚至荒謬的規則與習俗：黑羊不能跟白羊睡在同一塊圈地上，女人在公眾場合要把耳垂遮起來，還有嚴格禁止在星期三唱歌。有個男人抱怨一個鄰居婦女在照料羊群時露出耳垂，害他那些敏感的兒子看到。女人拒絕遮住耳垂，這讓那個虔誠的鄰居極為憤怒。一個小女孩告訴一個小男孩，他家人所祈禱的上帝並不存在，驚恐的男孩將這件事告訴他的父親，父親則向女孩的父親抱怨，女孩的父親替他的女兒辯護，稱讚她冰雪聰明，並拒絕道歉，為此女孩的父親被殺了，這是他冒犯部落律法的必然下場，而由此也引發了另一場血腥仇殺。

儘管相爭不下，新牧場上的牧民在許多方面仍然非常相像。他們大多企盼相同的事物：家人健康、美味營養的食物、舒適的庇護所、節省勞力的工具、有休閒時間可與朋友及家人共度。所有牧民都喜歡聽音樂，也喜歡聽英雄與壞蛋對決的故事。更重要的是，即使他們互相爭鬥，其心理運作的方式卻相仿，不公正的事會讓他們感到憤怒與作嘔，而且他們投入戰鬥可能是爲了自利，也可能是受正義感驅使。牧民不只爲自己戰鬥，也爲家人、朋友與部落同胞戰鬥。他們懷抱著榮譽感而戰，若不如此則自覺蒙羞。他們堅定地捍衛名譽，用別人的行爲判斷他們，並樂於與人交換意見。

儘管他們之間存在差異，新牧場的各部落仍有一些相同的核心價值。在任一部落中，完全的自私自利都是不可容忍的，卻也沒有一個部落成員會被期待是完全無私的。即使在南方，羊群是共有的，工人在一天工作結束之後仍然能夠追求自己的興趣。不管在哪個部落，一般成員說謊、偷竊或任意傷害彼此的行爲都是不被容許的（然而在某些部落，某些特權人士可以恣意妄爲）。

慘烈的衝突存在於新牧場上的部落之間，而且時常相當血腥，他們都是有道德的人，卻以不同的方式來表現道德。他們相互戰鬥，並非因爲他們根本上是自私的，而是因爲他們對於一個道德社會應該是什麼樣子有不同的看法。雖然他們的學者也有那些歧見，但這不只是學術上的意見不一，每個部落的哲學都融入了自己的日常生活，每個部落都有自己的一套道德常識。各部落互相打鬥並非因爲不道德，而是因爲他們用非常不同的道德觀點看待新牧場上的生活。我將這種悲劇稱作「常識型道德的悲劇」（The Tragedy of Commonsense Morality）。

新牧場的寓言故事是虛構的，但常識型道德的悲劇卻是眞實的。它是現代生活的核心悲劇，深藏在分化著我們的道德問題背後。本書是關於對這些問題的理解與最終的解決之道。不像許多暢銷書的作者，我無法承諾這本書能幫你解決個人的問題。我希望提供的，是明確性，並在這樣的明確性之下，獲得與其他意見相投的人同心協力的動機與機會。

這本書嘗試由下而上地了解道德。它是關於了解什麼是道德、道德如何發展到目前的狀況，以及道德如何深植在我們的大腦中。它是關於如何理解道德問題的深層構造，以及大腦被設計來解決的問題，如何不同於我們今天所面對的當代問題。最後，它是關於採用這種新的道德理解，並將它轉化為一種普世的道德哲學，讓人類各部落的成員都能共享。

本書的企圖宏大。我在快二十歲時即構思了這些想法，而這些想法也帶領我進入兩個交互纏繞的生涯——哲學家與科學家的生涯。這本書從過去偉大的哲學家那裡獲得啓發，並奠基於我在道德認知這個新領域上的研究，這個研究應用了實驗心理學與認知神經科學的方法，藉以闡明道德思維的結構。最後，本書也引用了數百位社會科學家的研究成果，他們對於我們如何決策，以及我們的選擇是如何由文化與生物學共同形構，都已經有了驚人的發現。我在本書裡試圖將這一切整合起來，讓這種新的科學自我認識轉變成一種實用哲學，協助我們解決種種更大的問題。

歐巴馬健保議題中的歧見

美國總統歐巴馬的第一個任期有兩個主要議題：醫療保健與經濟，兩者都反映了北方牧民的個人主義與南方牧民的集體主義之間的緊張關係。「病患保護與平價醫療法」（The Patient Protection and Affordable Care Act）又稱「歐巴馬健保」（Obamacare），是在美國建立的全國性健康保險機制。自由派稱許這項措施朝著正確的方向跨出了歷史性的一步，雖然它還不盡完美，但美國終於加入了其他現代國家的行列，爲所有公民提供基本的醫療保健。保守派中的許多人則鄙視歐巴馬健保，認爲這是踏向毀滅性社會主義的一步。近期的健保論辯充滿了泛濫的錯誤資訊[1]，但在謊言與對錯參半的訊息中，還是有一些眞誠的哲學歧見。

就其核心來說，這種歧見就像許多其他歧見一樣，是關於個人權利與（眞正的或宣稱的）更大的善之間的緊張關係。無論是採用個人付費購買還是課稅的方式，普遍適用的健康保險要求每個人都加入。保守派人士用法律對歐巴馬健保提出挑戰，最終使得聯邦最高法院做出了一項指標性的判決。法院支持歐巴馬健保，理由是政府結合自願購買與稅收的方式（這兩種都是合乎憲法的）來支應其經費，而非強迫人民購買某個東西（此舉可以主張是違憲的）。但是課稅相對於強迫購買，其實只是法律技術上的區別。憎恨歐巴馬健保的人並不是因爲他們相信健保的經費是來自強迫購買而非強迫課稅，所以憎恨它；他們恨的是「強迫」本身。歐巴馬健保可能不是社會主義，但它確實比一般人所希望的更有集體主義的傾向，以更大的善爲名義，限制個人自由。

在二〇一二年共和黨總統提名人的初選中，候選人盡可能高分貝地聲討歐巴馬健保，稱它爲

個經濟，這些措施是必要的。歐巴馬執政的第一年，國會裡的民主黨人通過了七八七〇億美金的刺激經濟方案「二〇〇九年美國復甦暨再投資法」（American Recovery and Reinvestment Act of 2009）。偏好讓政府減少花費、提供更多減稅方案的北方牧民也反對這個法案。他們說，還不如把錢放在個人的口袋裡，讓他們自己決定要怎麼花。

與健保及經濟有關的是更廣泛的經濟不平等，這在二〇一一年「占領華爾街」（Occupy Wall Street）抗議行動中浮上檯面。從一九七九到二〇〇七年，美國最富有的家庭收入大幅攀升，最頂端一%的家庭收入增加二七五%，但絕大多數的美國家庭在同一時期收入只增加了四〇%（最頂端的〇．一%家庭收入增幅更高，大約是四〇〇%）[5]。這些現象啓發了參與占領行動者的口號「我們是九九%」，他們呼籲用經濟改革讓財富與權力恢復更均等的分配。

關於收入不平等日趨嚴重的情況，有兩種說法。個人主義的北方牧民認爲，勝利者贏得公平正直，輸家沒有抱怨的權利。華爾街一個反對抗議者舉的牌子寫著：「占領桌子吧！」[6]角逐總統初選的赫爾曼．凱恩（Herman Cain）稱抗議者是「非美國人」，而最後獲得共和黨提名的密特．羅姆尼（Mitt Romney）則指控他們挑動「階級戰爭」[7]。

二〇一二年九月，自由派雜誌《瓊斯媽媽》（*Mother Jones*）投下了美國選舉史上最大的震撼彈之一，他們在網路上公開一段祕密錄下的羅姆尼談話，他描述將近半數的美國人都是故意依賴政府，他們永遠不會「承擔個人責任，並照料自己的生活」。根據羅姆尼惡名昭彰的談話，那些賺太少而付不起所得稅（在薪資稅以外）的「四七%」[8]的人，不配得到比現在更好的待遇。

較南方的牧民則有不同說法。他們說富人爲了圖利自己而操縱體制，羅姆尼這樣的有錢人反而比許多中產階級勞工繳更少的稅，是因爲投資收入的稅率較低的緣故[9]，而且還有無數的稅賦漏洞與海外避稅天堂。而現在，多虧聯邦最高法院「聯合公民訴聯邦選舉委員會案」（Citizens United v. Federal Election Commission）的判決，讓「獨立」政治群體可以合法獲得無限多的競選活動獻金，富人更可以用前所未有的方式收買選舉。較南方的牧民說，就算沒有這種窮凶惡極的體制操縱，要維持一個正義的社會仍必須主動進行財富的重新分配，否則富人會運用優勢讓自己愈來愈有錢，並將這些優勢傳給下一代，使其人生一開始就占盡好處。他們說，若財富沒有重新分配，我們的社會就會永遠分裂成兩個階級：「有錢人」與「沒錢人」。

在她第一回合的選戰期間，麻州參議員伊莉莎白・華倫（Elizabeth Warren）在一次競選演說中提出重新分配的南方式觀點，這段演說也在YouTube上廣爲流傳：

> 在這個國家，沒有人是靠自己發財的。沒有人是。你蓋了一座工廠——那很好。但我想要講清楚的是，你能夠把貨運到市場去賣，是仰賴我們其他人付錢鋪出來的馬路；你雇用的工人，也是我們付錢教育出來的；你能在你的工廠裡安全過日子，是因為有警察跟消防隊保護，而這些人也是我們付錢上工的；你不必擔心殺人越貨的匪徒來奪走你倉庫裡的一切……

聽好了，你蓋了一座工廠，把它經營得有聲有色或很有想法——上帝保佑你！好好享用大部分的成果。但是這後面的社會契約是這樣子的，你拿走大部分的成果，並且付錢讓下一個孩子圓夢。

在回應這些談話時，保羅指責華倫是一個社會主義者，並說政府除了「拿槍偷竊並搶奪人們的財產[10]，強行將財富從一個人轉到另一個人手上」以外，什麼事也不會。保守派評論者拉什·林博（Rush Limbaugh）更進一步稱呼華倫是共產主義者，而且是個「憎恨宿主的寄生蟲」[11]。

各部落之間其他意見不一致的地方，則與個人主義和集體主義的根本差異較無明顯關聯。在美國，如果我們應該對全球暖化現象出點力，那麼究竟該做什麼？對於這一點，人們的意見也極爲分歧。基本上，這看起來不像是有關價值的爭辯，只是對於全球暖化究竟是不是眞正的威脅，以及是不是人類所造成的這類事實的認定不同。但爭議是否只是有關如何詮釋數據資料的問題呢？相信全球暖化的人們主張，我們必須有所犧牲（減少使用汽油、支付碳稅等等），以確保集體福祉。集體主義者對此少有懷疑，個人主義者根本就懷疑此類要求。我們的價值觀可能會影響我們對事實的看法[12]。

在新牧場所遇到的難題，有些無關個人主義跟集體主義的衝突本身，而與我們個別所認屬的集體之間的界限有關。幾乎每一個人在某種程度上都是集體主義者，純粹的個人主義者只能當隱士。再次想想保羅對於處置疏於購買健保的人所提出的建議。他並沒有說應該讓那個人去死，他說朋友、鄰居與教會應該照顧他。這點暗示著，各個不同部落間的歧見，未必來自個人主義與集體主義部落的衝突，也可能來自部落性的強弱差異。這種部落性傾向以我群與他群的分野看待世界，因此部落性的強弱對於跨越界限的集體機制也有不同接納程度，例如對美國聯邦政府與聯合國，人們的態度就可能不同。對許多保守派人士來說，「我群」的圈子是比較小的。

某些部落間的歧見之所以產生，是因爲部落有其固有的本地價值，爲特定的神祇、領袖、文獻或慣例賦予特殊權威，或稱之爲「專有名詞」（proper nouns）[13]。例如，許多穆斯林相信，無論是不是穆斯林，任何人都不應該製造先知穆罕默德的視覺形象。某些猶太人相信猶太人是神的「選民」，而猶太人對於以色列的土地具有神聖的權利。許多美國基督徒相信公共建築應該展示「十誡」的內容，所有美國人也應該宣誓效忠於「上帝之下統一的國家」（而他們說的上帝不是毗濕奴）。

某些部落的道德慣例確實是（或看起來是）專斷的，但至少在已開發世界裡，部落通常會自我節制，不對外人強加那些最專斷的規則：正統猶太教徒不會期待非猶太教徒放棄吃龍蝦，並讓他們的男性子孫割包皮；天主教徒也不會期待非天主教徒在大齋首日（Ash Wednesday）於額頭上塗灰十字。部落間的不同意見爆發爲公眾爭議者，通常是關於性（例如同志結婚、同志入伍、公職人員的性生活）與瀕死的生命（例如墮胎、醫師協助自殺、在研究中使用胚胎幹細胞）。這類議題之所以成爲道德議題，就不是哪一方所專斷形成的了。性與死是部落成長的油門與煞車（例如同志性行爲與墮胎都是生育之外的替代選項）。較不那麼清楚的是，爲何不同部落對性、生命與死亡有不同觀點，以及爲何某些部落比其他部落更強烈希望將自己的觀點強加在圈外人身上。

在我完成本書期間，這已經成爲美國新牧場的風暴探索之旅。如果你較晚才讀到這本書，或在另一個地方讀到這本書，特定的議題也許不同，但背後的緊張關係仍可能一樣。看看四周，你會看見北方牧民與南方牧民在爭辯政府應該做得更多或更少，看見各個部落對於「我群」大小的概念不一，就性與死的議題進行激烈爭論，並要求別人尊重他們的專有名詞。

朝向一個全球化的道德哲學

如果你是外星球來的生物學家，大約每一萬年來地球一次，觀察這個星球上生命的進展，你的田野調查紀錄簿可能有如下記載：

智人種：腦部龐大、直立的靈長目、有發聲語言、有時具攻擊性。

訪查序	人口數	說明

1 少於一千萬 狩獵者—採集者群體，使用原始工具
2 少於一千萬 狩獵者—採集者群體，使用原始工具
3 少於一千萬 狩獵者—採集者群體，使用原始工具
4 少於一千萬 狩獵者—採集者群體，使用原始工具
5 少於一千萬 狩獵者—採集者群體，使用原始工具
6 少於一千萬 狩獵者—採集者群體，使用原始工具
7 少於一千萬 狩獵者—採集者群體，使用原始工具
8 少於一千萬 狩獵者—採集者群體，使用原始工具
9 少於一千萬 狩獵者—採集者群體，使用原始工具
10 多於七十億 全球工業經濟、有核能的先進科技、電子通訊、人工智慧、外太空旅行、大規模社會／政治機制、民主治理、先進科學研究、廣泛識字與高度發展的藝術（參閱附件）。

除了最近的一萬年，我們好像沒有多大進展。但是人類已經可以安坐在有控溫裝置與人工照明的住家裡，閱讀並寫作有關自己的書籍了。我們的進步遠超過讓身心安適的程度。與一般人常哀嘆的情況相反，人類變得愈來愈好[14]。在歷史演進中，暴力已經減少，最近的歷史發展亦是如

此，而參與現代市場經濟也沒有讓我們變得自私自利、目光如豆，反而擴大了人類的仁慈心[15]。

儘管如此，還是有很大的改善空間。二十世紀是人類有史以來最和平的世紀（控制著人口的成長），然而其間發生的戰爭與政治衝突仍然殺害了將近兩億三千萬人，倒下的屍體多到足以繞地球七圈[16]。在這個新的世紀，儘管速度有所減緩，死亡人數仍持續爬升。例如在達爾富（Darfur）的持續衝突已經讓約三十萬人死於暴力或增加的疾病[17]。有十億人，即將近全體人類中的七分之一，活在赤貧當中，由於資源極爲稀少，以致僅僅活下去都是一種持續的掙扎[18]。有超過兩千萬人被迫從事苦役（也就是奴隸），其中許多孩童與女性被迫賣淫[19]。

即使在較快樂的地方，仍有數百萬人生活於系統性的不公之下。美國研究者曾經寄出相同的履歷給潛在的雇主，其中一些使用聽起來像白人的名字（例如Emily與Greg），另一些則用聽起來像黑人的名字（例如Lakisha與Jamal），白人名字的履歷獲得潛在雇主回應的機會多出五〇%[20]。最糟的是，我們還面臨著兩個問題，可能會嚴重干擾，甚至反轉邁向和平與繁榮的趨勢：環境的惡化與大規模毀滅性武器的擴散。

縱然如此不幸，令人沮喪，本書的立論基礎仍是相當樂觀的：我們可以藉由改善自己思考道德問題的方式，來促進和平與繁榮的前景。過去數個世紀以來，新的道德觀念已經掌控了人類的大腦。許多人現在相信，沒有一個人類部落應該比其他部落更占優勢，所有人類都應享有特定的基本福利與自由，而暴力應該只用來做爲最後手段。換句話說，某些部落的部落性已經減弱許多。我們比較是在原則上而非實踐上服膺這些理想，但單是服膺這些理想，就已經是大太陽底下的新鮮事了。歷史學家告訴我們，在科技上和道德上，我們都已經進步了很多。

史迪芬・平克（Steven Pinker）顛覆了一般對於今日道德情勢的質疑，反問我們現在正做對了什麼？如何可以做得更好？[21] 我想，我們所欠缺的是某種一致的、可以解決道德部落之間的歧見的全球道德哲學。普世的道德哲學並不是一個新想法，這是自啓蒙時代以來道德思想家的夢想，但它從未有好的成效。我們所擁有的，是一些共享的價值、一些未共享的價值、一些我們同意的法則，以及一套共通的辭彙，用來表達我們共享的價值與造成我們分歧的價值。

本書架構

了解道德有兩個要件：首先，我們必須了解當代道德問題的結構，以及當代道德問題如何迥異於大腦演化來處理的問題。本書的第一部將進行這項工作。其次，我們必須了解道德之腦的結構，以及不同類型的思考如何適用於解決不同類型的問題。那是第二部的工作。接著在第三部，我們將運用自己對道德問題與道德思考的了解，提出一個解決之道，一個可能實行的全球道德哲學。第四部將處理某些反對此種哲學的有力論述。而在第五部，我們會將這個哲學運用在眞實的世界。我現在要更詳細地描述這個計畫。

第一部〈道德問題〉將區分兩種主要的道德問題類型。第一種是較爲基本的，即「我」相對於「我群」的問題——自私自利相對於關心他人。這是我們的道德之腦被設計來解決的問題。第二種道德問題則是現代特有的，關於「我群」與「他群」的問題——我群的利益與價值相對於他群的利益與價值。本書第一個組織性比喻「新牧場的寓言故事」例示出，這是常識型道德的悲劇（當然，我群與他群的問題存在已久，但在歷史上，這比較是戰術問題，而非道德問題）。這是使我們分裂的道德爭議背後更大的問題。本書第一部會提及大腦中的道德運作機制如何解決第一個問題（第二章），卻產生第二個問題（第三章）。

第二部〈道德的快思慢想〉將深入探討道德之腦，並提出本書第二個組織性比喻：道德之腦就像是同時具備自動設定（例如「人像模式」或「風景模式」）與手動模式的雙重模式相機。自動設定有效率但無彈性，手動模式有彈性但無效率。道德之腦的自動設定就是第一部會談到的道德情感，亦即促使人在其個人的人際關係與小群體內相互合作的直覺本能。相對的，手動模式是一種進行實際論證的一般能力，可以用來解決道德問題及其他實際問題。在第二部，我們將說明道德思考如何同時由情感與理智加以形構（第四章），還有此種「雙重程序」的道德如何反映人類心智的一般結構（第五章）。

第三部則將提出第三個，也是最後一個組織性隱喻：共通貨幣。這幾章將展開對後設道德（metamorality）的追尋，這是一種可以在相爭的部落道德中進行仲裁的全球道德哲學，就如同以部落的道德爲其成員的利益衝突進行仲裁。後設道德的工作是要在各個競爭的部落價值之間權衡取捨，而這需要一種共通貨幣，一種衡量價值的統一系統。第六章將介紹一種可資運用的後設道德，這是常識型道德悲劇的解決之道。第七章將考慮其他建立共通貨幣的方法，最終發現其不足採用。第八章將深入檢視第六章所提出的後設道德，一種（相當不幸地）稱爲效用主義（utilitarianism）的哲學[22]。我們將看到效用主義如何由普世通用的價值與論理程序形構而成，以及，這如何能給予我們所需要的共通貨幣。

多年來，哲學家已提出一些直覺上相當有說服力的論證來反對效用主義。在第四部〈道德信念〉，我們將參照對道德認知的新理解重新考量這些論證。隨著愈加了解有著雙重程序的道德之腦，我們將理解效用主義爲什麼更具吸引力（第九、十章）。

最後，第五部〈道德的解決方案〉將回到新牧場，以及驅使我寫作本書的眞實世界道德問題。在逐一面對各種批評，爲效用主義辯護之後，該是加以運用，並給予它一個更好的名字的時候。效用主義有一個更貼切的名字：「深度的實用主義」（deep pragmatism，第十一章）。就一個好的、人們也熟悉的意義上，效用主義是務實的：它彈性、實際，並具有妥協折衷的開放性；同時它也是深度的哲學，而不只是便宜行事。深度實用主義是有關如何進行有原則的妥協，透過共享的價值來解決我們的歧異，而這些共享的價值即共通貨幣。

本章將考量在實踐上做爲一個深度的實用主義者究竟是什麼意思：我們何時該相信自動設

定、道德直覺，何時又應該轉變成手動模式？一旦我們調到手動模式時，又應如何運用論理的力量？這裡有個選擇：我們可以運用大腦來合理化直覺式的道德信念，也可以超越我們所屬部落深層反應的局限。我將說明超越的理由，解釋如何超越隨拿即拍式的道德，換一種方式來思考與談論造成我們分歧的問題。在第十二章裡，我會用六個簡單、實用的新牧場生活規則來做結論。

第 1 部

道德問題

Moral Problems

道德之腦是爲了在群體之內合作而演化出來的，而且或許只有在個人的人際關係脈絡中運作。道德之腦不是爲了不同群體之間的合作演化出來的。

第一章 第二章 第三章

第一章

公地悲劇

「公地悲劇」是一種自私自利的悲劇，個人未能將「我們」的利益放在「我」的利益之前。而道德是一種生物適應特性，是大自然為此問題提出的解決方法。

你可能已留意到，新牧場的寓言是一齣連續劇。最初版本的寓言是來自世界知名的生態學者蓋瑞・哈丁（Garrett Hardin），他在一九六八年發表的一份經典報告就名爲〈公地悲劇〉（The Tragedy of the Commons）[1]。在哈丁的寓言裡，只有一群牧民共享一個公共牧場，公地大到足以養活許多動物，但數量並非無上限。每一個牧民隨時都必須決定要不要再多養一頭牲畜。一個理性的牧民會怎麼做？如果多養一頭牲畜，就可以在市場上多一份豐厚利益，但是支應該頭牲畜的成本卻由所有使用公地的人分擔。因此，這個增加牲畜的牧民獲利較豐，但只須付出一點點成本。若他無限度地擴大豢養規模，只要公地資源仍可使用，就可以爲自己帶來最大的利益。當然，其他牧民也有相同的誘因。如果每個牧民都只爲私利行事，公地就會被完全耗蝕，所有人最後什麼都不剩。

哈丁的公地悲劇突顯了合作的問題。合作並不始終成爲問題。有時候合作是一個必然的結論，而有時就是不可能合作。在這兩個極端之間，事情的發展很有意思。

假定有兩個人，亞特與巴德，同乘一艘小船，在狂風暴雨的海上努力前行。除非兩個人都盡力划船，不然都活不了。在此，自我利益與群體利益（在這裡是兩個人的群體）是完全一致的。對亞特與巴德來說，爲「我」做最好的打算與爲「我們」做最好的打算是一樣的。在其他情況下，就不可能合作了。例如，假定亞特與巴德的船正在下沉，而他們只有一套救生衣，無法共用，那麼這裡就沒有「我們」，只有兩個不同的「我」。

在很容易協議或毫無可能合作，如同上述兩個假設所描述的情況下，就沒有必須解決的社會問題了。當個人利益與群體利益既非完美一致，也非完全悖反，如同哈丁的寓言所顯示的情況，合作才會變成一個具挑戰性但可以解決的問題。再次說明，在哈丁的寓言裡，每一個牧民都可以養更多牲畜來獲取更多利益，但結果會帶領他們走向集體毀滅，這就不是每個人樂見的了。因此，合作就是關於如何讓群體利益在可能的情況下凌駕個人利益。合作正是社會存在的核心問題[2]。

爲什麼生物都具社會性？爲什麼不自己過自己的？理由是有時個體聚在一起可以完成自己無法獨立完成的事。這個原則從一開始就引導著地球生命的演化進程[3]。大約四十億年前，分子結合成細胞；大約二十億年後，細胞結合成更複雜的細胞；接著十億年後，這些更複雜的細胞又結合成多細胞組織。之所以如此演化，是因爲參與的個體藉由共同運作，可以用新而更有效率的方法散播其基因物質。再快轉十億年，看看我們今天的世界，這個世界充滿著社會性動物，從螞蟻、狼到人類，全都適用同一套原則。蟻群與狼群可以做到一隻螞蟻或一匹狼做不到的事，我們人類則藉由彼此合作，變成主導地球的物種。

人類大部分的合作都是很有趣的，在那種情況下，自我利益與群體利益只有一部分相互吻合。在前述牽涉亞特與巴德的第一種情況中，我們假定他們的利益是完全吻合的：兩個人都必須盡全力划船，否則都會沉入海裡。但此類情況相當罕見。在更典型的情況中，兩人可以少出一點力划船，而船仍能抵達終點。更普遍來說，在大部分的合作體制下，個人還是有機會多給自己一些好處，而讓群體負擔其成本。換句話說，幾乎所有的合作機制都涉及自我利益與群體利益、我與我群之間的某種緊張關係。因此，幾乎所有合作機制都面臨著耗蝕的風險，就像哈丁寓言中的公地。

個體與群體利益間的緊張關係也存在於通常我們不看作是合作的情況中。設想亞特正沿著一條荒涼的山路穿越大西部，他看到一個獨行旅人的身影從前方的山頭走來。那個人有沒有帶武器？亞特不知道，但亞特確實攜帶了武器，而且他是個好射手。亞特從他的來福槍槍管上盯著那個陌生人，心想他可以用一顆子彈幹掉那個人。他應該這麼做嗎？從亞特自私的觀點來想，這麼做對他沒有損失，殺了陌生人，他就不用擔心被搶劫，這符合亞特的自我利益。

巴德也在同一個地區行走，在準備翻越山頭，挖出被藏起來的黃金時，他也面臨類似的選擇。一個陌生人在小路旁睡覺，巴德知道回程時他可能會再遇到這個人，但那時他會帶著他的金子。那個陌生人會試著打劫他嗎？巴德不知道，但他曉得，如果他在這個睡著的陌生人的威士忌裡下毒，他就不用爲此操心了。

照著自私自利的邏輯走，結果是：巴德在亞特的威士忌裡下毒，幾個小時後，亞特射殺了巴德。再過幾個鐘頭，亞特因爲喝下威士忌而死去。如果亞特與巴德都替陌生人的福利多想一點，兩人可能都還活著。相反的，就像哈丁寓言裡的牧羊人，他們的自利心大過一切。教訓是：即使是最基本的規矩，不侵犯他人，也是一種合作的形式，無論是在我們這個物種或任何其他物種中，這都不能被視爲理所當然。舉我們那還存活著的兩個近親物種之一，即黑猩猩來說，如果不同群體的雄性黑猩猩在小路上相遇，其中一方的數量顯然多過另一方，較大的那群很可能只爲了逞能而殺掉較小的那群[4]。爲什麼不這麼做呢？誰需要競爭？和平是關於合作。

幾乎所有的經濟活動都涉及合作。去店裡買東西時，你仰賴店主把你付了錢的東西（例如牛絞肉，而非松鼠絞肉）給你；店主也仰賴你給他一張眞正的十元鈔票（不是假鈔），而且不會把其他沒付錢的商品塞到袋子裡。當然，人類社會有法律與警察可以確保人們遵守交易時應盡的義務。而這正是重點所在。因爲幾乎所有經濟活動都牽涉那種有趣的合作，其中個人利益與群體利益是衝突的，我們需要別的機制來讓它運作。

在市場之外，幾乎所有人類關係都攸關給與取，而當一方或雙方取得太多而給得不夠時，關係就會瓦解。事實上，個人利益與群體利益的衝突不僅存在於我們之間，也存在於我們體內。前面提到，複雜的細胞已經合作了近十億年，儘管如此，動物體內某些細胞開始爲自我利益而非群體利益發展的情形仍不少見，這就是人們所知的癌症[5]。

道德是為了促進合作而演化出來的

在達爾文之後，人類的道德變成一個科學之謎。物競天擇可以解釋聰明的、直立的、會說話的、毛髮沒那麼多的、兩足的靈長類動物是如何演化出來的，但是我們的道德從何而來呢？達爾文自己也被這個問題所吸引[6]。過去人們認爲，物競天擇會助長無情的自利行爲，掌握所有資源並消滅一切競爭的個體會活得最好，更常進行繁殖，從而讓他們無情而自私自利的後代遍布全世界。那麼，在丁尼生以名句「牙齒與爪子沾滿血腥」[7]描述的世界裡，道德是如何演化來的？

我們現在有了答案。道德是爲了合作問題而演化出來的解決之道，是避免公地悲劇的方式：

道德是一組心理傾向，讓原本自私自利的個人可以獲得合作的好處。[8]

道德如何達成此種效果？我們會在下一章更詳細回答這個問題，但在此說明其重點：道德的本質是利他、不自私自利、願意爲了他人利益而付出成本。自私的牧民會增加豢養的牲畜，直到個人必須支付的成本超過其所獲得的利益爲止，而我們已看到，這種行爲會造成同歸於盡的後果。然而，道德的牧民可能出於關切他人而願意限制牲畜數量，即使此種自制可能對自己造成淨成本負擔。道德的牧民將「我們」的利益放在「我」的利益之前，因而能避免公地悲劇，並繁榮昌盛。

道德是爲了促成合作而演化出來的，但這個結論有一個重要的前提。就生物學來說，人類在設計上是會合作的，但只與某些人合作。道德之腦是爲了在群體之內合作而演化出來的，而且或許只在個人的人際關係脈絡中運作。它不是爲了不同群體之間的合作演化出來的（至少不是爲了所有群體之間的合作）。如何得知這點？爲何道德未演化成可以促進普遍的合作？因爲普遍的合作與主導物競天擇演化過程的準則不一致。我希望不是如此，但這個結論是無法迴避的，接下來我會加以解釋（但我也要迅速補充一下，這並不表示我們註定無法達成普遍的合作。稍後我會說明這點）。

演化本身是個競爭的過程：跑得快的獅子可以比其他獅子抓到更多獵物，繁殖比其他獅子更多的後代，因此提高了跑得快的獅子在下一個世代所占的比例。如果不用爭奪資源，就不會是這樣了。如果獅子擁有不虞匱乏的食物，跑得快的獅子就不會比其他獅子更有優勢，下一代的獅子平均來說就不會跑得比前一代快。沒有競爭，就沒有物競天擇的演化。

基於相同的理由，除非合作者能夠取得競爭上的優勢，否則也不可能演化出合作的傾向（就生物學上來說）。舉個例子，假想有兩群牧民，一群互相合作，另一群不合作。合作的牧民限制了每個人豢養的牲畜數量，從而保護了他們的公地，讓他們可以維持食物供給不斷；不合作的牧民則按照自利的邏輯辦事，豢養愈來愈多的牲畜，結果他們耗光了公地，只剩下少數餘糧。結果是，歸功於他們的合作傾向，第一群人可以接收另一群人的公地。他們可以等不合作的牧民餓死，或者如果他們更有雄心，可以發動一場恃強凌弱的戰爭。一旦合作的那群人接管了土地，他們就可以養更多牲畜，養活更多小孩，從而增加下一代合作者的人數比例。合作之所以演化而成，不是因爲那是「善良的」，而是因爲它帶來生存優勢。

就像跑得快的肉食動物的演化過程一樣，競爭是演化出合作傾向的關鍵因素。假設兩群牧民都住在能夠豢養無限多牲畜的奇妙牧場裡，在此前提下，不合作的群體沒有任何劣勢。自私的牧民可以增加自己的牲畜數量，讓牲畜一直成長繁衍下去。只有當傾向合作的個人在競爭中勝過不合作（或較不合作的）的個人時，才會演化出合作。因此，如果道德是一組爲了合作發展出來的適應特性，我們今天之所以是有道德者，純粹是因爲我們心存道德的祖先在競爭上勝過了較不心存道德的鄰人。因此，就道德這種生物適應特性來說，它之所以演化出來，不只是爲了將「我們」的利益放在「我」的利益之前，也是爲了將「我群」的利益放在「他群」的利益之前（請留意，我這麼說的時候，並未假定道德是一種群體選擇的演化結果）[9]。這其中有深遠的意涵。

道德演化成一種群體之間競爭的機制聽起來如果奇怪，原因至少有兩個。首先，許多道德品性似乎與群體之間的競爭無關。例如在墮胎議題上，支持婦女選擇權與支持胎兒生存權的立場，和群體之間的競爭有何關聯？同樣的，人們對同志婚姻、死刑、不吃特定食物等議題的道德意見，又與群體之間的競爭有何關聯？我們在接下來的幾章會看到，道德思考可能是以間接、不那麼顯著的方式和群體之間的競爭有所連結。我們現在先將這個議題擱在一邊。

把道德視爲一種擊敗「他群」的機制，還有第二個奇怪的地方，因爲這讓道德聽起來非關道德，甚至反道德。怎麼會這樣呢？當我們了解道德能做到並不是它經過演化（就生物學來說）所要做的事，就能夠了解其中的矛盾之處。身爲道德生物的我們，某些價値觀可能和那些產生道德品性的力量相斥。借用維根斯坦的著名比喻，道德可以攀上演化的階梯，然後把它一腳踢開[10]。

拿節育來說明。我們演化出碩大、複雜的頭腦，讓人類能發明技術性的解決方案來處理複雜的問題。一般來說，解決問題的技能能幫助我們繁衍並養育更多子嗣，但節育卻是我們那碩大的腦袋想出的限制子嗣人數、阻撓自然「意向」的方法[11]。同樣的，我們也可以把道德帶往絕非自然「想要」的新方向，例如不求回報地把錢捐給遠方的陌生人。就生物學的觀點來看，這是悖離預期的故障狀況，就像節育一樣。但從我們的觀點來看，人類是可以一腳踢開演化階梯的道德生物，而這可能正是我們想要的。道德不僅是它演化而成的那樣。

找尋後設道德

有兩種道德悲劇威脅著人類福祉。最初的悲劇是「公地悲劇」，這是一種自私自利的悲劇，個人未能將「我們」的利益放在「我」的利益之前。道德是大自然爲此問題提出的解決方法。新的悲劇、現代的悲劇，則是「常識型道德的悲劇」，是在新牧場的生活問題。在此，道德無疑是部分的解決方法，但它本身也是問題的一部分。在現代悲劇中，促成群體內部合作的道德思考卻會阻礙群體與群體之間的合作。在每個部落裡，新牧場的牧民都在部落的道德理念下團結一致，但是部落之間卻因爲道德理念不同而分裂。這是不幸的，但既然我們已經知道前一節的結論，它應該不讓人意外：道德並非演化來促進普遍的合作。相反的，道德是演化來促使群體在與其他群體競爭時獲勝。換句話說，道德是演化來避免公地悲劇的，但是它並未演化來避免常識型道德的悲劇。

那麼，現代的牧民該怎麼做？這是我在本書裡試圖回答的問題。我們如何隨著現代環境的變化調整自己的道德思考？有沒有一種道德思考可以幫助我們和平而快樂地共同生活？

道德是大自然促進群體內的個人合作的解決方法，讓有利害衝突的個人能夠一起生活，並發達興旺。我們在現代所需要的也是某種像道德的東西，只是必須提升一級。我們需要一種能讓道德理念相互衝突的群體生活在一起，並發達興旺的道德。換句話說，我們需要一種「後設道德」，這種道德系統可以解決道德理念不同的群體之間的歧見，就像原本的、初階的道德，能夠解決具有不同私益的個人之間的歧見。

後設道德不是全新的概念。相反的，自從啓蒙時代以來，找出普世的道德原則一直是道德哲學的夢想。我想，問題出在我們一直在尋求「感覺起來正確」的普世道德原則，但可能根本沒有這種東西。感覺起來正確的東西可能是在較低層次（在群體內部），而不是在較高的層次（在不同群體之間）運作的。換句話說，常識型道德或許足以迴避公地悲劇，但無法處理常識型道德的悲劇。新牧場上的牧民若想要過和平而快樂的生活，可能需要用全新的、不那麼舒服的方法想想。

爲了找出我們心目中的後設道德，必須先了解基本的道德是什麼，以及它是如何演化出來迴避公地悲劇的。

第二章

道德機制

大腦在設計上有部落主義的傾向。我們直覺地將這個世界分成我群與他群，並優待我群更勝他群。對於每個合作策略，道德之腦都有一套情感傾向來對應並處理。

我說過，道德是促成合作、迴避公地悲劇的機制。事實上，道德是一組各式各樣的機制、成套的心理能力與傾向，一同作用來促進並穩定合作行爲。在本章，我們將看到這些機制如何實際在心理層次上運作、如何被植入人類的道德之腦。當然，我們眞正想要了解的是我們爲何爭鬥，道德機制爲何到了新牧場就失靈。但要了解道德機制如何讓人失望（下一章的主題），我們必須先知道，每件事都妥善發揮功能時，道德機制是如何運作的。

哈丁的公地寓言描述了多人之間的合作問題。本章將把事情簡化，聚焦在另一個描述兩人合作的著名寓言上。這個寓言被稱作「囚徒困境」（Prisoner's Dilemma），發生在兩個希望不用坐牢的罪犯身上[1]。儘管有其犯罪的背景脈絡，囚徒困境背後的抽象原則仍能解釋我們的道德之腦為何會變成現在這個樣子。

囚徒困境中的合作難題

在這個版本的囚徒困境裡，我們將找回亞特與巴德，這回，他們變成了搶銀行雙人組。兩人在一次原本算是成功的搶劫計畫後，被警察逮捕並接受偵訊。警察知道亞特與巴德有罪，但缺乏有力的證據，不過他們還是能夠用逃漏稅這種較輕的罪名將兩人定罪，這可以讓他們各被判刑兩年。不過，警方真正想要的是用搶銀行將兩人定罪，一個人最少關八年。要讓他們被定罪，警方需要他們的口供，於是他們將嫌犯們分開來用計偵訊。

亞特與巴德都面對相同的選項：認罪或沉默。如果亞特認罪而巴德不認，亞特可以獲得輕判，只關一年，巴德則會被判十年；如果巴德認罪而亞特不認，則刑期相反；如果兩人都認罪，他們會被各判八年；如果兩人都保持沉默，他們會各有兩年刑期。各種可能情況的結果顯示在圖2.1的報酬矩陣圖裡。

矩陣圖裡的四個欄位表示四種可能結果。亞特的選擇結果以行表示，巴德的選擇結果以列

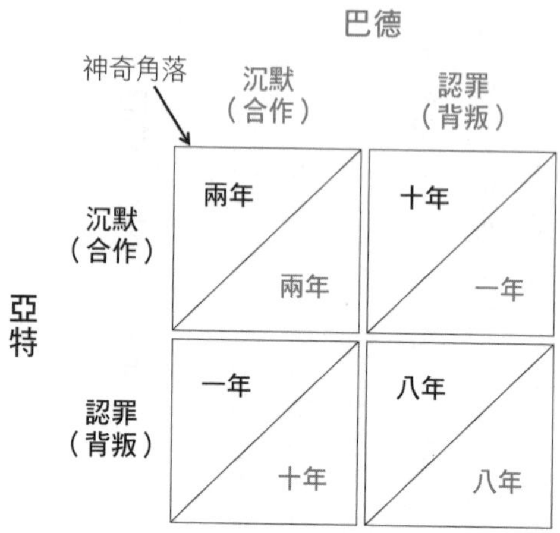

圖2.1 經典囚徒困境的報酬矩陣圖。集合來說，兩個玩家最好都保持沉默（合作），但對個別玩家來說，認罪才最好（背叛）。

表示。如果亞特認罪而巴德不認，結果會是左下方的情況——對亞特來說是好結果，對巴德來說是壞結果；如果巴德認罪而亞特不認，結果是右上方的情況——對巴德來說是好結果，對亞特來說是壞結果；如果兩人都認罪，結果是右下方的情況，對雙方來說都很糟；如果兩人都保持沉默，結果是左上方的情況，落入神奇的角落，對兩人來說都是好結果，坐牢的加總時間會減到最短。

那麼，亞特與巴德會怎麼做呢？你可能期待兩人都保持沉默，讓他們落入神奇的角落。然而，如果亞特與巴德都是自私的，任何其他條件則都相等，那麼兩人都會認罪，落入右下方的角落，各坐八年牢，因而讓坐牢的時間加起來最長。這種「悲劇性的」結果近似哈丁寓言的結果，而且是依循相同的邏輯。透過圖2.1

的報酬矩陣圖可以看出，不管巴德的決定如何，亞特認罪對他自己最好，反之亦然。如果他們都是自私且理性的，兩個人都會認罪。這對警察來說太棒了，但對亞特他們來說則是悲劇。

囚徒困境就像公地悲劇，涉及個人利益與群體利益之間的緊張關係。個別來說，亞特與巴德認罪較好，但集合來說，他們保持沉默較好。我們的問題來了：怎樣可以把亞特與巴德帶進神奇的角落呢？他們要如何擊敗自私傾向，並獲得合作的好處呢？人類又如何能夠更普遍地這麼做？道德機制就要啓動了。

關懷與互惠的道德機制

《塔木德》（*Talmud*）裡有一段描述，有個心存懷疑的人說，如果偉大的希列拉比（Rabbi Hillel）能夠在他單腳站立的時間內把整個「妥拉」（Torah）的內容完整教給他，他就願意改信猶太教。希列拉比回答：「你所憎惡的事，就不要對鄰人做，那就是整個『妥拉』。其餘的都是對這點的評論。去吧，好好研讀它。」

當然，這是某種版本的「黃金律」，每一個重要的宗教與人們所知的每一種道德哲學，都已經用某種方式肯定了這個法則[2]。無巧不巧地，這也是亞特與巴德的合作問題最直截了當的解決方法。坐十年牢對他們兩人來說都是「可恨的」，所以如果他們接受了希列拉比的建議，就會一齊保持沉默，找到那個神奇的角落（當然，如果他們眞的接受了希列拉比的建議，一開始兩人就不會去搶銀行，但那是另一個問題了）。

但爲什麼亞特與巴德要留心不去做出對方覺得「可恨的」事？如果他們是兄弟。這或許能解釋，但也只是將我們的問題推回一步：爲什麼兄弟要在乎彼此呢？兄弟之愛（與更廣泛的家人之愛）可以用著名的親屬選擇理論（theory of kin selection）來解釋[3]。以基因的觀點來看人類行爲，在基因上有關聯的人會共享某些基因（定義如此），因此，當某個人做某件事來增加基因上的親屬存活的機會，可以解釋成那個人事實上是做了一件增加自己基因存活機會的事。或者，用基因的觀點來看，鼓勵對親屬仁慈的基因所做的，正是增強自己存活的機會，它們是在幫助在別人身體裡的那些同樣的基因。

就許多物種來說，增加自己的負擔而給予另一個個體利益，這種在生物學意義上可謂關懷的行爲與心理學意義上的關懷不同。舉例來說，螞蟻會給牠們基因上的親屬利益，但就我們所知，螞蟻並不是受關懷之情驅使而這麼做。當然，在人與人之間，關懷的行爲是受情感所驅使的，我們與近親之間強烈的情感連結也是。因此，家人間的愛不僅是一件溫暖而模糊的東西，也是策略性的生物機制，是道德機制的一部分，藉以讓基因上相關的個體獲得合作的利益。

親人間的愛幫助基因上的親屬找到神奇的角落，但是沒有親屬關係的人又如何呢？給予彼此正確的誘因，他們也可以找到神奇的角落。

假設亞特與巴德對彼此毫不關心，只是恰巧在工作上搭配得很好，好到遠遠超過他們個別去搶銀行或與別的夥伴搭檔搶銀行的本事。如果他們最近幹下的銀行搶案保證是他們的最後一票，那麼基於前述理由，他們雙方都有理由窩裡反咬出對方。但如果他們未來還有一片光明的搶銀行前景呢？只要他們忍住不向警察供出來，前途便一片光明。如果囚徒困境不是單一事件，而是一連串事件中的一部分，那麼整個賽局的邏輯就改變了。確實，亞特可以用巴德的長刑期來換得自己的一年刑期，但他這麼做可能會失去他與巴德兩人輝煌的未來。就爲了短短一年刑期，實在不值得。因此，如果亞特與巴德把眼光放遠，他們會保持沉默，不是因爲他們關心彼此，而是因爲這對彼此有用，他們還有具生產力的未來，而那有賴他們現在的合作。這種「我對你好，因爲你對我好」的有條件合作，正是我們所知的互惠（reciprocity），或稱互惠式的利他（reciprocal altruism）[4]。

一九八〇年代早期，羅伯特·阿克塞爾羅（Robert Axelrod）與威廉·漢彌爾頓（William Hamilton）發表了一份經典研究報告，討論囚徒困境連續賽局的結果。競賽者不是人，而是演算法，用電腦程式執行不同策略來進行囚徒困境賽局。最簡單的兩個策略是始終合作（總是沉默）或永不合作（總是認罪）。（不合作通常被稱爲「背叛」。）阿克塞爾羅與漢彌爾頓請同事們設計程式來參加競賽。許多程式都很複雜，但是最後獲勝的是安那托·拉普波特（Anatol

Rapoport）提出的程式，採用的是一種幾乎跟「始終合作」與「永不合作」一樣簡單的策略。那個程式的名字是「以牙還牙」（Tit for Tat），一開始它採取合作方式（保持沉默），接著對手在前一局做什麼，它就跟著做什麼。如果對手在上一局合作，這次它就合作；如果前一局對手不合作，這一局它就不合作。也就是「以牙還牙」。在更近期的競賽裡，其他程式已稍稍勝過了「以牙還牙」程式，但這些其他程式其實都是其主調的變化形[5]。互惠策略的效果非常好。

就人類來說，互惠的邏輯也可透過有意識的論證來執行：「巴德上次背叛我，這次也很可能背叛我，所以我不跟他合作。」巴德當然也可以用自己的一套推論預測亞特的推論結果：「如果這次我背叛亞特，亞特就會認定未來我不可能跟他合作。而比起現在背叛他，我還可以從未來與亞特的合作中獲得更多好處。因此，我這次會跟他合作。」這種明顯的策略思考可以讓亞特與巴德進入神奇角落。但這時常是不必要的，因爲人類具有感情，而感情會爲我們進行思考。假設巴德背叛亞特，亞特可以得出放棄巴德的結論，但如果亞特自然而然地用憤怒、噁心或輕蔑的情緒來反應巴德的背叛行爲，那麼也可以達到同樣的效果，而且這種方法更可靠[6]。同樣的，巴德也許直覺地知道，如果他背叛亞特，亞特會對他心懷反感，這將不利於巴德的事業前景，所以他可能因此不願背叛亞特。正面的情感也可能透過互惠的方式支持合作。藉由與亞特合作，巴德可能會期待亞特感恩，並在這樣的情感驅使下，未來更願意與巴德合作[7]。

我們靈長類的近親似乎非常習慣進行條件式的合作，所以牠們這麼做的時候，是受情感驅使，而不是經過清晰的策略論理。一個黑猩猩分享食物的經典研究[8]顯示，成年黑猩猩較可能與最近才幫牠理過毛的黑猩猩分享食物，近期未提供理毛服務的黑猩猩若是來找食物吃，有可能會遭受激烈抗議。此類研究暗示，我們服務他人的互惠能力，至少有一部分是仰賴我們從靈長類祖先那裡遺傳來的情感傾向[9]。

若經過妥當的調整，本能反應的情感可以激勵合作行為，但如果它發揮得太強烈，也可能毀掉合作關係。假設巴德在某個極為脆弱的時刻向警察認罪，陷亞特於不幸。多年後，亞特與巴德遇到千載難逢的搶銀行機會，但若亞特仍心存芥蒂，他就會錯失這個機會。原諒是有回報的（例如，上了年紀的搖滾樂團成員為了巡迴演唱會的利益而合體）。電腦模擬的結果也顯示，偶爾採用原諒策略的條件式合作，表現得比無限期記仇還好，畢竟人們是活在一個計畫趕不上變化的世界[10]。黑猩猩似乎也依循這套邏輯。德．瓦爾（De Waal）與羅斯瑪倫（Roosmalen）[11]分析數百次衝突的情況，發現黑猩猩打完架後常常會親親抱抱。這顯示我們有原諒別人的能力，可以緩和本能的負面情感，而它有著深層的生物學根源，與在不確定的世界中的互惠邏輯相符。

建立友誼，走向神奇的角落

亞特可能是害怕巴德生氣會使他們極有前景的夥伴關係瓦解，所以選擇保持沉默。但如果兩人搶銀行搶了好幾年，他們也有可能是因爲明確考量過長期的成本與效益而合作。而如果他們擁有某種感情，讓他們直覺地遵循這種邏輯，那麼這也有效，可能還更有效。具體來說，對於亞特與巴德這樣的銀行搶匪來說，如果有自動化的心理程式，能讓他們關懷未來與他們有合作前景的人，這是很有用的。

這個程式如何運作？更確切地說，這個程式如何認出哪些人未來有合作機會？最能指引未來的，就是過去。如果一個人曾經跟某個人密切合作，這就是日後會有更多合作的徵兆。因此，能讓人關懷過去合作夥伴的心理程式，最能讓合作最有效自動化。這種程式可以稱爲友誼[12]。

認爲友誼主要與合作有關，而不是與一起找樂子有關，可能有點奇怪，但表相可能誤導人。首先，在我們的經驗裡，大自然的目的未必是外露的。比方說，性行爲的目的在於製造嬰兒，但這未必是促使人們做那檔事的原因。同樣的，友誼最終也跟我們表現友善時心裡所想的事不搭軋。的確，如果你一直想著友誼能帶來什麼實質利益，反而顯示你不是眞正的朋友。其次，如果友誼是一種合作機制的說法聽來很怪，那可能是因爲我們活在一個美好的世界。在我們狩獵與採集的祖先有一餐沒一餐的世界裡，朋友願意邀你吃晚餐不只是表現親善，更可能攸關生死。我們祖先的世界同時也是充滿更多暴力的世界[13]。在現代世界裡，很少有朋友能說他們救過彼此的命，但在過去，這種情況卻可能眞的發生。第三，務必牢記一個重點，許多合作感覺上不像「合作」。朋友之所以是朋友，不只是因爲他們一起做過什麼，也因爲他們分開時「不會」做什麼。你的朋友不會偷你的財物、毀謗你，或勾搭你的愛人上床。這種互不侵犯的日常行爲是一種無意識的合作形式，就像亞特與巴德在小路上相遇卻相安無事那樣。因此，我們稱之爲「友誼」的合作機制是從友善熟悉開始，由此持續發展。

假設你是亞特，正在找搶銀行的拍檔。你聽到這個名叫巴德的傢伙反應敏捷，而且接應拍檔開車逃逸時比誰都幹練。巴德唯一的問題是，只要有好處，他會毫不考慮地用一顆子彈射穿你的腦袋。亞特自己也不是個乖乖牌童子軍，但搶銀行這生意風險畢竟很大，跟巴德這種瘋子搭檔實在不太值得。教訓是：兩個陌生人要合作，至少要對彼此的福祉有最起碼的關切才行。

如同前面提到的，只要風險低，雄黑猩猩的天性可能會驅使牠們殺掉陌生黑猩猩。有時人類也可能只把陌生人當成該消滅的威脅或蛋白質的來源（據說南太平洋的食人族把可以吃的外來者稱爲「大豬」）[14]。儘管如此，人類對陌生人是可以採取不那麼惡意的態度的，而他們在現代通常是如此。在美國南北戰爭期間，聯邦軍的高級軍官經常接獲報告，指出士兵彈匣裝滿子彈，但一顆都沒打出去就死在戰場上，他們爲此感到十分沮喪。即使對方正要殺死他們，許多士兵就是沒辦法對陌生人開槍。依據這些經驗，美國軍方認定士兵必須接受訓練，抹滅不願意殺人的情感。現代化的軍事訓練由此誕生[15]。

最近，斐耶里・庫許曼（Fiery Cushman）、溫蒂・曼德斯（Wendy Mendes）與同事們進行了一項關於人類迴避暴力的實驗室研究[16]。他們要求人們模擬多種暴力動作，例如用鐵鎚敲某人的腳，並觀察過程中出現的重要反應訊號。

參加這個實驗的人完全知道他們的行爲是無害的，但僅是假裝做出暴力行爲，就會造成他們周邊血管劇烈收縮，也就是「腳軟」。研究者也發現，這種血管收縮的效應只會發生在親身參與假攻擊時。看著別人做假攻擊動作，或者做不是假攻擊的類似身體動作（例如用鐵鎚敲釘子）時，人的反應就不會那麼劇烈。在實驗中，許多人在執行假攻擊時盡可能地打馬虎眼，例如敷衍了事地用鐵鎚輕碰一下假受害人的腿，還有一個人直接拒絕玩下去。當然，人類也可能沒來由地極端暴力。但是，深具這種侵略性的我們，實際行爲卻遠遠沒有達到可能的暴力程度。對於無辜的人，就算是完全陌生的人，暴力相向通常仍會讓我們膽怯，而這點極有可能是道德之腦的關鍵特性（試著想像這個世界沒有這樣的特性將會如何）。

除了互不侵犯，我們對彼此的尊重也擴大到積極的慈善行爲，只可惜離我們能發揮的程度還很遠，但我們還是時常不求回報地對別人好，即使是陌生人也不例外。一九六〇年代的一項經典研究中，史坦利・米爾格拉姆（Stanley Milgram）和同事故意在公共場所「遺失」信件[17]，並發現大部分信件最後都會被歸還，其中許多甚至沒有貼郵票。即使是不會再度光顧的餐廳，我們也會留下小費[18]。有些人會匿名捐款給慈善機構。數十年來，有關社會與發展心理學的研究也確認了大部分人已經猜到，但一些研究者卻質疑的事[19]：我們幫助別人是因爲我們爲他們的遭遇感到難受，願意減輕他們所受的苦[20]。的確，為某人的處境感到難受，會讓人更願意在囚徒困境中與對方合作，只是這裡面對的不是刑期，而是金錢（我們將用許多時間討論人們用錢參與合作賽局的實驗）[21]。此種情感狀態一般被稱為同理心，它讓人將別人的感受當作自己的那樣感受[22]。在最近幾年，認知神經科學者研究同理心的神經基礎，發現這樣定義相當貼切：看著另一個人經歷痛苦時，會引發個人經歷那種痛苦時與情感關聯的神經迴路的反應，而那些據稱對別人有高度同理心的人，其大腦會更強烈顯示出此種效應[23]。

支持著對陌生人做出同理心反應的神經迴路，有可能衍生自為了母愛而演化出來的迴路。催產素（oxytocin）是一種神經傳導物質與荷爾蒙，它在許多哺乳類物種的母愛表現中扮演著重要角色[24]。增加人類大腦對催產素感受度的基因[25]與高度的同理心有關聯，將催產素噴進人的鼻子裡（由此處可進入大腦），會讓人更有可能在某種版本的囚徒困境中決定合作[26]。

我們關心別人的能力，包括關心不相關的個人的能力，幾乎確定是從我們靈長類祖先那裡遺傳來的優化特性[27]。數十年來，靈長類動物學者的研究報告已指出，在一些事件中，猿猴表現出顯著的同理心。有先驅地位的靈長類動物學家娜迪茲達・雷帝吉納－柯茲（Nadezhda Ladygina-Kohts）[28]在莫斯科的家裡養了一頭名叫喬尼的年輕黑猩猩。喬尼喜歡在屋頂上玩耍，而且時常拒絕下來。一段時間以後，柯茲發現，讓喬尼下來的最好方法是訴諸牠的同情心。她會假裝哭泣，喬尼就會馬上跑到她身邊，狐疑地尋找侵入者，然後輕觸她的臉安慰她。黑猩猩有時似乎也會幫助彼此。荷蘭安能動物園（Arnhem Zoo）[29]的七歲黑猩猩賈奇，有次看到年老的照護員克隆試圖撈起一個裝滿水的輪胎，卻始終無法成功。克隆挫敗地放棄之後，賈奇跑到輪胎旁邊，移走其他擋路的輪胎，把克隆要撈的輪胎拿給他，還小心翼翼地避免把水灑出來。

這類軼事相當奇妙，可能也充分反映了我們靈長類表親的內心真相，但如果我們有所懷疑，也可以用某種解釋來否定它們。然而，靈長類動物學家在更近期的一個於控制條件下的實驗室研究中，強化了非人的靈長類動物具有真摯關懷情感的主張。在一系列實驗中，菲力斯・華內肯（Felix Warneken）、麥可・托馬塞洛（Michael Tomasello）與其同事證明，黑猩猩會自發地幫助其他黑猩猩與人類，而不期待有獎賞[30]。在一個實驗裡，黑猩猩自動幫助一個實驗者拿他本來拿不到的東西；在另一個實驗裡，黑猩猩爲一個不熟悉的人做了同樣的事，雖然牠必須攀越障礙物才能拿到東西；還有另外一個實驗，黑猩猩們主動選擇拆開鎖鍊，讓另一隻黑猩猩可以取用食物，而自己毫無回報。看起來，人類睦鄰的特性在演化樹中的發展十分長遠。最近由溫卡特・拉克斯米納拉亞南（Venkat Lakshminarayanan）與勞瑞・桑托斯（Laurie Santos）合作進行的研究顯示，面對兩種選項，一種是只有自己得到獎賞，另一種是自己與鄰居都獲得獎賞，捲尾猴通常會選擇讓鄰居也得到獎賞，即使鄰居的獎賞可能比自己的大[31]。甚至還有證據顯示鼠類也有同理心，牠們願意放棄眼前的獎賞，將被困住的另一隻老鼠從機關裡放出來[32]。

總結來說，儘管我們的關懷能力有限，但我們是一個會關懷的物種，而且至少有一部分的關愛能力，就算不是從關係更遠的祖先那裡得來的，也是遺傳自靈長類祖先的。我們最關心親屬與朋友，但也關心點頭之交與陌生人。在一般情況下，我們極不願意傷害陌生人，甚至即使只是假裝傷害，也會造成我們的血管收縮。我們樂於不求回報地幫助陌生人，只要不是太花錢。因爲彼此關懷，而個人獲得的報酬對我們來說不是唯一重要的事，我們可以更輕易地一起找到神奇的角落。

威脅與承諾下的合作

如果亞特與巴德彼此關懷，或擁有一個具生產力的未來，他們就可以找到神奇的角落。但如果他們只是沒有明天的陌生人呢？假設亞特與巴德有個一生難有的機會可以搶銀行，他們以前未曾共事，以後也不會再合作，警察也一定會想辦法逮捕他們，並讓他們反目成仇。他們能一起堅持下去嗎？

他們或許可以事先口頭說好，兩人都堅不吐實。做出這樣的承諾是很容易的，難的是堅守承諾，僅僅是做出承諾，並不能改變報酬矩陣圖的結果。當面臨認罪還是沉默的選擇時，亞特和巴德還是會遇到認罪比較好的情況。如果他們不關心彼此，未來也沒有必須保護好的合作前景，無論有無承諾，兩個人都會認罪。

他們所需要的是某種能夠強制履行契約的方法。要達到此種目的，亞特可能會對巴德這麼說：「如果你把我咬出來，只要我一出獄，我就會把你找出來幹掉。」不幸的是，這種基於威脅的策略跟前述那種本性較好的承諾策略有著同樣的問題。假設亞特做出威脅，而不管怎樣，巴德還是咬出了亞特，十年後兩人都出獄了，到了亞特要落實威脅的時候，他爲什麼要自找麻煩呢？殺掉一個人要冒很大的風險，又不會有好處。如果巴德打從一開始就知道亞特不會自找麻煩，那麼這個威脅就沒有用，巴德會無視這個威脅而認罪。反過來，亞特也會做同樣的事。雙方不會合作。

因此，單是威脅成不了事，就像僅有承諾也成不了事一樣。但如果有效地設計，威脅也可能成事。如果亞特有個可控制的高科技機器人殺手，經由設定，會在巴德做出背叛行爲時幹掉他。重要的是，我們必須假設機器人辦事非常完美，而且一經設定，便無法阻止它執行任務，就連亞特也阻止不了。如果巴德知道他背叛亞特就會被殺掉，那麼他就不會這麼做。亞特的威脅是有些瘋狂，因爲無論他的機器人怎麼做，他都必須爲此負責，所以他絕不會希望他的威脅成眞。如果基於某種原因，巴德無視機器人的威脅，背叛了亞特，亞特會想盡辦法關掉自己的機器人（當然，這麼做是徒勞無功的）。儘管如此，只要巴德明事理，藉由這種撂狠話的做法，亞特可以確保巴德合作。當然，巴德也可以用相同的方式確保亞特合作（這種策略可稱之爲「互相確保毀滅」〔MAD〕策略）[33]。

唉，我們人類還沒有發明可設定的機器殺手呢。但根據經濟學家羅伯特．法蘭克（Robert Frank）的說法，我們的大腦有情感機制，可發揮相同的功能[34]。假如亞特眞的是個暴躁的人，會因爲巴德背叛他而抓狂，就算等上十年，追到天涯海角也要殺掉巴德。如果巴德知道亞特有仇必報，那麼他就有強烈的誘因不去背叛他。因此，如果亞特是個咸知有仇必報的人，他就可以把自己變成一個機器殺手，藉由高調而可靠的威脅，促使別人與他合作。當然，做個有仇必報的人成本可能很高。亞特如果眞的爲了報復而窮盡一生去找人，他可能會失掉一切。然而，如果事情順利，亞特永遠都不必眞的去追殺巴德，因爲巴德根本不敢惹惱他。因此，鼓動報復行爲的情感確實是，或可以是一種理性的非理性，藉由公開承諾將做出不符合自身利益的事，爲我們帶來利益。

人類並不是唯一有復仇念頭的生物[35]。凱斯．詹森（Keith Jensen）與他的同事做了一項實驗，讓黑猩猩可以阻撓別的黑猩猩取用食物。他們發現，如果黑猩猩A從黑猩猩B那裡偷了食物，黑猩猩B就更有可能拉繩子讓黑猩猩A食物下的桌子翻倒，使牠拿不到食物。田野調查顯示，黑猩猩在野外也會做同樣的事[36]。

我們有負面的社會情感促使別人與我們合作，但合作也可能是由更高尚的情感所促成的。如果亞特與巴德只是兩個惡棍，他們的承諾根本沒有用處，因爲如前所述，惡棍沒有理由堅守他們的承諾，每個人也都知道這點。但如果亞特與巴德是盜亦有道呢？亞特可能不關心巴德，但他可能關心如何言出必行。他可能是那種一旦未守信會自覺羞愧，恨不得馬上鑽到洞裡去的人。那就是你能一起共事的人。就像復仇的怒氣可以讓威脅對他人來說變得可信，容易有強烈的罪惡感與羞恥感，也會讓自己較易相信別人的威脅。你可能預料到了，違背一個承諾[37]或者僅僅想到要違背一個承諾，都會使大腦內與情感相關的區域出現更多活動。

我們談了家人之愛與友誼做爲合作式關懷的形式，此類情感也可能是策略性的束縛衣，就像復仇的怒氣，理性地讓我們做出不理性的行爲[38]。但在這種情況下，情感的束縛衣並不是由未來沒有合作機會的人穿上的，而是由未來可能與對方有更好合作機會的人穿上的。假設警察提供亞特一個很好的交易條件：如果他背叛巴德，他們不只會放亞特一馬，還會給他一個銀行防搶專家的工作[39]。換句話說，警察邀請亞特跟他們，而不是跟巴德搭檔。亞特關心巴德是可以理解的，畢竟他們有過去合作的經驗，未來也有合作的前景。但警方提供亞特的是某種巴德只能夢想而求之不得的東西——讓人興奮、受人尊重的職位，有豐厚、穩定的收入。亞特與警方合作的前景似乎更好。如果亞特與巴德的友情濃厚，但不比巴德提供的合作機會更吸引人，那麼亞特會拋棄巴德，加入警方。這種交易對亞特來說很棒，但如果亞特跟警方交易的意願被人知道，事情就不太妙了。不說別人，巴德可能再也不會和這種只要有好康就出賣夥伴的人共事。

說到忠誠這個品德，如果亞特珍惜搶銀行的夥伴勝過他們合作關係的「市場價值」（合作機會的物質價值），這會讓亞特成爲一個更具吸引力的夥伴。如同平克所觀察到的，忠誠的邏輯在愛情關係中特別顯著**40**：你是個很棒的伴侶，但總是會有另一個人具有你所具有的一切，而且還多了點別的。你知道你的伴侶有一天可能會遇到那樣的人，但你確信他不會因爲有更好的人出現而離開你，這會讓你更願意跟他定下來，建立一個家庭。這是一個賭注很大的合作行爲。你的伴侶能夠完全珍惜你具市場價值的許多特質，那很棒，卻還不足以讓你們繼續在一起。你眞正想要的是他有一種深刻不移、想要跟你在一起的欲望，而且非你不可。簡言之，你想要你的伴侶愛你，不只是爲了你的優點而想要你，而只因爲你就是你。只有愛能提供你爲了承擔親職的重責所需要的忠誠。因此，愛似乎不僅僅是更強烈的關懷，愛是高度專精化的心理機制、一種情感的束縛衣，藉由確保承擔親職的伴侶不會被拋棄，而使合作式的親職變爲可能。

還有另外一種可以潤滑合作之輪的忠誠。就像個人的忠誠可以讓人變成一個更有吸引力的朋友或情人，尊重權威的性格也可以讓人在一個大型合作事業中成爲有吸引力的小兵。的確，如果你是一個將軍或執行長，你希望誰待在你的組織裡：不管你說什麼，仍舊去做他認爲最好的事的人？還是可靠地遵循你的指令的人？同樣的，你會想要一個只要有更美的船經過就跳船的人？還是就算沉到海底也不離開船的人？好的小兵具有忠誠與謙卑的美德，知道自己的崗位在哪裡，絕不敢背棄。

此種對崗位的歸屬感有可能受到正面與負面情感的驅動。幾乎在所有靈長類群體裡，低階的個體都對高階的個體懷有負面情感，對牠們心懷畏懼。但人類有時對其領導者會抱持著強烈的讚賞之情[41]。我們可能因爲過去未曾見過這樣的領袖而受到激勵，並願意獻身於成員不固定的組織，例如國家、教會、企業與學校。喬納森・海特（Jonathan Haidt）主張，這種獻身於領袖、組織與更抽象理念的能力，有可能是演化來促進大型團體的合作的，就像浪漫的愛情是演化來促進合作式的親職活動。這種能力可能仰賴於我們感受敬畏之情的能力，亦即被比我們自己與熟悉的社交圈更大的事物所感動，並獻身於此的能力[42]。

注視的眼與評判的心

若亞特與巴德關心彼此，未來有合作的前景，或者其情感堅定，對威脅或承諾都言出必行，他們就能找到神奇的角落。但如果這些優勢他們都沒有呢？

亞特已誓言，如果巴德背叛，他就要殺死巴德，但現在人被單獨押在牢裡的巴德想要供出一切。他想要認罪，是因爲他知道亞特是理性的，不會像其他衝動的人只因爲憤怒就追殺他。但是巴德還是最好再想想，亞特仍然有可能因爲巴德背叛而殺死他，但不是因爲亞特有不理性的復仇心，而是因爲有別人在看。搶銀行的圈內人都想知道亞特的威脅到底可不可信，如果他因爲巴德背叛而殺了他，這個問題就有肯定的答案了。這可是好生意。巴德最好保持沉默。

因此，必須維護聲譽的人更容易合作：聲譽讓人有理由履行自己提出的威脅，這讓他們的威脅更可信，也讓那些被威脅的人更可能合作。聲譽也可以用更直接的方式強化合作[43]。如果外傳巴德是隻咬布袋的老鼠，那麼其他人就不會想跟他一起搶銀行，最後他就會失敗。因此，聲譽可以用兩種方式增強合作：證明自己的合作傾向，還有顯示自己絕不寬宥不合作的行爲。我們的道德之腦在設計上似乎會採用這兩種策略。

凱文・哈利（Kevin Haley）與丹尼爾・費斯勒（Daniel Fessler）將人帶進實驗室，並給他們當中一半的人每人十美元[44]。幸運收到錢的人可以選擇分享部分或全部，或是全不分享給不那麼幸運的實驗參與者。這個實驗被稱作「獨裁者賽局」（Dictator Game）[45]，因爲做選擇的人對那筆錢有絕對的控制權。所有這些實驗都是以匿名方式透過互聯的電腦進行，以確保參與者不知道誰給誰多少錢。在這個實驗中，關鍵的操縱變因非常微妙。半數獨裁者的電腦螢幕背景是一雙眼睛，其他獨裁者，也就是處在控制組中的人，其螢幕只顯示有實驗室標誌的標準背景。

看到標準背景畫面的人中，只有約半數（五五％）會給其他玩家錢，但絕大部分看到眼睛的人（八八％）都會給錢。後續的田野實驗則用「自行付費榮譽箱」的方式觀察買飲料的行爲，一雙眼睛的圖樣會讓付錢購買牛奶的意願增加一倍[46]。

我們都知道，人們認爲自己被注視時，自我意識會變得比較強烈，表現就會比較好。讓人驚訝的是，連眼睛圖樣這種不相干的簡單線索，也會讓人做出最好的表現。我說「不相干」，是因爲沒有人會有意識地選擇回應這種線索：「我現在要爲我買的牛奶付帳，因爲某人的眼睛印在櫃子上。」相反的，這是一種自動化程式的運作，是道德機制中的一個有效部分。

如果注視的眼睛對我們影響很大，那可能是因爲它們幾乎總是連接著四處講話的嘴巴。根據人類學家羅賓・鄧巴（Robin Dunbar）的說法，人類將六五％的對話投入在談論別人所幹的好事與壞事上，也就是說長道短[47]。他主張，我們花許多時間道人長短，因爲這是社會控制的一種關鍵機制，也就是說，它是一種強制合作的關鍵機制[48]。的確，「每個人」可能都知道你幹了什麼這點，讓人強烈傾向「若要人不知，除非己莫爲」。而且，人不只會講閒話，這似乎還是自動發生的。對許多人來說，得很費力才能不說三道四。

在一個充滿注目的眼光與大嘴巴的世界裡，人們做了不合作的事一定會被逮到。被逮到的人最糟的下場可能很慘：在你的餘生，沒有人想再跟你有任何瓜葛。人如何避免這種命運？如果有某種方法可以說服「所有人」，未來你是更好的合作者，這或許會有幫助。你可以道歉，但是這不是很有說服力。任何人都會說「我很抱歉」。如果你的臉不由自主地轉變成不同的顏色，也就是說漲紅，這個可靠的訊號會更有力地顯示你眞的對自己的行爲不滿。的確，「困窘」似乎是被設計來扮演此種示意的角色，藉由發出訊號表示眞心願意未來有不同的表現，而回復一個人的社會地位，這種訊號似乎有效。研究顯示，在承認做了逾矩之事後，逾矩者若表現出困窘的樣子，人們會比較喜歡他[49]。

當然，單是「每個人」都知道逾矩者做了不好的事，這並不會造成任何差別，重要的是人

圖2.2　還不會說話的嬰兒喜歡幫助圓形爬山的小三角形，不喜歡把圓形往下推的四方形。

會依據其所見所聞而改變對待他人的方式。因此，在張大的眼睛和豎起的耳朵後面，一定有顆評判的心，依據看到什麼、聽到什麼而決定怎麼對待他人。這樣人類的敏感才說得通。我們愛評判，這點並不新奇，新奇的是我們從嬰兒時代就愛評判，近十年來最值得一提的一個心理實驗就得出了這個結論[50]。

凱利・哈姆林（Kiley Hamlin）、凱倫・溫（Karen Wynn）與保羅・伯倫（Paul Bloom）讓六個月大與十個月大的嬰兒看有一雙眼睛的幾何圖形沿著山坡上上下下的影像（如圖2.2）[51]。

在上方的影像中，圓形試著攀上山丘，但不太能靠自己的力量爬到最頂端；接著來了一個幫忙的三角形，它從下往上將圓形推到頂端。在下方的影像裡，圓形再次嘗試，但沒辦法自力爬到頂端，這時來了一個礙事的四方形，它從山頂往下移動，把圓形推回底部。嬰兒們分別看了幾次這兩段影像，直到他們覺得無聊為止。然後，在關鍵的測試階段，實驗者拿著托盤靠近嬰兒，托盤的一邊放著像是幫忙的三角形的玩具，另一邊放著像是礙事的四方形的玩具[52]。在十六名十個月大的嬰兒中，有十四名會伸手拿那個幫忙的玩具；十二名六個月大的嬰兒則是全都會伸手拿那個幫忙的玩具。結果明確得讓人吃驚。

接著，研究者找了新的團體再次進行這項實驗，讓圓形看起來像是沒有生命的物體，而非有目標的運動者。他們拿掉眼睛，也不讓嬰兒看見圓形自發的運動，那是一種有生命與意志的象徵。因此，在這個版本裡，三角形與四方形並不是在幫助或阻礙圓形，它們只是把圓形推上或推下山丘。這回，一如預料，嬰兒並未顯示喜愛三角形更勝四方形的傾向（也就是喜歡推上去的，更甚於推下來的），這表示嬰兒的偏好確實是社會性的。他們喜歡的是幫助的行爲，而不是推上去的行爲；他們不喜歡的是阻礙的行爲，而不是推下來的行爲。

還不會走路和說話的六個月大嬰兒，已經會對行爲與行爲者做出價值判斷了，他們伸手接觸顯示出合作跡象（關懷他者）的個體，而拒絕那些做出相反行爲的個體。由於這些孩子還小，他們的行爲顯然不是出於有意識的論理：「那個四方形對紅色圓形不好，說明它也不會對我好，所以我要避開那個四方形。」相反的，這些判斷是透過自動化程式進行的，這種機制能感受簡單的線索——某種運動形態，以及貌似眼睛的物體的存在。此種機制在非常早期的時候就已經開始運作，幾乎可以肯定是我們基因遺傳的一部分。

優待我群勝過他群的部落性

兩個互相關懷或未來有合作前景的囚犯可能走到神奇的角落；兩個陌生人在正確的威脅下或具有必須維護的聲譽時，也可能走到神奇的角落。但若沒有威脅，也沒有必須維護的聲譽，陌生人之間會合作嗎？

假設有個大型的搶銀行團體，叫作「守口如瓶銀行搶匪聯盟」，這個組織名稱顯示出，搶匪們在面對警察時有嚴格的守祕規定。這個聯盟規模大到大部分的成員都不認識彼此，個人之間並無往來，也不曾聽過彼此。換句話說，大部分的成員是完全的陌生人。加入聯盟保證會讓他們獲得巨大利益，儘管互不相識，但他們可以一起搶銀行，因爲他們知道搭檔不會出賣他們。問題獲得解決了嗎？

問題比較像是在設定上就被迴避了。要假定有這樣的聯盟存在，基本上就要設定有一個合作團體存在，挑戰在於如何讓這樣的團體運作，並防止它分崩離析。要成爲聯盟會員，基本上要承諾不背叛其他會員，以換取別人同樣如此回報。如前所述，在一個自私的世界裡，僅僅承諾是沒有用的。如果不守承諾不用付出代價，他們爲什麼要遵守承諾呢？或許逾矩的會員會被聯盟懲罰，這可能有效，但讓我們把問題往回推一步：這個聯盟的幹部是誰？是什麼因素讓他們去懲罰背叛陌生人的陌生人？我們稍後會討論懲罰機關的角色，但現在，我們讓事情容易些。假定聯盟會員天生嘴巴就很緊，只要他們只與會員共事，會員們都會沒事。對他們來說，問題是如何避免被口風不緊的圈外人利用。一個混蛋搶匪會很樂意巴結一群守口如瓶的搶匪，跟聯盟會員幹過一票又一票，當條子開始問話時，每次都推他不知情的拍檔下水。

只有當壞份子進來之前就已經傳出壞名聲，聯盟才能避免讓這些混蛋搶匪混入，但這裡我們假定不可能有此種情況。對不值得信任的壞份子所知甚少時，聯盟可以積極提供值得信賴的圈內人資訊。會員們可以攜帶小型識別證，上面畫著嘴唇緊閉的圖樣，讓他們可以找到彼此，並避免跟非會員共事。只要圈外人不偽造識別證，此種識別系統便可以運作。這個聯盟要運作得當，需要有可靠的會員身分指標。

這是一個常見的問題。所有合作團體都必須保護自己不被圈外人利用，所以需要有區分出我群與他群的能力，以及相對於圈外人更優待自己人的傾向。雖然有少數人對待陌生人像對待家人一樣，但沒有任何人類社會把這種做法當作常規。這背後有很好的理由。這種社會將變成一種任人取用的資源幫浦，只要陌生人來到門口，就可以等著取用資源，彷彿他們是失散已久的手足。人類學者丹諾・布朗（Donald Brown）在有關人類文化異同的調查中也發現，圈內偏私與族群本位主義是普世皆然的[53]。

我們每一個人都在一組社交圈子中占有核心地位。我們身邊是最親密的親戚朋友，然後是關係較遠的親戚與點頭之交所構成的較大圈子，在這圈子外，則是在村落、宗親、部落、種族、鄰里、城市、州、地區、國家、教會、教派、宗教等各種類型與規模的團體中同爲會員的陌生人。除了這些層層疊疊的團體，我們也因爲政治結盟、就讀的學校、社會階層、我們支持的運動團隊，以及其他喜好與不喜好之事物而進行組織。社會空間是複雜且多面向的，但至少有一件事對常識和大量社會科學研究來說都是清楚的：人類會密切注意別人在我們自我本位的社會宇宙裡占據何種位置，而傾向優待和我們較親近的人。這種傾向被稱爲「部落主義」（tribalism），有時也被稱作「地方性的利他主義」（parochial altruism）[54]。

我們很容易將最內層社交圈裡的人（家人、朋友、熟識者）視爲合作團體的一份子，但是人還會在更大的團體內合作，無論是積極的（如搭橋、打仗），還是消極的（如不侵犯）。然而，我們需要一些方法來區分出哪些人可以合作，哪些人則可能是想利用我們。換句話說，我們需要有能力去展示並判讀社會關係識別證，並依據我們判讀的結果調整行爲。

希伯來聖經曾說到基列人的故事，基列人在大約西元前一二〇〇年擊敗以法蓮人，把他們趕離家鄉，驅逐到約旦河彼岸。戰爭結束後，許多生還的以法蓮人試圖穿越守護著渡河處的基列人，返回家鄉。爲了抓出以法蓮難民，基列人守衛用一種簡單的方法來測試：他們要求想過河的旅人唸希伯來字 *shibboleth*（原意指植物上長出穀子的部分）。古代以法蓮的方言沒有「sh」的音，所以他們很難唸出這個字。根據經書記載，有四萬兩千名以法蓮人因爲發不出「sh」的音而被殺。

今天，*shibboleth* 這個字指的是鑑別文化團體成員資格的可靠標記。凱薩琳・金斯勒（Katherine Kinzler）與其同事的研究顯示，人類從小就會使用初階的標記，即語言線索，來做爲識別團體身分的方式，並做爲社會偏好的基礎。在一系列針對說法語與說英語的孩童所進行的研究中，六個月大的嬰兒偏好看著沒有外國腔調的說話者，十個月大的嬰兒偏好說本國語的人給他們玩具，而五歲大的孩童偏好跟沒有外國腔的孩童做朋友。看來人類的大腦甚至在生成語言之前，就已經會用語言來區分出值得信賴的我群與不值得信賴的他群了[55]。

shibboleth 顯示了有關部落主義更普遍的一個要點，也就是任意的差異性可以發揮非任意性的功能。基列人的發音表面上是無關緊要的，重要的是基列人的發音與以法蓮人的發音不同。同樣的，任意性的文化行爲也可能在支持合作上扮演關鍵的角色。人們如何穿著、洗東西、飲食、工作、跳舞、唱歌、開玩笑、調情、性行爲等等，所有規範日常生活的規則都可能發揮非任意性的功能，讓陌生人看起來古怪，從而將我群與他群區分開來[56]。

種族偏見的內隱聯結

在現代世界中，我群與他群最顯著的區分符號是種族。近年來，心理學家已運用「內隱聯結測驗」（Implicit Association Test, IAT）[57] 來研究種族態度，藉由測量人們能多快將物品歸類到不同的概念群組，來衡量不同概念之間的關聯性[58]。在典型的內隱聯結測驗裡，一個人在電腦上執行兩個交錯的分類任務。舉例來說，電腦螢幕上出現某些字時，受試者可能會依據這些字指的是好事或壞事來進行分類。看見好的字眼（例如「愛」）時按左鍵，看見壞的字眼（例如「恨」）時按右鍵。同時，受試者也可以依據種族對人臉進行分類，白人的臉按左鍵，黑人的臉按右鍵。內隱聯結測驗測量人們在做這些分類動作時所花的時間，以及在不同類別與按鈕的搭配中，按下按鈕的速度有何變化。比方說，你可能會用右鍵來按好的字眼與白人的臉，用左鍵來按壞的字眼與黑人的臉。相反的，你也可能用右鍵來按壞的字眼與白人的臉，而用左鍵來按好的字眼與黑人的臉。若你用同一個鍵來表示「壞」與黑人時按下按鍵的速度較快，這表示你對「壞」與「黑人」有內隱聯結。其他概念配對的組合亦然。這個測驗顯示，大部分的白人對白人有隱藏的偏好，也更容易將好的字眼與白人的臉相聯結；壞的字眼則比較容易與黑人的臉聯結[59]。這些測試分數也反映了腦部活動：強烈聯結黑人的臉與壞的字眼的白人，其大腦有關高度專注能力的區域（杏仁核）對黑人的臉有較強的神經反應。以孩童為對象的內隱聯結測驗顯示，小孩早從六歲就開始有這種以種族為基礎的偏見[60]。而且讓人驚奇的是，一個以猴子為對象的內隱聯結測驗也顯示，牠們對自己族群的成員也有隱含的偏好，將水果等好的事物與族群內的成員聯結，而將蜘蛛等壞的事物與族群外的對象聯結[61]。

悲哀的是，種族偏見不僅出現在實驗室裡。先前曾提到，經濟學家發現，聽起來像白人名字（例如Emily與Greg）的履歷，相對於聽起來像是黑人名字（例如Lakisha與Jamal）的相同履歷，更可能獲得潛在雇主的來電62。讓人更毛骨悚然的是，從美國法院的紀錄可看出，在涉及白人受害者的死刑案件中，相對於白人被告，黑人被告更容易被判死刑，尤其是那些有著刻板印象中黑人臉孔特徵的黑人被告63。種族也有深刻的政治意涵。經濟學者塞斯・史帝芬–大衛歐維斯（Seth Stephens-Davidowitz）製作了一份地圖，顯示美國各地網路使用者以Google搜尋「黑鬼」與「黑鬼們」的頻率64。有較高「黑鬼」搜尋頻率的地區（大部分鎖定找尋種族笑話）在二〇〇八年美國總統大選時投給歐巴馬的票，遠少於在二〇〇四年投給約翰・凱瑞（John Kerry）的票。這種種族敵意似乎讓歐巴馬的對手得到三到五個百分點的優勢，相當於全國平均的地主州優勢，這足以動搖大部分的總統選舉。

由於種族偏見的嚴重性與普遍性，你可能認爲我們有「與生俱來」的種族歧視。但如果你這麼想，這也很難說得通。在我們狩獵與採集的祖先生活著的世界裡，人類不太可能遇到今天我們界定爲異族者的人。相反的，山另一頭的「他們」在外觀上可能與「我們」區隔不大。這表示，種族並不是與生俱來的觸發器，而只是我們今天恰好用來識別成員身分的標記。從演化的觀點來看，人類心智如果有某種社會分類系統，那麼這個系統若能更彈性一點，依據語言與服裝等後天的文化特性，而非基因上遺傳得來的外在特徵來對人進行分類就好了。

由於這樣的體認，羅伯特・庫茲邦（Robert Kurzban）與他的同事進行了一項實驗，比較人們對種族與團體成員文化標誌的敏感性65。他們讓受試者觀看由不同種族混編的兩支籃球隊之間的爭執。受試者看到球隊之間有敵我之分的說法，例如「是你們先挑釁的」。接著，研究者給受試者安排一個突如其來的記憶測試，要求他們將不同人的圖像與那些人所說的話配對。藉由人們在測驗時可能會犯的錯誤，實驗者可以看出受試者如何分類隊員。如果他們對種族很敏感，那麼應該鮮少會將白人的陳述配對到黑人身上，反之亦然。同樣的，如果人們對隊員身分很敏感，他們應該不太會錯把某隊隊員的陳述連結到另一隊的隊員身上。庫茲邦與其同事發現，若沒有明顯的隊員身分標誌，人們會非常關心種族而非隊員身分的不同。也就是說，相對來說，人們比較不會將陳述做錯誤的種族配對，而比較會把陳述做錯誤的隊伍配對。然而，當隊員穿著不同顏色的T恤顯示他的隊員身分時，情況整個相反。種族的重要性突然降低了許多，球隊隊員的重要性則提升了。

庫茲邦與其同事依據他們的演化理論提出另一個預測。先前解釋過，他們預期以種族為基礎的分類是可能變動的，因為種族並不是一個深層的演化分類。但同樣的邏輯並不適用於性別（男性 vs. 女性）。人類狩獵與採集的祖先確實會常態性地遇到男性與女性，而男性與女性在生物學上有重大差異。這表示以性別為基礎的分類，應該比以種族為基礎的分類更難改變，而他們發現的正是如此。無論是黑人或白人，也無論誰穿什麼T恤，受試者都不太可能搞混女人說了什麼與男人說了什麼。

這個實驗指出，我們很容易依據任意的團體身分指標對人進行分類，但這並未透露我們如何使用這些社會分類。亨利・塔菲爾（Henri Tajfel）與其同事所進行的經典研究顯示了社會分類如何輕易變成社會偏好的基礎[66]。塔菲爾將人帶進實驗室，並依據隨機決定的差異分成兩組。例如在某次實驗中，他假裝依據受試者在上一個計算任務中高估或低估結果，而將他們分成兩組（事實上是隨機區分的），然後讓他們匿名把錢分給其他受試者。他發現人們傾向於優待同一組的成員，雖然他們過去沒有交集，未來也不會打交道，而且只是基於無關緊要的分類而歸到同一組。的確，塔菲爾發現，即使擺明用隨機的方式進行分組，人們仍然會優待同一組的成員。優待同一組的成員並不僅是打破僵局的策略，人們時常寧願給同組成員較少的錢，也不願給非同組的成員更多的錢。

近年來，部落主義已被連結到特定的神經系統。如前所述，催產素是一種神經傳導物質與荷爾蒙，和哺乳類動物的母愛行爲有關，這種物質與增加人類的同理心及信任有關。事實是，有時被稱爲「抱抱化學物質」（cuddle chemical）的催產素比先前所想的具有更強的區別性。從卡爾斯坦・迪・德勞（Carsten De Dreu）與其同事近期所做的實驗可知，從鼻腔注入催產素會讓人與團體內的成員更容易合作，但對團體外的人則無此效果，對團體外的人有高度恐懼時更是如此[67]。進行內隱聯結測驗也發現，催產素會增強優待團體內成員的傾向，但對團體外的人之嫌惡也會些微增加。最後，催產素也影響人類對道德困境的反應，使人較優惠團體內的成員，不利於團體外的人；使人對犧牲團體內的成員較不愉快，但對團體外的人則不會有此種情感。

總之，大腦在設計上就有部落主義的傾向。我們直覺地將這個世界分成我群與他群，並優待我群更勝於他群。人類從嬰兒時代就懂得使用語言的線索，而這在歷史上一直都是區辨團體成員身分的可靠指引。在現代世界，我們依據種族（最主要的）來區分彼此，但種族並不是深層、與生俱來的心理分類。相反的，它只是許多可能的團體成員指標之一而已。塔菲爾的實驗結果表示，我們很容易基於最任意性的指標，將人區分成我群與他群。這聽起來很瘋狂，但從許多方面看來確實如此。但若一個物種要透過大團體的組成與合作才能存活，而且團體要大到其成員只能透過文化上習得的身分標誌來識別彼此，這種現象是可以預期的。

在繼續討論之前，我必須趕緊補充，設計成部落主義的傾向並不表示它是根深柢固的。大腦可以透過經驗與主動學習而重新設計。更重要的是，大腦包含許多競相控制行爲的不同迴路，某些迴路比其他迴路更容易修正。後續章節將再詳細討論。

促進社會利益的懲罰

亞特與巴德可以用可靠的威脅來哄騙對方一起走到神奇的角落。一個有力的第三人也可以這麼做。例如，他們兩人可能是某個犯罪集團的成員，而老闆對他們提出了兩人都不能拒絕的提議：「如果你們誰咬出夥伴，我就殺掉他。」為了對應一個老笑話，我稱這種威脅是「提議」，但真誠的提議還是可能達成同樣的效果：「保持沉默，我就會讓你有回報。」

強迫性的合作，肯定是驅動歷史的力量之一：首領、國王與皇帝們都用他們一個比一個大的蘿蔔與棒子來強制進行有生產力的合作（並且從最上面拿走一大塊利益）。十七世紀英國哲學家托馬斯・霍布斯（Thomas Hobbes）認為這是好事。他讚揚君王是維持和平的利維坦（Leviathan），亦即君主這個塵世的上帝，讓我們脫離了「險惡、殘酷且短暫的」的原初生活狀態[68]。

利維坦們未必都是「塵世的」上帝。對信仰者來說，一個超自然的權威是理想的合作擔保者，因為超自然力量可以是全知全能的，確保合作者有最大的獎賞，不合作者有最大的懲罰。大衛・史隆・威爾遜（David Sloan Wilson）主張，宗教可能是一種透過文化演化而成，使人能夠在大團體中進行合作的機制[69]。當然，敬畏上帝與身為一個好的合作者有關，這概念並不新奇。信仰者長久以來即對那些不「敬畏上帝」的人心懷警戒，而且之後也將繼續如此[70]。

從演化的觀點來看，形成強迫性的合作是有道理的[71]，因為它要的正是任何有利害關係者的自利心：合作的下屬希望被老闆獎賞，並避免懲罰；塵世的老闆則透過生產力更高的下屬們獲利。不過人們仍想知道，有利害關係的第三方所給予的獎懲，能否在沒有利維坦這樣的權威下穩定合作關係。這是一個很重要的問題，因為人種誌研究指出，前農業社會是相當平等的，沒有利維坦來告訴每個人該做什麼[72]。

再次想想守口如瓶銀行搶匪聯盟。先前，我們想像這個聯盟是由一群天生就守口如瓶的個人所組成的，其挑戰之處是要避免被外人利用。但這個聯盟內或許仍有完全選擇不合作的人。這裡的挑戰是如何有效控制聯盟的成員，而且不須透過一個有權力的老闆就這麼做。聯盟成員可以自律嗎？

如果這個聯盟的規模小，不合作的行爲可以透過直接的報復加以懲罰，這是一種以牙還牙：如果亞特咬出巴德，巴德可以懲罰亞特，這樣亞特下一次就會比較合作。這種情況被稱爲「直接的互惠」（direct reciprocity），因爲巴德從懲罰亞特的行爲上直接獲得利益。但如果我們假定聯盟很大，巴德懲罰亞特就不太值得了，因爲下一次兩人不太可能再合作。然而，如果個人不會因此獲得任何好處，但聯盟成員仍舊願意懲罰背叛行爲，那麼這可能是激勵合作的重要因素。如果聯盟充滿了願意懲罰別人的人，那麼就很少人敢背叛，也就很少發生懲罰，因爲因背叛而被懲罰的可能性非常高[73]。

這種普遍願意懲罰不合作行爲的情況是一種「間接的互惠」（indirect reciprocity），因爲聯盟成員在懲罰別人時直接付出成本，在別人懲罰他人時，則因爲懲罰行爲而間接獲利，所以這是間接的[74]。如果這讓你想起最初的公地悲劇，那是當然的。此種間接的互惠本身就是一種合作，也是一種利他主義，讓團體利益優先於自我利益。因此，這種懲罰也經常被稱爲「利他式的懲罰」（altruistic punishment）[75]。然而，這個詞也可能誤導人，因爲一個利他的懲罰者想到的未必是團體的利益，他可能只是想要給那些曾經不利於他或別人的人好看。說得更明白點，我會稱這種成本高昂的懲罰是促進社會利益的懲罰。

我們是促進社會利益的懲罰者嗎？自己測試一下：假設在某個國外的城市，遠在千里之外，有個連續強姦殺人犯造成數十名婦女與女孩受害，如果沒有被逮，他就會繼續犯案。你願意匿名捐贈二十五元，確保這個強姦殺人犯被繩之以法嗎？如果不是二十五元，而是一元呢？如果你的答案是肯定的，恭喜你，你是一個促進社會利益的懲罰者。你願意付出個人成本來確保別人合作（再次記住，不侵犯也是一種合作型態）。

公共財賽局：坐享其成或合作獲利？

有許多實驗室研究確證，人們確實是促進社會利益的懲罰者[76]。此種實驗中最有名的是恩斯特・費爾（Ernst Fehr）與西蒙・嘉徹（Simon Gaechter）運用所謂「公共財賽局」（Public Goods Game）所進行的實驗，亦即類似公地悲劇那種情況的多人囚徒困境賽局[77]。每個參與者有一筆錢，要分給好幾群人。在賽局的每一回合，每個參與者都可以將一筆錢捐到公共的資金池裡。實驗主持人會將投進共同資金池中的錢乘上兩倍，然後平均分給每一個參與者。這些作爲都以匿名方式進行。

就集體的理性行爲來說，每個參與者都應該將他所有的錢投入公共池裡，才能讓實驗者加倍後的金錢總額達到最大，進而極大化團體能獲得的最大金額。舉例來說，假設有四個參與者，每個人一開始有十美元，總共放四十美元到公共資金池裡，實驗者會將池裡的錢乘上兩倍，變成八十元，然後分給每個參與者二十美元。這是相當豐厚的收益。然而，個人理性的行爲（如果個人是自私的）是不放任何一毛錢進去的，也就是說，「坐享其成」地享受其他參與者的貢獻，將自己原來分配到的錢全數留下，並分到共同資金池裡的一份，這才是理性。在這種情況下，若三人選擇合作，只有一位坐享其成者，他可以獲得二十五美元，其他人則只賺五元。在公共財賽局中，坐享其成的行爲就類似囚徒困境賽局中的背叛行爲，也類似在公地悲劇中任意增加牲畜的行爲。

在一個典型繼續進行的公共財賽局中，大部分的人一開始都會合作，至少會放一些錢進公共池裡。但後來有人開始坐享其成，放很少金額，甚至完全不放錢到池裡，合作者眼見自己被利用，便減少或完全不貢獻金錢了。一回回下來，貢獻金額愈來愈少，愈來愈多參與者說「管你去死」，於是貢獻金額減少到幾乎等於零。這眞是悲劇。

然而，當合作者有機會懲罰想坐享其成的人時，情況時常會改變。這裡的懲罰意指「付出成本的懲罰」，即付錢讓另一個參與者的獲利減少。舉例來說，在玩過一局之後，每個人可以付一元，讓想坐享其成的人減少四元的利益。這就像是用經濟敲一個人的腦袋。當實驗者引入懲罰的機會後，貢獻金額通常就會上升[78]。關鍵的是，即使懲罰者不能從懲罰行爲獲得任何好處，每個人也都知道這點，貢獻金額仍然會上升。而且，導入懲罰機制之後，還沒有人眞的進行任何懲罰，合作程度通常就會立即升高。這表示有些人已預期到，如果自己想平白獲利，他們會受到懲罰，甚至那些不能藉由懲罰他們而獲得任何（物質）利益的人，也可能執行懲罰。

關於爲什麼我們會是促進社會利益的懲罰者，爭論甚多。有些人說，促進社會利益的懲罰只是向直接互惠與聲譽管理演化時的副產品：我們懲罰跟我們沒有合作前景的人，是因爲我們的大腦自動假定每個人都是合作的夥伴，而且有人可能一直注視著我們[79]。在一個小型的狩獵採集社會中，這些假設不會不合理。其他人則認爲，促進社會利益的懲罰是團體層級在生物或文化選擇過程中演化出來的：促進社會利益的懲罰對人們所屬的團體是有利的，而藉著執行這種懲罰，人們能夠幫助其團體與別的團體競爭[80]。這些論點很有意思，但我們不必選邊站。就我們的目的來說，眞正重要的是促進社會利益的懲罰確實會發生，而且它符合今日人們相當熟悉的一種心理側寫。

你可能預期到了，促進社會利益的懲罰是由情感所驅動的。費爾與嘉徹詢問他們的實驗參與者，如果在實驗室之外遇到想坐享其成的人，他們覺得如何。大部分的人表示他們會生氣，而且如果角色對調，他們預期其他人也會對他們感到生氣。這種特殊的道德憤怒叫作「義憤」。

從我們熱中小說這點，最能清楚看見人類如何關心別人會如何看待人。如果我們完全是自私的，就不會花錢去聽一群來歷不同的孤兒用在街頭學到的智巧與詭計擊敗黑幫的虛構故事了。我們覺得那些想像的英雄與壞蛋的故事引人入勝，是因爲它們牽動著我們的社會情感，這些情感指引著我們對現實生活中的合作者與壞人的反應。我們不是不相干的外人。

基於情感的合作策略

從簡單的細胞演化出具有超強社會性，對人類這種動物來說，地球上的生命故事正是日益複雜的合作故事[81]。合作是我們爲什麼能在這裡的原因，而在這同時，如何維續合作正是人類最大的挑戰。道德是大腦對此挑戰的回應（海特的著作《正義之心》〔*The Righteous Mind*〕對這個概念有生動且廣泛的討論）。

就如亞特與巴德教我們的，有幾個互補性的策略可以讓本來自私的人一起進入神奇的、合作的角落。在囚徒困境中促成合作的策略，也適用於任何一種社會困境、任何一種在「我」與「我們」之間存在的緊張關係。舉例來說，亞特與巴德的合作策略很容易轉化爲迴避公地悲劇的策略：互相關心的牧民會想要限制每人所養牲畜的頭數；一個利維坦型的牧羊人可以確保別的牧民按照規則行事；牧民們可以揪出團體內的作弊者，並避免圈外人利用團體的合作榨取利益，藉以維持合作關係。諸如此類。更重要的是，這些策略能被轉化來解決眞實世界的難題：對付貪婪牧民的辦法，可以用來對付逃稅者、搞見不得人勾當的生意人、非法污染者、侵犯者、「亦敵亦友者」等（關於這一點，下一章將更深入討論）。

對於每個合作策略，道德之腦都有一套情感傾向來對應並處理。讓我們逐一審視：

關心他人：在自己的利益之外，如果兩個罪犯也能夠重視他人的利益，就可以找到神奇的角落。人類對應這個策略的方式是同理心。更廣泛地說，我們有著能關心別人發生什麼事的情感，特別是對家人、朋友與情人。情感也讓我們不願直接且刻意地傷害別人，（雖然程度較輕）坐視別人受到傷害。我們稱這是最小的尊重。

直接的互惠：如果兩個罪犯知道現在不合作，未來就無法透過合作獲得利益，那麼他們就可以找到神奇的角落。對應這個策略，咸知我們具有負面的情感反應，例如憤怒與鄙夷，這些情感讓我們懲罰別人，或迴避那些不合作的人。在這同時，這些情感傾向也會受寬恕的傾向所緩和。在一個會出錯的世界裡，這是一種調適的策略。我們也藉由感激，給予彼此正面的合作誘因。

信守威脅與承諾：如果兩個罪犯執意懲罰對方的不合作行為，那麼他們也可以找到神奇的角落。對應這個策略，人類時常是有報復心的。人類情感是出了名地傾向執意懲罰不合作的行為，即便懲罰的成本可能超過利益。同樣的，如果兩個罪犯也執意懲罰自己的不合作行為，他們也可以找到神奇的角落。對應這個策略，人類有時候是有榮譽感的，而且感知具有羞恥感與愧疚感這類自我懲罰的傾向。人類也可以展現忠誠這個相關的美德，包括伴隨愛而來的忠誠。對更高權威的忠誠也涉及謙遜的美德與敬畏的能力。

聲譽：如果兩個罪犯知道現在不合作，與知情的其他人將來就不會有合作獲利的機會，那麼他們也可以找到神奇的角落。對應這個策略，我們人類是愛評斷別人的，即使小嬰兒也愛評斷別人。我們會關注別人如何對待他人，並據此調整我們對待他們的方式。甚且，我們無法克制地製造與探聽流言蜚語，藉以擴大我們評斷別人的影響力。同樣的，我們對於別人關注的眼神特別敏感，這提高了我們的自覺。當自覺失靈，讓我們在逾矩時被逮到，我們會表現出困窘的樣子，這傳遞著下次不敢再犯的訊息。

拉幫結派：兩個罪犯可以透過歸屬於同一個合作團體而找到神奇的角落，只要該團體的成員能夠用可信賴的方式互相辨識。對應此一策略，人類是部落性的，對於團體成員身分的訊號高度敏感，且天性傾向於優待團體內的成員（包括陌生人），更勝於團體外的人。

間接互惠：如果有其他人願意懲罰不合作的人（或獎賞合作的人），兩個罪犯也可以找到神奇的角落。對應此一策略，人類是促進社會利益的懲罰者，其義憤會讓他們懲罰不合作的人，儘管自己不會因此獲得好處。同樣的，人們也期待別人對不合作的人表現出義憤。

同理心、家人間的愛、憤怒、社會的嫌惡、友誼、最小的尊重、感激、報復心、浪漫的愛情、榮譽、羞恥、愧疚、忠誠、謙遜、敬畏、愛評斷人、說長道短、自覺、困窘、部落性與義憤，這些都是我們很熟悉的人類天性，而且所有具社會性的人類都能實際理解它們是什麼，還有其作用爲何[82]。儘管如此，直到晚近，我們仍未能完全了解這些非常不同的人類心理特質如何彼此調適，還有存在的目的爲何。此一心理機制的全部內涵被設計得非常完美，能夠促使原本自私自利的個人進行合作，它所採用的策略可以被化約爲抽象的數學公式，並透過被監禁的銀行搶匪例示出來。目前並無方法可以證明這種心理機制是演化來促進合作的，無論是生物上還是文化上的合作，但如果不是這樣，那也太巧合了。

合作比自私更接近直覺反應

根據此種對人類道德的觀點，合作通常是直覺式的。我們不需要想通合作的邏輯才能合作。相對的，情感可以爲我們做出這樣的思考。爲了檢證這樣的想法，大衛・蘭德（David Rand）、馬丁・諾華（Martin Nowak）和我進行了一系列研究[83]。首先，我們重新分析幾個運用囚徒困境賽局與公共財賽局、已發表的實驗數據。更具體地說，我們檢視人們的決策時間。一次又一次地，我們發現相同的模式。人們決定得愈快，他們就愈會合作，這與合作是直覺式

的想法一致。（圖2.3） 84

然後，我們進行自己所設計的公共財賽局，強迫一些人快點決定（少於十秒），並強迫其他人慢點決定（多於十秒）。一如預料，迫使人們更快下決定，會讓他們更傾向合作，而迫使人們慢下來，會讓他們較不合作（更可能白拿獲利）。在其他實驗中，我們要求人們在參與公共財賽局之前，寫下直覺讓他們得到很好結果的經驗，或哪一次審慎思考反而讓他們走偏了。回想直覺式思考的優點（或審慎思考的缺點）會讓人更傾向合作。同樣的，回想審慎思考的優點（或直覺式思考的缺點）會讓人更傾向不合作。這些研究突顯了本章的主要論點：我們的道德之腦裡植入的是自動化的心理程式，能夠落實並促進合作。

（注意：從這些研究結果，你可能會認定直覺是所有好事的源頭，而審慎思考反而是道德之敵。這是錯誤的結論。的確，本書的寫作就是想導正這樣的錯誤。這些研究顯示的是社會直覺擅長避免公地悲劇。先前曾提到，這不是唯一的悲劇。稍後會深入探討這點。）

我之前即稱呼本章所描述的此種心理機制爲「道德機制」，但是至少有兩個理由讓在「道德」與「強化合作」之間畫上等號的結論顯得奇怪。首先，有一些可辨識的道德現象似乎跟合作沒有關聯。舉例來說，在某些文化中，吃某些食物或做某些你情我願的性行爲被認爲是不道德的。這些禁令如何有助於人們合作？

說清楚些，我將大腦中促進合作的心理工具稱爲「道德機制」，並不是說這個機制完全只

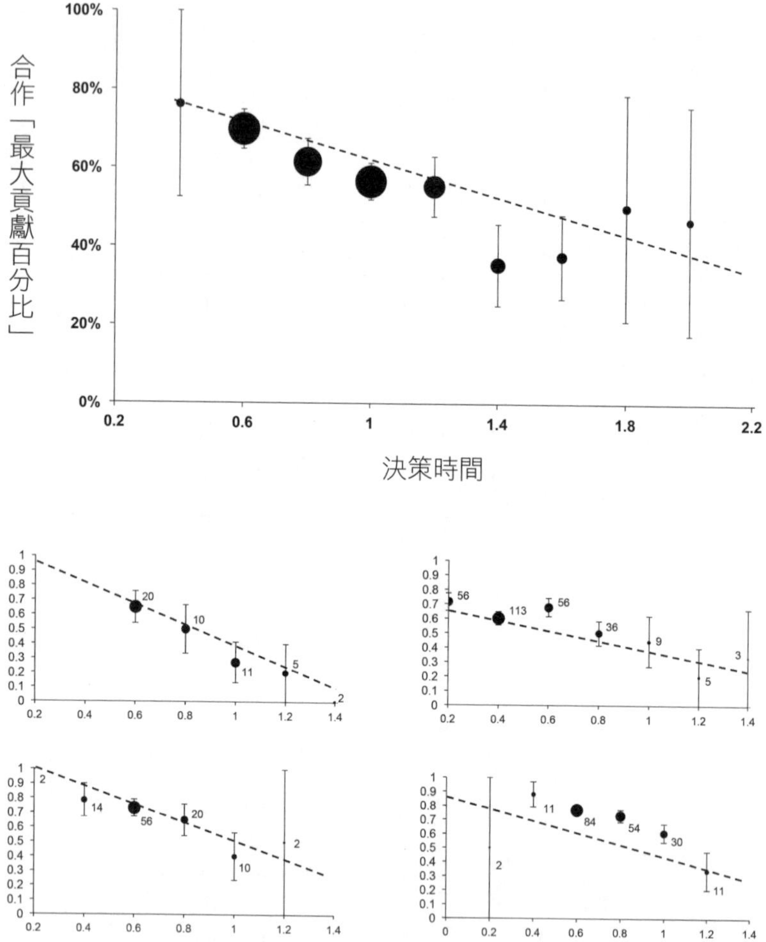

圖2.3　這五個合作實驗得出的決策時間數據顯示，快速的決策者更容易將集體利益置於個人利益之上，這表示合作性（至少在某些脈絡下）比自私傾向更接近直覺反應。

是爲了促進合作而存在。相對的，我是說，我們腦子裡有這個機制，是因爲它在促進合作的過程中扮演了某種角色，但這並不表示道德機制不能用在別的事情上。比方說，鼻子可以撐住眼鏡，但鼻子並不是爲了這個目的演化而來的。同樣的，對同志懷有義憤的情緒，可能和促進合作無關，然而我們懷有義憤的能力仍然存在，因爲它在促進合作上扮演了某種角色。話說回來，某些道德慣例看似與合作毫無關係，事實卻非如此。例如印度教禁止吃牛肉，可能是爲了讓牛做爲長期的乳品來源，而不是只做爲短期的肉類來源，從而增加食物供給量[85]。嚴格的工作倫理結合高生產力與有限消費，讓社區可以獲得更多資源。禁止自慰這種私人行爲的禁止，甚至可能也有社會功能：教會這類合作式的機構，可以藉由對婚姻儀式的壟斷，同時阻撓其他獲得性滿足的途徑，來增加其權力[86]。

其次，某些我稱爲「道德機制」者可能看似非關道德，甚至可以說是反道德。關心他人確實是道德的，而無私地落實合作規則也可能是道德。但是直接的互惠呢？我們傾向迴避或懲罰那些未能跟我們合作的人，這可能可以促進合作，但看起來並不十分道德，甚至根本就是一種自私自利的表現。我們那種非常人性的報復心又怎麼說呢？這種傾向也可能促進合作，但這跟我們許多人心中那種可讚揚的道德完全不同。

的確，雖然稱此種心理機制是「道德的」，但我不是對之表示贊同，至少不是贊同其所有面向。相反的，我們很快就會了解，我相信道德機制讓我們陷入很多不必要的麻煩。儘管如此，從純粹敘述性的、科學的觀點來看，重要的是去了解這些心理特性是整個有機體中的一部分，雖然其中有很多並不特別值得讚揚。這一整套心理調適機制是演化來促成合作的。再者，這套心理機制正是人世間所有不可否認爲道德之事物的來源，了解這點也很重要。換句話說，並不是每一個演化來促進合作的事物都可以被推崇爲「道德的」，但若我們的大腦沒有促進合作的設計，這世界上不會存在那些視爲「道德的」事物。

那麼，爲什麼大腦被設計成傾向合作的？可能因爲上帝就是那樣設計。或者那是大自然的意外。但我們已不再只能從神的旨意與偶然兩種選項中擇一[87]。我們似乎有合作式的大腦，因爲合作提供物質利益，這是讓我們的基因可以產生更多複製品的生物資源。從演化的泥土中，長出了人類美德之花。

第三章

新牧場上的衝突

新牧場的部落之所以相爭，有一部分是因為每個部落都自私地偏好我群勝過他群，有一部分則因為不同的部落用不同的道德濾鏡看世界。

新牧場上的牧民，大腦滿載著設計來促進合作的道德機制，但他們的生命還是因爲部落間的暴力衝突而受害。即使在較平和的時刻，各部落對於人類應該如何生活仍有極深的歧見。這是爲什麼？上一章探索了讓我們合作的道德機制，即讓我們能夠找到神奇角落、避免發生公地悲劇的心理程式。本章將再次檢視我們的道德機制，這次是爲了了解爲什麼在現代世界，它經常讓我們失望。爲什麼道德之腦擅長避免公地悲劇，卻時常無法避免常識型道德的悲劇？

部落間的合作存在著兩種普遍的心理障礙。首先，在團體層級仍然有著私心，這叫作部落主義。人類總是將我群放在他群之前。其次，各團體確實有不同價值觀，對於什麼才是適當的合作條件懷有歧見。舉例來說，北方牧民與南方牧民的歧見不僅出於部落的私心。抱持個人主義的北方牧民真心相信，強迫明智而勤奮的牧民援助那些蠢或懶的牧民是錯的；同樣的，抱持集體主義的南方牧民則打從心裡認爲，讓他們的成員，特別是環境欠佳的受害者挨餓，而其他人卻過得富裕，這是不對的。南方與北方的牧民縱使不自私，也可以找出很多理由大打一架。

這兩種部落衝突的情況自然交融混合。也就是說，團體可能因爲自私自利而偏好某些道德價值勝過其他價值，我稱這種現象爲「偏私的公正」（biased fairness）。北方牧民是極端的個人主義者，南方牧民是極端的集體主義者，那麼較溫和的東方人與西方人呢？假設東方的牧場比西方的牧場肥沃，使得東方人比較富裕，西方人比較貧窮。面對著未來必須補貼窮困表親的可能，人們可能預期東方人會傾向個人主義，西方人則有恰好相反的傾向。由於他們偏向相反的道德方向，東方人與西方人可能不認爲自己有任何偏見。的確，這種傾斜可能是經過好幾代產生的，所以沒有人會改變他對於社會應如何組織的想法。

有些出自眞心的道德歧見源自於對事情的輕重緩急有不同看法。從明智而勤奮的人身上取走財物去補貼又蠢又懶的人，南方牧民不是對這種不正義視若無睹。的確，他們最常抱怨的就是蠢笨或懶散、只會坐享其成的鄰居。儘管如此，集體主義的他們認爲在人們富足之時，坐視團體內的某些成員餓死，就算他們是蠢人或懶人，也是過於殘酷，在良心上無法讓人接受。同樣的，也不是說富足的北方人對那些不那麼幸運、甚至又笨又懶的人毫無同情心。發達的北方人時常用慈善捐助幫忙這些人。儘管如此，他們反對被迫幫助笨蛋與懶人，反對賦予笨蛋與懶人獲得幫助的權利，從而將蠢笨與懶惰正當化。他們說，這樣會侵害全體社會，甚至比坐視一些人餓死更糟。

團體之間其他的道德差異則不是輕重緩急的問題。有些團體就是有一些外人沒有的價值觀，至少其具體內涵是不同的。從外人的觀點來看，這些價值觀看似恣意而怪異，但在圈內人眼裡，這些都是有道理，而且通常是神聖不可侵犯的。舉例來說，有些部落認爲女性在大庭廣眾之下不該露出耳垂，但其他部落認爲露出耳垂並無大礙，沒有理由爲了配合這樣的禁令而造成她們的不方便。同樣的，有些部落賦予特定的個人、機構、文獻與神祇道德上及政治上的權威。比方說，某個部落的神聖經典表示黑羊與白羊不能養在同一個羊圈，這個原則透過部落的最高領袖加以肯定，他代表著萬神之神，他的話是絕對正確的。在這裡，團體間的歧見同樣不是程度的問題，其他部落的成員根本不認爲這本神聖經典、這個神祇與這個領袖有任何權威。

關於哪些人、神祇與文獻具有權力，不同的看法也會導致在俗世事務上的歧見。根據某個部落的神聖經典，新的牧場是這個部落祖先的家園，他們在許久之前被迫離開。其他部落拒絕接受這種說詞，認爲這只是爲了圖利自己而編造出來的。他們問：「證據在哪裡？」「就在這本神聖經典裡！」信仰者這麼回答。這類信念是地方特有的（local），這意味著它們和對特定人物、文獻與神祇的信仰有密切關係，這些人物、文獻與神祇是用專有名詞來指稱的。對於這些信仰，一個較不中性、但有些人認爲較適切的詞彙是偏狹（parochial）。然而，這些信仰者鮮少，甚至從不認爲其信仰是偏狹的，也不能說是地方性的。從他們的觀點來看，這些信仰反映了普世道德秩序的知識，只是其他部落因爲某些理由未能理解。

因此，新牧場的部落之所以相爭，有一部分是因爲每個部落都自私地偏好我群勝過他群，有一部分則因爲不同的部落用不同的道德濾鏡看世界。在下面幾節裡，我們將檢視道德衝突的心理學與社會學。

最後通牒賽局：關於「分享」的文化差異

造成新牧場爭端最直接的原因是部落主義，即（時常不帶任何歉意地）偏好團體內的成員勝過團體外的人。這一節很短，因爲人類具有助長衝突的部落性傾向，這點少有人懷疑。到目前爲止，談到我們的部落傾向時若有爭論，焦點並不在於我們是否具有部落性，而是爲什麼我們具有部落性[1]。就我的意見，證據明確驗證了我們有天生的部落傾向。再次說明，人類學的研究報告指出，優待團體內部人與族群自我中心普遍存在於人類之中。孩子從很小就會依據語言線索來辨認並優待團體內的成員。測試反應時間的測驗（IAT）顯示，成年人、孩童，甚至猴子，都對非團體成員有負面聯想。人們很容易優待團體內的成員勝過外人，即使這些團體的界定是恣意且暫時的。人們很容易用其他的團體分類機制取代種族分類，但性別分類卻不能如此輕易替換，這與人類結盟心理的演化論述預測內容一致。還有一種神經傳導物質，即催產素，也會讓人選擇性地偏好團體內的成員。最後，所有生物論述也顯示，與非親屬者的合作關係的演化，均涉及優待自己的合作夥伴（大部分或所有的合作夥伴，都屬於人們所在的團體）。的確，某些數學模型顯示，若沒有團體與團體之間的敵意，團體內的利他主義就無法演化出來[2]。

簡言之，我們似乎天生就具有部落性，無論是何種情況，我們確實都表現出部落傾向。當各人類團體試圖共同生活時，這必然會造成問題，不過這絕非無法解決的問題。

部落主義讓團體之間難以共處，但團體層級的私心並不是唯一的障礙。跨文化研究顯示，不同的團體對於什麼才是恰當的合作條件，以及人應該或不應該互相期待什麼，有極為不同的看法。

在一組指標性的實驗裡，約瑟·亨利希（Joseph Henrich）及其同事與研究非洲、南美、印尼與巴布亞紐幾內亞等全球各地小型社會的人類學者合作[3]。他們讓這些社會的成員玩三個經濟賽局，所有賽局都是設計來衡量人們合作的意願，以及他們對別人的意願有何種期待。其中兩個賽局是我們在上一章遇過的獨裁者賽局與公共財賽局，第三個賽局則稱為「最後通牒賽局」（Ultimatum Game）[4]。

在最後通牒賽局中，一個玩家是提案者，為他與對方如何分一筆錢做出提案，對方可以選擇接受或拒絕提案。如果對方接受提議（例如，「我拿六成，你分四成」），那麼錢將依照提案方式分配；如果對方拒絕提議，那麼兩人都拿不到錢。一如既往，這些都是在匿名情況下進行的。最後通牒賽局基本上衡量人們在分配資源時的公平感。多分配一些給對方的提案反映了一種願意分享的態度，不管是因爲提案者認爲這是公平的事，或者提案者預期對方會這麼看；少分配一些給對方的提議則反映一種對個人權利的觀感，並預期對方會尊重。拒絕提議的意思，就是說「你的提議不公平，而我願意付出代價來對你這麼說」。

亨利希與其同事們發現，在典型的最後通牒賽局裡，不同社會的人做出的提議也非常不同。在光譜的一端，我們看到祕魯的瑪奇古恩加人（Machiguenga）平均提議給對方二五%的金錢；與此一致的，二十五個瑪奇古恩加人當中只有一人會拒絕這個提議。瑪奇古恩加人只給對方很少錢，對方也只期待從別人那裡得到一點點。這與美國與其他西方工業化國家的人很不同，他們平均提議給予四四%的金錢，最常見的提議是五〇%，而低於二〇%的提議大概有半數會被拒絕。有些小型社會的狀況略同於西方社會。舉例來說，有一群重返辛巴威定居的團體平均提議給對方四五%，而對於開價過低的提議，也約有半數會回絕。巴拉圭的亞奇人（Aché）與印尼的拉美雷拉人（Lamelara）與前面所述情況完全相反，平均提議給對方超過五〇%，並且接受了所有提議。巴布亞紐幾內亞的亞兀人（Au）時常給對方多過五〇%，但亞兀人時常拒絕這些過度優惠的提議，就像他們也拒絕開價太低的提議。我們大腦裡的道德機制在不同地方有不同的運作方式。

再次說明，公共財賽局是公地悲劇的實驗室版本。個人可以捐款到公共池，所有人的捐款總數將由實驗者乘上兩倍，接著再平均分配給所有參與者。個人可以藉由不捐款來極大化他的收益（坐享其成），但群體只能透過所有人捐出款項才能將總體收益極大化。在西方，（由大專院校學生參加的）典型公共財賽局得出介於四〇到六〇%之間的捐款金額，大部分參與者都會全捐或完全不捐（有趣的是，美國人的合作行爲受到情境線索的影響極大。比方說，賽局的名字被標示爲「華爾街賽局」或「社區賽局」，會讓囚徒困境下的合作情況出現極大差異）[5]。相反的，瑪奇古恩加人平均只捐出二二%，而且沒有任何參與者全數捐出他的錢。玻利維亞的欽曼人（Tsimané）則不像西方人，他們大部分採行中庸之道，很少人完全不給，也很少人全給。在此，我們也看見不同地方的人有非常不同的做法。

獨裁者賽局不太說得上是賽局，因爲「提案者」有絕對的控制權。再次說明，在獨裁者賽局中，一個人收到一筆錢，可以決定給另一個人全部的錢、一部分的錢，或完全不給錢。西方大專院校學生通常給五〇%或完全不給，這與他們在公共財賽局中的行爲一致（而在此，美國人的行爲同樣會因爲情境不同而有極大差異。當加入第三種選項，可以從一個陌生人那裡拿走錢時，美國人在獨裁者賽局中傾向完全不給）[6]。同樣的，欽曼人也表現出一致的文化模式，平均提議給對方三二%，而且總是會給出一些。在肯亞的歐瑪人（Orma）中，最常見的提議是五〇%。在坦尚尼亞的哈札人（Hadza）中，最常見的提議是一〇%。如你可能預期的，合作意願最高的社會也是最可能懲罰不合作者的社會[7]（獨裁者賽局做爲一種單邊「賽局」而不涉及合作，可能會讓人懷疑它爲何與合作有關）[8]。

爲什麼來自不同文化的人會用如此不同的方式玩這些賽局？你可能預期到了，人們玩這些賽局的方式反映了他們的生活方式。亨利希等人用兩種方法來區分這些社會。首先，他們對每個社會進行「合作獲利」排序，標示在這個社會裡人們從合作中獲利的多寡。例如，瑪奇古恩加的家庭獨立營生，印尼的拉美雷拉人則由十幾個、甚至更多人組成大團體來捕獵鯨魚。與其經濟生活型態一致，拉美雷拉人在最後通牒賽局中給對方的開價是瑪奇恩古加人的兩倍。實驗者也按照這些社會的「市場整合度」加以排序，也就是他們在日常生活中仰賴市場交換的程度（例如買食物 vs. 自己生產食物）。前一章提到，參與市場經濟是一種大規模的合作形式。亨利希等人發現，合作獲利與市場整合度能解釋文化與文化之間大部分的不同。一個更近期的研究顯示，市場整合度是一個絕佳的指標，可以預測獨裁者賽局中各種社會的利他表現[9]。同時，許多預期可以預測合作行為的因素如性別、年齡、相對財富的多寡，或是涉及金額的多寡等，其實沒有什麼預測效果。

就許多具體面向而言，這些實驗發現與文化慣例相符。例如，想想巴布亞紐幾內亞的亞兀人與格勞人（Gnau），他們在最後通牒賽局中經常提供超過五〇%的好處，而且時常拒絕這種超慷慨的提議。原來這些團體有送禮的文化，在收了一個大禮之後，受禮者有義務回禮，並使受禮者從屬於贈禮者。巴拉圭的亞奇人是最後通牒賽局中最慷慨的族群之一，幾乎所有玩家都提供超過四〇%的好處。這個族群是高度集體主義的，成功的亞奇獵人通常會把殺死的獵物放在營地外圍，然後回報沒獵到東西，其他人隨後會找出獵物，並與營地內所有人均分。肯亞的歐瑪人是另一個高度集體主義的團體，他們會自動將公共財賽局稱作哈蘭比（harambee）賽局，指的是他們在蓋學校與鋪路等集體計畫中合力工作的習慣。在公共財賽局中，歐瑪人會將他們分配到的錢捐出五八%。

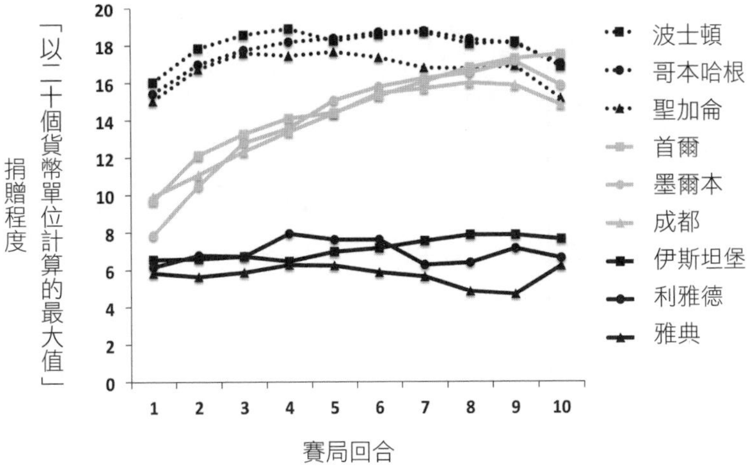

圖3.1　不同城市的人們進行一系列的公共財賽局。合作程度與曲線變化有極大差異。

引進反社會懲罰機制的公共財賽局

更近期的，班乃迪・賀曼（Benedikt Herrmann）與其同事檢視了一系列大型社會的合作與懲罰行爲，結果一樣驚人[10]。世界各地的人們進行連續的公共財賽局，其間參賽者可以懲罰坐享其成的人。結果如圖3.1所示[11]。

我們以x軸表示賽局回合數（第一輪、第二輪……），y軸表示平均捐款金額。首先你會注意到，打從一開始，不同城市的人捐款的程度就有極大差異，雅典人、利雅德人與伊斯坦堡人的捐款金額平均比二五%高一點，波士頓人、哥本哈根人與聖加侖人捐出超過七五%。其次，賽局在整個過程中如何展開，大致有三種不同型態。在哥本哈根等地，捐款金額一開始就很高，後來仍然很高，因爲大部分的人一開始就願意配合，

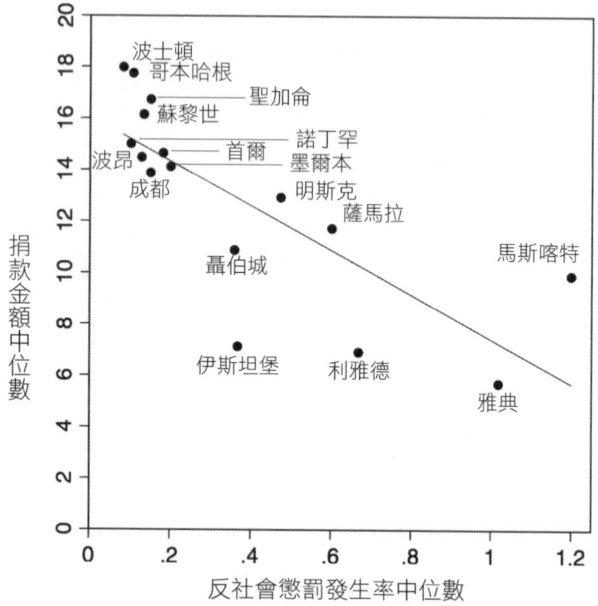

圖3.2　在全球多個城市重覆進行的公共財賽局中，合作程度與懲罰合作者的「反社會懲罰」發生率呈現負相關。

也因爲人們會支付成本來懲罰少數不合作的人（然而，即使是哥本哈根這樣的地方，如果沒有機會進行懲罰，合作的情勢仍會隨著時間渙散）。也有像首爾這樣的地方，捐款金額一開始只是中度偏高，而後隨著坐享其成的人被懲罰而有所約束，捐款金額上升到非常高的程度。最後，也有像雅典、利雅德與伊斯坦堡等地方，捐款金額一開始偏低，之後仍然維持低檔。最後一組的情況讓人相當訝異：既然這些地方的合作者可以懲罰坐享其成的人，爲什麼合作的情況不像在首爾那樣攀升呢？

結果顯示，在雅典、利雅德與伊斯坦堡等城市中，有一股相反的社會力量。在這個版本的公共財賽局裡，合作者可以懲罰坐享其成的人，但坐享其成者也可以懲罰合作者，這種現象即是「反社會懲罰」。在雅典等地，那些不捐款到公共池的人時常願意支付代價懲罰捐款的人。爲什麼呢？有部分原因是，這是種報復。坐享其成者怨恨被合作者懲罰，所以反擊。但還不只是報復，因爲在某些地方，捐款低者在第一輪就懲罰合作者了！[12]這就像他們在說：「去死吧，你們這些做好事的人！要讓我跟你們玩這種小遊戲，想都別想！」圖3.2顯示，反社會懲罰的盛行，是預測一個團體不能合作的絕佳指標[13]。

因此，在某些地方，原本可能維持公共財賽局中合作局面的力量，即利他心與促進社會利益的懲罰，被反社會的懲罰擊垮。在這裡，人們進行賽局的方式似乎同樣反映了該地的文化。實驗者檢視了各城市數千個人對「世界價值觀調查」（World Values Survey）各項問題的回答。他們發現，在人們輕縱逃稅與公共交通逃票這類行爲的地方，反社會懲罰發生率也高。同樣的，我的同事與我也在運用公共財賽局所做的實驗（頁82至85）中發現，最容易憑直覺與人合作者，也較相信日常互動的夥伴。令人難過的是實驗室研究與田野調查的交會。在本書寫作期間，歐洲經濟正陷入危機，主因是希臘（圖3.2右下角「雅典」）財務瀕臨破產[14]。正當希臘的困境可能撕裂整個歐盟，歐盟國家的領導者如丹麥（圖3.2左上角「哥本哈根」）則爭辯著是否應該以更大的善爲名金援希臘脫困，以及如果要金援，條件又是什麼。

（在繼續進行討論之前，讓我先說明，我在本章與其他章的意圖並不是在挑剔希臘或其他國家或部落。相反的，我希望我們能夠從不同社會體系的成敗經驗中學習，而這些體系很少是由個人來承擔重大責任。然而，要學到這些教訓，我們必須願意說出可能會被看作是羞辱的事，以及那些與人們大談偏見時惱人地相似的事。）[15]

美國南北方的文化差異

一九九〇年代初期，道夫・柯亨（Dov Cohen）與理察・尼斯貝（Richard Nisbett）進行了一系列研究，檢視美國人的文化差異[16]。密西根大學的男學生被帶進實驗室，「在有限的回答時間條件下，進行特定面向的人類判斷」。學生一次進來一個，填寫表單，然後被指示將他們填好的表單放在長廊尾端的一張桌子上。在走向桌子的途中，每個學生都會跟一個人擦身而過。他其實是實驗者的同夥，站在廊道上的一個檔案櫃旁做事。當每個學生從廊道尾端回來，並第二次經過那個人時，那個人會猛然關上檔案櫃的抽屜，用肩膀碰撞學生，然後罵學生「混蛋」。

學生會怎樣應對這樣的羞辱，取決於他們來自何方。平均來說，相較於北方各州的學生，南方學生面對這種羞辱會更憤怒、更沒有幽默感。實驗結果都由廊道上獨立作業的觀察者記錄下來。不僅如此，這兩組學生也顯現了不同的心理反應。實驗者蒐集羞辱事件發生前後的唾液樣本，發現被羞辱的南方人腎上腺皮質醇（與壓力、焦慮及刺激有關的荷爾蒙）上升程度比被羞辱的北方人與未被羞辱的南方人都高。同樣的，在羞辱事件發生後，被羞辱的南方人體內睪固酮的濃度也增加了。

在實驗的後半段，學生將閱讀下面的短文並予以回應：

在他們到達舞會現場大約二十分鐘後，吉兒把史帝夫拉到一旁，她顯然煩惱著什麼。

「怎麼了？」史帝夫問。

「是賴瑞。我是說，他知道我跟你訂婚了，但今天晚上他有兩次想勾引我。」

吉兒走回人群，史帝夫決定緊盯著賴瑞。確實，不到五分鐘，他就看見賴瑞想走近親吻吉兒。

學生被要求完成這個故事的結尾。在那些被實驗者同夥（confederate，指的是與實驗者暗中串通好的夥伴，而不是南北戰爭中的南方聯盟軍〔Confederacy〕）激怒的南方人中，有七五％的人用某種涉及暴力或暴力威脅的方式完成這段故事，而未被激怒的南方人只有二〇％會用這種方式為故事收尾。相對的，北方人的反應並沒有因為有無被激怒而有所不同。

柯亨、尼斯貝與其同事想要看看這些羞辱會不會影響實際的行為。為了找出答案，他們安排實驗參與者進行一個「膽小鬼賽局」（game of chicken）。在被激怒（或未被激怒）之後，學生會遇到第二個實驗者的同夥，一個六呎三吋高、二百五十磅重的男人，從廊道的另一頭快步走來。廊道的中間排著桌子，因此受試者與魁梧的實驗者同夥無法同時通過，必須有人讓路。這個大傢伙走下廊道，朝受試者走來，直到最後一刻才讓開。實驗者測量在兩人距離多遠時，受試者會讓路給這個大傢伙。被激怒的南方人平均會在距離三十七吋時讓路，而未被激怒的南方人則在距離平均一百零八吋時讓路。羞辱對於北方人「變成膽小鬼」的時點則無影響。與此同時，南方人若未被激怒，也表現得比北方人更有禮貌。未被激怒的北方人通常在約七十五吋的距離讓路。

爲什麼南方人與北方人在被激怒（或未被激怒）後的反應如此不同？柯亨與尼斯貝認爲一如預期，美國南方就跟世界上某些地方一樣，有強烈的「榮譽文化」。就像亨利希等人的實驗，他們也用經濟學進行分析。南方的經濟一開始是建立在畜牧基礎上，而在南方的墾殖者當中，有許多人來自不列顛的邊陲地區，那裡是以畜牧經濟爲主導，牧民特別容易受到投機性的侵犯行爲損害，因爲他們的財富是可移動的（偷羊要比偷玉米田容易多了）。在沒有可信賴的法律執行的環境下，侵犯行爲的威脅更大，而這正是歷史上在不列顛高地與美國南方的情況。牧民需要挺立在他們的土地上，才不會失去一切。不僅如此，上一章解釋過，牧民必須讓人知道他們願意挺立在自己的土地上，才不會有人膽敢挑戰他們的勇氣。一個被當成軟腳蝦的牧民必須耗費很多時間與精力來保護自己的財產，最後也許會撐不下去。羞辱就是用來測試人的榮譽感。即使對很小的羞辱，牧民如果表現出不在意的樣子，就可能冒著讓眾人皆知他軟弱的風險。反過來說，一個衝動的牧民，而且是爲人所知的衝動派，就擁有策略上的優勢。

那些在密西根大學走下長廊的南方學生並不是牧民，但他們成長於一個嚴肅看待傳統榮譽感的文化中。南方人的榮譽感具有深遠的社會影響。在南方，殺人案發生率比北方高，但這其實是因爲南方的殺人案多半與爭執或衝突相關。在調查中，南方人並沒有比其他地方的美國人更支持暴力行爲，但是爲了保護自己的家園，或保護妻子不受冒犯，他們較可能傾向採取暴力行動[17]。同樣的，他們也更容易鄙視被冒犯卻不以暴力還擊的男人。

南方的榮譽感文化似乎對美國的外交政策有深遠的影響。歷史學者大衛・哈克・費雪（David Hackett Fischer）認爲，南方人「強烈地支持每一場美國的戰爭，無論是爲什麼而戰，或爲了對抗什麼而戰」，他將這種模式歸因於「南方的榮譽理念與戰士倫理」[18]。舉例來說，一七九八年南方人非常熱心地幫英國人打法國人，之後又在一八一二年同樣熱情地幫法國人打英國人。雖然美國的區域政治結盟已有巨幅轉變，共和黨與民主黨轉換了它們的大本營，南方對戰爭的支持始終不變，而且不分黨派。例如，強烈反對羅斯福新政立法的南方民主黨人，卻支持他參加第二次世界大戰的決定。同樣的，哈瑞・杜魯門（Harry S. Truman）與林登・詹森（Lyndon Johnson）對抗蘇維埃的外交政策也比其內政提案更能獲得南方人的支持[19]。

官老爺與暴民實驗：東西方的文化差異

盛行於美國南方的榮譽感文化強調靠自己，以及個人的自理，而較集體主義的東亞文化則強調人際間的相互依賴與團體的和諧。尼斯貝與其他學者主張，集體主義就像南方的榮譽感文化，是一種因應經濟環境的文化調適方式，而在東亞的情況，經濟是以合作式的農業爲基礎[20]。在這個前提下，彭凱平、約翰・多瑞斯（John Doris）、史帝芬・史迪奇（Stephen Stich）與紹恩・尼可斯（Shaun Nichols）讓美國人與中國人進行一個經典的道德難題實驗，即「官老爺與暴民」實驗（Magistrates and the Mob case）[21]：

> 某個族群中有一個身分不明的人在城裡幹了一件謀殺案……長期以來，激烈的種族衝突與暴動事件在城裡輪番上演，警長與法官知道，他們如果不立刻揪出並懲罰凶手，居民就會針對特定族群展開暴力攻擊，使該族群成員的財產遭受極大損失、造成多人受傷，甚至死亡……警長與法官面臨兩難。他們可以錯誤地指控、定罪並監禁無辜的史密斯先生，他是該族群中的一個無辜者，藉以遏止暴動；他們也可以繼續追捕真正的凶手，並在反特定族群的暴動發生時，全力鎮壓暴動，直到凶手落網……警長與法官決定錯誤地指控、定罪並監禁該族群裡無辜的史密斯先生，藉以遏止暴動。他們這麼做了，遏止了暴動及該族群人民大量死亡、受到嚴重傷害的事件發生。

大部分美國人認爲，不論有什麼好處，刻意將一個無辜的人定罪是讓人震驚的。咸知哲學家願意聆聽爭論中各方的意見，但著名的哲學家伊利莎白．安斯康姆（Elizabeth Anscombe）表示，她會想要與那些願意替官老爺辯護的人劃清界線。「我不想跟他爭辯，他顯露出一顆腐敗的心。」[22] 彭凱平等人預測，較強調群體和諧更勝個人權利，屬於集體主義文化的中國人，也許較能接受傷害一個人以拯救他人的念頭。他們的預測是正確的。中國人比較不會譴責監禁一個無辜者來避免暴動的做法，也比較不會說警長與法官應該爲他們的決定受罰。有趣的是，中國人的受試者更可能認爲，那些打算發起暴動的人才必須爲代罪羔羊事件負責。

由於這些議題的敏感性，我在繼續討論之前想要先澄清一些誤解[23]。首先，前述的實驗結果就像幾乎所有的心理學實驗結果一樣，只考量群體平均情況的差異。研究顯示，平均來說，南方人相較於北方人更可能爲了捍衛榮譽而贊同暴力，但那只是平均的結果。也有溫和的南方人、衝動的北方人，兩個文化群體都是一樣米養百樣人。同樣的，中國人與其集體主義傾向也是如此。其次，我的重點並不是讚揚或譴責這些文化傾向，相反的，稍後我會解釋，我相信這些傾向應該依據它們於其脈絡中的功能來評量，而這些傾向在其自然脈絡下確實可以運作得非常好。前一章解釋過，懲罰在維持合作關係上可以扮演關鍵的角色。同樣的，南方的榮譽感文化並不是不分青紅皀白就暴力相向；相反的，這是一種特別留心懲罰特定不合作行爲的文化，且如前所述，是一個在平常情境下強調禮節與尊重的文化。我已經提示過，南方的榮譽感文化對美國的外交政策有重大影響，但我沒有說這種影響是好是壞，因爲我不知道答案。南方對特定戰事的強烈支持有可能在維護美國與其他國家的自由上扮演重要角色。同樣的，我在這裡無意評判中國人的集體主義。事實上，本書稍後將爲有些人認爲太過集體主義的一種道德哲學進行辯護。

因此，這裡的重點不是南方的榮譽感文化是好是壞，或者中國人的集體主義是好是壞，而是這些文化差異都是道德多樣性的例子，反映著人類社會情境的多樣性。這兩個都是合作式的文化，但運用不同的條件進行合作。中國人的集體主義強調積極的合作，以及個人必須爲更大的善犧牲。南方人的榮譽感文化則強調消極的合作（尊重別人的財產與權利），並贊同對不適當的侵犯採取攻擊性的反應或威脅來反擊。

地方道德與宗教道德

二〇〇五年九月，丹麥報紙《日德蘭郵報》（*Jyllands-Posten*）刊載了一系列描繪並諷刺先知穆罕默德的漫畫。這是蔑視穆斯林律法的一種刻意挑釁。穆斯林律法明確禁止描繪穆罕默德的形象。該報刊登這一系列漫畫，是用來刺激新聞記者、藝術家與其他知識分子對自我審查進行論戰，他們有許多人因爲害怕激烈報復而不願批評伊斯蘭教。此種恐懼不是沒有根據的。前一年，一個演講者在哥本哈根大學受到五個人攻擊，他們反對演講者在一場演講中對非穆斯林讀可蘭經[24]。

這一系列漫畫確實發揮了挑釁效果，丹麥的穆斯林組織在丹麥展開抗議活動。全世界的報紙都報導了這個爭議，並重新刊登了這些漫畫，引發穆斯林世界的暴力抗議，造成超過一百人死亡，主要是警察對抗議者開槍。群眾在敘利亞、黎巴嫩與伊朗的丹麥大使館縱火；某些漫畫家因爲死亡威脅而躲起來；一位印度政務委員暨教士亞庫・裘瑞西（Haji Yaqoob Qureishi）提供約一千一百萬美元賞金給任何能把那些「丹麥漫畫家」斬首的人[25]。穆斯林抵制丹麥的商品，造成丹麥在這些事件後五個月內約一億七千萬美元的損失[26]。更近期一些，在二〇一二年，有支YouTube影片以非常直白的方式描繪穆罕默德的形象，也激起了全世界多起抗議事件，其中有很多轉變爲暴力事件[27]。

這些衝突不只是不同群體強調不同的價值觀而已。悲憤的穆斯林強烈抵制這些漫畫，但丹麥新聞記者對這些漫畫完全不以爲意（的確，他們對這些漫畫沒有任何直覺反應，這也解釋了爲何他們嚴重低估穆斯林世界反彈的強度）。有些非穆斯林也反對刊登這些漫畫，這是基於尊重穆斯林的價值觀，而不是因爲自己本身反對。換句話說，禁止描繪穆罕默德形象的戒律是一種地方特有的道德現象。再次說明，我這麼說是指，它與穆罕默德、可蘭經與阿拉等用專有名詞指稱的特定實體之權威，有著密不可分的關係。

無論如何，丹麥漫畫事件的衝突突顯了兩個熟悉的重點，值得加以闡明。首先，宗教的道德價值觀與地方特有的道德價值觀是密切相關的。更具體地說，地方特有的道德價值觀幾乎都是宗教的價值觀，不過許多宗教的價值觀，包括其最核心的價值觀，卻不是地方特有的。舉例來說，前一章提到，所有主要的宗教都認可某種版本的黃金律爲其核心原則，並隨之認可（雖然不是沒有例外）

對殺人、說謊、偷盜等行爲的一般禁令。如果這是地方特有的道德，它可能是宗教性的，但如果那是宗教道德，它卻未必是地方特有的。

其次，漫畫的爭議提醒了我們，地方特有的道德觀一直都是衝突的主要來源。的確，與其他關乎地方宗教價值觀的衝突相比較，丹麥漫畫事件只是一個小騷動而已。以色列與巴勒斯坦的持續衝突可說是世界上最難和解的政治爭議，因爲雙方競相主張對特定土地的權利而更爲劇烈，這些主張即是以各種專有名詞實體的權威爲基礎。同樣的，蘇丹境內及巴基斯坦與印度之間的持續衝突，也沿著宗教爭議的戰線展開。地方特有的價值觀及其相關的專有名詞，在許多國內爭議中扮演著核心角色，例如在美國公立學校內進行禱告的爭議，以及法國禁止穆斯林女性在公共場合包傳統頭巾的爭議。同樣的，許多爭論性的議題，例如墮胎與同志權益，雖然可以用純粹世俗的觀點加以探討，但也與地方特有的宗教道德價值觀密切相關。

簡言之，團體間的嚴重衝突不僅起因於利害關係上的衝突，還有他們以不同方式強調其共享的價值，也可能起因於其獨特的地方性價值，通常是植基在宗教上的價值。如前所述，許多最普遍持守的道德價值，例如承諾遵守黃金律，都獲得世界各個宗教的積極提倡。因此，宗教可以同時是道德分歧與道德整合的根源。

利害牽引下的偏私公正性

一九九五年《美國新聞與世界報導》（*U. S. News & World Report*）用一項調查向讀者提出下列問題：「如果有人告你，而你贏了這場官司，告你的人應不應該支付你的法律費用？」[28] 八五％的受訪者說「是」。另外一些讀者則被問這個問題：「如果你告了某人，而且輸掉官司，你應不應該負擔他的支出？」這次，只有四四％的人說「是」。這種變卦顯示出，一個人對公正的感受很容易受到自我利益的影響。這就是「偏私的公正」。這不是一般的偏私，因爲人們是眞心希望保持公正。假定該雜誌同時刊登兩種版本的問題[29]，應該很少受訪者會說：「如果我是贏家，那麼輸家應該付錢；如果我是輸家，那麼贏家應該買單。」我們眞心想要保持公正，但是在大部分的爭端中，當許多選項看起來都頗爲公正時，我們就傾向偏好那個最符合我們需要的選項。許多實驗已經在實驗室中記錄下這種傾向[30]。一則荷蘭報紙的報導爲這些發現的要旨下了一個很好的標題：「依據表現好壞來付費是公平的，特別當我的表現很好時。」[31]

琳達・巴考克（Linda Babcock）、喬治・魯文斯坦（George Loewenstein）與其同事們進行了一系列的談判實驗，結果突顯了偏私的公正性背後的心理狀態[32]。在這些實驗中，有一部分是將人們配對，讓他們針對一件機車騎士被汽車撞到的事例談判該如何解決。這個假設案例的細節是依據一件在德州已由法官審判的眞實案例改編。實驗一開始，受試者被隨機分配扮演原告與被告的角色。

在談判之前，他們分別讀了有關這個案件的二十七頁資料，包括證人的證詞、地圖、警察報告、實際被告與原告的證詞等。讀完之後，他們被要求猜猜眞正的法官判給原告什麼賠償，他們在猜測時就已經知道自己被分派到哪一邊了。實驗者給他們一項誘因，猜對的有賞，而他們猜測的內容不會透露給對手知道，以免削弱他們談判籌碼。在進行後續談判之後，受試者依據實際的和解方案獲得一定比例的金額。扮演原告的受試者如果談成更大的和解賠償方案，就能得到更多的錢；扮演被告的人如果談成更小的和解賠償方案，也會得到更多的錢。和解的金額從零到十萬美金都有可能。所有小組談判的時間是三十分鐘。兩邊的受試者都必須按照耗費時間支付「法院成本」，如果三十分鐘後仍不能達成協議，那麼兩邊的談判者都要繳罰款。

平均來說，原告猜測法官判賠的金額比被告猜測的金額多出一萬五千美元，而且兩邊猜測金額的差距愈大，談判結果就愈糟。換句話說，受試者對於現實的認識已受到自我利益的扭曲。甚且，這種扭曲在談判過程中影響極大。猜測數字差距相對較小的談判小組，在各次談判中只有三％未能達成協議；猜測數字差距相對較大的談判小組，在各次談判中則有三〇％未能達成協議。在不同版本的實驗中，談判者只有在猜測法官的決定之後，才知道他們被分派到哪一種角色[33]。這麼做降低了談判失敗的整體百分比，從二八％降到六％。

這些實驗顯示人們是有偏私的談判者，更重要的是，人們的偏私是不自覺的。原告猜高了法官判賠的金額，而被告猜低了判賠金額，但他們是不自覺地放大或縮小他們的猜測數額（再次說明，他們有必須猜準的金錢誘因）。應該說，如果預先知道你在一場爭論中的立場，這似乎會讓你不自覺地改變你對怎麼做才公正的想法。它改變了你處理資訊的方式。在一個相關的實驗中，研究者發現人們比較能夠記得支持他們那一邊立場的審前資料 34。這些不自覺偏私的公正性認知，讓原本理性的人更難達成協議，而經常對雙方造成損害。

爲了在眞實世界裡測試這種偏私的公正性，實驗團隊檢視有關賓州公立學校教師薪資案談判的歷史資料。在這些談判中，教師工會與學校董事會通常會依據其他可相比較的學區所支付的薪資來論理。然而，哪些學區是「可相比較的」，這個答案沒有定論。研究者假設，教師薪資談判的僵局會因爲兩方有偏私地選取可相比較的參照學區而惡化。研究者訪調了學校董事與工會理事長，要求他們挑出附近可供比較的學區。一如預期，工會理事長列爲可比較的學區，其付出的平均薪資高於學校董事所列的可比較學區的平均薪資。實驗者接著檢視整個學區的紀錄後發現，不出所料，工會理事長與學校董事長所選的學區有大幅度差異者，經歷教師罷工事件的機率多出五〇%。

在哈丁的公地悲劇裡，所有牧民都處在對等的地位。因此，只有一個看似可行的公平出路：將公地平均分配給所有牧民。但是在眞實世界中，有利害關係的團體幾乎從未處在完全對等的地位。的確，即使在哈丁的寓言裡，要設計更具體的細節，也很難避免提出棘手的問題：是應該給每戶人家相同數量的牲畜，還是應該依每戶人數而給予不同數量的牲畜？諸如此類。只要立足點不對稱，人們就傾向用符合自己利益的角度調整對公正的觀感，就算不是有意識地這麼做，也會不自覺地這麼做。

金柏莉・華德–班索尼（Kimberly Wade-Benzoni）、安・坦伯倫賽（Ann Tenbrunsel）與麥克斯・貝瑟曼（Max Bazerman）所進行的一項實驗，突顯了偏私公正性在環保的公地問題脈絡下的問題[35]。實驗的受試者扮演利害關係人，爲美國東北海岸的漁獲資源進行談判。在那裡，過度捕魚已經成爲嚴重的經濟與環境議題。在一個受控制的環境下，談判者代表不同的公司，但是他們就像原先公地悲劇裡的牧民那樣，全都處在較爲平等的地位。其中一項關鍵的實驗條件是，不同的談判者有不同的獲利結構。舉例來說，某些人對漁獲資源有較長期的利害關係，其他人則有較短期的利害關係，不過每個人都想達成一個可永續維持的政策。在控制條件下，也就是談判者占有對稱的經濟地位時，六四%的談判小組會形成一個可永續維持的解決方案。但是，當談判者的地位不對稱時，只有一〇%能達成共識。因此，當所有人都有衝突的自我利益，但利益對稱的時候，人們可以輕易擱下自我利益，找出一個雙方合意的解決方案；但是當人們的自我利益依狀況而不同時，人們對於何爲公正將持有不同概念，提出合意的解決方案就變得較困難。

部落主義式的偏私公正性

諷刺的是，我們強烈傾向於偏私的公正性，以致在某些情況下，如果每個人都自私地思考，結果可能比大家都有道德地思考更好。菲克・哈林克（Fieke Harinck）與其同事在阿姆斯特丹大學將陌生人配對，針對四個假設犯罪案件的刑罰進行談判，它們都改編自眞實案例36。每一組談判者同時針對四個案子進行談判。各組中，有一方被隨機分配扮演辯方律師，因而會試著讓被告獲得較輕的刑罰；另一方則扮演地方檢察官，嘗試讓被告獲得較嚴厲的懲罰。

在每個刑事案件中，被告有五種可能被判處的刑罰，從輕度的罰款到長期的徒刑不等。每個談判者都會收到一份機密文件，告訴他從他做爲辯護律師/地方檢察官的立場出發，各種結果可能會多好或多糟。在其中兩個刑事案件中，各結果的價値被設計成一種「零和」賽局。也就是說，一方的獲利必會涉及另一方同樣程度的損失。但在另外兩個賽局中，各結果的價値被設計成可以允許「雙贏」的解決方案。在這些案件中，一方的獲利仍會涉及另一方的損失，但這兩個案件對每個談判者來說輕重不同。這表示，每個參賽者可以對他認爲不重要的案件做出讓步，藉以在對自己來說較重要的案件中得到對方的讓步。換句話說，這項實驗被設計成，如果雙方都願意做些退讓的話，那他們可以達成妥協。但談判者並不知道，每一種結果都有一種預先設定的價値分數，依結果對那個談判者有多好/多壞來決定。藉由將談判小組雙方的分數加總計算，實驗者可以衡量各組成員在尋找隱藏的「雙贏」解決方案上表現如何。

以上所提都是一個談判實驗的部分標準設定。這個實驗的轉折點是談判者被告知要如何看待這場談判。某些小組被告知，要用完全自私的立場看待這場談判，要試著獲得較輕/較重的刑罰，才能讓他們的職涯獲得提升，得以升遷。其他談判小組則被告知要用道德的立場看待這場談判；在此，辯護律師被告知要追求較輕的刑罰，因爲在這些案件中，較輕的刑罰是較正義的。同樣的，地方檢察官也被告知要追求更重的刑罰，因爲較重的刑罰是比較正義的。

那麼，誰的表現比較好呢？是自私地追求升官發財的人，或是尋求正義的人呢？讓人意外的，答案是自私地追求升官發財的人表現較好。記住，自私地追求升官發財的人並不是藉由利用追求正義者的弱點而成功，而是透過談判而成功的。哈林克等人發現，被告知要以自私自利的方式談判的兩個人，相對於兩個被告知要尋求正義的人，平均來說較能發現雙贏的解決方案。爲什麼？

再次說明，在這一連串談判中，雙方成功的關鍵在於談判者雙方必須在對他們較不重要的議題上讓步，藉以在對他們更重要的議題上獲得較大的利益。做爲一個自私的談判者，你願意做出這些讓步，是因爲讓步的結果是淨收益。況且，你了解你的對手也是自私的，只願意做出那種能爲他帶來淨收益的讓步。因此，兩個自私且理性的談判者，明白彼此的地位是對稱的，就會願意爲了把餅做大而做出必要的讓步，從而平均地分享做出的大餅。然而，如果談判者所尋求的是正義，而不是找出他們可接受的底線，那麼其他更模糊的考量就可能滲入，造成偏私的公正性。或許你的當事人眞的應當得到更輕的刑罰，或者你正追訴的被告眞的應當得到更重的刑罰。在這些案件中什麼才是眞正公平，答案不只一個，而你可能從中選擇一個符合你的利益的答案。相反的，如果重點只在如何從對方那裡獲得最好的成交條件，同時對方也正試著爲自己獲得最佳的成交條件，那麼就沒有什麼好考慮的，偏私的公正性也比較沒有機會造成僵局。當你將談判看作一種雙方自利的行爲，你就不會讓自己相信你跟談判夥件之間有一種不對稱的地位。兩個自私的談判者不會幻想能隱藏自己的自私。這種讓人意外的結果並未暗示我們應該放棄道德的思考，純粹追求自私自利，但它的確突顯了道德思考的一個風險。偏私的公正性有足夠的毀滅性，以致在某些情況下，我們最好將道德擱在一邊，只試著追求好的成交條件。

在某些案例中，我們自己也不太明瞭何爲公正，但我們可能因爲採信我們所信賴的部落成員之意見，而使我們的判斷有所偏私。這種情況在公共政策領域特別有可能發生，對一般公民來說，要掌握必要的細節而在有充分資訊的情況下做出決定，通常是不可能的。喬福瑞・柯亨（Geoffrey Cohen）所做的實驗很妥切地顯現出這種部落主義式的偏私公正性37。柯亨向自認是保守派與自由派的美國人分別提出兩個不同的福利政策提案，其中一項提供豐厚的福利優惠，比現行的任何社會福利計畫都豐厚，另一項提供較少的福利優惠，比現行任何社會福利計畫都貧乏。如你可能預期的，相對於保守派，自由派偏好較寬厚的方案，保守派則偏好另一種方案。這個實驗的下一部分則運用另外一群自由派與保守派受試者，柯亨對他們提出相同的提案，但這次他將提案標示爲來自民主黨或來自共和黨。你應該預期到了，民主黨的支持讓提案對自由派更有吸引力，共和黨的支持則讓提案對保守派更有吸引力。更讓人驚訝的是這種黨派之私的強度。在實驗中，黨派支持的效果完全抹煞了政策內容的任何影響。自由派會喜歡穿上自由派外衣的極端保守政策，更勝於穿上保守派外衣的極端自由政策。保守派也一樣，喜歡有保守派背書的政策，更勝於眞正實現保守立場的方案。此外，你現在應該也預期到了，大部分的受試者都否認他們的判斷受到黨派包裝的影響。這完全是不自覺的[38]。

真相與個人利益矩陣的衝突

我們對於何爲公正或不公正的判斷，有很大一部分是仰賴我們對相關事實的了解。舉人們對於二〇〇三年美國入侵伊拉克的觀感爲例，許多反對入侵的人不能理解爲何有人支持入侵。「爲什麼選伊拉克？」他們這麼問。「攻擊我們的是賓拉登，不是海珊啊！」[39] 不解的人所不知道或未能完全了解的是，當時多數美國人相信海珊本人涉入這些攻擊。這世界的其他人對於九一一恐怖攻擊也陷入一種完全不同的誤解。二〇〇八年的「世界民意調查」（World Public Opinion）顯示，在約旦、埃及與巴勒斯坦等地，多數人相信蓋達之外的組織（通常認爲是美國或以色列政府）才是九一一恐怖攻擊的幕後主謀[40]。

爲什麼人們這麼難弄清事實？一個簡單的解釋是自利偏私。當事實完全模糊不清時，人們偏好最能符合其利益的觀點。在一個經典的社會心理學實驗中，兩所大學的學生觀看一段他們的校隊踢足球賽的影片[41]。裁判做了許多有爭議的裁決，而學生則被要求判斷其正確性。如你可能預期的，當裁判做出對自己學校隊伍不利的裁決時，該校學生更會指出其錯誤。在另一個經典研究中，實驗者向那些對死刑懷有強烈意見的人提出有關死刑是否能嚇阻犯罪的紛歧證據。你可能認爲紛歧證據會鼓勵更中性的觀點，但恰好相反，人們認爲支持其原有觀點的證據，比相反的證據更有說服力，因此，反對死刑者與支持死刑者在考量證據後，對其原先的觀點變得更有信心[42]。在較晚近的一項研究中，同樣的研究者讓阿拉伯人與以色列人觀看一段一九八二年貝魯特大屠殺的新聞報導。兩群人觀看同樣的報導，但雙方都認定報導內容偏袒另一方，這種現象被研究者稱爲「敵對媒體效應」（hostile media effect）[43]。在更近期由丹・卡漢（Dan Kahan）與其同事進行的實驗中，人們觀看一段抗議者的影片[44]。他們的任務是評斷抗議者究竟只是在行使言論自由的權利，還是已經越界做出了非法行爲，例如阻擋並威脅行人。某些受試者被告知，抗議者是在墮胎診所外抗議墮胎行爲；其他人則被告知，他們是在學校募兵場地外抗議軍隊對同志的「不問、不說」政策。那些對抗議事由不感同情的受試者，無論是反墮胎還是贊成同志權利，都比較可能說抗議者跨越了法律的界線。

在這些案例中，人們利用模糊空間形成符合自我利益的信念，但有時偏見會讓我們形成與自我利益確實或看似不合的信念。想想氣候變遷的例子。專家們壓倒性地認爲地球的氣候因爲人類的活動而改變，應該採取強力措施來減緩，甚至盡可能遏止這個趨勢[45]。然而許多人，特別是美國人，對有關氣候變遷的證據卻心存懷疑。在此，未能正確看待事實不單是偏見的問題。某些人可能有否認氣候變遷眞相的利害性，例如大量排放碳的企業的執行長們，但大部分人，包括大部分懷疑氣候變遷的人，並沒有這樣的利害關係。儘管如此，根據二〇一〇年一項蓋洛普民意調查，只有三一％的共和黨人相信全球暖化的影響正在發生，六六％的人表示新聞誇大了嚴重性[46]。在這個例子中，你可能認爲兩方都希望弄清楚眞相，畢竟地球未來能否住人，不只關乎其中一方（或許只有預期世界末日即將到來的人除外）。那麼，爲什麼有那麼多政治上的保守派否認氣候變遷的事實？這不是顯然背離自己的利益嗎？其中一種可能的解釋是意識型態：通常來說，保守派懷疑透過集體努力來解決集體問題的必要性。這可能是這整個故事中的重要一環，但它不能解釋爲什麼保守派相較於僅僅幾年前的自己，還更不關心全球暖化（後面我會簡要地解釋），以及爲什麼美國保守派人士比其他國家的保守派人士更不關心全球暖化。

根據卡漢等人的看法，關鍵在於必須認識到，難以正確理解事實本身就是一個普遍的問題，這涉及個人與集體利益之間的緊張關係[47]。確實，爲了集體的自我利益考量，我們必須面對氣候變遷的事實並採取行動。但對我們某些人來說，個人的利益矩陣更爲複雜。假設你所生活的社區裡，人們都懷疑氣候變遷的眞實性，也懷疑那些不採取懷疑態度的人，那你會選擇當一個相信者還是懷疑者呢？一般的公民怎麼看待氣候變遷，對地球的氣候不可能產生什麼影響，但很可能會影響他跟周遭的人的相處方式。如果你相信氣候變遷的嚴重性，卻生活在一群懷疑者之中，當這個話題出現時，你的選擇是：一、帶著猜疑心保持沉默；二、爲隱藏你的觀點而說謊；三、說出你眞正的想法，並冒著可能被排擠的風險。這些選項沒有一個特別有吸引力，而代價卻是相當明白的。只有極小的可能性，你才會因爲沒說眞話而改變了人類歷史的進程。因此，卡漢表示，許多人對氣候變遷的懷疑論其實是相當理性的，那些人不是不想理會地球的物理環境，只是更想處理他們自己的社會環境。這是個人理性壓倒集體理性的情況——當然，這是不自覺的。

部落歸屬性的影響

卡漢的分析提出了一些可供檢證的預測。傳統的想法是絕大部分的氣候變遷懷疑論者只是無知，而且或許不太擅長審慎思考。根據這個觀點，那些一般來說具有較高科學知識的人（「科學知識程度」較高的人）、更能處理數據資訊的人（「計算能力」較高的人）較可能相信氣候變遷及其相關的危險是眞實的。卡漢做出的相反預測是，一個人對氣候變遷的看法與個人的文化環境，亦即部落歸屬性有較強的關係，而與一個人的科學知識程度與計算能力較無關。與傳統想法相反，卡漢預測，科學認知度較高的人不會往眞相移動，只會更加保護所屬部落的立場，無論該部落恰好採取哪種立場。

要檢證這些假設，卡漢等人對一大群有代表性的美國成年人進行抽樣的數學與科學測驗。這些受試者也塡寫設計來以兩個面向衡量其文化世界觀的問卷：階級主義—平等主義面向，以及個人主義—社群主義面向。傾向階級主義的個人主義者能夠接受讓被選出來占有高地位的個人來爲社會做決策，並擔憂意圖干擾菁英權威的集體行動。相反的，傾向平等主義的社群主義者則偏好較寬鬆的社會組織形態，且支持以集體行動保護一般個人的利益。就我們眼前的目的來說，重要的是去看出階級主義—個人主義者傾向於懷疑氣候變遷，而平等主義—社群主義者相信氣候變遷造成了嚴重威脅，必須採取集體行動來應對。最後，研究者詢問那些受訪者對氣候變遷的看法。

跟傳統自由派的想法相反，研究者發現，科學知識程度／計算能力及感受到氣候變遷的風險之間呈現輕微的負相關。但是當你將人們按照不同的部落加以區分，故事的真貌才會浮現。一如預期，平等主義－社群主義者表示感受到較大的氣候變遷風險，但在那群人當中，科學知識程度／計算能力與感受到風險之間並無關聯。同樣的，一如預期，階級主義－個人主義者也懷疑氣候變遷的風險，而在這個群體內，那些科學知識程度／計算能力更高的人，反而是對此更加懷疑的人（這就是爲什麼整體說來，有更高科學知識程度／計算能力的人更不相信氣候變遷的嚴重性。這個整體效應是受階級主義－個人主義群體內的效應所影響）。但整體說來，要預測人們是否相信氣候變遷的風險存在，科學知識程度與計算能力不是很好的指標。相反的，從人們一般的文化環境、透過人們的部落成員身分，才更能預測他們的信念。（圖3.3）48

必須釐清的是，你不應該從這些結果認定，每個人對氣候變遷的看法只建立在他的朋友恰好是哪些人的基礎上，所以沒有什麼好理由去擔心氣候變遷（不過，如果那就是你想要相信的，你可能就會得出這樣的結論）。如果你想知道如何治療牛皮癬，你不會問你的朋友珍，她恰好是一個標準偏差樣本，比一般美國成年人的科學知識程度高；相反的，你會諮詢一位皮膚科醫師，也就是專家。參與這個研究的人不是氣候科學專家，而是普通的美國成年人，其科學知識程度與計算能力分數在美國成年人中位數周邊構成鐘形曲線。雖然非專家們對於氣候變遷仍懷有廣泛的歧見，但再次

「你相信氣候變遷會對人類健康、安全或繁榮造成多大風險？」

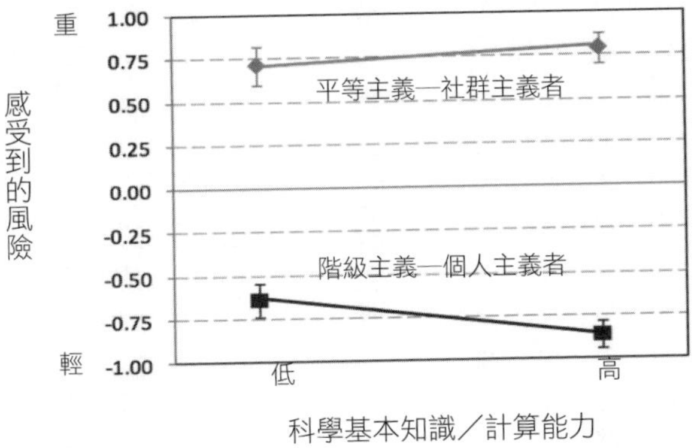

圖3.3　科學知識程度與計算能力與一般人對氣候變遷風險的看法沒有太大的關聯。相反的，人們傾向於採納其所屬部落的信念。

說明，專家們壓倒性地具有共識，認爲氣候變遷是眞實的，而且後果是極爲嚴重的。所以說，眞正的教訓並不在於一切認識都是「相對的」，或是我們無法繞過文化迷障，找出氣候變遷的眞相。眞正的教訓也不是在於，一般說來，普通人都是無可救藥地被部落偏見所奴役。相反的，在大部分議題上，各部落的人們都完全樂於接受專家的建議（人們對於治療牛皮癬的想法，不能用他們的部落歸屬性來適當預測）。眞正的教訓在於，錯誤的信念一旦與文化深深交纏，變成部落的榮譽標章，那就很難改變，改變它們不再只是如何教育人們的事。

一九九八年，共和黨與民主黨可能都相信氣候變遷現象已經出現了。從那時候起，有關氣候變遷的科學案例只有愈來愈顯而易見，但兩黨的觀點卻開始劇烈分歧，直到二〇一〇年，民主黨人中相信氣候變遷屬實的可能性達到共和黨人的兩倍[49]。這不是因為共和黨人的科學知識程度與計算能力在那十年間下滑，也不是因為民主黨人的科學能力突飛猛進。他們在氣候變遷議題上的分歧，是因為這個議題變得政治化，迫使一些人必須選擇究竟要接受專家的訊息，還是當他們所屬部落中的好成員。

然而，必須注意在某些議題上，自由派的觀點反而與專家的共識不符。例如，卡漢等人發現，自由派人士（平等主義－社群主義者）對於將核廢料深埋於地底是否為安全處理的方法意見可能不同[50]。文化偏見並不是哪一個部落的專利。

低估壞影響，高估好影響

不同的部落聯盟關係可能會讓我們對於事實如何有不同意見。其他偏見可能被植入我們認知這個世界的方式。蘇克溫德·薛吉爾（Sukhwinder Shergill）與其在倫敦大學學院的同事進行了一個簡單的實驗，測試有關感知偏誤在擴大的衝突中所扮演的角色[51]。人們成對進入實驗室。第一個人的手指被放到一個小小的擠壓器裡，大概只施加〇·二五牛頓單位的力度，隨後他被指示要用機器剛剛對他施加的相同力度，按壓第二個人的手指。關鍵是，第二個人並不知道有這項指示。在按壓者與被按壓者的手指中間，擺了一台感測器來測量按壓的力度。這兩個人接著互換角色，第二個人試著用第一個人剛剛按壓他的力度回按他的手指，力量不多也不少。這兩個人就這樣交替按壓手指

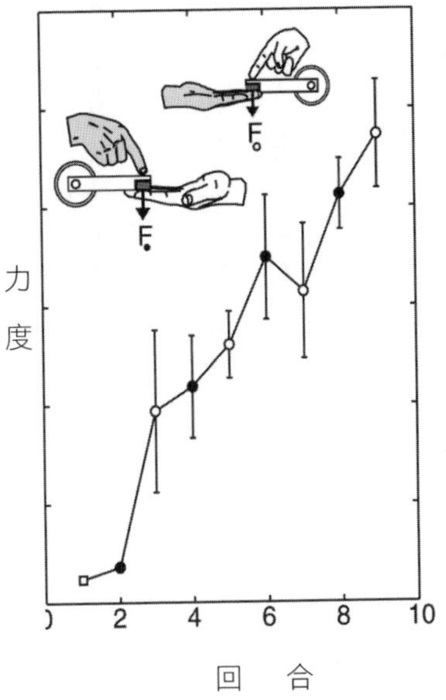

圖3.4　每一回合，參與者都用愈來愈大的力量按壓對方的手指頭，即使他們嘗試維持一樣的力度。

頭，雙方都試著用對方在前一回合的力度來按壓。在每一組被測試的按壓者中，使用的力度都很快就上升，直到兩個人都用了最初按壓力度二十倍的力量按壓對方。（圖3.4）[52]

為什麼會發生這種情況？奇怪的是，力度的上升似乎與你沒辦法搔自己癢有關。當你做一個動作時，大腦會自動預期這個動作的感官結果，並用這項訊息來抑制該動作的感官效果[53]。結果是，自己製造的感覺比起別人替你製造的感覺更不顯著（我知道你正在想什麼，是的，你是對的）。也因此，當你按壓別人時在自己的手指上所感覺到的力量，比別人無預期地按壓你時你所感受到的力量要小。換句話說，當我們施力時，我們知道它要來了，所以感受那力量時，它似乎不是那麼有力；但是當別人對我們施力時，我們的大腦並未得到相同的事先預警，所以感覺較為強烈。

這個實驗是否能做為真實世界中暴力情勢升高的一種解釋，或者只能是一種比喻，這尚無定論，但是背後的機制確實是相似的。相較於我們的手給別人造成的痛苦，我們總是比較能感受到別人的手對我們造成的痛苦，這是說得通的，甚至是不可避免的。我們社會的神經系統，即媒體與口耳相傳，比起傳播他群的痛苦經驗，更會傳播關於我群的痛苦經驗。結果是在某些情況下，我們的道德偏見植入了用來感受這個世界各種事件的系統中。

這種認知原則解釋了為何我們低估自己所造成的影響，並高估自己所做的好事之影響。當尤金・卡盧索（Eugene Caruso）和同事詢問共同撰寫期刊論文的四位作者，請他們估計四人對該篇文章的個別貢獻程度時，四人給自己的平均貢獻分數加起來是一四〇%。我們完全了解自己所做的貢獻，因為事情是我們做的，但是對於其他人的貢獻，我們只有部分了解[54]。

如何在新牧場上思考公平？

就像新牧場的虛構部落那樣，儘管我們有不同的價值觀、信仰與利益，我們在現代世界也試著共同生活。按歷史的標準來看，現代生活整體來說是非常好的。平克在《我們天性裡更善良的天使》（*The Better Angels of Our Natures*）中解釋，在最近這個千禧年、這幾個世紀，以及這數十年來，人類的暴力已急遽減少[55]。他將這種趨勢歸因於在文化驅動下，關於我們如何思考、感受與組織社會的改變。這些改變包括朝向民主化治理的轉變、政府在法律上獨占了武力的使用權、促進同理心的娛樂活動、弱勢者的法律權利、科學做爲可驗證知識的來源，以及互惠的商貿活動。這些趨勢反映在前述一些讓人驚訝的發現上。再次說明，人生活在市場整合度更高的社會裡，非但不會無可救藥地貪婪，反而傾向對陌生人抱持利他心，並且更善於與陌生人合作。

因此，從鳥瞰的視角看人類歷史，新牧場上的生活問題有九〇％都已經解決了。然而，從貼近地面的角度來看未獲解決的一〇％，景觀卻非常不同。儘管已經獲得巨大而尙待認可的進步，我們面對的問題仍然十分艱鉅。現代悲劇造成了原本可避免的痛苦，它們並沒有較過去年代的痛苦更輕，而仍然大到我們有限的心智難以眞正理解。

在本書前言裡，我已經點出了我們所面臨的一些最大的難題[56]：

貧窮：超過十億人活在極度貧窮當中，僅僅活下去就是一場苦鬥。與貧窮相關的問題包括飢餓、營養不良、無法取得飲用水、衛生條件惡劣、暴露在有毒汙染物中、普遍缺乏醫療資源、缺少經濟機會，以及政治壓迫，特別是針對女性的各項問題。

暴力衝突：在達爾富這類地方持續發生的衝突每年都造成數千人死亡，有的衝突造成數十萬難民活在令人驚駭的狀況下。

恐怖主義／大規模毀滅性武器：雖然政府之間的衝突逐漸減少，大量毀滅性武器仍使得一小群人能造成歷史上只有強大國家才能造成的傷害。當然，掌握這類武器的政府仍能造成極大損害。

全球暖化／環境惡化：我們對環境造成的傷害可能逆轉我們邁向和平與繁榮發展的趨勢。

這些都是全球的問題。和平的國家也有內部問題，雖然以全球及歷史的標準來說是小問題，但仍深深影響著數百萬人，而且對許多人來說是攸關生死的。前言已討論過，在美國，我們持續對賦稅、健保、移民、平權、墮胎、生命末期議題、幹細胞研究、死刑、同志權利、公立學校的演化論教學、槍枝管制、動物權、環保規範、金融產業規範等議題有所爭辯。我希望我們能藉由更完善地了解道德心理學，得以改善這些問題。

在本章，我們已考量了六個擴大部落間衝突的心理傾向。首先，人類的部落都是有部落性的，偏好我群更勝他群。其次，部落對於社會應如何組織有真正的歧見，在不同程度上，有的強調個人權益，有的強調團體更大的善。在其他面向上，部落價值也有差異，例如榮譽感在面對威脅時的角色不同。第三，部落有獨特的道德信念，通常是宗教性的，透過此種道德信念，其他團體不認爲具有權威性的本地個人、文獻、傳統與神祇被賦予道德權威。第四，部落就像其中的個人，有著偏私的公正性，使團體層級的自我利益扭曲了它們的正義感。第五，部落的信念容易偏私。偏私的信念可能出自單純的自利心，也可能出自更複雜的社會動態關係。一旦某種信念變成一種文化識別標章，即使它侵害了部落的利益，仍可以存續下去。最後，我們處理社會事件訊息的方式也可能導致我們低估自己對別人造成的傷害，使得衝突加劇。

在我們最大的道德難題中，有些顯然是常識型道德悲劇的例子，部落之間的衝突是關於道德的，但是有關不同道德理念的衝突。或許最好的例子是全球暖化的問題，哲學家史迪芬・嘉德納（Stephen Gardiner）稱之爲「完美的道德風暴」[57]。首先，全球暖化的問題因爲偏私的公正性而惡化。想想以「總量管制與交易制度」（cap-and-trade）來限制碳排放量所涉及的道德層面。該制度就全球碳排放量設定了一個限制，而後分配給各國定額的有限排放權，各國可以使用這些排放權，或將排放權賣給他國。關鍵是，怎樣才能公正分配碳排放權的看法眾說紛紜（聽起來很熟悉嗎？）。方法之一是以歷史排放水準爲出發點，另一種方法是按照人口數來給予每個國家排放權，而讓每個人都有標準規模的排放權，當然還有許多介於這兩者之間的安排[58]。如你可能預期的，已開發國家多認爲依據歷史排放數據分配權利才公正，較不發達國家則偏好以人口數來分配。當然，公正的問題不僅出現在總量管制與交易制度中。除了這個制度之外，有關碳排放稅的提案是最受支持的替代方案，此提案需要人們針對用什麼稅率對誰課徵碳排放稅達成共識。對於碳排放量的多寡，目前未有全球共識，很大的原因在於美國。在這個從絕對排放量和個人平均排放量來看都是全球第二大的碳排放國中[59]，有許多人認爲旨在減低全球碳排放量的一九九七年「京都議定書」（Kyoto Protocol）是不公平的。在二〇〇〇年競選總統時，小布希表達了多數美國人提及京都計畫時的反對情緒：「我要跟你們說一件我不會做的事，我不會讓美國承擔清潔世界空氣的責任，就像『京都議定書』

要求的那樣。」60不管是美國還是世界其他地方，至少有一方的公平感受是有偏私的。

定義公平的問題幾乎在所有國際衝突中都會發生。對應於巴勒斯坦人的作爲，以色列人占領約旦河西岸公不公平？對應於以色列人的作爲，巴勒斯坦人殺害以色列人民是否公平？多少暴力是相稱的，而多少又是過度的？只有特定國家才能擁有核子武器是否公平？對無辜的人民課以讓人痛苦的經濟制裁來做爲限制獨裁者的手段是否公平？爲了將獨裁政權轉變爲民主政權而造成數以千計的人死亡，這是否公平？談判與國際關係專家長期以來即苦惱於解決衝突中的偏私公正性的問題。羅傑・費雪（Roger Fisher）在他的著作《基本談判策略》（*Basic Negotiating Strategy*）中這麼解釋：

> 若嘗試向對方指出61，他應該依據我們的公正、歷史、原則或道德觀來決定我們兩方之間「應當」如何，頂多只能讓我們偏離眼前的任務；在最糟的情況下，這會毀掉我們想要的結果……
>
> 官員們認為自己是以道德上正當的方式行事62。為了讓他群改變心意，我們必須訴諸「他們」的是非對錯感受。但這正好跟大部分政府的所做所為相反。首先，他們只訴諸自己人的是非對錯感受，試圖妖魔化反對者以激發支持。這種作法可能會奏效，但之後反對方會變得更難應付……更不願意聽我們說我們想說的話。

歷史學者亞瑟・史列辛格（Arthur Schlesinger）在一九七○年代早期即預測了哈林克談判研究的結果。追求偏私公正性的結果，是讓每個人的情況變得更糟[63]。

> 從我們身為判斷者的寶座上制定道德法則，將我們的兄弟入罪，這無疑討好了我們自己的道德節操感受，但這也造成了對外交政策本質的危險認知……因為把利益與所處情勢差異的衝突轉變成善與惡的衝突的人，必然賦予自己道德上的優越性。那些將外交事務看作是由是與非的問題組成的人，從一開始就假定他們比別人更知道對別人來說什麼才是正確的。他們愈熱切地相信自己才是正確的，就愈可能拒絕給別人方便，拒絕為別人做出調整，並尋求自己的原則之最終勝利。在國際政治中，很少有比過度的正義感更有害的東西了。

先前提到，從經濟不平等到如何對待未出世的胎兒，公正的定義問題幾乎在每一個國內政治議題中都會出現。

我們如何解決新牧場上的難題呢？到目前爲止，我們已經談論過道德問題與背後的心理學結構。就像所有其他動物，我們都有自私的驅力；但跟其他任何動物不同的是，我們也有社會驅力，就如那個自動化道德機制會將我們推向神奇角落，解決「我」相對於「我們」的問題。不幸的是，就如本章所理解的，這個道德機制（以及我們一再談到的自私與偏見）在一個更高的層次上，也就是團體層次上，再度創造了根本的道德問題，即「我群」相對於「他群」的問題。根據截至目前為止所看到的，新牧場上的問題可能是沒有指望解決的：我們的社會驅力把我們帶離個人衝突的熱鍋，卻跳進了部落衝突的戰火中。幸運的是，人類的大腦不僅是一連串自利與社會驅力的結合而已。我們還會思考。要進行道德思考，並察覺道德思考與道德情感之間的差異，最好的起點就是區辨「心」與「腦」的哲學矛盾問題。

第 2 部

道德的快思慢想
Morality Fast and Slow

人類的大腦就像一台雙重模式照相機，有自動設定和手動設定。對於大部分的事，大腦都有自動設定，告訴我們如何進行，但我們也可以用手動模式來推翻自動設定，前提是我們有意識到這樣的機會，也有動機這麼做。

第四章

電車難題

在天橋難題中，犧牲一個人來換取更大的善似乎是錯的。在轉轍器難題中，用一個人的命換取五個人的命就算不是最理想的，也似乎是正當的。一個小小的謎題，濃縮著康德與彌爾的選擇。

這裡是我的研究主軸開始的地方。但首先要稍微談一下我怎麼進入這個主題，以及為什麼我覺得這件事很重要。

八年級的時候，我加入了學校的辯論社，參加林肯對道格拉斯的辯論賽（Lincoln–Douglas debate），在其中，兩方就一個「決議事項」進行正反辯論。決議事項是由一個全國性的委員會決定，而且每隔幾個月就改變。我最近在網路上找到了我年輕時所做的那種滑稽的決議事項。以下是我中學二年級時提出的一些方案：

- 決議：美國對全球事務的關切應該優先於對其國內事務的關切。
- 決議：所有美國公民都應該在一段期間內為國家服役。
- 決議：美國的社區應該有權抑制色情。
- 決議：對自然資源的開發應該被評價為高於環境保護。
- 決議：在維持合乎倫理的公職人員行為中，個人遵守法律比服從良心更重要。

雖然當時我不明瞭，但這些全都是公地問題，與合作條件相關，包括一個社會中的不同個人，以及一群國家中的各個國家之間的合作條件。

每晚與週末，我的辯友和我進入空蕩蕩的中學教室，穿著不合身的雷根－柴契爾式西裝，重新開啓新牧場的哲學論戰，熱情地辯護我們被隨機分派的政策。我很快發展出了一套標準的辯論策略。在辯論一開始，每個辯論者都會提出一個「價值前提」，亦即他們認爲極重要的價值。例如，如果你要辯論的是反對壓制色情，你可能會提出「自由」做爲價值前提；如果你要辯論的是主張遵守法律勝過遵從良心，你可能會提出「安全」做爲價值前提。接著你會論證你的價值前提的優越性。比方說，如果你的價值前提是「安全」，你可能會引用霍布斯的話，並主張安全優先，因爲安全是實現其他價值的必要前提。鋪排了價值前提之後，就可以主張你這一方最符合價值前提的立場。

我不喜歡標準的優先價值（「自由」、「安全」），因爲在我看來，無論你最偏好的價值爲何，總是有其他更優先的考量。自由的確是重要的，但它是一切嗎？安全的確是重要的，但它是一切嗎？怎麼可能有一種優先價値呢？之後我發現了傑瑞米・邊沁（Jeremy Bentham）、約翰・斯圖亞特・彌爾（John Stuart Mill）等十八與十九世紀英國學者所開創的效用主義哲學[1]。

效用主義是很棒的想法，卻有著很糟的名稱。在我看來，它是所有道德與政治哲學中最被低估、也最被誤解的想法。從第三到第五部，我們將談談爲什麼效用主義如此明智卻廣受誤解，而且未獲適切認同。但此刻我們會先從簡單了解效用主義開始，這有利於我們進入其心理學層面。在本章結束時，你對效用主義的感覺可能是好壞參半的，或者觀感更差，但那都沒問題。從第三到第五部，我會努力贏回你的支持。

發現效用主義

這個很棒的想法是什麼？效用主義說我們應該盡一切力量爲所有利害攸關者帶來最佳的整體成果（嚴格來說，此處我所描述的是「後果論」〔consequentialism〕，這是一個內容更廣泛的哲學類目，其下包括效用主義。第六章會再詳述這一點）。換句話說，我們應該盡一切可能來促進更大的善。比方說，如果A方案會殺死六個人，並救四個人，而B方案會殺死四個人，並救六個人，所有其他結果都一樣，那麼我們應該選B方案。這個想法顯然會教你難受，因爲這不配稱之爲一種「想法」，更不要說是一種「很棒的想法」。但我們很快就能明瞭，普遍來說，這是思考道德問題的好方法，卻一點也不顯而易見。此外，我們在第三到第五部將看到，在這個亂七八糟的眞實世界裡運用這項原則，絕不是一件容易的事，而且迥異於人們猜想效用主義運作時會發生的情況。

做爲一個辯論者，我喜歡效用主義，因爲它給了我一個本身可以平衡所有價值的價值前提：是自由比安全重要呢？還是安全比自由重要？效用主義有個合理的答案：任何價值都不是絕對優先的。我們需要平衡自由與安全的價值，而最佳的平衡就是產生最佳整體效果的方法。

我很欣賞這種普遍性的策略，無論我站在哪一邊，我都採用效用主義做爲每一場辯論的價值前提。每一回我都會採用我標準的效用主義辯論術，並引用彌爾與其朋友們的權威論述。就像隨意摘選櫻桃一樣，我從那裡可以隨意選擇證據，顯示我被分配的那一方立場確實能夠達成較大的善。

這個策略非常有效。我不僅將效用主義當作我的價值前提，也將它當作攻擊對手價值的武器。不論我的對手主張哪一種優先價值，我都會用最戲劇化的可能方法，將該價值從更大的善切離。我會用交叉質問開始攻擊，亦即雙方在辯論中互相直接質問，而不是做出演說。舉例來說，如果我的對手提倡言論自由，我會用我標準的反面例證來攻擊：

我：你說言論自由是這場辯論中最重要的價值，對嗎？

我那不太曉得狀況的對手：是的。

我：因此，在言論自由之外，沒有任何其他價值需要被優先考量，對嗎？

我那不太曉得狀況的對手：是的。

我：那麼……假設有人只為了開玩笑，在一個擁擠的戲院裡大喊「失火了」，造成人們爭先恐後地奔向出口，有些人被踐踏並死掉了。喊「失火了」的權利是否比不被踩死的權利重要呢？

賓果！言論自由是個容易擊倒的對象。關於大部分的價值前提，我都可以編出類似我那個「擁擠戲院」的老例子來加以打擊。

許多人，特別是效用主義的批評者將十八世紀德國哲學家伊曼紐爾・康德（Immanuel Kant）視爲歷來最偉大的道德哲學家，他在辯論賽中也頗受歡迎。對手有時會訴諸康德的「無上命令」（categorical imperative）來辯護其價值前提，主張「目的不能使手段正當化」。碰到這個，我就會問類似下面的問題：「假設有一部故障的電梯快要壓碎某個人了。要阻止它，你必須按一個按鈕。你碰不到那個按鈕，但你可以推某個人過去碰觸那個按鈕。如果這樣能救人性命，那能不能用那個人當作按鈕的工具?」

我喜歡我的效用主義策略，不僅因爲它有效，也因爲我相信它。當然，如前所述，無論我站在哪一邊，我都必須辯論更大的善站在我這一邊。遊戲就是這麼玩的。在我看來，任何一場辯論的任一方，採用效用主義的策略都比任何一種有瑕疵的哲學更適用。

有一次，在佛羅里達州傑克遜維爾的一場比賽中，我上場跟一個來自邁阿密的厲害辯論者比賽。我提出我的標準效用主義說詞，而對手這樣質問我：

我的對手：你說我們應該盡一切努力創造最大的善，是這樣嗎？

不曉得狀況的我：是的。

我的對手：那麼……假設有五個人因為各種器官衰竭問題快要死了，其中一個人肝臟受損，一個人腎臟壞了，類似這樣。

不曉得狀況的我：嗯。

我的對手：又假定有個抱持效用主義的醫生可以藉由綁架一個人，給他上麻藥，摘除他多個器官，然後將這些器官分給其他五個人。那樣做看來創造了最大的善。你認為那樣做對嗎？

我愣住了。我不記得自己如何回應，或許我用效用主義進行了訴諸現實的說法，主張事實上，這種惡性的器官移植並不能爲更大的善服務，因爲人們會因爲可能的濫權行爲而生活在恐懼中等等。但不管我說什麼都不夠，我輸了那場比賽。更糟的是，我輸掉了我贏的策略。而比那更糟的，我也快輸掉了我正在萌芽的道德世界觀（當你只是個沒有女朋友的十幾歲男孩，輸掉你正在萌芽的道德世界觀可能是很大的損失。）[2]

我在中學高年級時退出辯論社，就在我得到大學入學許可之後。我的父母親很失望，我的辯論社老師說我是個背叛者。但我受不了把辯論當作一種競賽。如果我要做出一些道德主張，我希望做出我能夠相信的主張，而在那個時候，我不知道我相信什麼。

科學思考的力量

一九九二年秋天，我進入賓州大學，成爲華頓商學院大學部的一年級新生。我花了一個月才搞清楚商業不適合我，但在那一年我遇到一些教授，學到某些概念，此後它們一直陪伴著我。我念第一個學期時修了個體經濟學，那門課帶領我進入賽局理論。賽局理論是針對囚徒困境與公地悲劇等策略決定問題的研究。我喜歡賽局理論那種抽象的優雅。從全球暖化到核擴散，再到我宿舍裡那種沒完沒了的髒亂，我喜歡這些看似毫不相關的社會問題背後所共享的某種數學式結構。理解那些問題的數學本質，我們就可以解決它們。

那一年，我修了第一堂心理學課程，授課者是個很棒的老師和科學家，名字是保羅・洛辛（Paul Rozin）。那是個小型的研討會式課程，不是標準的大講堂導論課程。洛辛提問題，跟我們辯論，並帶領我們進行多種示範實驗。在某次示範中，我們用德國物理學家與醫師赫爾曼・馮・亥姆霍茲（Hermann von Helmholtz）所發明的一種方法來計算人類神經系統傳遞電子訊息的速度，他是十九世紀實驗心理學的創立者之一。

首先，洛辛要我們手握著手圍成一圈。第一個人捏下一個人的手，第二個人再捏下一個人的手，以此類推。要花多少時間，捏手的信息才會傳遍整群人呢？這個實驗我們做了幾次。洛辛站在一旁握著馬錶，記錄每次所花的時間，之後他將結果平均。下一步，我們做同樣的事，但這次我們抓著下一個人的腳踝，而不是手。只要你感受到左腳踝被捏，你就用右手去捏下一個人的左腳踝，就這樣一路捏下去。洛辛這次也重覆計算了好幾次，然後將結果平均。這回，平均來說，得花比較多的時間讓捏的信息傳遍整群人。我們接著測量手與腦的距離，以及腳踝與腦的距離。這兩種距離的差異正是捏的信息從手傳到腳踝，相對於從手傳到手，所必須走過的額外路程。透過多次實驗的平均結果，我們估算爲了這段額外距離，傳遞信息所必須耗費的時間，並藉此估算信息傳遞的速度。我們的估算幾乎與洛辛事先在教科書上所寫、但我們毫不知情的解答完全吻合。

像這樣的示範實驗讓我領略了科學思考的力量。更具體地說，它們向我展示了可以用多麼聰明的辦法將人類心智的祕密轉變爲可解答的問題。這個方法之所以讓我著迷，有部分原因是它可能在好幾千年前就被應用了，只是到十九世紀後才有人對它加以思考（如果人夠多、重複的次數也夠多，就不需要用馬錶計算了）。這裡的力量並不是來自先進的科技，而是來自結合敏銳的論理與創造性的思考風格。

洛辛也引領我從演化的觀點進入社會學的領域，亦即社會行爲研究，特別是人類社會行爲的研究（這個領域已經分化成好幾個子領域，包括演化心理學，其目的在於了解演化如何形塑人類心智）。社會生物學者解釋了爲什麼（抱歉，這裡要用我大學時的說法）男孩想找女孩上床時常常碰壁，但女孩想找男孩上床時卻不會。這個解釋來自羅伯特・泰弗士（Robert Trivers）的親職投資理論：女性爲了製造能夠存活的子嗣，必須投入大量勞力，至少要懷孕九個月並哺乳好幾年[3]。相對的，男性只需要輕輕鬆鬆捐出一點精子（當然，爲製造子嗣而投資更多的男性，更有可能獲得成功的子嗣，但對男性來說，投資是很低的）。因此，女性在選擇伴侶時會更謹慎。一個從第一個有意願的精子提供者那裡收受精子的女性，比挑剔的女性還不可能生出合適的子嗣。相對的，男性可以更自由地提供基因材料，而不用付什麼成本（這讓我想起當時嗆辣紅椒〔Red Hot Chili Peppers〕的流行歌〈散播出去〔Give It Away〕〉。從過去到現在，有很多人排斥這種演化理論，認爲這是用僞科學的論理來維護傳統性別角色，我卻對此印象深刻。之所以印象深刻，並不是因爲我支持傳統的性別角色；相反的，如果在我當時的環境下，女性不要那麼挑剔的話，我會很高興。但泰弗士的理論除了能解釋可觀察的社會事實外，也做出了一些不那麼明顯的預測，而且事後證實是正確的。根據泰弗士的理論，重要的不是男性與女性的差異，而是低度與高度親職投資的差異。如果能夠找出某個物種的雄性是高度的投資者，那麼比較挑剔的應該是雄性，而不是雌性。而且，確實就某些鳥類與魚類來說，是雄性守護並餵養發育中的子嗣，也是雄性比較挑剔[4]。

在大學裡，我頭一次自己負責自己的財務收支。伴隨著這個新的自由而來的，是一種新的責任感。我從每個月的零用錢中，拿出許多花在小的奢侈品上，從唱片行買CD、在費城市中心找美食嚐鮮等。但我如何把這種行爲正當化呢？我想像著有個絕望的窮苦女人向我哀求：「能不能施捨我十美元？我沒錢買食物。我的小孩快死掉了。」我能夠看著她的眼睛說不嗎？「抱歉，但我需要另一張約翰・柯川（John Coltrane）的CD。妳的孩子註定得死。」我知道我永遠沒辦法做這種事（雖然我每次看到無家可歸的人就從他們身邊走過）。但是，在這同時，我很明白這種推論會讓人走向何方。這個世界永遠不會缺少絕望的人，這些人需要我的錢的程度，比我需要更多音樂收藏的程度更大。我的義務什麼時候才會完了（第三部將再詳細討論這點）？

我發現一位名爲喬納珊・巴隆（Jonathan Baron）的哲學教授，根據他的簡介，他的興趣是心理學、經濟學與倫理學。他看起來像是可以說話的對象。我跟他約了時間。他解釋，從彼得・辛格（Peter Singer）第一次提出這個問題之後，就在我出生之前幾年，哲學家就一直在爭辯這點[5]。這個問題也一直困擾著他。

巴隆跟我很契合，我們也開始一起研究。直到後來我才了解，以我當時不尋常的研究興趣來看，我竟然會碰見這世上唯一活躍著的效用主義道德心理學者，眞是太幸運了。當時我以爲每個大學都有一個這樣的人。巴隆跟我一起研究在環境決策上「對數量的不敏感性」問題。如果你問一群人：「你願意花多少錢把兩條被汙染的河川弄乾淨？」你會得到一個答案。再問另外一群人：「你願意花多少錢把二十條被汙染的河川弄乾淨？」平均來說，你會得到差不多相同的答案。你可能會認爲，或希望，在人們看來，淨化二十條河比淨化兩條河的好處多了十倍。但數量根本通常沒有影響。兩條河或二十條河，聽起來都一樣[6]。巴隆跟我試著搞懂爲何人們「對數量不敏感」。我們的研究並未帶來答案，但我們藉此排除了某些原本有希望的理論，這也是一種進展。這個研究讓我第一次發表了科學論文[7]，但比這更重要的是，跟巴隆共事帶我進入了「捷思與偏見」的研究，亦即研究人們用來做決策的心理捷徑（捷思），以及捷思式思考所導致的非理性錯誤（偏見）[8]。

對商業不再感興趣之後，我轉學到哈佛並主修哲學。我在那裡的第一學期修了一門課，叫作「關於思考的思考」，這是由三位傳奇性的教授講授的小組課程：哲學教授羅伯特・諾齊克（Robert Nozick）、演化生物學家史蒂芬・杰・古爾德（Stephen Jay Gould）與法學教授亞蘭・德修維茲（Alan Dershowitz）。這門課被戲稱爲「自我論自我」（Egos on Egos）。課程大綱裡有哲學家茱蒂斯・賈維士・湯姆森（Judith Jarvis Thomson）的一篇文章，名爲〈電車難題〉（The Trolley Problem）[9]。

電車難題：個人權利是否優先於更大的善？

後來發現，這篇論文是某種器官移植兩難的根源，也就是高中時擊潰我的兩難問題的根源。湯姆森這篇極具原創性的論文研究了一系列的道德難題，都屬於同一個主題的變形，也就是犧牲一個人的命去救五個人的命。在某些個案中，用一個人的命交換五個人的命看來顯然是錯的，就如同器官移植的難題。湯姆森的論文所提到的另一個難題則是「天橋難題」（footbridge dilemma），以下對此難題的描述經過了些微調整：

> 有一台失控的軌道電車衝向五個鐵路工人，按照目前的行進路線衝下去，電車會撞死他們。你正站在一個跨越軌道的天橋上，就站在逼近的電車與那五個人中間。在你身邊有個鐵路工人揹著大背包。只有一個方法能救這五個人的性命，就是把你身邊的人推下天橋，讓他掉在軌道上。那個人會因此死掉，但他的身體與背包可以擋住電車不會壓到其他人（你沒辦法自己跳下去，因為你沒有背包、塊頭不夠大到能擋住電車，而且沒有時間再揹個背包）。推下這個陌生人害死他，換來五個人活命，在道德上是否可被接受？（圖4.1）

人們多半會說把一個人推下天橋救其他五個人的命是錯的[10]。但如果前提是獲得更大的善，這卻不是效用主義者的答案。把人推下去可以獲得更大的善，但這看起來仍是錯的。

有很多方式可以從這個問題脫身。最吸引人的脫身策略是質疑天橋難題的假設：把那人推下

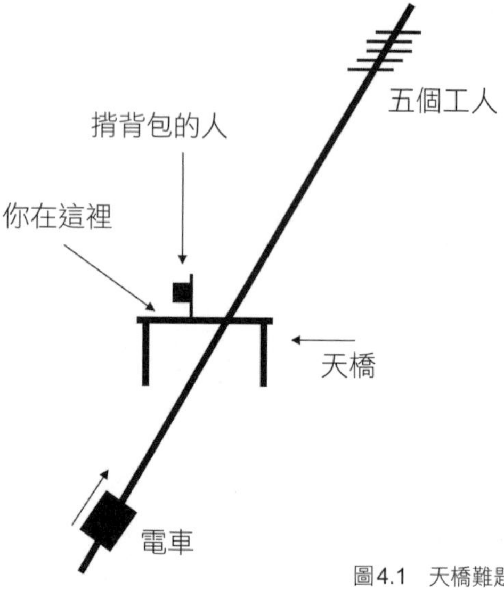

圖4.1 天橋難題

橋去眞的能救五個人的命嗎？那五個人能不能用別的方法來救呢？如果這個推人的動作會被別人看到，使他不再尊重人的生命，並殺死其他的人呢？又如果因爲這個殺人的舉動，數百萬人從此將生活在對積極的效用主義者的恐懼中呢？這些都是完全合理的問題，但提出這些問題並不能解決效用主義者的問題。的確，在某些更實際的假設中，效用主義者有好的理由不把人推下去。這是很重要的一點，我稍後將再予以強調。但現在，我要先將這些疑慮擱在一旁，並且嚴肅地探討此種觀點，也就是即使能促進更大的善，將人推下天橋仍是錯的。

爲什麼這是錯的？最常用來譴責效用主義的說法是它低估了人的權利，使得我們對人做出根本錯誤的事，無論最後結果如何。之前我提過康德的無上命令，他著名的摘要如下：

> 無論是對自己或對他人，總是將人當成目的，而絕不僅是個手段[11]。

粗略地翻譯：不要利用人。再也沒有比把人當作人體擋車工具更戲劇性的例子了。

天橋難題很好的一點是，在它之後出現了有趣的改編情節。在另一個版本，我們稱之爲「轉轍器難題」（switch dilemma），一台失控的電車在軌道上朝著五個工人駛來，如果坐視不管，這五個人會死掉。你可以扳動轉轍器，讓電車走到另一條軌道上，藉以救這五個人的命。不幸的是，在那條軌道上有另一個工人，如果你切換電車軌道，那個工人會被撞死。（圖4.2）

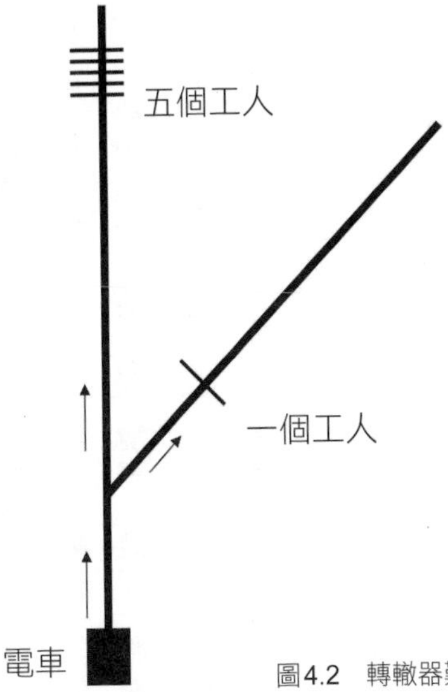

圖4.2　轉轍器難題

扳動轉轍器讓電車從那五個人轉向一個人，這在道德上是否可接受？對湯姆森來說似乎是可接受的，而我也同意。我後來才知道，全世界的人也都同意[12]。那麼爲什麼我們在切換軌道的案例中表示同意，在天橋案例中卻表示反對呢？

對我來說，這是個完美的科學問題。電車問題把那些從我十幾歲以來就在煩惱的問題統統整合成一個美麗得像果蠅那樣的模型。首先，電車問題將所有高中生辯論賽背後的重大哲學問題抽離了出來，淬礪出其最精華的部分：何時，以及爲了什麼，個人的權利優先於更大的善？就某種方面來說，墮胎、平權、賦稅高低、在戰爭中殺死平民百姓、把人民送上戰場、在健保方案中籌措財源、槍枝管制、死刑等，每一個重要的道德議題都是有關（或實或虛的）某些個人的權利相對於（或實或虛的）更大的善應如何選擇的問題。電車問題正好擊中核心。在天橋情境中，犧牲一個人換取更大的善似乎是錯的，這是一種嚴重侵害個人權利的行爲。在轉轍器情境中，用一個人的命換取五個人的命就算不是最理想的，也似乎是正當的。一個小小的謎題，濃縮著康德與彌爾的選擇。如果我能了悟這兩個簡單的難題，我就能了解許多事了。

電車難題也有一種亥姆霍茲式的美麗簡潔性。你如何得知訊息在神經系統中傳導的速度呢？你不用追蹤訊息通過手臂、經過不可測的腦部迷宮，然後走到另一條手臂的過程。你只要用一條腿來換一隻手臂，然後扣減即可。電車問題也做了一個可愛的減法。這些難題中有數百個可能相關的特性，但是轉轍器與天橋案例的差異可以說是最小的。在這個簡短的差異清單中，有某些東西表達出了道德問題，或者至少看似如此。

電車問題也是一個決策問題，可以用「捷思與偏見」的思考來加以闡述。直覺告訴我們，在天橋案例中，那樣的行動是錯的。是大腦的哪個地方讓我們得出這個結論的？我們又能否信任這樣的機制呢？至少有些時候，大腦會告訴我們清潔二十條被汙染的河流並沒有比清潔兩條被汙染的河流好，這裡我們對兩件應該有不同答案的事，只給出了一個相同的答案。或許電車難題涉及相反的偏見：將相似的事情當成好像非常不同的事情來處理。或許這就是人類心理的急轉彎，在某個狀況下用一條人命換五條人命看似正當，但在另一個情況就覺得不對。這麼想很誘人，而且或許能夠爲效用主義辯護，因爲它看起來是很合理的。

在「關於思考的思考」這門課之後的那個夏天，我獲得一筆小額獎學金，針對電車難題做了一項獨立研究。我讀了很多哲學專書與心理學文章，爲了履行受獎人的義務，我寫了一篇論文，名爲〈兩種道德〉。我在文中區分了兩種不同的道德思考，我稱之爲「抽象式的」與「同情式的」。這是道德判斷「雙重程序」理論的開始，以下我會簡單敘述。

次年春天，我修了一門行爲神經科學的課，希望大腦科學專家擁有我正在尋找的答案。我在課堂上並未找到答案，但我確實讀到了當時一位神經學者安東尼奧・達馬西歐（Antonio Damasio）所出版的書。《笛卡兒的錯誤》（*Descartes' Error*）這本書是討論有關情感在決策過程中所扮演的角色。達馬西歐敘述費尼斯・蓋吉（Phineas Gage）的案例，他是一個很出名的神經科病患，十九世紀時住在佛蒙特州，並在那裡工作[13]。蓋吉是一個很受敬重的鐵路工頭，一場意外爆炸中，一根三呎長的硬實鐵棍戳進他的眼窩，刺穿了頭蓋骨頂端，他從此性情大變。他的創傷嚴重損害額葉皮質內側，位在眼睛與前額後方，就在鼻子上面。很奇妙的，幾週之後，蓋吉似乎恢復了他的認知能力。他可以說話，可以算數，記得人名與地名等等。但蓋吉已經不是原來的他了。那個勤奮、努力工作的鐵路工頭變成一個不負責任的遊民。

達馬西歐曾研究額葉皮質內側中間（偏低）部分（腹內側前額葉皮質層，ventromedial prefrontal cortex，簡稱VMPFC）受損的病患。他看到一種一致的模式。這些跟蓋吉相像的病患在標準的認知測驗如智力測驗上表現良好，但他們在實際生活上卻做出很糟的決定。在一系列研究中，達馬西歐等人表示，這個問題肇因於情感障礙[14]。其中某個這類病患，在看到血淋淋的車禍事故與血流滿地的受害者時，說他沒有什麼感覺，但他知道過去他腦部未受傷之前對這類事物會有情緒的反應。達馬西歐描述他們的病狀是「知道，但沒感覺」。[15]

讀到這段描述時，我正一個人獨自待在飯店房間裡。我興奮得不得了，從飯店房間的床上站起來跳躍。那時觸動我的是這段與電車難題的連結：這些病患所失去的是促使一般人在天橋難題中做出反應的機制。而當然，有完美的方法可以檢證這個想法，就是給那些有腹內側前額葉受損狀況的病患進行轉轍器與天橋難題的測試。如果我是對的，腹內側前額葉受損的病患，就像蓋吉那樣的病患，不只會對轉轍器問題做出效用主義式的解答，對天橋案例也會如此。不幸地，我不認識任何腹內側前額葉受損的人。

隔年，我在大學畢業論文裡寫到這些想法，名為〈道德心理學與道德進展〉，這是本書初步的雛形。一九九七年秋天，我獲錄取進入普林斯頓大學哲學博士班。我將最初的兩年投入研討會與各項學業要求，研讀各式各樣的課題，從柏拉圖的《共和國》到量子力學哲學，大致說來是享受著做爲一個哲學家的生活。一九九九年夏天，我聽說心理學系有一位神經科學家有興趣跟哲學家聊天。普林斯頓已經聘請了喬納珊・柯亨（Jonathan Cohen）主持新的「大腦、心智與行爲研究中心」（Center for the Study of Brain, Mind & Behavior）。我查了一下他的網站資料，看到他運用腦部顯影所做的研究。我想，或許我不需要神經科病患。或許我們可以看看天橋難題在健康的人的大腦裡產生什麼影響。我跟他約好碰面。

道德判斷的雙重程序理論

柯亨的研究室滿是沒有封起來的箱子。在他的辦公室裡，書籍和論文像石筍一樣層層疊疊，隨時都會傾倒的樣子。他在辦公椅上向後靠。「好了，你的來意是什麼？」他說。我開始解釋電車難題，首先是轉轍器的案例，接著是天橋的案例。他打斷了我，列出這兩個案子的十個不同處。「先等我說完，」我說。接著我開始描述達馬西歐的書與蓋吉的病例，但我還沒講完，他就衝口而出：「我知道了！我知道了！大腦腹面／大腦背部！大腦腹面／大腦背部！」我認得大腦腹面（ventral）這個字，但我不知道他說大腦背部（dorsal）是什麼意思。像是鯊魚的背鰭嗎（大腦背部指的是大腦的上半部，即四足動物中大腦與背部相連的那一側）？不管怎樣，我很高興他也這麼興奮。「我們來動手吧，」他說，「但你必須先學怎麼做腦部顯影。」對我來說，那聽起來很棒。

第一次見面時柯亨知道而我還不明瞭的事，是神經科學那另外半部的電車故事，那部分與柯亨的研究工作有最直接的關聯。我當時思考的是，在天橋案例中我們說「不」時，情感扮演著什麼角色。然而，是什麼讓我們在扳動轉轍器的案例中說「好」呢？在蓋吉與其他像他那樣的人身上，又有哪些功能保持完整呢？如果病患「知道」卻不能「感覺」，又是什麼讓他們「知道」呢？當時對我來說，答案很明顯，是效用主義的成本效益思考：救五個人的命比救一個人的命好。但是對認知神經科學家來說，心智運作之事絕非顯而易見的。

柯亨主持神經認知控制實驗室。按照柯亨的定義，「認知控制」（cognitive control）是「按照內在目標協調思考與行動的能力」[16]。有一項認知控制的經典實驗是唸出顏色的「史楚普實驗」（Stroop Test），要受試者唸出螢幕上文字的顏色[17]。舉例來說，你會看到「鳥」這個字用藍色字體寫出，而你的工作就是唸出「藍色」。但當這個字涉及顏色，卻不是用那個顏色寫出來時，比如用綠色來寫「紅色」這個字，那工作就變得棘手了。在這裡，你的任務是說「綠色」，但你的第一個衝動卻是說「紅色」，因為比起唸出顏色，讀字更是一種自動反應。在這些棘手的情況中，有一種內在的衝突，有一群神經會說：「唸那個字！」而另一群神經則說：「唸出顏色！」（當然，這些神經不會說話，我只是為了說明的目的而在這裡和別處予以擬人化）是什麼解決了這些相爭指令之間的衝突呢？又是什麼機制確保它會被正確地解決（「唸出顏色」），而不是被錯誤地解決（「唸出那個字」）呢？

這是認知控制的工作，人類認知的一項重要特色，是透過大腦背部／側面（大腦背側）前額葉皮質區，或稱背外側前額葉皮質層（dorsolateral prefrontal cortex，簡稱 DLPFC）的神經迴路所促成的[18]。在唸出顏色的史楚普實驗中，大腦背外側前額葉說：「嗨，組員們，我們現在進行的是唸出顏色的任務，所以唸顏色名稱的組員請站出來，唸字的組員請後退。」背外側前額葉可以用明顯的決策規則（「唸出顏色」）來指引行爲，它也可以抑制另一種競爭的動能（「唸那個字」）。而這正是柯亨何以大喊「大腦腹面／大腦背部！」的理由。身爲認知控制神經學專家，柯亨馬上就看出「救更多人的命」就像「唸出顏色」一樣，這是明顯的決策規則，可以用來指引人們回應問題。更進一步，柯亨看出了在天橋案例中的效用主義式回應，即容許把人推下去以救更多人的命，就像是在棘手的史楚普實驗中唸出顏色一樣，例如唸出用綠色寫的「紅色」這個字。爲了得出效用主義式的答案，人們必須抑制相抗衡的衝動。

將這些概念整合在一起，我們就有了道德判斷的「雙重程序」理論，可以透過天橋案例與相對照的轉轍器案例加以闡明。這是一種雙重程序理論，因爲它假定有兩種不同的，而且有時是互相衝突的、自動化而受控制的反應（有關雙重程序，將在下一章說明進一步內容）。在回應轉轍器情境時，我們有意識地運用大腦背外側前額葉進行效用主義式的決策規則。因著後續我們將討論的原因，在轉轍器案例中的那種害人舉動不會引發太多情感上的反應。結果，我們傾向做出效用主義式的回應，選擇扳動轉轍器來救最多人的命（圖 4.3 上半部）。在回應天橋情境時，我們也用大腦背外

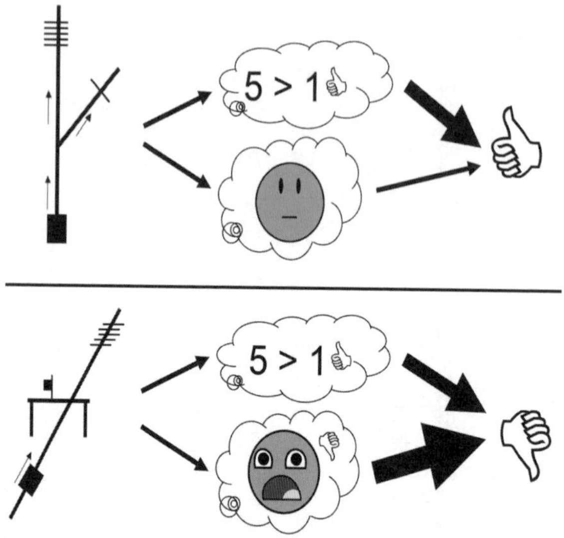

圖4.3　雙重程序的道德。將電車從撞向五個人轉變成撞向一個人（如上圖所示）符合效用主義的道理，且不會觸動太強烈的情感抗拒反應，這讓大部分人贊同。將一個人推落天橋（如下圖所示）也同樣符合效用主義的道理，但它觸動了重大的負面情感反應，這使大部分人都反對。

側前額葉來進行效用主義式的決策規則，但因爲某種原因，這種害人舉動確實觸動了（相對）強烈的情感反應，這是由大腦腹內側前額葉所造成的。因此，大部分的人判斷這種舉動是錯的，儘管他們也了解，這種判斷和效用主義式的成本效益分析相衝突（圖4.3下半部）。這就是我們要檢證的理論。

道德之腦顯影

為了我們第一個實驗，我們設計出一組像轉轍器案例的道德難題，一組像天橋案例的道德難題。我們稱這兩組爲「非關個人的」（impersonal）與「關乎個人的」（personal）難題。人們閱讀這兩組難題的資料並加以回應，同時我們用功能性磁振造影（functional magnetic resonance imaging, fMRI）技術來掃描他們的腦部[19]。之後，我們取出這兩種不同的道德判斷工作中的腦部顯影，並用亥姆霍茲的方法進行扣減。一如所料，「關乎個人」的情境，就像天橋案例，造成了前額葉中間部分活動量的增加，包括腹內側前額葉的部分區域[20]。換句話說，類似天橋案例的情況造成腦部活動增加的區域，正是蓋吉與達馬西歐的其他病患腦部受損的區域，那使他們「知道」，但無法「感覺」。相反的，「非關個人」的情境，就像轉轍器的案例，增加的是大腦背外側前額葉的活動，之前柯亨使用「唸出顏色」的史楚普測驗進行腦部顯影實驗時就曾多次看到。我們的第二個實驗顯示，人們對天橋案例這樣的情況做出效用主義式的回應（例如，贊同將一個人推下天橋來救五個人的命）時，他們的背外側前額葉周邊區域出現活動增加的狀況[21]。這個實驗也顯示，在大腦中另一個已知負責情感的的區域，即杏仁核，在人們思索「關乎個人」的、類似天橋情境的狀況時，相較於「非關個人的」、類似轉轍器情境的狀況，變得更加活躍。就如你可能回想到第二章的內容，杏仁核的活動與看到團體外的人臉時產生高度警覺有關。

我們很滿意結果，這與我們的理論完美相符，但還是有些疑慮之處。其中之一是，這個實驗並未如我們期望的那樣完善控制。在理想的世界裡，我們的實驗只使用這兩種情境，即轉轍器情境與天橋情境。這樣會讓實驗結果更清晰，因爲兩種情境是如此類似。但腦部顯影數據有雜訊，使得我們很難比較兩種不同的腦部活動。相反的，你必須反覆觸發兩種腦部活動，然後才能加以平均並比較（就像洛辛做的，讓我們手捏手很多次，再讓我們用手捏腳踝很多次，再把結果平均，才能推算出速度上的差異）。這表示我們需要很多類似天橋情境的案例，與很多類似轉轍器情境的案例組合。我們不能讓這些案例太過相像，否則人們會停止思考，每次都給出同樣的回答。更糟的是，我們甚至不知道天橋案例與轉轍器案例基本的差異是什麼，這讓我們很難設計出一組類似天橋情境、另一組類似轉轍器情境的不同案例。應該如何讓同一組內的案例相似？（稍後的研究將處理這個問題，第九章將予以討論。）[22]所以，我們對這兩種情境間的根本差異做出猜測，雖然知道答案可能是錯誤的，但希望它能夠接近到讓我們能檢測我們有關「大腦腹內側」與「大腦背外部」的假說。結果確實奏效了。（圖4.4）

我們最初的實驗有另一個重要的限制。腦部顯影數據是「關聯性的」（correlational），這意味著不能確切地說，是影像中顯示的大腦活動造成了人們的判斷，還是只是與人們的判斷行爲相關。比方說，冰淇淋的銷售與溺水有關，但冰淇淋並不會造成溺水[23]。應該說，人們會在夏天時吃更多冰淇淋，也更常去游泳，這就造成了更多的溺水事故。如同科學家時常說的，「關聯性並不暗示因果關係」（但關聯性仍然是因果關係的證據，某些科學家因爲努力實事求是，而時常忘了這點）。因此，思考「關乎個人的」難題與大腦腹內側前額葉及杏仁核的活動有關聯性，但是不是這些區域的活動造成了人們在天橋案例這種情境中說「不」？同樣的，思考「非關個人的」難題與大腦背外側前額葉的活動有關。這個區域的活動也與對「關乎個人的」難題做出效用主義式的回應有關聯。但

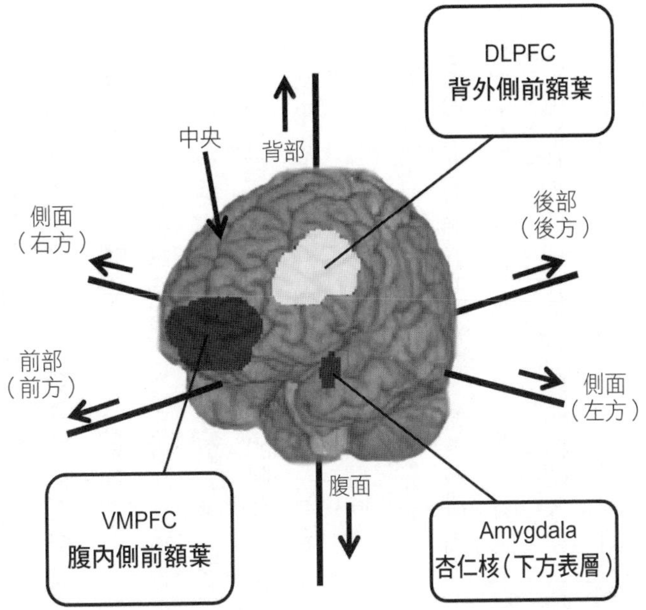

圖4.4　大腦3D影像，顯示在道德判斷活動中相關的大腦三個區塊

是，是不是背外側前額葉「造成」人們對轉轍器這類難題說「好」，偶爾也使人在天橋難題中說「好」呢？

電車學實驗啟動

科學的樂趣之一在於把想法公諸於世，然後看看其他科學家怎麼運用它。在我完成最初兩個腦部顯影實驗後的那幾年，許多來自不同領域的研究者以我們的實驗結果爲基礎，運用不同的方法，提供了有關我們的理論的進一步證據，並把它帶到新的方向。而當然，我們自己也做了一些後續的研究[24]。

下一個關鍵性的電車研究來自馬利歐·孟德茲（Mario Mendez）與其加州

大學洛杉磯分校的同事，他們檢驗有額顳葉失智症（frontotemporal dementia, FTD）病患的道德判斷[25]。額顳葉失智症是一種退化性的神經異常，影響著大腦腹內側前額葉及其他腦部區域，使得額顳葉失智症病患經常有類似蓋吉等腹內側前額葉受損的病患的行爲問題。具體來說，額顳葉失智症病患的特點是「情感遲鈍」與欠缺同理心。孟德茲等人爲額顳葉失智症患者、阿茲海默症患者與健康的人進行類似轉轍器與天橋案例的多種版本難題測試。結果相當驚人，而且恰好符合我們的預測。在回應轉轍器難題時，這三組受試者都有相同的反應模式，至少有八〇%的受試者贊同扳動轉轍器救五個人的命。約有二〇%的阿茲海默症患者同意把人推落天橋，健康者的控制組也得出相同的結果。但是有近六〇%的額顳葉失智症患者贊同把人推落天橋，整整多出三倍。

這個研究解決了前面提到的兩個問題。首先，研究者是對病患進行測試，而不是運用腦部顯影技術，所以不需要做多次測試求出平均值，這迴避了將問題分成「關乎個人的」難題（如天橋案例）與「非關個人的」難題（如轉轍器案例）的困擾。他們只需要比較最初兩種正好相配的難題。其次，它也處理了「關聯性不是因果關係」的問題。也就是說，有情感障礙的人在天橋情境中說「好」的比例高出三倍，這點明確顯示，正是情感反應造成人們在天橋情境中說「不」。

幾年之後，達馬西歐自己也進行了我在飯店床上蹦跳時所預見的那種實驗。他與麥可・柯尼斯（Michael Koenigs）、連恩・楊（Liane Young）的團隊合作，對他們如蓋吉般有腹內側前額葉損傷的著名病患，進行我們整套的難題測試。五倍於其他人，這些病患更有可能在「關乎個人的」道德難題中，做出效用主義式的回答，選擇將人推落天橋等[26]。同一年，由艾里莎・西亞拉梅洛（Elisa Ciaramelli）與喬賽普・迪・培雷格里諾（Giuseppe di Pellegrino）領導的一群義大利研究者也得出類似結果，同時得證健康的人不願意做出效用主義式回答與被激發的生理反應（線索是手掌冒汗）有關[27]。

有許多更近期的研究指出同樣的結論[28]。情感反應使人拒絕將人推落天橋，並對其他「關乎個人的」有害，但能促進更大的善的效用主義式行為說「不」[29]。大腦腹內側前額葉損傷的病患比其他人更容易認可讓電車轉向撞自己的家人，救回更多的人命[29]。低度焦慮的心理病患[30]（顯現出社會情感障礙）會做出更多效用主義式的判斷。有喪失情感症狀（alexithymia）的病患也是，這種障礙讓人降低對自己情感狀態的意識[31]。那些面對壓力時有更多生理反應的人（在這個案例中，指周邊血管的收縮）較少做出效用主義式的判斷[32]，自稱主要依直覺做回應的人也是[33]。如果想辦法誘使人們感覺快樂（跟幽默有關的正面情感，這裡的目的是要抑制負面的情感反應），就會增加效用主義式的判斷[34]。

有數個研究指出前述另一個與情感有關的大腦區域，即杏仁核的重要性[35]。有心理異常傾向的人，其杏仁核較少就「關乎個人」的難題產生反應[36]。同樣的，在我的實驗室中由亞米泰・薛哈夫（Amitai Shenhav）主持的一個研究顯示，杏仁核活動與應對天橋情境的負面情感有正相關，而與效用主義式的判斷呈負相關[37]。這個研究也顯示杏仁核的功能比較像是最初的警報，大腦腹內側前額葉則負責整合情感訊號，做出「考量全盤情況後」的決策。在近期一個讓人興奮的研究中，摩利・柯洛凱（Molly Crockett）及其同事讓人服用西鐢普蘭（citalopram），一種類似百憂解（Prozac）的選擇性血清素回收抑制劑（SSRI），然後要他們回應我們標準的兩難套題。西鐢普蘭的短期影響是增強杏仁核與腹內側前額葉及其他區域的情感反應能力。一如預期，他們發現人們在西鐢普蘭的影響下（相較於只服用安慰劑的人），在像天橋案例這樣「關乎個人的」難題，較少做出效用主義式的回應[38]。另一項研究顯示抗焦慮藥劑勞拉西泮（lorazepam）有相反的效果[39]。近期在我的實驗室中，由艾利諾・雅密（Elinor Amit）所主持的實驗突顯了視覺影像在觸發這些情感反應上所扮演的角色[40]：那些在視覺記憶效果測試中表現偏向視覺式思考的人，較少做出效用主義式的判斷。同樣的，若在人們進行道德判斷時干擾其視覺運作，會讓他們做出更趨向效用主義式的判斷。

簡言之，有許多不同種類的證據告訴我們，人們是因爲大腦腹內側前額葉與杏仁核所促成的情感反應，而向把人推下天橋的舉動（及其他「關乎個人」且具傷害性的效用主義行動）說「不」。但是雙重程序另一面（「背部」）的故事又是如何？關於效用主義式的判斷，我們有兩種相關的假說。首先，效用主義式的判斷是來自明顯適用效用主義式的決策準則（「做任何將產生最大的善之事」）[41]。其次，在情感反應衝突的情況下做出效用主義式的判斷，需要有（其他的）認知控制程序。再次說明，在天橋案例中表示贊同，相當於在棘手的史楚普測試中唸出顏色（例如唸出用綠色寫的「紅色」這個字）。人們接收到這種相互衝突的指令時，必須運用某項決策準則加以解決。

我們已經看到這種情況的一項證據：當人們做出效用主義式的判斷時，他們的大腦背外側前額葉活動有增加的趨勢，也就是和大腦中運用「由上而下」的規則最密切關聯的區域，這也是與成功完成史楚普測試最密切有關的區域[42]。其他腦部顯影的研究也得出類似的結果[43]。但如前所述，腦部顯影的結果是「關聯性的」，如果我們能干擾受控制的認知，這會是有用的，就像大腦腹內側前額葉受損而干擾情感作用那樣。

干擾受控制認知的方法之一是，當人們試著做一件事時，給予他們另一件需要專注的任務。我的同事跟我做了這種實驗，果然，我們發現讓人們同時做第二件事（也就是讓人處在「認知負載」的情況下），會減緩人們做出效用主義式的判斷，但對於非效用主義式的判斷則無影響[44]。這與我們認爲效用主義式的判斷更仰賴認知控制的想法一致。另一種增加或降低認知控制的方法則是讓人處在時間壓力下，或消除時間壓力並鼓勵愼重思考[45]。雷內塔・蘇特（Renata Suter）與拉夫・賀維（Ralph Hertwig）做了這種實驗，並發現消除時間壓力並鼓勵愼重思考，確實會使人較易做出效用主義式的判斷。還有一個方法是讓人處在偏向審愼思考、而非迅速依照直覺做決定的心理狀態下。例如給予人直覺判斷錯誤的經驗，使其傾向更愼重思考[46]。喬・帕克斯頓（Joe Paxton）、里奧・溫嘉（Leo Ungar）與我讓受試者計算棘手的數學問題，若用直覺來回答這種問題，答案經常是錯誤的[47]。而正如我們的假設，那些在做出道德判斷之前先解棘手的數學問題的人，後來更常做出效用主義式的判斷[48]。丹・巴特斯（Dan Bartels）也發現，通常傾向努力思考而非以直覺思考的人，比較可能做出效用主義式的判斷。亞當・摩爾（Adam Moore）與其同事同樣證實了，效用主義式的判斷與較佳的認知控制能力有關[49]。

最後，我們還可以從人們在有意識下做出判斷時的道德理由類型，得知許多事[50]。我稍後將解釋，有許多因素會在無意識的情況下影響人的道德判斷。然而，在我從事多年的電車研究中，我從未遇到任何人未意識到將人推落天橋的效用主義思維邏輯。沒有人說過：「想辦法救更多人？爲什麼要這樣，我從沒想過要這麼做！」人們同意把人推下去時，永遠是因爲效益大過成本；不贊同推人下去的人，也總是清楚意識到，雖然存在著衝突的效用主義式邏輯，但他們還是做了相反的判斷。不把人推下天橋的原因形形色色，但當人們覺得把人推下去是錯的時候，他們也經常對自己的判斷感到困惑（「我知道這是不理性的，但是……」），而且通常很難條理分明地正當化自己的判斷[51]。要求他們解釋爲什麼把人推下去是錯的，人們時常會說「那是謀殺」。當然，讓人被電車撞上絕對是謀殺的行爲，但人們在轉轍器的案例中，卻總是慣常贊同這個舉動。簡言之，我們始終意識到了效用主義的思維邏輯，但時常未能意識到自己反效用主義的動機是什麼。這點說明了關於情感運作方式的一些要點（第九章將更深入探討此點）。

醫療決策中的雙重程序心理學

哲學家之所以開始爭論電車難題，是因爲它濃縮了一個深刻的哲學問題：個人的權利與更大的善之間的緊張關係。在過去十年，我們已經很清楚知道心智／大腦面對這些難題的反應，也開始用更細微的方式嘗試了解它們[52]。但是，從這些道德果蠅所學到的事，眞的能應用在現實世界的道德思考裡嗎？這是一個合理但難以回答的問題。在理想的科學世界中，我們會設定一些控制得宜的實驗，人們是在腦部裝有掃描儀器並有認知負載，以及大腦腹內側前額葉受損及其他相關條件下，做出眞正關乎生死的決定。可惜，這是不可能發生的。那麼，次佳的方式可能是檢驗在眞實生活中做出攸關生死的決定的人，在假設情況下的判斷。

凱薩琳．藍索霍夫（Katherine Ransohoff）、丹尼爾．魏克勒（Daniel Wikler）與我以此爲出發點，進行了一項研究，檢驗醫生與公共衛生專家的道德判斷[53]。我們對兩組人提出我們已熟知的電車問題式的道德難題，以及更實際的醫療難題。某些醫療難題涉及藥物或儀器的使用配給，例如拒絕給某些人特定醫療資源，好讓他們到別處去。其中一個難題牽涉隔離某個受感染的病患，以保護其他病患；另一個則牽涉選擇便宜而可以給多人使用的預防性藥物，還是昂貴但少數病人所需要的治療。這些都是醫療專業人員確實會碰上的問題。

我們發現，在這兩個專業人士群體中，關於傳統的電車難題，以及實務上的醫療難題的回答，有極高的一致性。換句話說，贊同將人推落天橋的人更有可能同意配給藥品、隔離感染的病患等等行爲。這暗示在電車難題中發揮作用的雙重程序心理學，在真實世界的醫療決策行爲中也產生作用。

接著，我們就醫師與公共衛生專家的道德判斷可能有何差異，進行了關鍵性的預測。醫生的目標在於促進特定個人的健康，而且有義務將醫療行爲對病患造成傷害的風險降至最低[54]。因此，人們可能預期，醫師會特別關注個人的權利。而對公共衛生專家來說，他們的病患是整個社會，其主要使命是促進更大的善（約翰·霍普金斯大學布隆博格公共衛生學院的校訓是「保障健康，拯救生命：一次數百萬人」）。因此，人們可能會預期公共衛生專家特別關注更大的善。這的確也是我們所發現的情況。與醫師相較，被問及電車難題及實際的醫療難題時，公共衛生專家更常做出效用主義式的回應。公共衛生專家也比一般人更偏向效用主義，一般人的判斷和醫師的判斷較爲相近。換句話說，大部分的人和醫師一樣，都會自動轉向個人的權利。要給予更大的善優先地位，似乎還需要一些更不尋常的東西。

這是重要的發現，指出雙重程序的道德心理學確實在真實世界中發揮影響力，而不只是在實驗室中發生作用。這項實驗中的難題是假設性的，但是我們所檢證的專業心理狀態是極爲真實的。如果以公共衛生爲專業的人在碰上假設性的道德兩難時，更常做出效用主義式的回應，其原因只可能是以下兩種：或許效用主義傾向較強的人比較願意從事公共衛生專業，或者服務於公共衛生領域的人因爲其訓練而變得更傾向效用主義（或者兩者皆是）。無論是哪一種，這些都是眞實世界的現象。如果公共衛生專家在假設性的難題中更關切更大的善，幾乎可以肯定這與他們在眞實世界中選擇從事的工作有關。同樣的，如果公共衛生的專業訓練讓人在實驗室中變得更傾向效用主義，可推定這是因爲此種訓練讓人在實際生活中也變得更加效用主義的緣故。畢竟，此種訓練的目的不是要改變受試者對假設性難題回應的方式，而是改變他們實際做事的方法。

我們讓醫師跟公衛專家有機會對自己的決定提出評論，而他們的評論也很有啓發性。例如，一個公衛專家寫道，「在這些極端的情況下……我覺得一個效用主義的……哲學是最恰當的，那畢竟是最符合道德的做法……那看起來最不模糊，也最公正。」相對的，一位醫師則寫道，「替一個能夠自己做決定的人（他並沒有喪失權利，例如在知情狀況下犯重罪）做出生死交關的決定，這是嚴重違反道德與倫理原則的。」彌爾與康德都從他們的墳墓裡發出了聲音。

在實驗室與眞實世界裡，在健康及有嚴重情感障礙的人身上，透過簡單問卷的研究與腦部顯影、心理生理學與心理精神藥物的研究，我們已看到雙重程序的道德心理學確實存在。我們的確擁有雙重程序的道德之腦。但爲什麼我們的大腦是這樣呢？爲什麼我們對道德問題分別有自動化機制及受控制的反應呢？這些系統有時候會給出相互衝突的答案，此點著實令人不解。有個整合性的道德感知不是更合乎邏輯嗎？

回到第二章，我們看見同理心、暴躁易怒、克制不住說人長短的欲望等各種道德情感與其他自動傾向共同運作，以促成團體內部的合作。如果這種對道德的觀點是正確的，把無辜者推落天橋的負面反應，不過是我們增強合作意願的許多動力之一（回想第二章的說明，庫許曼在實驗室中挑起暴力行爲的研究，導致人們的血管收縮）。經過千年的生物與文化演進之後，我們有這些自動傾向是合乎邏輯的。但爲什麼有這些傾向仍然不夠？爲什麼還需要有意識的、審慎的道德思考？

在理想世界中，你只需要道德直覺就夠了，但在眞實世界中，有一個具雙重程序的大腦是有好處的。

第五章

效率、彈性與雙重程序的大腦

人類的大腦就像一台雙重模式照相機，有自動設定，也有手動設定。自動設定的效率高，但不太有彈性，手動模式則相反。將它們整合在一起，就可以得到兩者的優點，前提是必須知道何時手動調整設定，何時隨拿即拍。

我兒子四歲時，我們一起讀一本書，書名是《關於蟲蟲的一切：孩子真正想要了解的有關昆蟲與蜘蛛的事》（*Everything Bug: What Kids Really Want to Know About Insects and Spiders*）的書，一次又一次[1]。它是這麼解釋的：

> 蜘蛛在幼蟲階段甚至就已經知道如何編造完美的蜘蛛網了。牠們靠直覺做事，這是牠們生來就

> 會做的事。直覺有個優點，就是可靠，它總是讓動物用特定的方式行事。直覺的缺點是它不讓動物用別的方式做事。所以只要環境大致維持不變，小昆蟲與蜘蛛幼蟲都能做得不錯；但一旦面臨新的情勢，牠們就沒轍了。牠們只能繼續按照直覺告訴牠們的方式做。

這段有關蜘蛛認知的陳述爲我們的問題「爲什麼要有雙重程序的大腦？」提出了一個答案。這個答案是這本書裡的一個核心概念，也是過去幾十年來行爲科學領域所提出的一個重要概念[2]。用前言提到的一個比喻可以簡單概述，我們會一次次地回到這個比喻：人類的大腦就像一台雙重模式照相機，有自動設定，也有手動設定。自動模式是爲了在一般的攝影環境下達到最佳化效果而存在的（「人像」、「運動」、「風景」），使用者只要按一個鈕，相機就會自動設定感光度、光圈、曝光等等，讓你可以隨拿即拍。雙重模式的相機也有手動模式，讓使用者可以親手調整相機所有的設定值。一台同時具有自動設定與手動模式的相機，爲普遍存在的設計問題提出了精巧的答案，亦即效率性與彈性的交替使用。自動設定的效率高，但不太有彈性，手動模式則相反。但是，將它們整合在一起，你就可以得到這兩者的優點，但前提是你必須知道何時手動調整你的設定，何時隨拿即拍。

蜘蛛不像人類，牠們只有自動設定，只要環境不變，這個模式也就夠用了。相反的，人類過著複雜許多的生活，所以才需要一個手動模式。無論是做爲個人或在群體中，我們經常碰上不熟悉的難題，並精於處理它們。我們這個物種只有單一育種群體，卻幾乎居住在每一種地理環境中，這證實了人類認知能力上的彈性。將一隻叢林蜘蛛放在北極，你會看到一隻凍死的蜘蛛；但一個出生在亞馬遜地區的嬰兒，只要有好的照料，也可以在冰冷的北極生存。

人類行爲的彈性是會自我增強的：當我們創造新事物如船舶時，就爲新發明創造了更多機會，例如創造槳來穩定船身，並划槳使船前進。我們表現得愈有彈性，環境變動就愈大；而環境變動愈大，我們就愈有機會以彈性的表現獲得成功。因此，人類無疑是地球上行爲最具彈性的物種。給我們一棵樹，我們會攀上去、燒它、雕刻它、賣掉它、抱著它，或藉著年輪來算出它的壽命。人類是依我們所面對的特定機會與挑戰做出選擇，且我們的選擇不必與自己或他人過去的選擇密切相似。

本章將考量人類大腦在更普遍的層次上是如何運作的。我們會看到前一章所描述的道德判斷雙重程序理論，如何適於用來更全面地理解人類雙重程序的大腦。幾乎在生活的各個層面中，我們的成就均取決於自動設定的效率，以及手動模式的彈性（關於這個概念，最有力的倡議者丹尼爾．康納曼（Daniel Kahneman）有一本極佳的專書《快思慢想》〔*Thinking, Fast and Slow*〕）[3]。

情感與理智之別

有時我們會將自己的困境描述爲「心」與「腦」之爭。這種心—腦的比喻過於簡化，但仍反映了關於人類決策的深入眞相。每一個研究人類行爲的科學領域都有其對於情感與理智之別的看法。但是其眞相究竟如何，我們又爲什麼同時具備兩者？

不同情感的功能、起源與神經運作都不同，因爲如此，有些人主張我們應該完全擺脫「情感」這個概念[4]。我想這可能是不對的。情感並不是在機械化的層次上統合起來，而是在功能的層次上統合起來。換句話說，理解「情感」就像理解「車」一樣。在機械層次上，一台摩托車跟割草機比較像，而比較不像帆船，但「車」仍然是個有用的概念，只是它是一種較高層次的抽象概念。

情感是自動化的過程，你無法像在腦子裡選擇從一數到十那樣，選擇經歷什麼情感（你頂多只能選擇做某件可能觸發某種情感的事，例如想想你所愛或你所恨的人）。情感這個自動化的過程，是讓行爲更有效率的機制。就像照相機的自動設定那樣，情感會製造出普遍適應性的行爲，而不需要有意識地思考下一步要做什麼。就像照相機的自動設定那樣，情感反應的設計整合了過往經驗所累積的教訓，將環境輸入與行爲輸出進行配對。

並不是所有自動回應都是情感性的。低階的視覺處理也是自動的，例如你的視覺中樞界定著你所看到的物體的邊界，整合雙眼所得之資訊這類瑣事，但它們不是情感性的[5]。你的大腦自動做了許多事，例如協調運動時肌肉的收縮、控制你的呼吸，以及把碰觸到你耳膜的壓力波轉譯成有意義的訊息。的確，你大腦中大部分的運作都是自動化的。那麼，是什麼讓某些自動回應成爲情感性的回應？

「情感」並沒有一個被普遍接受的定義，但某些情感有一個重要的特徵，即它們有具體的行動傾向（action tendencies）6。舉例來說，恐懼並不只是人們經驗的一種感覺。它含括了一整套的生理反應，讓人的身體準備好如何應對威脅，先是強化個人評估當下情況的能力，接著讓身體做好逃跑或打鬥的準備。某些情感在功能上會顯現爲特殊的臉部表情。恐懼會讓人睜大雙眼，並且擴張鼻腔，藉此擴大視域，並強化嗅覺7。嫌惡的表情剛好相反，人的臉會皺起來，減少病原體透過眼睛或鼻子進入身體的機會。並不是所有情感都具有特殊的臉部表情，但是一般來說，情感會對行爲造成壓力。簡言之，它們都是自動化的過程，能夠告訴我們接下來該怎麼做。

我們從情感那裡所得到的行爲建議，在具體程度上是有差異的。特定對象如蛇所觸發的恐懼回應，很具體地告訴我們該怎麼做（遠離那個東西！）。其他的情感狀態，例如「心情」，則對我們的行爲產生較間接的影響。這些情感狀態讓自動設定中的某些部分得以作用，同時也抑制了其他作用。舉例來說，在珍妮佛・勒納（Jennifer Lerner）與其同事近期所做的經典研究中，實驗者藉由影響人們的心情，而影響他們的經濟決策8。有些受試者被安排觀看《天涯赤子心》（*The Champ*）中一段令人悲傷的場景。變得悲傷的人之後會比其他人更願意賣出一件最近才獲得的物品。癢的感覺讓人想抓，但悲傷當然不會像那樣那樣直接驅使人們賣出他們的財產（想想電影院裡擠滿淚流滿面的觀眾正在發簡訊給證券營業員的畫面）。悲傷送出的是一種較模糊的訊息，就像在說：「事情不是那麼順，所以我們用更開放的心態來面對變局吧。」而後，當變化的機會出現時，這個訊號就不知不覺將人的行爲導往那個方向。因此，某些情感可以促進行爲的效率，但不是直接告訴我們該怎麼做，而是藉著調整告訴我們該怎麼做的自動設定狀態，來達到這個效果。

「論理」（reasoning）就像情感，是一種界線模糊的眞實心理現象。如果人們將論理定義得夠廣，它可以用來指稱引導人們做出調適行爲的任何心理過程。例如你可以說，在你前方的東西因爲有羽毛、鳥嘴等特徵，所以你的視覺對象認知自動系統推論出這是一隻鳥。在此同時，人們也可以狹隘地定義論理，排除任何不是有意識地運用正式邏輯規則的過程。就我們眼前的目的來說，我們將採用較適中的定義。在決策時，論理會有意識地採用決策規則。在史楚普的測驗中，就存有一種形式簡單的論理過程，在這個過程中，人們有意識地運用「唸出顏色」這個決策規則。我們可以這麼看待此測試：人看到紅色的字時，運用三段論的實用規則：「螢幕上的字是紅色的。我的工作是唸出螢幕上文字的顏色，因此，我應該說這個字是『紅色的』」。論理的過程可以更複雜，但它就是這麼開始的。在我們討論的範疇裡，關鍵之處是，當人基於論理做出行爲時，他知道他正在做什麼，以及他爲什麼這麼做，人有意識地運用操作性的決策規則，將當下情況的相關特徵配對到適合的對應行爲上。

雖然情感的神經基質相當多樣，但論理過程中的神經基質卻具有高度的統整性。如同你現在已經知道的，論理過程和大腦背外側前額葉高度相關。但這不是說論理完全發生在大腦背外側前額葉；大腦背外側前額葉比較像是交響樂團的指揮，而不是獨奏音樂家。論理過程和大腦的許多區塊有關，包括大腦腹內側前額葉等對情感具有關鍵影響的區塊，但是就理智與情感如何彼此關聯來說，兩者卻有不對稱的情況。有些動物有情感但欠缺論理能力（就我們的解釋），但有論理能力的動物卻一定有驅策牠們的情感。雖然不是每個人都同意，但論理本身顯然沒有目的性，就此論點來看，就如休謨廣爲人知的說法，理智是「熱情的奴隸」[9]（在此，「熱情」指的是一般的情感作用過程，而不是專指愛欲）。但論理的功能卻又要是要將我們自「熱情」中解放出來。怎麼會這樣呢？

理智是情感的黑馬，讓休謨所稱的「冷靜的熱情」可以勝過「暴烈的熱情」。論理過程可以將我們從立即爆發的衝動中釋放，服膺於某些不是眼前的事物所自動引發的價值觀。然而，在此同時，若沒有某種情感的輸入，無論是多麼間接的輸入，理智仍無法產生好的決策[10]。

雙重程序的大腦

雙重程序的大腦在許多日常決策中顯現其結構。以普遍存在的「現在做」與「稍後做」的決策爲例，巴芭・施夫（Baba Shiv）與亞力山大・費多里辛（Alexander Fedorikhin）曾進行一項實驗，讓人從水果沙拉和巧克力蛋糕中選一樣當點心[11]。對大部分受試者來說，巧克力蛋糕是他們現在想要吃的，但水果沙拉是他們稍後想要吃的。施夫與費多里辛讓一半的人處在認知負載下（頁157），讓他們同時記住七位數字；另一半的人則必須記住兩位數字，負載輕了許多。每個人被指示要記住數字，走過廊道到另一個房間去，然後在那裡對另一個實驗者說出他們要記的數字。這兩個供選擇的點心就放在廊道上的一個推車裡，而受試者被指示要從中選一個。結果比起只記兩位數字的人，那些必須記下七位數字的人，也就在是較高認知負載下的人，選擇巧克力蛋糕的機會高出五〇%。認知負載讓高度衝動的受試者（問卷結果顯示）選擇巧克力蛋糕的機率高了兩倍以上。

因此，在選擇點心的大腦裡，有兩種不同的系統運作著。有一個較基本的口腹之欲系統說「我要！我要！我要！」（自動設定），而另一個較受控制、慎思的系統則說「停下來。不值得攝取這麼多卡路里」（手動模式）。較受控制的系統，也就是手動模式，會考量整體情況，包括現在與將來的報酬，但自動化的系統只關心眼前能得到的東西。而如同我們在前一章看到的，當手動系統被別的事占用時，自動化的回應更容易過關。

這種混合的飲食選擇方式，讓我們同時想吃但又不想吃巧克力蛋糕，看起來像是粗糙的認知工程，但若將它放在自然的脈絡下，就可看出它其實非常巧妙。對所有動物來說，理所當然要盡可能且盡快攝取最多卡路里。在一個競爭的世界中，生物若停下來確切地想想吃的利益是否超過成本，那牠就沒有午餐可吃了。然而，拜現代科技所賜，許多人的問題是午餐吃得太豐盛。姑且不論我們是否想保有吸引力，光是爲了健康，我們就需要有認知上的彈性，可以說「不用了，謝謝」。這是現代特有的問題，而我們多少都能成功面對，同時兼具適時滿足口腹之欲與克制的能力，會是比較好的。並不是只有現代人才需要節制。一個飢餓的舊石器時代狩獵者若不能對小莓果說不，就會在大狩獵中丟失機會。

近年來，認知神經學者著手研究了人類「延緩滿足」（delaying gratificatiom）的課題，結果顯示人們今日已熟知的神經特性之特殊角色。在一個研究中，山姆・麥克勒（Sam McClure）與同事讓人們做兩種不同類型的決策[12]。某些決策涉及選擇放棄立即的獎賞[13]（現在賺兩元，還是下週賺三元），其他決策則只關乎延後的報酬（下週賺三元，還是再下一週賺四元）。獲得立即報酬的可能性，會在腹內側前額葉等幾個大腦區塊引發較多的活動量，但所有決策都會引發大腦背外側前額葉產生更多活動。甚且，當人們選擇立即的報酬（「我要！我要！」）時，他們在上述第一組大腦區域中會出現相對較多的活動；而當他們選擇較大而延後的報酬時（「想想未來……」），他們在第二組大腦區域中會出現相對較多的活動（圖5.1上排圖）[14]。

但我們也要提醒，選擇較大的延後獎賞，在某些方面看來，就像是把人推下電車軌道的情況。在這兩種案例下，人們都使用他們的大腦背外側前額葉來選擇「更大的善」，儘管腹內側前額葉支持著相反的情感傾向。當然，這兩者有重要的差異。在「現在做」與「稍後做」的兩難中，情感訊號反映出一種自利的欲望，然而在天橋難題中，它反映的卻是對某個別人的道德關

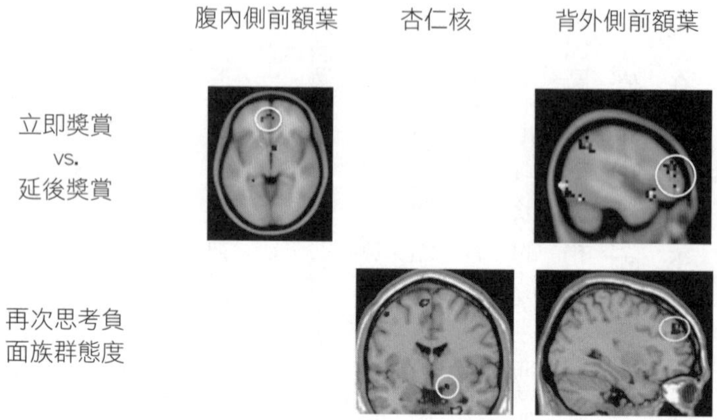

圖5.1　腦部顯影實驗的結果，顯示自動情感反應（自動設定）與被控制認知（手動模式）的互動關係。

懷。同樣的，在「現在做」與「稍後做」的兩難中，更大的善是對自己的（個人自身內），而在天橋難題中，更大的善是對幾個別人的（人際之間）[15]。儘管如此，在最一般性的功能層次與功能性神經解剖學的層次上，我們看到了相同的模式[16]。

當人們試著管制自己的情感時，我們也看到類似的模式。凱文・歐斯納（Kevin Ochsner）與其同事讓受試者觀看引發其強烈負面情感的照片（例如一個女人在教堂外哭泣），並要求受試者用較正面的方式重新詮釋這些相片，例如想像這個哭泣的女人是喜極而泣的婚禮賓客，而不是因爲參加葬禮而傷心[17]。僅僅是注視這些負面圖像，就會讓我們負責管理情感的老朋友杏仁核與大腦腹內側前額葉增加活動量。相反的，重新評價這些照片則與大腦背外側前額葉的活動量增加有關。甚且，大腦背外側前額葉重新詮釋的嘗試，也會降低杏仁核與腹內側前額葉的活動程度。

許多人在面對非我族類時，似乎都會自動進行這類重新評估。威爾・康寧漢（Wil Cunningham）與其同事讓白人受試者看黑人與白人的臉的照片[18]。有時這些照片只進到下意識，也就是只顯示三十毫秒的時間，時間短到根本無法有意識地察覺；其他時候，臉的照片則用大約半分鐘的時間來呈現，讓受試者可以有意識地觀察這些臉。當這些臉像只進到下意識時，在白人受試者腦中，黑人的臉比白人的臉更容易讓杏仁核產生活動（圖5.1下排左圖）。這種影響在那些對黑人有更負面聯想的受試者腦中甚至更強烈，負面聯想的強度是用內隱聯結測驗（頁68至70）來測定的。

所有參與這項研究的受試者都被要求不帶偏見地回應這些臉像，而他們的努力也反映在他們大腦的掃描結果裡。當人臉在螢幕上出現的時間夠久，足以被有意識地察覺到，受試者大腦背外側前額葉的活動就會升高（圖5.1下排右圖），杏仁核的活動則降低，就像毆斯納情緒管控實驗所顯示的那樣。後續的研究與這些結果一致，對那些不想變成種族主義者的白人來說，與黑人互動會造成他們的認知負載，使他們在史楚普唸出顏色試驗中得分較低。（頁148至149）[19]。

因此，我們不只在道德判斷上看到一種雙重程序的大腦設計，也在我們選擇可互換的食物、金錢與態度上，看到雙重程序的大腦設計。在大部分事情中，我們的大腦都有自動設定告訴我們如何應對[20]。但我們也可以用手動模式來推翻自動設定，前提是我們有意識到這樣的機會，也有動機這麼做。

它傻瓜，你聰明

說到這裡，你可能會認爲，我們的自動設定只會惹麻煩，讓我們變肥、悲傷、變成種族主義者。但這些我們不想要的衝動只是例外，而不是通則。我們的自動設定可以是非常巧妙的，而且通常也是如此（參閱第二章）。如同保羅・惠倫（Paul Whalen）與其同事指出，杏仁核可以在看到恐懼的臉部表情後一・七%秒內加以回應21。要做出這種迅速的回應，它用了一種精妙的技巧，不是分析整個臉部的細節，而只挑出恐懼表情中一個具提示效果的訊號：擴大的眼白部分。（圖5.2）。

圖5.2　恐懼通常會引發杏仁核活動。**23**

大腦腹內側前額葉也非常聰明。例如，達馬西歐的團隊發現，腹內側前額葉會幫助人們做出涉及風險的決策**22**。在一項經典研究中，受試者必須從四副牌中挑牌，每張牌都會讓受試者贏錢或輸錢。有兩副牌是好牌，意思是平均來說它們讓受試者贏較多錢；其他兩副牌是壞牌，意思是它們會讓受試者贏大錢，但也會輸更多的錢，總和結果是淨損失。受試者一開始不知道哪副牌是好牌、哪副牌是壞牌。爲了分出好壞，他們必須從每副牌中抽樣選牌，看看得到什麼結果。健康的人很快就會對壞牌發展出負面回應，這種回應顯現爲他們靠近壞牌時手掌冒汗的徵狀[24]。非常奇妙的是，在有意識地察覺到那些壞牌的性質之前，人們靠近壞牌時就會冒手汗。然而，大腦腹內側前額葉損傷的病患卻不能得到這些生理訊號，而會繼續從壞牌中挑牌。換句話說，健康者的大腦腹內側前額葉會整合許多從經驗獲得的資訊片段（例如，從各副牌中抽樣選牌），並將這些資訊轉譯成一種情感訊號，對決策者做出下一步怎麼辦的好建議。這種建議、這種直覺情感，可能比任何有意識察覺何爲好壞與爲何如此的反應來得更快。這解釋了爲什麼腹內側前額葉損傷的人在實驗室中接受標準的論理測試時表現良好，但在實際生活中卻會做出災難性的選擇。他們「知道」，但他們「沒感覺」，而感覺是非常有幫助的。

因此，我們需要我們的情感自動設定，就如我們也需要我們的手動模式一樣。我們需要它們來做不同的事[25]。拍照時，自動設定可以在相機製造商已預期到的情況下運作良好，例如在適當的室內照明下，從五呎遠的地方拍攝人像（「人像」模式），或在陽光普照之下，從遠處拍攝山景（「風景」模式）。同理，大腦根據過去經驗學來的教訓而「製造」出來的自動設定，可以運作得最好。

基於三種不同的反覆試驗結果，此種經驗有三種形式。首先，我們的自動設定可能是由我們的基因形塑而成。在此，我們大腦的設計匯整了我們已經死去很久的親族所學到的艱難教訓，那些人的基因並未植入我們的身體。其次，我們的自動設定也可能是由文化學習過程加以形塑，透過某些在觀念上對我們已經產生影響的人之反覆試驗[26]。多虧他們，你不需要親身經歷納粹或三

K黨的所做所爲，你的心裡，也就是你的杏仁核知道，看到納粹黨的符號與尖頭連身罩衫，就有壞事了。最後，還有個人的老經驗，就像小孩子碰到熱火爐，就能從慘痛經驗中學到教訓。我們的「本能」不必像蜘蛛一樣是天生的，但這些本能要能有用，就必須反映我們從某人那裡學來的經驗，無論那個某人是你自己、你那些有血緣關係的祖先，或者你文化上的「祖先們」。

大腦的手動模式（也就是控制認知的能力），在根本運作上不同於自動設定。的確，控制認知的功能正是要解決自動設定所不能解決的問題。以學開車爲例，我們顯然沒有基因遺傳的駕駛本能，且讓急切的青少年煩惱的是，文化上對駕駛的熟悉程度，並不能讓人自動會開車（也就是說安全地開車）。而且，一個新手駕駛當然也無法依恃個人經驗，因爲個人經驗正是新手駕駛所欠缺的。學會開車需要大量運用大腦背外側前額葉。如果你第一次開車就想使用「自動駕駛系統」，你會撞上一棵樹。

因此，要變聰明有三個要件。首先，必須從我們有血緣關係的祖先、周遭的人們，以及我們自身的經驗來獲得適應環境的本能。其次，要變得聰明必須能掌握手動模式，也就是審慎解決複雜的、新穎的問題之能力。第三，必須像攝影師那樣，具有一種後設認知技巧（metacognitive skill）。我們不像照相機，沒有專家可以教我們什麼時候可以隨拿即拍，什麼時候要改採手動模式。我們必須自己決定，而了解我們的心智如何運作，可能有助於我們更明智地做決定，無論是個人的決定，或是當個試著在新牧場上共同生活的牧民的決定。

第 3 部

共通貨幣
Common Currency

效用主義的快樂概念是非常廣泛的，包括經驗的所有正面面向，也包括消除負面面向。這是我們所說的「快樂」的意思。但快樂不是一個眞正的價值。讓快樂特殊的是，快樂是人類價值的共通貨幣。

第六章　第七章　第八章

第六章

一個非常好的想法

如果想要避免常識型道德的悲劇，就必須找出我們自己的、非屬自然的解決方案，我稱此為「後設道德」，這是一種更高層次的道德系統，用來裁決相互衝突的部落道德。

新牧場上的牧民如何解決彼此的歧異呢？如何避開常識型道德的悲劇？那是我們試著要解決的問題，而我們現在也做好準備，可以開始思考解決方案了。讓我們回想之前走過的幾步。

第一章對照了常識型道德的悲劇與最初的道德悲劇，即自私危及合作的公地悲劇。道德是大自然對公地悲劇提出的解決方案，讓我們將「我們」的利益放在「我」的利益之前。但是大自然並無關於常識型道德的悲劇的現成解決方案，讓「我群」與「他群」能夠和平共處。而這就是我們要處理的問題了。如果想要避免常識型道德的悲劇，就必須找出我們自己的、非屬自然的解決方案：我稱此為「後設道德」，這是一種更高層次的道德系統，用來裁決相互衝突的部落道德，就像一個部落的道德是用來裁決相互衝突的不同個人那樣。

第二章檢驗了大腦內已植入的處理標準議題的道德機制。幸運的是，我們出生就配備有自動化的行為程式，在個人人際網絡與團體之內激勵並穩定合作關係。這些程式包括同情、記仇、榮譽、罪惡感、困窘、部落主義與義憤等能力。這些社會性的衝動是抵銷我們自利衝動的反作用力，讓我們能一起走到神奇的角落，並避免公地悲劇。

第三章回顧新牧場的情況，以及我們帶到新牧場的道德機制。道德之腦確實合理而盡責地促成了團體內的合作（我 vs. 我群），但是在團體之間的合作上（我群 vs. 他群），卻沒有做得那樣好。從生物學的觀點來看，這不讓人意外，因為在生物學上，大腦在設計上就是用來促進團體內部的合作與團體之間的競爭的[1]。受到部落主義（團體層次的自利）、對合作的適切條件之歧見（採個人主義還是集體主義）、對地方性「專有名詞」（領導人、神祇、神聖典籍等）之忠誠、偏私的公正性、對事實有偏私的認知等情況影響，團體之間的合作會因而受阻。

本書前三章（第一部），我們描述人類的大腦就像是許多自動化衝動的集合：自私自利的衝動讓社會生活變得具挑戰性，道德的衝動則讓社會生活有可能發展。在第二部，我們擴大對人類大腦的了解。就像一部雙重模式的照相機，大腦也有自動設定，這是讓人能夠更有效率地做出決策的各種情感反應，它們是從過去的基因、文化與個人經驗預先編寫出來的情感反應。大腦也有手動模式，這是一種有意識的、外顯的、務實思考的一般能力，讓人類的決策更有彈性。快思與慢想之間的緊張關係在道德兩難的抉擇上被突顯，就像在天橋案例中，直覺的反應（「不可以把人推下去！」）跟有意識的、基於特定原則所做的道德思考（「但這可以救更多人的命！」）相衝突。而且就如前一章所解釋的，直覺反應與論理之間的緊張關係不只存在於道德判斷上，它是內建在我們大腦的一般構造中，我們每天都會面臨各種有關吃巧克力蛋糕還是水果沙拉的選擇。

這些理解是否能夠提出解決新牧場問題的辦法呢？是的，它們確實可以。事實上，第一部與第二部已分別提出了解決方案，一種是哲學的，另一種是心理學的。甚且，這兩種解決方案最終會指向同一個解決方案，這是精采的會合。讓我們從哲學開始。

做任何能得出最好結果的事

抱持個人主義的北方牧民說，要做一個好牧民就要爲自己的行爲負責，守信重諾、尊重別人的財產，別無其他。信奉集體主義的南方牧民則說，好牧民還必須做更多，在一個公正的社會中，生活的負擔與利益必須平均分配。各部落間還有其他歧見，例如，何爲榮譽、誰先動手、誰又傷別人比較重、誰的話是絕對正確、誰值得我們對之忠誠、誰值得被給予第二次機會，以及在全能的上帝面前，何種行爲是可憎的，各部落莫衷一是。既然他們對道德生活有無法相容的歧異觀點，新牧場上的各部落該如何共同生活呢？

答案之一是根本沒有正確的答案。某些部落這麼做，其他部落那麼做，事情就這麼辦了。這是著名的「道德相對論者」（moral relativist）的答案[2]。相對論者的問題在於，這根本不是答案。相對論者在某些重要的方面可能說對了，或許確實根本就沒有終極的道德眞理。然而，即使這是正確的，人們仍不可避免地必須選擇某一種方式生活。相對論者可能不想做選擇，但是有些人卻不得不做選擇。而如果他們拒絕選擇，這也是一種選擇，反映了一種反對做評斷的評斷。即使相對論者說對了，根本不存在道德眞理，但我們還是逃避不了必須做出道德選擇。

如果相對論不是解決方法，那麼什麼才是呢？這裡有一個自然的想法：也許所有牧民都應該做任何能得出最好結果的事。如果在新牧場上個人主義施行的結果比集體主義好，那麼就採個人主義；如果集體主義得出更好的結果，那麼就選擇集體主義；如果要有嚴格的榮譽守則來維持和平，那麼就創造促進榮譽的文化；如果榮譽的文化導致無休止的爭執，那就不要這樣。諸如此類。

做能得出最好結果的事，這是一個非常好的想法，本書剩下的篇幅都會著墨在這個想法上，並爲之辯護。你一定注意到了，這是一種效用主義式的想法（更一般地說，這是一種後果論的想法。稍後會再說明）。用這種抽象的方式表現，這個做任何能得到最好結果的想法，就許多人看來都顯然是正確的。畢竟，誰不想要做能得到最好結果的事呢？但是就像第四章所提及的，當我們思考具體的道德問題時，得到最好結果的事是否始終正確，卻不是那麼清楚：在許多人看來，將人推落天橋是錯的，雖然我們推定這能夠得到最好的可能結果。甚且，這種成本效益思考，與許多人對社會應如何組成的固有價值觀有所衝突。爲了說明這點，我們將從我們所喜愛的虛構人物開始。

如果你問典型的北方牧民，他們對做能得到最佳效果的事有何看法，幾乎所有人都會高度肯定這個想法。他們會告訴你，他們喜歡那種能得到最佳效果的系統，那當然就是個人主義。如果你問典型的南方牧民，這個我們認爲非常好的想法究竟如何，他們也會給你一個很類似，卻截然不同的回答。集體主義的南方牧民會說，生活在新草原上的牧民應該遵循任何能夠得出最佳效果的系統，而那當然就是集體主義。

這是什麼情況呢？說到底，或許北方人與南方人有相同的道德價值觀：他們都想要做能得出最佳結果的事，如此一來，他們的歧見就只在於什麼才能得出最好結果。要看看這個說法正不正確，讓我們先做一個實驗。假設我們向個人主義的北方牧民提出成山的證據，表示集體主義的運作結果最好，同時也向集體主義的南方人提出成山的證據，顯示個人主義的運作結果最佳。兩個部落都沒辦法用可信的方式質疑這些證據，因爲他們鮮少知道在對方的社會裡生活究竟是什麼樣子。他們如何回應這種挑戰？可能會有少數北方人感到有趣，但大部分的人仍會駁斥這些證據只是廢物（回想我們在第三章討論部落偏見的內容）。而大多數南方人也會有相同的反應。這聽起來不像只是對事實認知不同而已。

還有另一種檢測方法。我們不是向北方人與南方人提出支持對方生活方式的證據，而是單純地請他們想像一下有這樣的證據。對個人主義的北方人來說，我們提出以下面的假設，假定因爲下面這些原因，致使在集體主義社會裡的生活會比較好：「在個人主義的社會，有贏家跟輸家。有些人擁有大量牲畜，有些人則幾乎一無所有。在集體主義者的社會裡，沒有贏家跟輸家之別。每個人都同樣得到一些東西。在個人主義的社會裡，總體財富更多，但是整體來說情況變得更糟糕，因爲在個人主義的社會裡，輸家輸掉的比贏家贏到的還多。相反的，在集體主義的社會裡，沒有人的杯子過分滿溢，但每個人的杯子裡裝得都夠。整體來說，集體主義社會比較好。」「如果這一切都是眞的，」我們問問北方人，「你會轉向集體主義嗎？」

首先，北方朋友會告訴我們，這眞的是很笨的問題，因爲每個人都知道集體主義會讓人走向敗亡。然後他們會長篇大論，說集體主義會以各種方式讓人不可避免地走向敗亡。他們會說，集體主義者都是懶人，只想要別人照顧他們；或是天眞的人，不曉得這個世界是如何運作的；或者是被洗腦的人，跟太多集體主義者往來。諸如此類。我們會禮貌地點點頭，然後提醒他們，我們不是問他們集體主義在眞實世界會運作得如何，只是問他們一個假設性的問題：如果推行集體主義能得到較好的結果，你會喜歡集體主義嗎？經過來來回回好幾次這種對話後，我們的北方朋友當中可能有一些會願意回答這個冒犯他們的假設問題。他們會非常勉強地說，如果在某個瘋狂、一切都顚倒的世界裡，集體主義能夠得到較好的成果，那麼支持集體主義可能是有道理的。

然後，北方偉大的長老，他們當中最睿智的人站出來了。他解釋，集體主義除了會造成災難性的後果，其哲學核心也是朽壞的。他解釋，讓蠢人跟懶人可以要求分享他們因爲太笨或太懶而沒辦法自己賺得的利益，根本就是錯的。一個社會不能用它分配出去的利益總額來衡量，而是用它對正義的承諾來衡量。他宣稱，集體主義懲罰最好的人而獎賞最差的人，這是不正義的。對此，北方的群眾抱以熱烈的鼓掌，他們的核心價值就在這樣的滔滔雄辯中被確認了。

對於集體主義的南方人，我們提出相反的假設，如果採行個人主義的成果更好，你會支持嗎？他們就像北方人那樣，一開始駁斥這個問題，表示每個人都知道，建立在個人主義貪婪心之上的社會註定敗亡。我們再次強調這是假設性的問題。就像在北方那樣，有些人會有些猶豫地同意，如果採行個人主義的成果更好，那麼它也許比較合意。而後這種溫和的讓步被南方偉大的長老駁斥，他用他的年齡所象徵的智慧與權威說話。他解釋，個人主義除了會造成普遍的不幸之外，其哲學核心也是腐敗的。他說，一個建立在貪婪原則之上的社會，本質上就是不道德的社會，高貴的牧民絕不會爲了任何龐大的財富而出賣他們對愛、同情、手足之情的理念。南方的群眾說，阿們。

這些是思想的實驗，而我很榮幸能編出這樣的結果。但我編造出的結果卻是堅實地建立在我們對道德心理學的所知上。北方牧民並不是因爲他們知道個人主義會有最好的結果而獻身於它。他們並未進行一種社會制度的成本效益分析。南方牧民也不是用這種方法來建立他們集體主義的信仰。相反的，北方人與南方人之所以相信他們所相信的，是因爲他們終其一生都活在各自的部落文化裡。他們的道德直覺已經被調整成適應他們個別的生活方式、他們用來避免公地悲劇的制度。若沒有劇烈的文化轉變，北方人永遠都會認爲集體主義是錯的，而南方人永遠深信個人主義是錯的，無論事實結果如何。兩方都眞心相信他們各自的生活方式能得出最佳的結果。然而，關鍵點是，兩方對他們生活方式的信仰，都高於他們對製造最好成果的信仰。偉大的長老們了解這一點。他們是地方智慧的守護者，所以他們不會中我們假設性的圈套。他們了解，說到底，他們的價值根本不管「最後結果如何」。他們是被更深層的道德眞理驅策而活著的。

後果論、效用主義與實用主義

人們原本認爲做任何能得到最佳成果的事是個很好的想法，後來才知道，他們眞正想要的不見得是能得到最佳成果的事。然而，那仍然可能是個很棒的想法。那是效用主義眞正的想法，一個完全屬於現代，但容易被一般常識誤解的哲學。

做任何能得到最佳效果的事，這聽起來很像「實用主義」（在英美哲學中，實用主義〔pragmatism〕時常有不同的意義）[3]。但效用主義不只是一種實用的決斷。首先，實用主義可能暗示偏好短期的便利而捨棄長期的利益，這不是我們現在所想的。效用主義者說，我們應該做眞正能得到最佳效果的事，而且是長期的最佳效果，不只是爲了眼下這個時刻。其次，實用主義可能只意指一種彈性的管理風格，是可以爲了服務任何價值而採用的工具。一個堅定的個人主義者與一個堅定的集體主義者，在口語中都可以是「實用主義者」。而效用主義則是關於核心價值的。它把實用主義當作基本原理，核心信念則是去做任何能得到最佳成果的事，不論結果如何，也不論它是否會違背個人的部落直覺。

因爲這個原因，以及我們後續將討論到的其他原因，我偏好將效用主義視爲「深度的實用主義」。當你的約會對象說「我是個效用主義者」，你應該弄清楚他到底是怎樣的人，但如果他是「深度的實用主義者」，你晚上可以放心帶他回家，之後帶他見你的父母。「效用」開頭的這個詞是如此醜陋而誤導人，以至於我們最好把它埋起來。然而，身爲一個深度的實用主義者，我明瞭我沒辦法隨便敲個鍵就把這個已經有兩百歲的哲學語詞改掉。除此之外，我還必須說服你，深度的實用主義確實是我們正在追尋的，而不只是替一隻老豬上新口紅或擦鬍後水。因此，我會先遵從傳統，用那個醜陋、讓人誤解的傳統語詞，來說明我們那個很棒的想法。在第五部，我們將回到一個原初的想法，亦即效用主義若被正確理解且明智地運用，事實上，那就是深度的實用主義。

那麼，什麼是效用主義，這個想法又來自何處？首先，效用主義是一種「後果論」，目前我所說的有關效用主義的一切，也可更廣泛地適用於後果論。實用主義者或許會稱後果論口中的「後果」（consequences）爲「結果」（results）。後果論說，後果是最終唯一重要的事。「最終」一詞非常重要。這不是說，除了後果以外，保持誠實等所有其他事情都不重要，而是說其他事情之所以要緊，是因爲它們的後果。依照後果論，我們的最終目的是讓事情盡可能完善做好[4]。

但我們所說的「完善」是什麼意思？是什麼讓某些後果比其他後果更完善？效用主義對此問題提出了一個具體答案，也是這個答案讓它與後果論有更廣泛的不同。後果論聽起來很像是「成本效益分析」，而在某個意義上它確實是。但人們提到成本效益分析時，他們通常想的是錢。或許我們牧民應該用經濟生產力來衡量我們的成就：能夠讓牧場生產總額（gross pasture product, GPP）最大化的方法，就是能達到最佳效果的方法。這會簡化我們的道德會計，因爲物質財富是容易衡量的。但經濟生產力最終眞的重要嗎？我們可以想像一個具有高度經濟生產力但每個人都很悲慘的社會。這眞的是一個好社會嗎？

如果眞正重要的不是經濟效果本身，那什麼才眞的重要？我們可以從自問我們想要從經濟生產力那裡獲得什麼開始。再次說明，如果所有人都過得很悲慘，顯然財富不能帶給我們任何好處。相對的，如果大家都很快樂，你可以說我們是富有或貧窮並不重要。因此，一個想法自然而生，眞正重要的是我們的快樂。不是所有人都同意這個結論，但至少這是一個合理的起點。如果我們將這兩個想法——快樂是眞正重要的事、我們應該嘗試把好的效果極大化——結合在一起，我們就得到了效用主義。

效用主義的創建者，邊沁與彌爾，並非不切實際的哲學家。他們是勇敢的社會改革者，積極投入當時的社會與政治議題。的確，許多熟悉的社會議題之所以變成社會議題，正是因爲邊沁與彌爾的努力。他們的觀點在當時被認為是很激進的，但是他們當時所努力推動的社會改革，在今天的我們看來大多是理所當然的。他們是最早反對奴隸制度，並倡議自由言論、自由市場、普及教育、環境保護、獄政改革、女性權利、動物權利、同志權利、勞工權利、離婚權利及政教分離的人[5]。

邊沁與彌爾不願意將道德事業當作一般事業。他們拒絕只因為傳統，或許多人直覺上認為正確，或那是「萬事萬物的自然規律」，就將某些慣例與政策視為正確。這些效用主義的創建者也不訴諸上帝來正當化他們的道德觀點。相反的，他們提出我們之前所問過的那些問題：什麼才真正重要？為什麼？我們可以按照什麼標準來評量我們的行動與政策，而不會回頭煽起我們試圖回答的問題？例如，我們可以依據什麼理由說，奴隸制度是錯誤的？邊沁與彌爾不能訴諸上帝，因為支持奴隸制度的對立者認為上帝站在他們那一邊。即使這些效用主義的創建者想要訴諸上帝，他們如何證明他們對上帝意志的詮釋是正確的？因為同樣的理由，他們也不能訴諸奴隸的權利，因為奴隸的權利正是問題本身。我們可以依據什麼理由來判斷或確認誰有什麼權利呢？

邊沁與彌爾的答案是效用主義。評價法律與社會慣例時，他們只問這個問題：這是增加還是減少我們的快樂？又增加或減少多少呢？舉例來說，他們主張奴隸制度是錯的，但不是因為上帝反對它，而是因為無論這個制度能創造多少好處（以經濟生產力來說），都遠遠比不上它所造成的慘況。同樣的，限制女性的自由、虐待動物、禁止離婚的法律等也是如此。

邊沁與彌爾引入了一種完善的通用標準，可以衡量道德價值，並進行困難的道德決策：所有行動都必須按照他們對人類快樂的影響之總和來衡量。效用主義是一個非常好的想法，而我相信，它也是我們這些現代牧民亟需的後設道德。但它也是有高度爭議的想法，是值得用兩個世紀進行哲學爭辯的主題6：是否所有道德價值都能用單一量尺加以衡量？如果是這樣，快樂的總和是不是正確的量尺呢？在後面幾章，特別是在第四部，我們將考量效用主義面對的哲學挑戰。但首先，讓我們先釐清效用主義究竟是什麼，以及爲什麼有些人認爲快樂，單單是快樂本身，就是最終重要的事。

對效用主義的誤解

第四章說過，效用主義被普遍誤解。麻煩從它可怕的名字開始，它直接了當地暗示著功能性（「雜用間」〔utility room〕是洗衣服的地方）。用「快樂」替換「效用」是往正確方向的一步，但是這樣也會產生誤解。效用主義哲學家所說的「快樂」，比我們想到「快樂」時所想的要廣泛得多。妥適了解快樂是什麼之後，將快樂極大化的想法還是容易被誤解。人們會想像效用主義者的生活就是持續的算計，爲每個決定加上成本與效益的計算。但並非如此。最後，將快樂極大化的工作看起來極爲模糊：我們是在談誰的快樂呢？快樂難道不是對不同人有不同意義嗎？如何能衡量快樂呢？誰有權決定什麼算快樂，以及如何將它極大化？而且，將快樂極大化的念頭不是一種危險的烏托邦思想嗎？在後面的討論中，我將處理這些問題，並試著爲這個引發許多誹謗的哲學解決一些較普遍的誤解。

我們所說的「快樂」是什麼意思？

中學時，我的同學與我共同完成了一個「價值計畫」（values project）。我們分別列出十項最重要的價值，並寫成一本書，基本上就是一本筆記本，裡面有圖畫、照片與手寫說明，用來解釋爲什麼我們珍視這些價值。在進行各人的計畫之前，我們做了一點腦力激盪。學生們喊出備選的價值，老師則將它們寫在黑板上：家庭、朋友、宗教、運動、玩樂、愛、幫助別人、學習新事物、我的貓。做了一番概念整理之後（「我們把你的貓放在「寵物」這組下面……把「迪士尼世界」放在「玩樂」下面……」），我們已經有了很不錯的清單，清單上列出來的項目包括「快樂」。

我只是一個稚嫩的效用主義哲學家，不確定如何把快樂好好擺進我自己的清單。我將家庭列爲第一優先，其次是朋友，快樂後來應該是排在第四位。但我沒辦法不認爲快樂就隱藏在所有其他事物中：在評價我的家庭跟朋友時，我難道不是在評價他們的快樂，以及他們帶給我的快樂嗎？如果運動或愛不能帶給我們快樂，會有任何人珍視它們嗎？就我看來，還需要進一步整理這些概念。

顯然，我的同學並不擔心這些。他們不覺得將快樂列作清單中的一個項目有什麼問題。他們思考的是什麼呢？他們心裡想的，也就是大部分人想到快樂時所想的大概是：重視快樂意味著重視那些直接讓我們臉上有微笑的事物。《眞善美》（*The Sound of Music*）中的歌曲〈我喜愛的事物〉（My Favorite Things）提出了引發微笑的經典清單：

現代成年人的版本則是光鮮型錄上所描繪的時尚休閒活動：躺在輕輕擺盪的吊床上用 iPad 讀新聞，在午後騎單車去登山之前與鄰居閒聊，在落日餘暉照耀的露台上與人輕碰酒杯……我們會把這稱作是快樂中「喜愛的事物」的概念。如果我們把快樂當作是享受這些我們所喜愛的事物，那麼快樂確實是價值清單上的另一個項目。而且，如果快樂就是享受我們喜愛的事物，那麼把快樂當作最終價值，當作衡量所有行動之標準，顯然是太膚淺了。

然而，「喜愛的事物」的快樂概念禁不起細看。再次說明，問題在於，我們想到「快樂」時所未曾想到的事，對我們的快樂有極大的影響。替車子更換煞車片並不是我喜愛的事物之一，但是我若不更換煞車片，許多人（我自己、我的家人、其他坐車的人、他們的家人）的快樂可能會大幅減損。想想爲了一個值得但辛苦的工作操勞好幾年的人，在價值計畫的框架中，他的操勞似乎比較像是努力工作、堅毅與紀律，而不是快樂。但是在假設中，當然這種操勞如果不是爲了提升本人的福祉，也是爲了提升某個別人的福祉。同樣的，想想有個人自願在遊民收容所服務，不是因爲他特別喜歡這件事，而是因爲他認爲幫助較時運不濟的人很重要。這聽起來比較像是幫助他人、行善或社會責任，而不是快樂。但再次說明，可假定我們的自願服務者是希望增加窮苦人們過好日子的機會，而過好日子可假定是包括變得快樂，並增加別人的快樂。最後這個例子突顯了「喜愛的事物」的快樂概念的另一個問題，它忽略了快樂量尺的負面部分。如果我們的目標是將快樂極大化，雪中送炭會比錦上添花更重要。但當我想到的是「快樂」時，我們比較可能想到錦上添花，而不是遊民收容所。

因此，快樂是鑲嵌於許多其他價值中，而乍看之下，其他價值比快樂更深層也更有意義。先前我提到家庭、朋友與愛，加上知性價值（知識、眞理、教育、藝術）、公民價值（自由、正義）與品格價值（勇敢、誠實、創造力），這些事物都能讓世界更加幸福快樂，而這與我們重視它們的原因不無關聯。更廣泛地說，很難想到有任何值得重視卻與快樂無密切關聯的價值。這句話最起碼的意思是，做爲一種道德價值，快樂是很容易被誤解與低估的。要妥適地思考快樂，我們必須抽象地思考，更具體地說，是要跳脫事實來思考。用效用主義的觀點來說，重視快樂不只是重視我們思考「快樂」時所想到的事物，也是關於重視所有若不存在就會減損快樂的事物，而那幾乎包括所有我們所重視的事物。

但效用主義所談的不僅是快樂値得重視。它說，經過適當理解的快樂，是最終唯一重要的事。爲什麼要這樣想？要了解原因，先想想你最切身關心的事物，接著進行回溯，重複地自問「我爲什麼關心那個？」直到你再也得不出答案爲止：你今天去上班，爲什麼要費事去上班？或許因爲你喜歡你的工作，但也是爲了賺錢。爲什麼你想要錢？爲了買食物這類東西。爲什麼要食物？因爲你跟你的家人喜歡吃東西，而且不喜歡挨餓。食物也讓你跟你的家人能活下去。但爲什麼你跟你愛的人想要活下去？因爲你們全都喜歡活著，而且特別享受與彼此共同生活。爲什麼你關心你跟你的家人能否享受生命？嗯……

照這個邏輯推演，你可能得出結論，認爲你所做的每一件事最終都是爲了讓某個人的經驗品質更好。即使像懲罰這樣的事，其立即目的是帶給人不愉快的經驗，但也跟改善經驗的品質有關：我們懲罰人，好讓他們覺得很糟，這會遏止他們與其他人做壞事，從而改善原本可能被他們傷害的人的經驗。同樣的，我們通常認爲沒有經驗可言的事物，例如石頭，不在道德關切的範圍之內。

萬事萬物的善與惡最終可用人類經驗的品質加以兌現，這點是說得通的。用這種觀點來看，我們有許多值得珍視的價值：家庭、教育、自由、勇敢與其他我們列在黑板上的價值。但是效用主義說，這些事物之所以有價值，是因爲、也只因爲它們對我們的經驗具有影響。若將這些事物從他們對經驗的正面影響抽離出來，它們就喪失價值了。簡言之，如果一件事物對任何人的經驗而言毫無影響力，它就不是眞正重要的事物。

這是效用主義快樂概念背後的核心想法。快樂並不（只）是在溫暖夏夜中，於湖濱小屋享用冰淇淋。人的快樂是其經驗的整體品質，而重視快樂就是重視所有能提升經驗品質的事物，無論是提升自己還是別人的經驗品質，特別是那些在生活品質上還有很多改善空間的他人。從效用主義者的觀點來看，並不是說快樂擊敗了清單上所有其他價值。其實適當地理解快樂，含括了所有其他的價值。快樂是原初價值，是規範的希格斯玻色子（Higgs boson），是賦予價值給其他價值的價值[7]。

你可能同意，也可能不同意這點。而我稍後將解釋，這其實是種誇大的說法（如果快樂是唯一的最終價值，那麼價值之間又怎麼會發生衝突呢？）。現在我所要說的有兩個層次：首先，效用主義的快樂概念是非常廣泛的，包括經驗的所有正面面向，也包括消除負面面向。這是我們所說的「快樂」的意思。其次，奠基於此，認爲快樂在我們的清單上占有一個特殊的地位，而不只是清單上另一個項目而已，這並非不合理。不像其他最熱切的效用主義支持者，我並不認爲快樂是一個眞正的價値。讓快樂特殊的是，快樂是人類價値的共通貨幣，而就我的意見來說，這也是邊沁與彌爾眞正的洞見。我們會在之後的兩章深入探討這個觀點。

某些快樂難道不是比其他快樂更有價値嗎？

我說過，效用主義的快樂概念非常廣泛，但這個概念能夠擴及多麼廣泛的範疇，仍莫衷一是。邊沁採用相對狹隘的方式，用愉悅與痛苦來思考效益。彌爾則採取較寬廣的觀點，認爲某些愉悅在質性上有異於其他愉悅，而且更有價値。彌爾有一段相當有名的陳述：

> 當一個不滿意的人，比當一隻滿意的豬好[8]；當一個不滿意的蘇格拉底，比當一個滿意的蠢蛋好。而如果蠢蛋或豬有不同意見，那是因為他們只知道用自己的角度看問題。而和他們比較的另一方則同時知道兩面的情況。

一方面，只用愉悅與痛苦衡量福祉，並將所有愉悅的價値視爲相等，似乎不太明智。另一方面，彌爾偏好「更高的」愉悅似乎也有失原則，而且可能是菁英主義。「我可愛的蠢豬，如果你能體會心靈的喜樂，你也會喜愛它們更勝啤酒。」幸運的是，我想我們可以用彌爾過去曾匆匆提過的一段論證來調和這兩種觀點，我認爲這個旁論比他的主要論點更好，而且能夠用更近期的心理學研究結果來加以支持[9]。

如同芭芭拉・弗瑞德烈森（Barbara Frederikson）在其正面情感的「擴大與建構」理論中主張的，我們認爲愉快的事物時常是建立資源的事物[10]。美味的食物提供營養上的資源，花時間與朋友共處建立社會的資源，學習建立認知的資源。看來彌爾「更高的愉悅」是衍生自可建立長久且可共享的資源之活動。這個論點開展了一個更符合原則的效用主義論證，可支持彌爾「更高的愉悅」的說法。

彌爾想說的是，哲學比啤酒更好，儘管後者更受大眾歡迎。他的論點是堅持兩者皆知的人會偏好哲學，這表示哲學提供更好的愉悅，一種更高的愉悅。根據彌爾的說法，喝醉的蠢蛋眞的會失掉更好的東西。我想，這不是捍衛心靈生活及更普遍的較高愉悅的最佳方法。相反的，我猜想對蠢蛋來說，當個心滿意足的蠢蛋可能是比較好的選擇，而對其他人來說，變成蘇格拉底則比較好（聽來有點熟悉？）。同樣的，當一個心滿意足的蠢蛋，對蠢蛋來說，當下可能是不錯的，但之後可能不太好。基於這個觀點，並不是說閱讀柏拉圖比喝啤酒能產生更多愉悅，而是說，如果它眞的更好，那是因爲它是個能產生更多愉悅的愉悅，不僅對個人是如此，對其他人來說亦然。在爲高尚的生活辯護時，彌爾訴諸當下的自我利益（「眞的，那是好上許多的好！」），但他其實應該訴諸更大的善：更高的愉悅之所以更高，是因為它們有典型的長期效果，而不是因為人們的感受是如何。

依此調和彌爾與邊沁的主張也有個負面影響：人們一定會認定，充滿性、藥物與搖滾樂的生活會比平靜的智識冥想生活更好，只要前者的效果可以持續長久。對這個結論，我有些複雜的感想。當別人縱情聲色時，我很樂意說「隨他們去」，只要他們不會讓自己或別人更糟，但思考自己的個人選擇時，就變得比較困難了。如果我知道這對我自己或別人不會有更廣泛的影響，我會不會為了日夜不停的狂歡而放棄我愉快的專業生活？也許不會。但就假設來說，也許我會，只不過我需要克服我的情感障礙，並投入其中。

無論如何，目前的重點在於，效用主義不必被解釋為「豬的道德」。我們有很好的效用主義理由，可以認定某些「更高的」愉悅，比其他「較低的」愉悅更值得珍視。更高的愉悅之所以更好（至少有時候如此），並不是因為它們是本質更好的愉悅，而是因為就長期來說，這種愉悅能給我們更大的好處。

我們在討論誰的快樂？

我們在討論的，是每一個人的快樂。除了著重經驗之外，效用主義的第二個定義式特徵在於它是無偏私（impartial）的，每個人的快樂都同樣有價值。這並不表示在效用主義者的世界裡，每個人都一樣快樂。北方的牧民會告訴你，一個不管大家做什麼都得到一樣結果的世界，是一個很懶的世界，人們不太有誘因做任何事。因此，要讓快樂極大化並不是強制讓每個人都得到同樣的快樂，而是鼓勵人們用能夠讓快樂極大化的方式做事。當我們衡量我們的道德是否成功時，我們把每個人的快樂都當成同樣有價值，但是要達到成功的目的，幾乎確定會涉及物質財富與快樂的不平等。此種不平等並非理想的狀況，但它是正當的，理由在於，若非如此，這個世界整體上會變得更糟。

還有另一種方法可以理解這個問題，「誰的快樂？」我們可能如此問：應該優先適用誰的快樂概念？對我來說，快樂是雙球冰淇淋；對你來說，快樂是閱讀柏拉圖；對另一個人來說，快樂是被一個穿成像波比牧羊女（Bo-Pee）、重三百磅的女人綁起來鞭打。要以誰的快樂概念爲準？

這大致上只是修辭的問題。我們可以說，對不同的人來說，快樂是不同的事物，但那會讓人產生不必要的困惑。更清楚地說，對每個人來講，快樂是同一件事，只是不同的人因爲不同的事而快樂或不快樂。雙球冰淇淋能讓我快樂，但不能讓你快樂，諸如此類。

我說這大致上是修辭的問題，是因爲快樂對每個人來說，仍可能眞的是同一件事。然而，質疑全世界的人在經歷「快樂」時是不是眞的有一些共通性，這種質疑其實是很激進的。想想關於八世紀一個住在日本的男孩的描述：「桓武走到井邊，驚訝地看到裡頭又有水了。這讓他非常高興。」你會覺得這些句子讓你困惑嗎？當然不會，因爲你已經了解這些句子確實要表達的意思。桓武或多或少感受到你說快樂時心中的感受。下面這句又如何呢？「桓武發現石頭上有兩隻死掉的瓢蟲，這讓他非常高興。」這很奇怪，但正因爲你把自己對快樂的同一套理解套用在桓武身上，所以你感到奇怪：你從雙球冰淇淋上得到的，顯然正是他從瓢蟲身上得到的。你的經驗與桓武的經驗可能因爲區隔你們的文化鴻溝，而在許多方面存在著有趣的差異。儘管如此，縱然有這些差異，你們的經驗還是有些共通點，那就是這些經驗在某種程度上都是正面的（也在某些程度上是負面的）。快樂是共通貨幣。

人如何能夠衡量快樂？

既然我們都同意世界各地的人都能夠有正面（與負面）經驗，就可以把焦點移到衡量的問題上了。衡量快樂是一件複雜的事，過去幾十年來，也是頂尖的社會科學學者想研究的問題[11]。然而，這裡想說的重點，並不需要漂亮的科學分析：衡量快樂很簡單，困難的是要以我們想要的準確程度來衡量快樂。我們無法準確衡量快樂，這一點造成了實務上的極大挑戰，但不會成爲深刻的哲學問題。

假設有個人叫雷卡多，他膝蓋骨斷了，很痛，所以到醫院去。假設另一個人叫碧翠絲，她躺在吊床（三一五美元）上輕輕擺盪，用iPad（四九九美元）讀新聞。當下我們可能推想，碧翠絲現在的感覺比雷卡多好。但我們怎麼知道？我們可以問他們：「從一到十來計算，你現在感覺如何？」雷卡多說「二」，碧翠絲說「八」。我們已經衡量了他們個別的快樂程度。

我們準確地掌握情況了嗎？不知道。或許雷卡多真的感覺很好，只是不想嚇到我們。或許這是雷卡多一輩子中最糟糕的時候，但是怕聽起來給人愛發牢騷的感覺，所以他說「二」，而不說「一」。或許碧翠絲內心正經歷極大的痛苦，但不想據實以告，甚至自己也不願面對，又或者她不願意使用量表中極高的那個數字，所以她刻意打較低的分數。我們已經問過雷卡多與碧翠絲現在感覺如何，但我們也可以問問他們的人生整體來說過得如何。若這樣問，衡量的問題會更加麻煩。或許雷卡多的人生很美滿，比碧翠絲還好，只是在當下，就他看來並非如此。

這些是嚴重的問題。但是存在這些問題並不表示快樂無法衡量。那只表示我們對快樂的衡量，不可避免地只是估計值。我們的衡量是否夠好，取決於我們想要用這種衡量結果做什麼。如果想要確切知道某個人有多快樂，或把某個人跟另一個人在相似情境下的快樂做比較，那麼我們的估計值可能不夠好。幸運地，當我們必須為社會做重大決定時，不需要很準確地衡量某個特定個人的快樂。相對的，我們只需要了解一般的樣態：什麼樣的政策可以增加快樂？什麼樣的政策可能會減少快樂？

研究快樂的新科學就在這裡進場[12]。舉例來說，我們已經了解失業時常在情感上造成極大的痛苦，其心理成本遠超過經濟成本[13]。但如果你已經很富有，少賺一點錢不太可能對你的快樂造成多大影響[14]。當然，某些人丟掉工作，結果卻因禍得福；而當某些人的年收入從二十二萬掉到二十萬時，他們（可能）就像掉進地獄一樣。整體來說，這些經濟變數對快樂的影響是很明顯的，這讓我們能夠在更充分的資訊下做出政策決定，例如是要提高稅率，還是創造就業機會的抉擇。儘管我們不能極準確地衡量特定個人的快樂程度，這點依然無庸置疑。

當人們擔心我們衡量快樂的能力時，他們心裡想到的可能是另一件事。他們不是沒想到你可以問問人們現在感覺如何，他們擔心的是單單問人們的感受還不夠。他們想要一種衡量快樂的「眞正」方法，一種可以繞過我們的主觀感受來測量的直接方式，就像體溫計可以繞過我們的冷熱感受進行測量一樣。隨著功能性腦部顯影技術的出現，我們也許很快就會有這種測量方法[15]。但是當神經快樂測量機出現時，它們不會改變遊戲規則。我們可以用它們來上下調校人們口頭回報的結果，或者抓出那些出自任何理由未據實陳述他們快樂程度的人。但是就大部分的目的來說，簡單問題所得出的簡單答案，就已經是我們所需要的一切了。如同丹・吉博特（Dan Gilbert）所觀察到的，驗光師不用掃描你的大腦來找出哪一種鏡片能夠產生最清晰的視覺結果，他只需要問你，「現在這樣看，你覺得如何？」

快樂的衡量並不是一個無法解決的問題，而當它成爲問題的時候，它對每個人來說都是問題，並不是效用主義者才有這個問題。沒有人會認爲自己的選擇與快樂無關。因此，即使你不像效用主義那樣認爲快樂是最終唯一重要的事，只要你認爲快樂在某種程度上是重要的，你就同樣必須衡量快樂！

效用主義者是否始終在「算計」？

如果要找出一個字代表所有人對效用主義的誤解，那個字就是「算計」。「算計」的效用主義者這個刻板印象，有兩個相關的特徵。

首先，「算計」的人是壞人、自私的人，總是想方設法替自己謀最大的利益。這種「算計」的效用主義者的刻板印象是不恰當的[16]。效用主義者的理念是無偏私的。一個理想的效用主義者對他人福祉的看重，並不亞於他對自己福祉的看重。這是一種黃金律的完美體現。效用主義絕對不是自私自利的哲學，它受到太多指責其過於自私自利的反對意見了（稍後將更深入討論這點）。

然而，這種指控還是有一點對。道德計算即使存有最好的意圖，也可能讓人走偏。人們可能想要以更大的善為名來估算，但是因為各種自欺欺人的形式，最終只是替自己算計（「全都是以愛羅馬為名！」）。算計其實是因為不信任第二章所描述的道德機制，也就是將「我們」放在比「我」更優先地位的社會直覺，至少是暫且不信任。因而，人們擔憂的是，一旦你正在做任何一種道德算計，脫離了道德的自動駕駛系統，你可能會陷入麻煩。第二章結尾所描述的公共財賽局實驗便支持這種觀點：想更多只會造成更多坐享其成的行為，導致更少的合作。

對道德算計的缺點懷有擔憂，將我們帶到對效用主義刻板印象的第二部分上，依據這種刻板印象，效用主義者始終做著道德算計。人們想像中的效用主義者是站在商店的通道上，計算著順手牽羊的成本與效益的人。幸運的是，我們大部分人都不會做這種道德算計，但這看來可能是效用主義所建議的。但如果你再想想，這絕非效用主義者會做的事。為什麼？因為持續進行道德算計來衡量如何能得到更大的好處，顯然不會得到最大的善。如果我們容許自己爲所欲爲，只要說服自己正在做的事是爲了「更大的善」，這將成爲一場災難。人類是出了名地總是站在有利自己的立場想事情（參閱第二、三章），而且不太擅長計算我們的行爲所造成的長期、全球的影響。因此，在日常生活中，我們最好聽聽我們的道德直覺在說什麼，而不是試著思考例如偷小東西能不能促進更大的善。我們的道德直覺在生物與文化兩方面同時演化，幫助我們將我群之利益擺在個人利益之前。在日常生活中，若過度算計這些直覺結果，將會自冒風險[17]。

說到這裡，你可能會懷疑我們對效用主義的辯護，已經讓它變得一無是處：如果我們的道德直覺能夠可靠地引導我們邁向更大的善，那爲什麼還要費力研究道德哲學，無論是效用主義還是其他主義？有一點很重要：不能混淆兩種悲劇。再次說明，道德直覺能夠妥善處理公地悲劇（「我」相對於「我群」的衝突），但不太能妥善處理常識型道德的悲劇（「我群」與「他群」的衝突）。所以效用主義所要做的，是讓我們的直覺帶領我們通過日常生活中道德誘惑的試煉（「我」相對於「我群」的衝突），而當我們要找出如何在新牧場上生活時（「我群」與「他群」的衝突），就要明白運用效用主義式的思考。第五部會更詳細說明這如何運作。

效用主義是不是一種危險的烏托邦思想？

縱觀歷史，並不乏偉大的烏托邦理想最後變糟的例子，包括在二十世紀興起並（幾乎全面）衰落的共產主義。像史達林與毛澤東等共產主義者，藉「更大的善」的名義，把數以千計的謀殺事件、數百萬人餓死的結果，以及壓制人民的極權主義政府正當化。對於那些心懷遠大計畫，說一切都是爲了更大的善的人，我們難道不該特別提防嗎？

是的，我們應該提防，特別是當那些遠大計畫要求重大的犧牲，而犧牲（或者被迫犧牲！）的人並不是那些制定遠大計畫的人時。但這種警戒正好是實用主義式、效用主義式的警戒，我們在這裡談的是如何「避免壞的結果」。以更大的善爲目標並不等同於盲目跟從宣稱一切都是爲了更大的善的克里斯馬型領導人。那正是災難的來源。

我們從比較個人主義的北方牧民與集體主義的南方牧民之理念與說詞開始，展開本章的討論。但效用主義者可能並非如你所預期的那樣，一定會站在集體主義者那一邊，他也不必然是個人主義者。我們所提出的一個很棒的想法是，讓各部落的牧民暫且擱下自己的意識型態，想想怎麼做才能在新牧場上得到最佳的結果、怎麼做才能眞正讓快樂極大化，而能夠得到最佳結果的方案可能是更個人主義或更集體主義的方法。要想出能得到最佳結果的方法，必須擱置偏見，轉而蒐集並評估各種政策與實踐方法在眞實世界中會產生何種結果的證據。如同我說過的，效用主義即是將實用主義當作基本原理的想法[18]。

對效用主義危險的烏托邦思想感到憂慮，顯示人們既受效用主義吸引，也因困惑而反對效用主義。如果你所想的效用主義世界聽起來是一個普遍悲慘的地方，那麼就定義來說，你一定是想成錯誤的東西了。你的反對意見是一種效用主義式的反對，而你所反對的東西並不是眞正的效用主義。

誰來決定如何讓快樂極大化？

至此，我希望你已經更熟悉效用主義的思考，可以自己回答這些問題了。但我們再多做一個題目，讓這個思考更完整。

從效用主義的觀點來看，就像其他決策一樣，並沒有任何戴著高帽子的官方效用主義決策者，可以決定誰有決策權。從效用主義的觀點來看，在一個好的決策系統裡，決策者們更可能做出產生好結果的決策。原則上，這種系統可能將所有決策權放在單一的哲學家國王手上，但從歷史與人類本性所知的一切告訴我們，這是個壞主意。相反的，採用代議式民主，加上新聞自由與普及的教育等等，我們會得出較好的結果。

總結

效用主義結合了兩種合理而普遍可理解的想法，我們可以用這些想法做爲兩個問題的答案：什麼才眞正重要？誰眞正重要？

根據效用主義，最終重要的是我們經驗的品質。效用主義並不是要用雜用間邏輯讓「效用」極大化，只看重平庸的功能效果，而不重視我們「喜愛的事物」；它也不是偏重我們所「喜愛的事物」，而不重視更有意義或重要性的事。效用主義擁抱幾乎我們珍視的各種價值，包括那些與人際關係有關的價值（家庭、朋友、愛）、個人美德（誠實、堅毅）、高尚的追求（真理、藝術、運動），以及良善的治理（自由、正義）。但根據效用主義，這些價值最終是從其對我們的經驗的影響而得出其價值[19]。若它們對我們的經驗沒有影響，它們就沒有價值[20]。這個想法可能正確，也可能不正確。我們尚未考量反對的論證，但它是說得通的想法。同樣重要的是，它也是任何慎思明辨、獨立於自己所屬部落之影響外的人，能夠理解與珍視的想法。

效用主義者的第二個特性是無偏私，這個普遍本質已濃縮於黃金律中[21]。加入這第二項特性後，我們可以將效用主義摘要如下：快樂是一切重要的事物，而每個人的快樂都一樣重要。這並不表示每個人都能得到同樣的快樂，但它確實表示沒有任何人的快樂比別人的快樂更有價值。

快樂可以被衡量，雖然要準確地衡量快樂是很大的挑戰。然而，關於快樂，我們時常能夠得知所需要知道的事，並不是藉著精確探究特定個人的快樂，而是藉著探究人們整體的快樂，以得出有關怎麼做可能增加或減少快樂的一般結論。

想知道長久下來，什麼可以讓快樂極大化，顯然是不可能的。某些人認為這是效用主義的致命缺點，但多想想就會知道，這種指控毫無道理。對於什麼做法能產生最佳長期結果，每一個人（即不關心長期結果的人之外的每一個人）都必須做某種猜測，無論是有學識的猜測或其他猜測。關心長期結果並不是效用主義的特有之處，其特有之處在於賦予長期結果最優先的順位。

在最根本的層次上，效用主義不是一種決策程序，而是在討論何者在根本層次上最重要、何者值得重視，以及爲什麼的理論。效用主義並不要求我們持續算計我們的行爲之預期成本與效益。相反的，它要求我們在大部分時候信賴自己的道德直覺，因爲那比持續的道德算計更有用處。

效用主義並不要求我們跟隨任何宣稱爲更大的善服務的人，而是要求我們用可能得出好結果的方式來做決定，考量我們天性的限制與偏見。有鑒於烏托邦政治的歷史，效用主義要求我們對宣稱要實現所有更大之善的領導人抱持懷疑。

總之，效用主義結合黃金律的無偏私與人類經驗的共通貨幣。這得出一個能夠認可道德取捨並進行裁決的道德系統，而且其運作也可以按照各部落的成員都認爲合理的方式進行。

一種非比尋常的交集

從一萬呎的高空俯瞰新牧場，看著有不同道德系統與不同道德直覺的不同部落牧民們彼此廝殺，效用主義者的務實解決方案似乎再明顯不過：他們應該放下部落的意識型態，想出在新牧場上，哪一種生活方式能得到最佳結果，然後就照那樣生活。這是我們在第一部分析道德問題後所得到的結論。但我也說過還有另一條推論路徑，即第二部的心理學分析所指涉的。

再次說明，我們的大腦有雙重程序，既有讓思考有效率的自動設定，也有讓思考有彈性的手動模式。之所以將道德之腦比喻為雙重模式的相機，不只是因為這能貼切解釋道德心理學，也因為這能夠為我們提示一個答案，以解決我們那龐大、實際的問題：現代的牧民們如何解決他們的歧見？上文中，我們已將這點推演為一個哲學問題：什麼哲學可以做為我們的後設道德？但我們也可以用心理學的術語來提出我們的問題：對新牧場來說，哪一種思考才是對的？在此，相機的比喻提供了很好的指引。

照相時，自動設定還是手動模式比較好？答案並無絕對，兩種照相方式在不同情況下各有好壞。如果你碰到的是典型的照相情境，即相機製造商已經預期的情況（「人像」、「風景」），那麼你需要的可能是自動設定，隨拿即拍就好。但如果你面對的是相機製造商未曾想到的情境，或者你的美學偏好跟製造商不同，那麼你可能需要手動模式。

我們的問題演變為這樣：在道德上來說，我們處於哪一種情況？新牧場上的問題需要自動設定，還是手動模式？

自動模式，即能夠在有限群體內激勵並穩定合作關係的道德情感，可以避免發生公地悲劇。但常識型道德的悲劇正是起因於自動設定，因為不同的部落有不同的自動設定，這使得他們用不同的道德濾鏡來看這個世界。公地悲劇是自私自利造成的悲劇，但常識型道德的悲劇則是道德欠缺彈性的悲劇。新牧場的糾紛並非肇因於牧民無可救藥的自私、不道德或反道德，而是因為他們沒辦法走出各自的道德觀。他們該如何思考？答案已很明顯：他們應該轉換成手動模式。

但那是什麼意思呢？我們從第四章得到一點線索。手動模式的思考與效用主義思考之間似乎有一種關聯性[22]。在回應天橋難題與其他類似問題時，手動模式建議我們拯救最多的人命，直覺反應卻要我們做相反的事。在大腦中支持效用主義答案的部位，特別是背外側前額葉，正是大腦讓我們在其他領域彈性做事的部位，例如節制飲食、不要那麼種族主義傾向。而反對效用主義答案的大腦部位，特別是杏仁核與腹內側前額葉，也是大腦中讓我們在看見團體外的人臉時會沒有彈性地提高警覺的部位[23]。這並不能證明效用主義式的思考是正確的，或者非效用主義式的思考是錯誤的。我們稍後會看到，人類的手動模式也可能採用非效用主義式的原則。我們也不想盲目指責我們的道德直覺犯下「神經連結的罪」。儘管如此，這是非常值得一提的交集。

如果我是對的，看似正確的道德哲學（從某個觀點來看）與看似正確的道德心理學（從某個觀點來看）之間有交集並非意外。如果我是對的，無論從哲學或從心理學出發，邊沁與彌爾都做了某件跟他們所有的先行者有根本差異的事。他們藉由將道德問題（幾乎）完全轉換到手動模式，而超越了常識型道德的局限。他們將自己無彈性的自動設定擱在一邊，提出兩個非常抽象的問題：什麼才是眞正重要的事？另外，道德的本質是什麼？他們的結論是，經驗是最終重要的事，而無偏私是道德的本質。在手動模式下結合這兩個想法，就得到了效用主義：我們應該將經驗品質最佳化，對每個人的經驗都賦予同等的重要性。因此，最初的效用主義者採用著名而曖昧的黃金律，掌握無偏私的想法，並搭配上普世通用的道德貨幣，即經驗之貨幣，讓它更加強大[24]。

但這是正確的貨幣嗎？這眞的是我們最好的哲學嗎？就如我說過的，效用主義有高度爭議性。事實上，大部分專業人士相信效用主義有很大的缺陷。如前所述，在某些情況下，效用主義似乎會給人錯誤的答案：儘管能夠得到較好的結果、增加快樂的總量，但把人推落天橋似乎是錯的。而這只是直覺上有力的許多反對效用主義的理由之一。我們會在第四部詳細討論這些反對意見。但首先，我們將更深入地探討共通貨幣的概念。還有沒有其他哲學能夠橋接我群與他群之間的鴻溝？這些哲學中有沒有任何一種比效用主義更好？有沒有一種眞正正確的道德哲學，傳達著道德上的眞理？若有，那是效用主義，還是什麼？在後面兩章，我們將考量我們可能的選項（第七章），並探討爲什麼效用主義特別適合做爲現代世界的後設道德（第八章）。

第七章

追尋共通貨幣

陷入泥淖的我們沒有別的選擇，只能從共享的價值中找尋我們的共通貨幣。找出真正共享的價值比表面上看起來還難，因為深層的道德歧異可能被共同的道德修辭所掩飾。

民主要求受信仰宗教者將他們關心的事轉譯成普世價值，而不僅限於特定宗教的價值。它要求他們的提案必須能夠接受論辯，且可以用理性修正。我可能因為宗教上的理由反對墮胎，但如果我試圖通過一條法令禁止墮胎行為，我不能只指出我的教會的教導，或者〔援引〕上帝的意旨。我必須解釋為什麼墮胎違反了無論是有信仰還是無信仰的人都擁有的某項原則。

——歐巴馬

如同歐巴馬的話所建議的，現代的牧民需要一種共通貨幣，一種普世適用的計量指標，以權衡不同部落的價值觀。若沒有共通貨幣，就沒有後設道德，沒有任何做出妥協與取捨的系統。找出共通貨幣是很有挑戰性的。有些人說這是不可能的。

最根本的挑戰來自對部落忠心耿耿的人。歐巴馬敦促虔誠信仰某種宗教的道德思考者將他們關切的事轉譯成「普世適用的」，而不是「特定宗教的」價值觀。但如果你堅信你所追隨的特定宗教傳達了普世適用的道德眞理呢？在那種情況下，普世價值與特定宗教價值的區分就沒有意義了（歐巴馬有意識到這個問題）[1]。里克・桑托倫（Rick Santorum）是頗受歡迎的保守派參議員，曾在二○一二年尋求共和黨提名為總統候選人，他宣稱歐巴馬的立場讓他反胃。「我們到底生活在怎樣的國家？竟然說只有沒有任何信仰的人才能走進公共場域提出主張？」[2] 桑托倫是言過其實了。沒有人說信仰宗教者不能提出他們的主張。相反的，歐巴馬是說，他們必須用世俗的話語來陳述他們的道德主張。只是聽在許多宗教道德家耳裡，這就像是要一個芭蕾舞者穿上充氣相撲服裝來跳舞一樣。試著用世俗的話語翻譯「同性戀的生活型態是違背上帝意旨的可憎之事」看看。難怪桑托倫覺得反胃。

稍早提過，另一種挑戰來自「相對論者」、「社群論者」與其他質疑普世價值存在的人。根據他們的說法，根本就沒有普遍通用的道德貨幣，那些持相反主張的人就像虔誠的原教旨主義者，只是將自己部落的價值投射到全世界其他人身上。他們掛出的標語是「所有道德都是地方性的」。

另一項挑戰則來自現代的道德論者，他們對普世適用的世俗道德感到樂觀，但對我的主張則感到悲觀。再次說明，許多當代的道德思想家相信在核心本質上，道德和權利問題有關。他們說，世俗的與普世的道德眞理，根本上是關於誰有什麼權利，以及哪一種權利優先於其他權利。不只是哲學家如此思考，當我們被要求為我們的道德信念辯護，以使我們的主張能夠「接受論辯，且可以用理性修正」時，大部分人也會這麼說。例如，當我們討論墮胎議題時，我們會討論婦女的「選擇權」或是胎兒的「生存權」。我們堅持其中一種權利勝過另一種權利，或者否認另一種權利存在。

效用主義者也可以談論權利並予以權衡：如果維護選擇權、犧牲生存權可以讓快樂達到最大，那麼選擇權就勝過生存權。但這不是大部分人思考權利的方式。回想電車難題：把人推落天橋可以讓快樂達到最大，卻似乎嚴重違反了這個人的權利。我們心目中的權利不會「化約成」結果。它們是超越結果的[3]。

如果有關我們擁有（或應該擁有）什麼權利的事實，並不是有關何者能產生好結果，那麼它們是怎樣的事實呢？道德事實的一種傳統模型是數學式的。第一百個質數是什麼？你不知道，但，老天爺啊，如果你想，還是可以找出來。同樣的，如果我們努力思考，或許也可以從各種基本原則中找出道德事實來。這會讓我們得出另一種不同的共通貨幣：有關何種權利確實存在，以及其相對的優先順位與權重何在的事實。按照這種觀點，我們可以推算出選擇權是否勝過生存權，就像我們可以找出哪一個數字是第一百個質數。當然，沒有人認為道德事實是數學事實，可以用計算得出結果；這裡的意思是說，道德事實就像數學事實，如果我們夠努力、客觀而謹慎地想，就可以抽繹出眞相。對許多現代的道德思想者來說，這是夢寐以求的事[4]。

道德事實的另一個模型來自自然科學：某些部落說，巨大的鯰魚抖動導致地震。其他部落則說，生病的大地顫抖造成地震。但科學告訴我們，地震是地表的大型板塊在熔岩上飄移並摩擦所造成的[5]。現代科學對地震的理解不只是另一種部落迷思，它具有經過足夠的時間與耐心，而能被各部落認同的證據。更一般地說，說到理解自然界，科學提供了一種共通貨幣。每一個有著不同文化背景、來自不同大陸的科學家，都接受現代的板塊地質構造學。由於明瞭這點，我們可能會希望科學也能夠揭開道德隱而未見的本質，從而不只是描述道德的內容（如同我們在二、三與四章所做的），更能規範道德的內容，或許科學可以告訴我們哪一種權利確實存在，以及它們的輕重程度，就像道德元素週期表那樣。這也能給予我們所需要的共通貨幣。

本章將探究各種選項，找出道德共通貨幣及與其相應的後設道德。我們可以用兩種方式來思考如何尋找。如果我們有抽象思辨的雄心，我們可能會尋求道德眞理，找出那些能夠告訴我們，做爲新牧場上的牧民，我們眞正應該如何生活，眞正應該擁有什麼權利、承擔什麼義務的普遍原則。

以這點爲基礎，我們從上面簡要提到的三種方法開始尋求道德眞理：宗教模式、數學模式與科學模式。我將解釋爲什麼這三種方法都無法提供我們所需要的答案。若沒有上帝、理性或自然等任何外部來源能給予我們道德眞理，我們就必須找出一種較謙遜的後設道德，適用於各部落的系統，無論它是不是道德眞理[6]。在下一章，我將利用第二部提到的道德心理學雙重程序理論，來解釋爲什麼效用主義特別適於此項任務。

我們的共通貨幣是否來自上帝？

對許多人來說，普世的道德法則只有一種來源，即上帝。然而，訴諸上帝的道德權威至少有兩個重大問題，一個是有關上帝權威的範圍，另一個是有關如何得知上帝的旨意。

第一個問題可回溯至柏拉圖，他曾質疑道德權威與神聖意志之間的關聯[7]。將柏拉圖的問題轉譯成當代的神學詞彙，是這樣說的：壞的事物之所以壞，是因爲上帝不允許它們，還是因爲這些事物是壞的，所以上帝不允許它們？舉強姦爲例。強姦是壞事。上帝這麼想，我們也這麼想。但上帝是否曾有不同說法？讓強姦行爲變成道德上可接受是否爲上帝的權能範圍？如果你就像柏拉圖那樣，認爲答案是否定的，那麼你的意思其實是說，上帝並沒有權力制定道德規則，至少上帝不是有權訂定全部規則，某些道德規則，包括像反對強姦的一些非常重要的規則，是獨立於上帝的意志之外的。如果那是正確的，那麼我們眞的需要某種俗世的論述來說明，爲什麼某些事是正確的，而其他事卻是錯誤的。或者，你也可能認爲上帝眞的有權按照祂所想要的任何方式來制定規則：例如，解除對強姦行爲的禁制，甚至要求做強姦的行爲。但如果上帝的意志是如此不受限制，可以讓任何事變成對或錯，那麼我們何以說上帝的意志是道德的？如果對於上帝的意志，我們最多只能說「因爲祂這樣說」，那麼這只是一套恣意的規則，恰好得到一個至高的權力所背書。

柏拉圖的論證流傳許久，但並沒有完全排除宗教的道德。首先，柏拉圖的論證在今天看來可能不像在當時多神論的時代背景下那樣有說服力。古希臘的神祇是桀驁不馴的，而且大部分的神祇未必是美德的典範。有那樣的神祇，人們很容易認爲道德是獨立於神祇的意志之外。但一個較現代、較複雜的神聖概念則可能駁斥柏拉圖的論證。現代的神學家可能會說，不可能將道德與上帝的意志分離。雖然上帝確實不可能准許強姦，但這並不是因爲上帝的權力有某些不便的限制，上帝的權力是無止境的、不受時空限制的，其行動並非可對抗或阻撓的事件，原因是我們人類以其有限心智只能理解部分的現實特徵。上帝不能許可強姦行爲，只是反映了祂的意志的永恆與本質上的完善（對無神論者來說也不差吧？）。簡言之，擅長論辯的神學家可以將柏拉圖的挑戰駁斥爲一種對上帝的淺薄理解。又或許他們已經說了。對我來說，這聽起來像是「祕不可言」的巧妙說法。但我們不需要在這裡解決這個問題。對我們來說，神聖的道德眞理有一個更嚴重的問題，即我們無法不透過套套邏輯來認識所謂的道德眞理。

讓我們假定上帝存在，而且祂的意志是定義道德眞理的權威。我們如何得知上帝的旨意？[8] 舉個例子，許多基督徒說同志性行爲是不道德的。我們如何知道他們對不對？第一步是搬出舊約，在〈利未記〉第十八章第二十二節，「不可與男人苟合，像與女人一樣；這本是可憎惡的。」再來是

〈利未記〉第二十章第十三節，「人若與男人苟合，像與女人一樣，他們二人行了可憎的事，總要把他們治死，罪要歸到他們身上。」這些段落必定需要某種詮釋，但就讓我們假設，就像許多人想的那樣，這些是對同志性行爲的明確譴責。愛追根究底的道德學者所面對的挑戰是，是否要去嚴肅看待這些譴責，因爲舊約譴責的許多事，對今天的我們來說都沒什麼問題，而它寬恕的許多事，今天看起來卻應該被譴責。

以下的訊息突顯了這種詮釋上的挑戰。這是一封寫給蘿拉．史萊辛格（Laura Schlessinger）的公開信，她是一個保守派評論者與電台主持人，曾引用舊約聖經做爲她譴責同志性行爲的基礎**9**。

親愛的蘿拉博士，

感謝您致力於教育民眾認識上帝的律法，我從您的節目上學到許多，也試圖盡我所能與更多人分享那些知識。舉例來說，當有人試圖為同性戀的生活方式辯解時，我就會提醒他〈利未記〉第十八章第二十二節清楚地說，那是可憎的。辯論就結束了。

然而，有關某些特定的律法，以及如何最妥當地加以遵循，我真的需要您的一些建議。

當我在祭壇上燒死一頭公牛獻祭時，我知道這是神所喜悅的馨香（〈利未記〉第一章第九節）。問題在於我的鄰居。他們投訴說這種味道不好聞。我應該痛毆他們嗎？

我想要把我的女兒賣作奴隸，如同〈出埃及記〉第二十一章第七節所准許的。在現代此時，您認為把她賣掉的合理價格是多少？

我知道當一個女人月經來潮、身體不潔淨的時候，我不能跟她有任何接觸（〈利未記〉第十五章第十九到二十四節）。問題是，我怎麼分辨她是不是在不潔淨的時候呢？我曾經試著問，但大部分女人都認為這是冒犯。

〈利未記〉第二十五章第四十四節說，我確實可以擁有奴隸，包括男性與女性，只要我是從鄰國那裡把他們買來。我有一個朋友說，我只能到墨西哥買，不能去加拿大買。您能夠為我釐清這點嗎？為什麼我不能擁有加拿大籍奴隸呢？

我有一個鄰居堅持在安息日工作。〈出埃及記〉第三十五章第二節明白說他應該被治死。我在道德上是否有義務親手把他殺死呢？

我有一個朋友覺得，雖然吃貝類是可憎的（〈利未記〉第十一章第十節），但這跟同性戀比起來算是比較輕的罪了。我不同意。您能解決這個問題嗎？

〈利未記〉第二十一章第二十節說，如果我的眼睛有問題時，就不能靠近上帝的聖壇。我必須承認我戴老花眼鏡。我的視力是否必須兩眼都是二·〇？這裡有沒有一點轉圜空間？

雖然〈利未記〉第十九章第二十七節有明言禁止，但我大部分的男性朋友都剪過頭髮，包括兩鬢周圍。他們該怎麼死呢？

我從〈利未記〉第十一章第六到八節知道，碰觸一隻死豬的皮膚會讓我不潔淨，但如果我戴手套，能不能玩足球呢？

我叔叔有個農場，他違背了〈利未記〉第十九章第十九節的指示，在同一塊地上種兩種不同的作物，就像他的妻子穿的衣服也用了兩種不同的纖維（棉／聚脂纖維）。他也常常開口詛咒與褻瀆。我們是不是要把城裡的人都召集起來，用石頭砸死他們（〈利未記〉第二十四章第十到十六節）？我們難道不能只是召集自家人，將他們燒死，就像我們對跟岳母睡在一起的人那樣嗎（〈利未記〉第二十章第十四節）？

我知道您對這些事有廣泛研究，所以我相信您能幫忙。再次感謝您提醒我們上帝的話語是永恆不變的。

您忠誠的跟隨者與崇拜您的粉絲　肯特．艾許克瑞（J. Kent Ashcraft）

如同你可能預期的，這個辯論並未就此打住。精擅的聖經詮釋者對於哪些聖經段落可以提供直接的道德指引，哪些段落不能，自有一套說法。但艾許克瑞先生正確指出了，僅僅訴諸聖經是不足以確立道德眞理的，即使在單一的宗教傳統下也沒辦法。當各個宗教傳統競相爭逐其典籍的權威性時，問題就更加複雜。如果我們想要在聖經中找出道德眞理，我們就必須判斷在哪個宗教傳統中的哪些經書，對哪些段落的哪種解釋是眞正具有權威性的。因爲充滿宗教道德歧見的各方對立人士不太可能就經書、段落與詮釋的權威性達成共識，訴諸經文至多只能解決最狹隘、最學術性的道德歧見。

同樣的問題也出現在宣稱於夢境、異象、宇宙訊息與其他靈性溝通活動中所啓示的道德眞理中。如同歐巴馬在前面引述的同一段演說中解釋的：

> 亞伯拉罕得到上帝的指示，要獻出他唯一的兒子，他沒有爭辯，帶著以撒到山頂，把以撒綁在祭壇上，舉起刀，準備按照上帝的命令做……但是如果我們任何人離開教堂後看到亞伯拉罕在屋頂上舉起他的刀，我們至少會通知警察，並期待兒童與家庭服務部的人來把以撒帶走，遠離亞伯拉罕，這樣說應該是沒錯的。我們會這麼做是因為，雖然亞伯拉罕的那些經驗可能是真實的，但我們沒有聽到亞伯拉罕所聽到的，沒有看到亞伯拉罕所看到的，所以我們能做的最好反應就是按照我們所有人所看到的、所有人所聽到的去做，也就是按照一般的法律與基本的理性去做[10]。

最終，可能還是沒有任何論辯可以阻止部落的忠貞人士受部落的呼召所驅策。沒有任何論證可以說服桑托倫參議員與蘿拉博士，讓他們相信其宗教信念未以世俗語彙翻譯，並不適合做爲公共政策的基礎。我們最多只能敦促他們溫和一些，提醒部落的忠貞人士，他們並未按照「普通常識」在做事，而是將其部落對道德眞理的陳述，強加在並未聽見其所聽見、看見其所看見的人們身上。

然而，我的目的並不是要建構一套反駁神聖道德眞理存在的論證。無論我說過什麼，道德眞理仍可能存在於部落對上帝意志的詮釋中。我們這裡的任務是找出一種共通貨幣，而就這點來說，上帝並不能帶來多少幫助（也因爲這點，反思會動搖對上帝的信仰這件事，或許不讓人意外）[11]。

各宗教間有許多共通點。它們告訴我們要善待鄰居、不要說謊、不要偷盜、不要給自己例外的道德通融。簡言之，這個世界的宗教讓它們的信徒能夠避免公地悲劇，將我群的利益放在個人利益之前。宗教所沒有做的事，或至少大部分的宗教所沒有做的事，是幫助我們避免常識型道德的悲劇[12]。它們加劇，而非緩和我群與他群之間的價值觀衝突。爲了找出共通貨幣，我們必須看向他處。

道德像數學嗎？

關於信仰，我們已經討論了很多。下一步來談理性。我是非常支持理性的人。這整本書，或者確切地說，我的整個事業，都在致力於更理性地理解道德。但就我的意見，有一種理性主義的道德觀點是過頭了。根據強硬派的理性主義者的說法，道德就像數學：道德眞理是抽象的眞理，我們光用明晰的思考就可以將它抽繹出來，就像數學家推衍出數學眞理一樣。舉例來說，康德宣稱，實質的道德真理如說謊與偷盜的錯誤，可以從「純粹實踐理性」原則中推衍出來[13]。今天很少人會明確贊同這種觀點，然而，當我們堅持自己的道德觀點是受到理性支持，而不像我們的對手那樣時，我們當中有許多人心裡似乎都存在著一絲強硬的康德理性主義。許多人聲稱，或暗示，與他們道德立場相反的人所抱持的觀點，是無法用理性加以辯護的，像2+2=5那樣[14]。

把道德當作數學會怎麼樣呢？會讓它變成完全理性的嗎？數學家擅長證明定律。所有證明都從假說開始，而數學證明的假說有兩種來源：先前已被證實的定律，以及公理。公理是那種被視為不證自明的數學陳述。舉例來說，歐幾里德提出的平面幾何學公理之一，就是可以用一條直線連接任意兩點。歐幾里德並未論證這項主張。他只是推定那是真實的，而你也可以看出那必定是正確的。因為所有定律都推導自先前的定律與公理，也因為定律不能無止盡地回溯，所以所有數學真理最終必然衍生自公理，從被當作不證自明的基礎數學真理而來。

如果道德就像數學，那麼我們在論證中所訴求的道德真理最終必定是來自道德公理，從一組可駕馭的、不證自明的道德真理而來[15]。這種用數學模型來看待道德的根本問題在於，在經過數個世紀的嘗試之後，沒有人發現任何一套可資運用的道德公理，這些公理必須：一、不證自明為真；二、可用來推衍出實質的道德結論，這些結論能夠解決真實世界的道德歧見[16]。你可能認為道德顯然無法被公理化，因此道德不像數學。但還是值得想想在這個明顯的事實中有什麼衍生意涵。

以墮胎來說（第十一章還會再詳細討論），胎兒的生存權是否高過女性的選擇權？我們不能訴諸宗教教理來解決這個問題（哪一種教理？哪一種詮釋？），而且此時我們還不願意用純粹效用主義的方式來思考權利。根據支持生存權者的說法，胎兒就像天橋上的人，有絕對的生存權（這種權利不能取決於墮胎的成本效益分析）。同樣的，支持選擇權的人則說，女人有絕對的選擇權利。如何解決這種爭論呢？

這裡有一種不能解決這種爭論的做法：論理（Reason）。這裡我將第一個字母冠以大寫，指的是只用論理本身，就像康德說的「純粹實踐理性」。如前所述，我是極支持論理的人，而且支持以論理方式探討道德問題。但如果道德不像數學，那麼單純只用論理就行不通。論理不能告訴我們，我們具有什麼權利，以及哪種權利勝過其他權利。再次說明，這是因爲所有的論理都需要前提。如果喬的前提並非不證自明爲眞，而珍不喜歡從喬的前提所推導出的結論，那麼珍可以直接拒絕喬的一或多個前提，從而拒絕喬的結論。

我的重點是：若沒有不證自明的前提，純粹的論理不能回答我們的問題。論理所能做的，是迫使我們對事實與道德的信念有更強的一致性，而那是很重要的（在第十一章將更詳細討論這一點），但道德論理無法告訴你該如何像數學家思考439569>13×17×13那樣思考墮胎問題。那是因爲數學是從少數共通、不證自明的假設開始，而道德卻是從大量相互聯結的假設開始的，這些假設大部分都未經質疑，且在提出假設者耳裡聽來都是合理的，但鮮少是眞正不證自明的（換句話說，道德認識論強調的是相互融貫，而不是做出基礎主張）。

身為非常聰明的人類，你可能希望論理可以幫助你走出相互競爭的人類價值所造成的泥淖。唉，它沒辦法的。人們時常說得好像可能做到那樣：「跟你的想法不同，我的觀點是建立在理性上。」但這種說法最多只對了一半。再次說明，論理可以讓我們的道德意見更一致，無論是在我們所屬的部落內，或是我相信也能在各部落之間。我在下一章將解釋，在我所主張的效用主義後設道德中，我們共有的論理能力扮演著一個關鍵的角色。但論理本身並不能告訴我們如何在不同部落相互競爭的價值之間做取捨，它也不能告訴我們，我們具有何種權利，或如何在人們相互競爭的權利之間權衡輕重。同樣的，為了找出共通貨幣，我們必須看向他處。

科學能否帶來道德真理？

如果宗教與純粹理性都不能解決我們的道德歧見，那麼或許可以試試我們心目中客觀、不偏私的事實來源：科學。或許科學能提供我們道德前提，這些前提雖非不證自明，但仍然是明顯的，從我們所發現有關自身與周遭世界的事物，就可以看出。

在第一章，我摘述了道德的一般科學理論，反映了自達爾文以來已逐步建構的共識：

> 道德是一組心理調適機制，讓原本自私自利的個人可以獲得合作的利益。

假設這個理論正確（而且就如我說過的，這是唯一的選項），我們對道德的自然功能之理解，是否就讓我們得以處理道德眞理的問題呢？如果道德的功能是要促進合作，那麼爲什麼我們不能說，道德眞理是最能促進合作的後設道德呢？這是一個很有趣的想法，但它有一些嚴重的問題。

如果我們說對了，道德的演化是爲了促進合作，那仍舊不是全貌。再次說明，道德的演化（生物學上）是爲了促進群體內部的合作，以利在群體之間競爭[17]。物競天擇之所以偏好促進合作的基因，唯一的理由在於合作的個人比較能勝過其他人。這突顯了一個有關道德功能更普遍適用的論點，也就是道德的最終功能，就像其他所有生物調適機制一樣，是爲了散布基因物質。演化並不是以促進合作本身爲目的，它只在合作能散播合作者基因的範圍內促進合作。演化可能偏好那些善待鄰居的人，也可能偏好有嗜殺傾向的人，而其背後的原因是一樣的[18]。因此，如果你在演化中尋求道德眞理，你可能找錯地方了（請留意，這項論證雖然有爭議，但也適用在文化演化上）[19]。

在演化中找尋道德眞理的問題，顯現出更一般性的「實然─應然問題」[20]，有時這種問題（不甚恰當地）被稱爲「自然主義的謬誤」（naturalistic fallacy）[21]——只要是自然的，則認定是正確或好的。犯這種謬誤最出名的人就是所謂的社會達爾文主義者（social Darwinists）[22]，他們看見自然無情的競爭性，即汰弱助強，便以此當作人類社會的模範。今天我們知道，天擇雖然可以促進惡劣的行爲，但也可以促進良善的行爲（參閱第二章），因此，從演化理論中找尋道德眞理之洞見，看來並非那麼嚴峻。但是要說某個行爲是正確的，就因爲它與道德演化出來的功能一致，或者錯的，因爲它與道德演化不一致，這仍然是謬誤的。不能夠因為去做某件演化要你做的事，就認為那件事是好的。

在演化功能中找尋道德眞理，只是一種類似把道德當成數學的想法。在以演化方法探求道德眞理這種想法的背後，隱藏著一個道德公理：最能符合道德演化目的者，就是正確的。這個公理並非不證自明地為眞，它也未獲科學證據的支持，而只是一種假說。要了解這種假說有多薄弱，只要想想如何用這項假說來解決爭論。假設支持生存權的墮胎政策最能幫助我們傳播基因，如果你是個支持女性選擇權的人，這會改變你的想法嗎？不會，它也不應該改變你的想法。你信仰的是女人有選擇權，而不是傳播人類的基因物質。如果演化的事實相反，支持生存權的人也不該改變他們的想法。（支持選擇權的人與支持生存權的人，可以一起在診所外高唱：「演化，誰管它！正確的事不見得是能夠傳播我們基因的事！」）

然而，你仍可能認為，從道德的自然功能尋求道德眞理這種想法，具有一些特殊內涵。讓我們看看能否讓它發揮作用。我們將擱置那種不是特別道德的散播基因目的，而將焦點移到更接近道德的合作目的。合作是不是最終的道德之善呢？我們能不能在沒有證據或進一步論證的情況下，假定它是最終的道德之善？假想有個來自外太空的威脅，即《星際爭霸戰》（*Star Trek*）系列電影中的博格人（The Borg）。為外行人解釋一下，博格不是那位瑞典網球冠軍，而是一群曾經是人，但已「同化」為一個龐大神經機械共同體（部分是機器，部分是生物體）的人形外星人。博格人的運作方式像是一個超級聰明、高科技的蟻族，吞噬其他生命形態，並將之納入自己的移動巢穴。關於博格人有兩點說明：首先，他們有極高的合作性。其次，做一個博格人看來並不是很有趣。然而，如果合作是終極的道德良善，那麼博格人的勝利可能是宇宙生命演化的最佳結果。只要他們有極高的合作性，即使博格人本身非常悲慘，事情也可能如此演變。

因此，博格人提醒了我們，把合作當作最終道德之善是說不通的。但如果合作不是最終重要之事，那麼什麼才是最終重要的事呢？人們可能認爲合作的價值不在其本身，而在於它所帶來的利益，以及最終的，因爲合作能讓人獲得快樂、避免痛苦。現在，那聽起來是很棒的想法。

但請留意，我們已經離演化理論很遠了。在經過許多微調之後，我們已經將道德眞理的演化理論轉變成一種早於達爾文理論的道德理論。換句話說，當我們已經將道德眞理的演化理論整頓乾淨後，它就不再具有演化性質了。與其從演化的「價值」出發，再依我們的目的來修正它們，我們大可以從自己的價值觀開始，在那裡尋求我們的共通貨幣。

B計畫：追求共同的價值

如果確實有上帝存在，我們能認識祂的旨意，而不會陷入套套邏輯，或者我們可以從一些不證自明的基本原理推導出實質的道德眞理，或者我們能夠發現道德眞理，就像我們找到地震的原因那樣，那我們就可以從這裡走下去了。但事情並非如此，我們還是被丟回相互競爭的道德價值之泥淖中（以下我簡稱爲「泥淖」）。

這是否意味著根本沒有道德眞理？我對此仍保留不可知的立場。曾經有一段時間，我認爲這正是問題所在，但我之後改變了想法[23]。眞正重要的是我們是否具有直接、可靠、不會陷入套套邏輯的方法，可以趨近道德眞理，也就是一條走出泥淖的明路，而不是道德眞理是否存在[24]。因爲上述理由，我有信心我們確實沒有這樣的路徑（如果存在權威的方法，可以不依賴神聖啓示、純粹理性或實證調查而解決道德歧見，那麼我還未聽過）。一旦我們放棄找出脫離泥淖的路徑，道德眞理的問題就失去了實際的重要性。

（簡單說，道德眞理的問題變成了，對於我們盡可能客觀改善道德信仰之後所剩下的東西，要如何描述的問題。我們會稱這剩下的東西爲「道德眞理」嗎？或者我們就稱它爲「剩下的東西」？我不再覺得，這個問題會有清楚的答案，但我也不再認爲我們有必要回答它。）[25]

接受陷入泥淖情況的我們沒有別的選擇，只能從共享的價值中找尋共通貨幣。然而，找出共同的價值沒有表面上看來那麼容易，因爲文字，特別是漂亮的文字，可能誤導人。舉例來說，兩家人可能都重視「家庭」，但這不見得是道德共識的來源。如果事關訂定職場中對家庭友善的政策，那麼「家庭」可能是這兩家人的一個共識來源，但如果議題是「你的孩子對我的孩子做了什麼」，兩家人都重視「家庭」可能會讓事情變得更糟。因此，像「家庭」這樣的道德抽象概念，可能會提供一種共同價值的假象。而且，如同我稍後會解釋的，「自由」、「平等」、「生命」、「正義」、「公平」、「人權」等價值亦然。找出我們眞正共享的價值比表面上看起來還困難，因爲深層的道德歧異可能會被共同的道德修辭所掩飾。那麼，我們眞正的道德共同基礎是什麼？

如同你現在已經明白的，我相信效用主義背後的價值是我們眞正的共同基礎。再次說明，我們這些牧民的團結，是奠基在我們感受正面與負面經驗，亦即快樂與痛苦的能力，也建立在我們對道德在最高層級上必須無偏私這點的認知[26]。將前述各點整合起來，如果我們是道德的，那我們的任務是讓這個世界盡可能地快樂，對每個人的快樂賦予相同的重要性。

我並非聲稱效用主義就是道德眞理。更具體地說，我也不如同某些讀者期待的那樣，宣稱科學能證明效用主義就是道德眞理。我是說，一旦我們的道德思維因爲對道德的科學理解而獲得客觀改善之後，效用主義將變得特別有吸引力（這能否將它建構爲「道德眞理」，留給大家去思索）[27]。雖然我們可能無法確立效用主義就是道德眞理，但我相信我們仍然能夠運用二十一世紀的科學去證實十九世紀的道德哲學，以反駁二十世紀對效用主義的批判。

下一章，我將論證效用主義確實是建立在我們共同的價值上。我們將從心理學、神經科學，以及演化的觀點來考量效用主義：它是什麼？還有，爲什麼效用主義的價值特別適合做爲如此優越的共通貨幣？

第八章

找到共通貨幣

手動模式並非來自某一種道德哲學，但如果它能與快樂、無偏私這兩種普世認同的道德價值一起植入人心，這種結合能得出一種各部落的成員均能接受的完整道德系統，一種超越我們不相容的道德真理視野的系統。

電視影集《陰陽魔界》（*The Twilight Zone*）裡，有一個引人爭議的橋段[1]。有一對夫妻獲得一個相當誘人的提議，一名神祕的陌生人送來一個小盒子，上面有個按鈕。他解釋，如果他們其中一人按下按鈕，就會發生兩件事：得到當時他們迫切需要的二十萬美金，而他們所不認識的某個人會死掉。在經歷一番道德掙扎與合理化辯護之後，其中一人按下了按鈕。那個神祕客把錢送來。他解釋，他現在要用同樣的條件，把這個盒子給另一個人，一個「你們不認識的人」。

我們當中大部分的人都希望不要按下按鈕，但顯然有一些人會。爲了闡明我們的共同價值，讓我們想想我們會按下與不會按下的按鈕。先從某些非關道德的按鈕開始，再逐步走向道德的按鈕。

問題一：「快樂」按鈕。下週，你會在一條不平的人行道上意外跌倒並摔斷膝蓋骨。這會非常地痛，而且會大幅減少你在好幾個月內的快樂。然而，如果你按下按鈕，有一個小魔術會讓你在走路時更小心，你就不會跌斷膝蓋骨了。你會按下去嗎？你當然會。這告訴我們一件相當明顯的事：如果其他條件保持不變，人們喜歡快樂，勝過不快樂[2]。下一道問題。

問題二：「淨快樂」按鈕。在此，同樣的，你本來會摔斷膝蓋骨，但按下一個鈕就可以避免。但在這次的情況中，按下按鈕後會有一隻蚊子來咬你的手臂，讓你癢好幾天。你會按下這個按鈕嗎？當然你會。為了避免摔斷膝蓋骨，值得忍受蚊子叮咬所造成的癢。教訓：我們都願意做利害權衡，我們願意損失一點點快樂，來換取在快樂上更大的獲利。更一般地說，如果其他條件保持不變，我們偏好獲得較多淨快樂，勝過較少淨快樂。

問題三：「別人的快樂」按鈕。這就像問題一，只是我們現在已跨入道德領域了。按下按鈕後，不是你，而是另一個人不會摔斷膝蓋骨。你會按嗎？如果你認識且喜歡那個人，或者他是與你同一部落而你認得的人，你肯定會按。如果你不喜歡那個人，你可能就不會按。但讓我們假定那是某個「你不認識的人」。我的假設是你會按下按鈕。

是否所有人都會這麼做？不幸的是，可能並非如此。某些人有心理問題，完全不管別人死活。而在正常人中，人們對陌生人會展現不同程度的利他心、冷漠與嫌惡（參閱第二章）。但是，讓我們想想這個問題的脈絡。我們正在找尋建構於共同價值上的後設道德。就我們的目的來說，共同價值不需要放諸四海皆準，只需要廣泛共享，我們想要訴諸一種共同的道德標準，來為不同部落解決歧見。如果你自私到不願意動一動手指讓人避免痛苦，那你根本不是我們這場對話中的一分子。你不是有興趣回答我們問題的「我們」中的一人。明瞭這點之後，我們可以這麼說：如果其他條件維持不變，我們偏好別人會更快樂，而不是更不快樂。甚且，我想我們也可以假定，我們關心別人的淨快樂。即使讓另一個人避免摔斷膝蓋的同時，也會害他被蚊子叮咬，你還是會按下按鈕。

問題四：「更多人的快樂」按鈕。這次有兩個按鈕。一號按鈕讓一個人不會摔斷膝蓋骨，二號按鈕則能讓十個人擺脫相同的命運。你會按一號鈕還是二號鈕？還是你要丟銅板決定？我的假設是你會按下二號按鈕。教訓：如果其他條件維持不變，我們偏好增加更多人的快樂，勝過只增加少數人的快樂。

問題五：「效用主義」按鈕。現在是我們最後的問題。一號按鈕可以讓兩個人不會被蚊子叮咬。二號按鈕可以讓一個人不會摔斷膝蓋骨。要按一號鈕、二號鈕，還是丟銅板決定？我的假設是，即使一號按鈕能讓較多人受益，但你會按二號按鈕，從而避免更大的傷害。教訓：如果其他條件維持不變，在涉及多人的情況中，我們偏好選擇快樂總值更高的選項，勝過快樂總值較少的選項。

或許你已經對這些問題感到厭煩。若是如此，那很好。我們已經爲效用主義的後設道德布建了基礎，而這些問題的答案愈明顯，我們的基礎就愈堅實。首先確立的是，在其他條件不變之下，我們偏好更多的快樂，勝過較少的快樂，不僅爲自己，也爲別人。其次，當涉及別人時，我們不只關心這些人的快樂總額，也關切受影響的人數。最後，我們關心不同個人的快樂總額，既考量每個人的快樂總額，也考量受影響的人數。在其他條件維持不變之下，我們偏好增加整體的快樂總額。

再說一次，這裡的「我們」不是指每個曾經活著的人。很重要的，這個「我們」是很大，也非常多元的一群人，包括所有部落的成員。在此，我推測這世界上沒有哪一個部落的人感受不到前述效用主義思考的吸引力，而以下我會解釋原因（我鼓勵實驗人類學者進行田野調查確認）[3]。如果這樣的猜測是正確的，那麼「在其他條件維持不變之下」，如果我們全部人都能（或可以轉而能）致力於增加快樂，這會有深刻的道德意涵。這表示我們具有某種非常實際的道德共同基礎[4]。

當然，我們現在擁有的，只是一種讓快樂達到最大的承諾雛形，其限制反映於「在其他條件維持不變之下」，正是這個限制讓前述的問題如此無趣。假設《陰陽魔界》裡的夫妻面對的是這個選項：按下按鈕，一個陌生人會死掉，而另一個陌生人會得到二十萬美元，劇情會變得非常無聊，因爲在這種版本中，其他所有條件都維持不變。這不是我群會因此獲得重大利益，而他群當中有一人會受到更大損害的選項。在這個無聊的版本中，贏家與輸家沒有顯著差異，因而在一種可預測、頗無聊的方式中，無私地讓快樂極大化的考量就會勝出。

現在想想下面這個問題：如果你選擇按下一號按鈕，五個人可以活下來，而另外一個人會死掉；如果你選擇按下二號按鈕，五個人會死掉，而一個人會活下來。你會選哪一個？在其他條件不變之下，當然你會選擇一號按鈕。但假定我們是在討論天橋難題（或者器官移植的難題），那麼其他所有條件都不再是不變的了。補充了這些細節資訊後，一號按鈕（把人推落天橋）似乎是錯的。

這個例子提示我們，很多變化是繫於「在其他條件不變之下」。如果保留這個條件，我們對於使快樂極大化的承諾是完全可接受的，但同樣也沒有實際效益。只要快樂極大化與我們所關心的其他事不衝突，我們就很樂於這麼做；如果拿掉「在其他條件不變之下」這個條件，就會得到效用主義了。這是一個完整的道德系統，一種能夠（只要有充分的事實資訊）解決任何道德歧見的後設道德。但是當我們拿掉這個限定條件，得到「效益」的同時，也失掉了共識性。使快樂極大化意味著（或者原則上可以意味著）做那些在道德上看來是錯的事，例如在電車逼近時，把人推落軌道。

現在我們的問題是這樣：是否應該拿掉「在其他條件不變之下」的子句，只單純追求最大的快樂？或者這實在是太過簡化呢？第四部將處理這個問題。但首先，讓我們進一步看看道德之腦中，認為快樂極大化是很棒的點子的那一個區塊，試著了解效用主義共同基礎背後的演化與認知機制。

效用主義是人類天生就有的手動模式

我們已經知道道哲學教科書上的答案，但那不是全貌。事實上，那只是一個更深的心理學與生物學冰山的哲學一角而已。

我們並非全是效用主義者，甚至可以說效用主義者是很少的。但我們都「了解」效用主義，了解爲什麼至少在表面上，讓快樂極大化是一件合理的事。爲什麼我們都了解呢？爲什麼會有一種系統化的道德哲學，讓我們所有人聽來都覺得合理呢？而爲什麼這個全世界都能了解的哲學，在某些方面卻會冒犯所有人的道德感性呢？那就好像我們的大腦中有一部分認爲效用主義非常有道理，但其他部分又覺得受到嚴重冒犯。這聽起來很熟悉。

要了解效用主義，必須先了解第二部所說的雙重程序結構。如果我是對的，效用主義是人類天生就有的手動模式哲學，而所有反對效用主義的情感最終都是由自動設定所驅動的[5]。每個人都覺得效用主義有道理，因爲所有人或多或少都有相同的手動模式機制，這也是爲什麼效用主義特別適合做爲我們的後設道德，以及爲什麼它能給予我們一種價値難以衡量的共通貨幣。

相反的，我們的自動設定則不是那麼統一。第二章解釋過，現代牧民具有相同類型的自動設定、相同的道德情感，包括同理心、憤怒、嫌惡、罪惡感、羞恥、會對某些形態的人身暴力感到不舒服。但是眞正觸發我們道德情感的因素，因爲不同的部落與不同的個人而有不同。儘管有這些差異，所有人類部落的自動設定仍然有一些共通點：沒有人的直覺反應一貫採用效用主義。因此，我們的雙重程序道德之腦讓每個人都覺得效用主義有部分是對的，但不完全對。我們都了解效用主義，因爲我們都有相同的手動模式，但我們也都覺得被效用主義冒犯，因爲我們都有非效用主義式的自動設定。爲什麼如此？

從第二章〈道德機制〉可以得知，自動設定是非效用主義式的。這點並不讓人意外。道德之腦是演化來幫助我們傳播基因，而不是極大化集體的快樂。更具體地說，道德機制是爲了在自私（我）與團體內合作（我們）時，能達成生物學上的有利平衡而演化來的，不會考慮那些較有可能變成競爭者而非盟友的人（他們）。因此，應該預期，道德直覺會比效用主義所要求的更自私自利、更部落性。但縱使大腦是演化來極大化集體的快樂，自動設定在本質上就是固執的機制，是有效率但無彈性的。因此，自動設定在生物學上的目的如果是導引我們走向讓快樂極大化，這會讓人非常意外。而事實也並非如此。自動設定不是、也不能被期待是效用主義式的。

自動設定不是效用主義式的，但如果我是對的，手動模式則是效用主義式的。爲什麼呢？首先，可以回想第五章〈效率、彈性與雙重程序的大腦〉有關人類手動模式是什麼，以及爲什麼會有這種機制的說明。再次想想決定什麼時候及吃什麼東西的問題。對動物來說，吃通常是件好事，所以我們才有想吃東西的自動設定。但當然，有時經過全盤考量後，會覺得在某個情況下不吃可能比較好。再次說明，你可能是一個追捕大型動物的獵人，雖然莓果可口，但你沒有時間停下來摘莓果。手動模式讓我們有彈性，可以暫時忽略自動設定（莓果！好吃！），而去做對長期目標來說最好的事（乳齒象！那是全村的人一整週的食物！）。手動模式也讓我們有能力籌謀大計畫，預見眼前狀況沒辦法自動顯示的事。我想要強調，我所稱的「手動模式」並不是一種抽象的事物。再次說明，它是一組主要建立在大腦前額葉的神經網絡，其功能在於讓人類可以進行有意識的與受控制的論理與規畫，讓我們不像蜘蛛，而可以解決複雜、新穎的問題。

但到底解決問題的過程爲何？用人工智慧的行話來說，解決一個行爲問題是有關實現一個目標狀態（goal state）。一個問題解決者從世界可以變成如何的觀點（或對此的呈現）出發，然後在這個世界中操作（行爲），好讓世界變成那樣[6]。溫度調節器就是一個非常簡單的問題解決者[7]。它有一個目標狀態（想要的溫度），也有可以操作以實現此目標狀態的機制。溫度調節器相當有彈性，可以讓溫度升高，也可以讓溫度降低，可以用對的時間長度使溫度升高或降低，也可以依據變動的溫度情況調整其行爲。但是就像其他的問題解決系統那樣，溫度調節器是非常簡單而缺乏彈性的。例如，你可以在它旁邊放熱或冷的東西來愚弄它。

不同的問題解決系統差異也極大，但在最抽象的層次上，它們都具有某些屬性。首先，它們想得到的是結果。一個目標狀態是一個結果，可能是出自實際需要，或只是人想要的狀態。所有問題解決者都依它們與想要及不想要的結果之間的因果關係，來選擇要執行的動作（action）。因此，溫度調節器可以調高溫度（做出一個動作），因爲調高溫度會造成想要的結果（讓室溫達到華氏七十二度）。

溫度調節器是一個簡單的問題解決系統，這有幾個理由。在任何時候，它只有一個目標：讓實際的溫度等同於想要的溫度。同樣的，它對當前世界的狀況只有一個「信仰」：它所呈現出的目前溫度。溫度調節器只能執行四種動作（啓動或不啓動暖氣功能、啓動或不啓動冷氣功能），而且也只「知道」兩種因果關係：一、啓動暖氣會提高溫度；二、啓動冷氣會降低溫度。最後，它可以執行某種內部運算，最主要是判斷目前溫度是否高於、低於或等於想要的溫度。

很多有用的機制就像溫度調節器那樣簡單，甚至更簡單。舉例來說，動作偵測器只有一個「信仰」（是否有東西在動），以及一種行動（「嘿！有東西在動！」），它可以用來解決一個問題（確保博物館內藝術品的安全），但其本身並不是一個問題解決者。它並未呈現某種目標狀態，也不進行操作，讓它所感受到的世界變成跟目標狀態一樣。動作偵測器只依它感受到的狀態做出或不做出動作。它是一個反射性系統，一種自動化的設定。

不用說，人類的手動模式比溫度調節器更複雜。一個人有許多不同目標，對於當前的世界狀態有許多不同信仰、許多不同的可能行動，對於這世上行動與事件之間的因果關係也有許多不同的一般信念。儘管如此，在最抽象的層次上，人類的問題解決機制和溫度調節器共享一種基本的「知識本體論」：結果、行動、關於世界當前狀態的信仰，以及關於世界如何運作的一般信念，亦即可能的行動與結果之間的因果關係。要知道這怎麼運作，我們來設想一個問題，一個在目前只能由人類大腦解決的問題。

假設我提供你一萬美元，要你下週五中午時分在緬因州牛津的郵局跟我會面。在接受我的提議之前，你的大腦編譯了三件不同的事：一組固有的目標，一組你可以執行的可能行動，以及一個有關這個世界如何運作的精緻模型。在我做出提議後，你的大腦也開始做工。運用你的世界模型，你推論出，若能得到額外的一萬美元，你就更能夠達到某些已經設下的目標。你的腦子裡有關這世界如何運作的模型也告訴你，這提議是可靠的，照我的要求去做，眞的會讓你得到這額外的一萬美元。因此你的大腦前額葉把獲得一萬美元的價值（扣除預期的成本）轉換成在指定時間到達指定地點的結果。

確認了你的新目標後，你接著會依你對因果關係的理解來建立一個行動計畫。爲了讓身體移動到緬因州牛津，你需要一輛車，或許還要幾張機票。這可能牽涉到把你的電腦打開，然後連續按下一些鍵，拜訪汽車維修廠，或者拜託你的姊妹借你車子。你會進行的身體動作是非常精細且針對具體情況的。沒有任何一套直覺、任何自動設定的組合可以完成這件事，因爲在我們這個星球的歷史中，包括你在內，沒有任何生物已經擁有反覆試驗的經驗，讓你能夠在你獨特的邏輯計算限制下，離開家裡到達緬因州牛津的郵局。那也是爲什麼你需要一種根本不同的認知系統來完成這件事，這個因應一般目的的行動規畫者能夠採納一個恣意性的目標，並運用複雜的世界認知模型來規畫一連串更具體而能實現目標的行動。簡要地說，那就是人類大腦前額葉所做的事[8]。

爲什麼人類的手動模式是效用主義式的呢？我不認爲它本來就是效用主義式的，效用主義是手動模式在尋找某種道德哲學時會偏向選擇的哲學。讓我們調整句子來說：爲什麼手動模式會偏好效用主義呢？再次說明，這個模式的任務是要實現目標狀態，創造想要的結果。一個簡單的問題解決者如溫度調節器，是不太會評估結果的。對溫度調節器來說，要緊的是判斷目前的溫度是否太熱、太冷或剛剛好。它不用面對任何利害權衡，對它來說，沒有某種溫度在某方面有好處、在另方面有壞處這種事。相反的，人類的決策行爲都是有關利害權衡的。

就像溫度調節器，大腦前額葉選擇能夠產生想要的結果之行動，但它不會在算出你從目前的地點到達你想要的地點的行爲路徑之後，立刻讓你做出那個行動。否則，你可能會爲了喝一杯冰茶花六百美元。大腦前額葉會同時考量目標的價值與達到目標的成本。但就調適行爲來說，這還不夠。如果你非常渴，你可能會願意花八美元買一杯冰茶。但如果你可以花兩美元就在隔壁買到相同的飲料，這麼做就是很蠢的。因此，你的大腦前額葉不只比較做X這件事的收益與成本，它也比較做X這件事的成本／效益淨值與做Y這件事的成本／效益淨值。但那對調適行爲來說仍然不夠。假設八美元的冰茶還附贈一份三明治，或者假設本地的黑幫老大強烈希望你在他的表親的店裡買冰茶，而不要到隔壁那家更便宜的店買，你不僅必須考量在這兩個地方購買冰茶的直接成本與效益，你也必須考慮選擇其中一種方式而不選另一種方式所附帶的成本與效益。如果我們承認在現實世界中，可能發生的結果是不確定的，那麼事情就更複雜了。

因此，你的一般目的規畫者必須是一個非常複雜的機制，必須依據預期的結果，包括附帶效果，在選擇某個行動而不選擇另一個行動時，既考慮其結果，也考量其中牽涉的利害關係。換句話說，人類的手動模式是設計來創造最佳結果的，而所謂「最佳」是按照決策者的最終目標來定義，必須考量人的行動之預期效果，包括想要的效果及可預見的附帶效果（當然，人們的決策並不總是最佳化的，而且時常可能以有系統的方式背離最佳化的目標。然而，正是因爲自動設定通常導引我們走向這些系統性的錯誤，手動模式思考才能讓我們認清這是錯的）[9]。從這裡開始，採用效用主義是一種兩個步驟的過程，對應於效用主義的兩個核心內涵。

從一般的論理能力到效用主義道德

人類的手動模式存在於大腦前額葉，是一般用途的問題解決者，一種將結果最佳化的機制。但什麼才算是最佳？這個問題可以再拆解成兩個問題。首先，對誰來說最佳？其次，對某個特定的人來說，什麼才算是最佳？讓我們從第一個問題開始。

假設你是個自私的人，恰好同時跟另外九個自私的人發現某個很有價值而可自由流通的東西，好比一個裝著一千枚一模一樣金幣的箱子。假設你們打架的功夫一樣好，沒有人佔優勢。而你想要把所有金幣據爲己有，那你該怎麼做？你可以先動手打人，試著打敗愈多對手愈好。但你如果這麼做，你的對手也會回擊，其他人也可能先動手打人。藉著挑起打鬥，你最終可能贏得很多金幣，也可能拿不到任何一枚金幣、受重傷，甚至死掉。

當然，還有一種解決方式：眾人平分那些金幣，然後分道揚鑣。爲什麼要均分？因爲如果不均分，拿到較少金幣的人就有理由打架：如果有可能拿到更多金幣，爲什麼不爲此打架，或威脅打一架？如果沒有力量的不均衡，平分是唯一穩定的解決方法。換句話說，在權力對稱的情況下，即使是根本不關心「公平」的人，也會自然產生我們所謂的資源「公平」分配。這是了解效用主義第一個基本內涵，即「無偏私」的一種方法[10]。

還有另一種了解無偏私的方法，這是辛格在其著作《擴大的圈子》（*The Expanding Circle*）[11]中找出來的。人們並不是天生就無偏私。人們最關心自己、家庭成員、朋友與其他群體內的成員。大部分人則不太關心完全的陌生人。但與此同時，人們也可能明瞭下面的事實：其他人或多或少也和他們一樣，最關心自己、家庭成員、朋友等等。從而，人們在認知上也許有一個跳躍式的轉變，或者一組跳躍式的轉變，最終得到類似這樣的想法：「對我來說，我是特別的，但和我一樣，其他人也覺得自己是特別的。因此，我並不是眞的特別，因爲即使我是特別的，我也不是尤其特別。沒有任何理由讓我自己的利益在客觀上比別人的利益更重要。」

當然，這種認知本身並不具備對無偏私的承諾。找著金幣的十大惡人或許也了解他們的地位是對稱的，但仍然想使壞。換句話說，了解並沒有客觀的理由偏袒自己勝過他人，並不代表放棄自己主觀上偏袒自己的理由[12]。但我們似乎確實試著將這種知識上的洞見轉譯成真正的無偏私，不管它有多薄弱。我懷疑這種轉譯與同理心有關，這是一種感受他人感受的能力[13]。人類的同理心是變幻無常且有限的，但是我們具備同理心的能力或許會提供一種情感種子，如果用理性加以灌溉，就能開出無偏私道德的理想之花。

敞開來說，我不知道無偏私的理想如何深植於人類大腦，但我對兩件事非常有信心。首先，無偏私的理想已經深植在我們心中（「我們」指的是參與這場對話的人），不是將它當成一種最優先的理想，但是一種我們能珍視的理想。沒有人是完全遵照黃金律生活的，但我們至少都「懂」這項法則。其次，我相信無偏私的道德理想是一種手動模式的現象。這個理想幾乎確定源自自動設定，源自對他人的關切感受，但我們的道德情感本身卻離無偏私的境界相當遙遠。只有具備手動模式的生物才能掌握無偏私的理想。如同十八世紀的亞當・斯密所觀察到的，想到明天你會失掉小指頭，你今晚會睡不著；但即使你知道，在遠方，明天將會有數千人死於一場地震，你還是能睡得安穩。斯密的重點是，我們承認數千人死在一場地震中，比失掉一根指頭更糟，若人們選擇自己的指頭勝過數千個無辜者的人命，這會變成災難。這種道德思考需要有手動模式才行[14]。

你也許會懷疑，像同理心這種感受，如何轉譯爲鼓動人心的抽象理想。我也懷疑。但無論如何，這沒有你乍聽時以爲的那樣陌生。想想肚子餓時買食物和吃飽後買食物的對比。人類找食物的決定可能和其他動物一樣，直接由自動設定驅動，但我們在肚子飽脹時仍可能找食物，在那種時候，吃任何東西，即使是能多益巧克力醬（Nutella），也完全是不吸引人的。在這種情況下，你會做一些不同的選擇，或許是更好的選擇，但無論如何還是會去找食物。爲什麼呢？當然，吃飽的時候，你買食物的決定還是跟自動設定有關，可能你的胃口特別好，即使吃飽了，還是會買喜歡的東西，而避免你不喜歡的東西。但在肚子塡飽時還買食物，表示你不能直接歸因於你特別大的胃口。應該說，你的自動設定所產生的「熱切」偏好被轉譯成「冷靜」的認知，而可能透過更實事求是的手動模式來表現。你飽的時候，你知道你需要買下一週的能多益巧克力醬，就像你知道塔拉赫西（Tallahassee）是佛羅里達州州政府所在地。

你買食物的決定可能以更複雜的方式跟你特別大的胃口背道而馳。你可能是幫別人買食物，用他們的喜好替代自己的喜好。在爲別人買東西時，你的決定不只受到你跟別人喜歡什麼所影響，也受到你需要塡飽多少人的肚子之相關數學計算所影響。同樣的，當你爲自己買東西時，你也必須考量你買的東西要吃多久（需要買一週份的能多益巧克力醬，還是一年份的呢？），在某種程度上，人類的大腦可以將源自自動設定的價值轉譯成驅動行爲的狀態，而受明晰的論理與數量操控過程影響。我們尚未確切明瞭這是如何運作的，但它顯然發生了。

讓我們重述一遍：首先，手動模式在本質上是一種與成本效益有關的論理系統，其目的在求得最佳結果。其次，手動模式可能受到無偏私理想的影響。而且，我主張，這種影響並不是特定部落才有。任何部落的成員都能明瞭黃金律背後的想法。將這兩件事結合在一起，我們就能得到手動模式，雖然其功效並不完善，但仍試圖創造出從無偏私的觀點來看最佳的結果，並持平對待所有人。

接著面對第二個問題：對某個特定的人來說，什麼才算是最佳結果？是什麼讓某個結果對你、我，或任何人來說是好或壞的？為了回答這個問題，第六章〈一個非常好的想法〉曾用重複性的遊戲「為什麼你關心那件事？」來說明。舉例來說，多數人都關心錢，但錢有什麼好處？它讓你可以買東西，像能多益巧克力醬與好用的工具組。但為什麼你想要這些東西？再次說明，如果你追蹤這個價值鏈一直到最後，你自然會發現你關心的是經驗的品質，廣義的快樂，無論是你的快樂還是別人的快樂。如同我說過的，這個結論並非不可避免，但它確實是一個自然的結論。再者，這是每個人都能「懂」的結論，無論我們所有的價值鏈最後是否都終止在快樂上，而的確我們有很多價值鏈是終止在快樂上。我們都只為了喜歡而做某些事情，也都只為了不喜歡而迴避某些事情。換句話說，我們都將根本的價值放在自己的快樂上，以及至少某些別人的快樂上，所以我們願意為某些人按下按鈕。這也是一個手動模式的現象，雖然它源自自動設定。人類都有意識地認可快樂有其根本價值，我們當中不會有人說，「增加某人的快樂？為什麼你想要這麼做？」

效用主義可以摘要成這幾個字：無偏私地極大化快樂（maximize happiness impartially）。「極大化」來自人類的手動模式，其本性是一種極大化的機制。我主張這是普世皆然的，每一個健康的人類大腦都有這種標準機制。「快樂」來自省思什麼對個人而言是真正重要的事。你的快樂與別人的快樂或許不是你本能上會當作目的本身來關心的事物，但那確實是你本能所珍視的主要事物之一。這一點，我認為也是普世皆然的，或近乎普世皆然。每個人都「懂」快樂是重要的，而每個人只要稍微想想，也都能看出快樂就存在於我們所珍視的許多事物背後，就算不能說是全部。最後，「無偏私」的理想來自某種知性上的肯認。它可能來自肯認無偏私的解決方式通常是穩定的，也可能來自某種道德認知上的跳躍式轉變，這個轉變發生在「同理心」與認知到「沒有人在客觀上是特別的」兩者產生交集的那一刻。我們沒有人是眞正無偏私的，但每個人都感受到無偏私這種道德理想的吸引力。這點也是普世皆然的，或至少接近普世均同的。

因此，如果我是對的，效用主義是很特別的，邊沁與彌爾也確實在知識史上做了一件前所未有的事。他們讓道德哲學脫離自動設定，跳脫我們在生物史與文化史上的限制，並將它幾乎徹底改頭換面，變成大腦在一般目的下的問題解決系統。手動模式並非來自某一種道德哲學，但如果它能與快樂、無偏私這兩種普世認同的道德價值一起植入人心，就能夠創造出一種道德哲學，這是一種各部落成員均能接受的完整道德系統，爲我們開創一條脫離泥淖的路徑，超越我們不相容的道德眞理視野。效用主義可能不是道德眞理，但我想，它確實是我們所尋找的後設道德。

然而，絕大多數的專家都強烈反對這點。大部分的道德哲學者認爲效用主義是十九世紀的殘跡。他們說，效用主義太過簡單，它的確掌握了有關道德的一些要點，但若將其主張推到極致，把是與非化約成只有一行公式，效用主義就錯得太離譜、太可怕了。

效用主義出了什麼錯？

我們已經面臨了一種有力的反對：有時創造最佳結果（用快樂或其他條件來衡量）的行動似乎擺明就是錯的。典型的例子就是天橋難題，用一個人的肉身來阻擋電車來促進更大的善。如前所述，你可以試圖推翻這個難題的假設來躲開它：或許把人推下去也沒用、這會立下一個壞範例等。如果這是你正在想的，你確實掌握到了一些箇中問題。天橋案例確實有可疑而不實際的地方。但請暫且抗拒這種誘惑，因為它只是要用來說明我們應該嚴肅看待的某項重點：有時去做能得到最佳結果的事，似乎顯然是錯的。假定這至少有時為眞，又告訴了我們什麼？

許多道德哲學家認為，天橋難題突顯了效用主義思考的一個根本缺陷。再次說明，關於效用主義最常見的批評是它低估了人的權利。許多批評者說，把某人當作人肉擋車器根本就是錯的，即使這麼做可以獲得更好的結果亦然。這是一個相當有力的主張，而且還有後續發展。

根據對效用主義最有力的批判者約翰・羅爾斯（John Rawls）[15]的說法，就組織社會來說，效用主義是一個貧乏的原則，就像在判斷要不要把人推落天橋時，它也是一個不好的原則。邊沁與彌爾是最早反對奴隸制度的人士之一，而奴隸制度的廢止也應歸功於他們，但根據羅爾斯的說法，他們被反對得還不夠。效用主義者反對奴隸制度是因為他們相信，這會嚴重減損整體的快樂。但羅爾斯問，如果奴隸制度能把快樂極大化呢？那麼它會是對的嗎？假設我們有九〇%的人可以透過奴役剩下一〇%的人來增加我們的快樂，又假設這九〇%的人快樂增加的幅度足以抵銷被奴役者的損失，想必效用主義會贊同這種完全的不正義，就像它贊同把人推落天橋救五個人的性命。這似乎不是一個好主意。

同理，效用主義也支持讓人蒙冤受罪。回想第三章官老爺與暴民的案例：如果要避免暴動的唯一方法，就是構陷並定罪一個無辜之人呢？許多人認爲這麼做錯得可怕，跟中國人相比，顯然有更多美國人這麼想。但是一個效用主義者會說，根據細節資訊，那是能做的最好的事。

還有更糟的。在前述案例中，效用主義似乎在道德上太過寬鬆，允許我們侵犯別人的權利，在其他案例中，似乎又太過苛求，侵犯了我們自己的權利。而這些效用主義的要求也非假設性的。事實上，幾乎可以肯定你現在就活在這些案例中的某一種情況。

當你讀到這裡，正有數百萬人亟需食物、水與藥品，還有更多人無法接受教育、得不到免於迫害的保護、未能選擇自己政治上的代表人，並欠缺許多富足的人們理所當然擁有的事物。舉例來說，當我寫這本書時，美國樂施會這個頗受敬重的國際援助組織正在提供乾淨的水、食物、衛生資源與其他形式的經濟援助，給超過三十萬受困於蘇丹達爾富地區衝突中的民眾。捐不到一百美元的小錢給樂施會，就可以爲這些人帶來很大的改變。你時常聽到「只用一筆小錢」就可以救一個人的性命的說法。根據由財務分析師組成，評估慈善團體成本效益的善捐組織（GiveWell）的說法，這樣的估算嚴重低估救一條人命眞正的（平均）成本。但他們說，如果考慮所有成本與不確定因素，人們預計可以用大約兩千五百美元救一條人命[16]。那不是「一筆小錢」，但仍在中產階級的能力範圍內，即使是某些窮人，經過時間積累也能負擔。

我們就來假定，你可以在未來五年內，每年捐五百美元來救某個人的性命，或者你現在就可以跟四個朋友一起完成這件事。我們也假定今年你有五百美元，你打算花在自己身上，用來找樂子，而不是為了你眞正需要的東西，比如你想來一趟昂貴一點的滑雪之旅，而不是較便宜的露營活動。為什麼不把錢捐給樂施會或瘧疾防治基金會（Against Malaria Foundation）呢？[17] 它們是善捐組織所評比績效最佳的慈善機構。

我要強調，這裡提出的細節資料（升級的度假行程 vs. 五百美元捐款）並不是關鍵所在。如果你根本沒有可隨意處分的五百元收入，那麼就假設是五十元或十元（即使你沒辦法救某個人的性命，還是可以做很多善事）。如果你不喜歡滑雪，那就換成你自己所喜好但並非必要的奢侈活動：享用高檔壽司大餐而不是簡單的三明治，把完全還可以用的舊櫥櫃換成更時尚的櫥櫃等等。同樣的，如果樂施會與瘧疾防治基金會不是你評價最高的慈善機構，那就換成為比你有迫切需要的人服務的任何一個慈善機構。這裡的重點是：如果你正在讀這本書，很有可能你的生活預算中確實有一筆可以隨意處分的收入，你可以把它花在自己身上，也可以花在那些錯不在他們本身，但比你更迫切需要錢的人身上。為什麼不把錢花在他們身上呢？

這個問題原是辛格提出的，辛格是一個效用主義哲學家，承繼了邊沁與彌爾的學術資產。效用主義對於捐贈的主張是很直接的：想去滑雪而不是露營（或任何活動）可能會增加你的快樂，但相較於一個窮苦的非洲小孩從乾淨的水、食物與庇護中所得到的快樂，這完全不算什麼。更別提小孩母親的快樂了，她可以不用看著自己的小孩餓死，或因爲本來治得好的病而死掉。因此，效用主義說，你應該花錢幫助那些迫切需要幫助的人，而不是把錢花在奢侈享受上[18]。

這聽起來像是一個好的主張，我也認爲那確實是好的主張，我將在第十章爲之辯護。但把它看得太過認眞，會得出一個激進的、讓人難以接受的結論。讓我們先同意，你應該捐贈五百美元給樂施會或瘧疾防治基金會，而不是花在自己身上。那下一筆五百美元怎麼辦呢？同樣的主張依然適用，這個世界仍舊充滿了絕望的人們，而你還是開得出另一張支票。效用主義會一直榨取你的錢，直到你把所有可處分的收入都花完爲止。這裡所稱的「可處分」指的是你不需要，而可以把你捐助給生活更糟的人的能力極大化的所有收入。效用主義顯然要求你變成製造快樂的幫浦。對大多數人來說，這聽起來不是很好的主意。

（我必須很遺憾地說明，這點並不是唯一被歸給效用主義的負面意涵。）[19]

從抽象層次來看，效用主義聽起來即使不是明顯正確，也是完全合理。如果我們能讓世界更快樂，爲什麼不讓世界快樂呢？同樣的，當我們從一種超然而無偏私的觀點來看新牧場上的情況，交戰的各部落顯然應該放下自己的意識型態，找出一種能在新牧場上得到最佳結果的生活方式，而後就照那種方式生活。然而，把效用主義思考運用到某些具體問題時，卻似乎會非常荒謬[20]。至少在原則上，效用主義會要求我們把人當成人肉擋車器、奴役別人、讓人蒙冤受罪、把我們自己變成製造快樂的幫浦。

那麼，我們該如何理解效用主義？它是不是我們尋找的後設道德，一種建立在共享的價值基礎、能夠解決道德歧見的理性標準呢？或者它只是對道德的一種走偏的過度簡化，若看得太認真，會導致道德上的荒謬情況？要回答這些問題，我們需要對道德心理學有更多認識。直覺的反應告訴我們，效用主義有時會讓事情錯得離譜。這些直覺反應是否反映了更深層的道德眞理呢？或者只是反映了我們的自動設定欠缺彈性呢？換句話說，有問題的是效用主義，還是我們自己？新的道德認知科學可以幫助我們回答這些問題。

我要提醒讀者：下面兩章是非常吃重的，但它們是本書完成論證所必要的。人們對效用主義的典型反對意見，都是出於直覺，不幸的是，回應這些反對意見最好的方式卻不能從直覺出發，而必須對這些反對意見背後的道德機制有科學性的理解，還要進行大量的哲學論證。這幾章也要帶領我們深入假設性哲學難題的世界，有些讀者可能寧可不要進入這個世界（唉，假設性問題做爲釐清眞實世界問題的工具，其價值往往未被充分了解[21]，但那是下回講到後設哲學時才會談到的議題）。

如果你接受效用主義是現代牧民的一種好的後設道德，你可以跳過下兩章，直接進入第五部。

在那裡，也就是本書的最後兩章，我們將回到讓我們分歧的眞實世界問題，並運用我們已經學到的內容。但如果你想要看看如何對應批判者的信念，爲效用主義進行辯護，請先讀下去，並準備好使用你的手動模式[22]。

第 4 部

道德信念

Moral Convictions

效用主義並未要求我們在道德上達到完美。它要求我們坦然面對自己的道德限制，並盡人類的力量克服這些限制。在此，科學可以提供幫助，向我們顯示義務感多麼反覆無常而不理性。

第九章 —— 第十章

過於敏感，若仔細想想，這些事物似乎與道德無太大關聯。例如研究顯示，有些悲哀的，陪審員在死刑案件的判斷上，對被告的種族屬性經常過於敏感，這種因素在我們（這場對話的參與者）今天看來跟道德是不相關的[5]。而自動設定也可能不夠敏感，未能回應某些事物，但仔細想想，這些事物或許與道德有關。例如陪審團在判斷時，可能未適切考量被告在犯罪時的年齡，這個因素在今天看來其實關乎道德。

以下的討論將看到證據證明，反效用主義的道德直覺有這兩種不可靠的特性。從我們所喜愛的道德果蠅，也就是電車難題開始，我將解釋對假設情境的直覺反應如何與眞實世界的問題有關（前文已經做了部分說明，回想第四章頁159至161討論醫師與公共衛生專家的道德判斷研究）。

個人關聯性對道德難題的影響

回顧一下電車情境的基本事實：在回應轉轍器案例時，大部分人贊同扳動轉轍器，讓電車離開有五個人的軌道，駛向只有一個人的軌道；在回應天橋案例時，大部分人不贊同把人推落天橋，讓他掉到軌道上，用一條人命換五條人命。心理學的問題是：爲什麼我們覺得在轉轍器的案例中殺一救五是可以的，但在天橋案例中就不行？

回想第四章的討論可以得出部分答案。我們有自動的情感反應，讓我們不贊同把人推落天橋，卻沒有相應的情感反應阻止我們產生扳動轉轍器的念頭。在兩種情況中，我們都進行一種效用主義的、成本效益的思考（「犧牲一條人命來救五條人命是較好的」），但只有在天橋案例中，情感的反應（通常）強烈到足以壓過效用主義的思考（頁150圖4.3）。

再次說明，支持這種雙重程序解釋的證據包括採用功能性腦部顯影技術的研究、對有情感障礙的神經科病患的研究、對情感激發程度的生理量測、情感引導、對手動模式思考的操縱干擾（藉由時間壓力、讓人分心的第二項任務）、以人爲方法阻撓視覺影像、人格量表實驗、認知測驗，以及藥物介入（頁150至158）等。但這只解釋了一部分。相較於轉轍器難題，天橋難題對情感的觸動更深，爲什麼呢？在天橋難題中，是什麼觸動了我們的情感按鈕？

在探求正確的解答之前，值得先回顧一些證據。關於前面提到的電車問題是怎麼回事，有一個非常有吸引力的錯誤答案：在轉轍器案例中，救五條人命的行爲可能是有效的，但在天橋案例中，有一百萬種情況出錯的可能。一個人的身體眞的擋得住電車嗎？如果那個人沒有剛好掉在軌道上呢？如果他反擊你呢？諸如此類。換句話說，如同前面提到的，在眞實世界裡，扳動轉轍器有幾個效用主義的好理由，但把人推下去則沒有。雖然這點無疑是正確的，但證據顯示，這並不是人們不把人推下去的原因。如果不把人推下去是基於精明、現實的成本效益思考，那爲什麼在認知反射測驗中得分較高的人，較不可能反對把人推下去呢？爲什麼讓人處在時間壓力下，反而較可能讓他們對這種行爲說「不」？爲什麼有情感障礙的人，以及視覺影像受損的人較不可能對這種行爲說

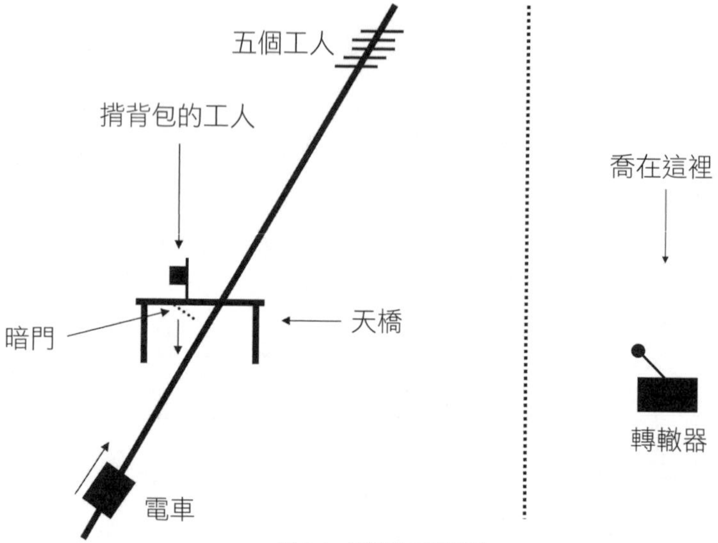

圖9.1　遠端的天橋情境

「不」？這些結果告訴我們，對於把人推下去的負面反應來自一種直覺反應，而不是做太多現實的成本效益估算後的結果（我將再描述一些提供進一步證據的實驗，在這些實驗中，我們控制人們在眞實世界中對事物的預期結果）[6]。所以，如果是直覺反應而非現實的效用主義思考讓我們反對把人推落，那是什麼因素觸動這種直覺反應呢？

回想第四章，我稱天橋情境是「關乎個人的」，而轉轍器這類情境是「非關個人的」。這暗示著一種理論，而我們可以藉由比較不同版本的天橋難題來驗證它，這些版本在有害行爲的「個人關聯性」（personalness）上各有不同[7]。我們可以就最初的天橋情境與在遠處扳動轉轍器而造成傷害的情境進行比較，後者的安排就和轉轍器難題一樣。我們稱之爲「遠端的天橋情境」（remote footbridge case）。

在遠端的天橋情境下，我們的主角喬可以按下一個開關，開啓天橋上的暗門，讓工人掉在電車軌道上，從而阻擋電車，救五條人命（圖9.1）。在最初的天橋情境中，三一%的人贊同把人推下去救五條人命。我們讓另一組其他各項條件都相同的人面對遠端天橋情境，結果有六三%的人贊同讓人掉下去，做效用主義式判斷的人多了一倍。這顯示確實有像是「個人關聯性」的因素牽涉其中。

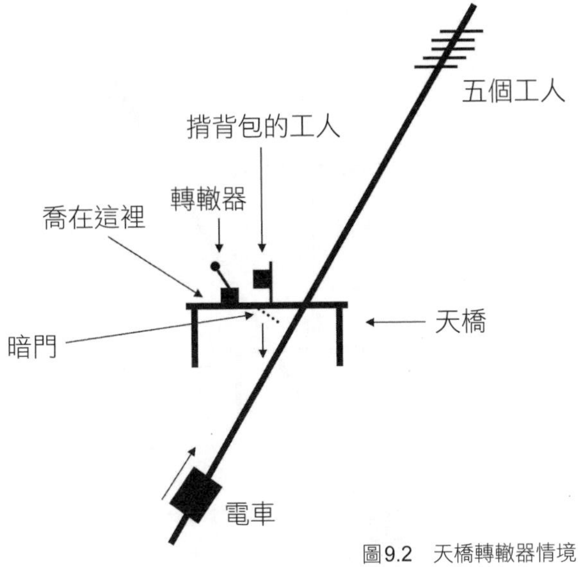

圖9.2　天橋轉轍器情境

遠端天橋情境與原初版本的差異是，行爲人離被害人很遠。另一個差異是，行爲人並未碰觸到被害人。所以這是關乎距離、碰觸，還是兩者均有影響？我們可以運用「天橋轉轍器情境」（footbridge switch case）來找出答案（圖9.2）。這和遠端天橋情境很像，只是在這個情境中，轉轍器就設在天橋上，在被害人身旁。

這裡有五九%的人贊同效用主義行爲。這跟遠端天橋情境下的結果非常接近，而沒有統計上的差異。因此，空間的距離似乎少有或甚至沒有影響。眞正具重要性的，似乎是碰觸行爲[8]。

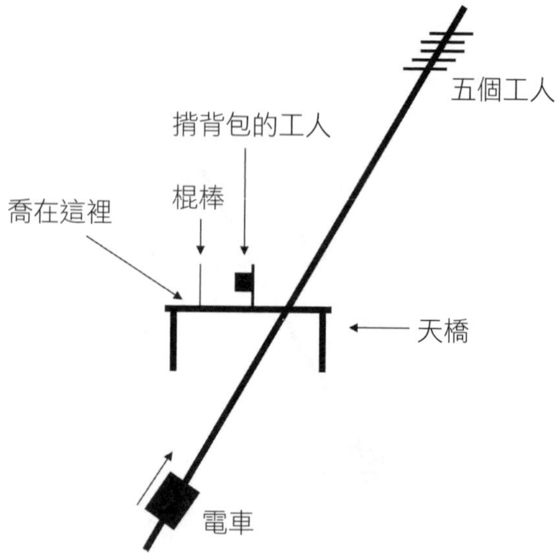

圖9.3　天橋棍棒情境

但即使是這裡，也有好幾種解釋。在天橋情境下，行爲人碰觸到被害人，但天橋轉轍器情境則非如此。前者中的行爲人還做了一些更細微的事，他直接用自己的肌肉力量影響了被害人——把被害人推下去。我們把這稱爲個人力量（personal force）的運用。爲了區別碰觸與個人力量的運用，我們再加上「天橋棍棒情境」（footbridge pole case，圖9.3）。這個情境和最初的天橋情境一樣，只是行爲人是用棍棒把被害人推下去。因此，這裡會用到個人的力量，卻不碰觸到身體[9]。

在這種情況下，有三三%的人贊同把人推下去。降幅很大[10]。這個數字大概是遠端天橋情境與天橋轉轍器情境中贊同人數的一半。而且，這個比例跟最初的天橋情境下所獲得的三一%贊同人數比例，在統計上並無顯著差異。

看來，在天橋情境與轉轍器情境中，有一個重要的心理差異因素與傷害的「個人關聯性」有關，更具體地說，是與個人力量有關：推人，還是扳動轉轍器。

從規範的觀點來看，關於個人力量，有趣的地方在於，若我們多想一下，並不會覺得這與道德有關。某人對於親自動手傷害別人的意願強度，可能會影響著他人對此人的人格特質的評估。也就是說，相較於只用較間接的手段（調適策略）11殺人的人，你對會親手殺人的人評價更低。但那並不表示動用個人力量會讓行爲更糟（改善策略）。這麼想吧，假定有個朋友從天橋上喊你，請你給他道德上的建議：「我應不應該殺一個人來救五個人？」你不會說，「嗯，那要看情況……你是要推落那個人，或者你可以按個開關讓他掉下去？」很顯然的，這個物理機制本身跟道德無關，但在心理上似乎卻是相關的。

這正是雙重程序理論所預測的。我們從第四章所有的科學描述中了解到，讓我們在天橋情境中反對將人推落的，是自動設定，一種直覺的情感反應。我們也從第五章裡得知，自動設定是一種相當沒有彈性的捷思機制，所以可能不可靠，至少在某些情境下不甚可靠。但這種自動設定不可靠在什麼地方？

根據目前所見，我們還沒有肯定的答案。人類可能是有一種不甚敏感的自動設定：或許讓人從暗門掉下去是錯的，但因爲這個動作不涉及推人，所以我們不夠警戒。又或者這種自動設定是過度敏感的：把人推下去眞的是對的行爲，但自動設定讓我們過度關注那個被推下的人所受到的傷害，反而沒有留意到把人推落可以避免五倍大的傷害。我們稍後再回到這個問題。目前的重點在於，自動設定可能以某種方式讓我們走偏了。

手段／附帶效應之區別的影響

第四章約略提過，在轉轍器與天橋情境中還有一個重要的差異，在於到底是爲了達成目的而以傷害爲手段，還是因爲附帶效應而造成傷害。在天橋情境中，我們討論的是實際用某個人做爲人肉擋車器，但是在轉轍器情境中，被害人被殺死是一種附帶效應，一種「附帶傷害」。可以用以下方式思考這種差異，也就是想像如果被害人神奇地消失了，情況會怎樣。在天橋情境中，如果被害人消失，沒有阻擋電車的東西，這個計畫就沒用了；但是在轉轍器情境中，如果獨行者從軌道側線上消失，那是上天的恩賜。

這種手段／附帶效應的區別在哲學上存在已久，至少可以回溯到聖托馬斯・阿奎那（St. Thomas Aquinas），他建構了「雙重效應原則」（doctrine of double effect），基本上就是「附帶效應原則」（doctrine of side effect）。根據雙重效應原則，以傷害人做爲達成目的之手段是錯的，但是爲追求一個好的目的而發生使人受到傷害的附帶效應，卻是可接受的。同樣的，第四章曾提過，康德說道德法則要求我們對人要「總是將人當成目的，而絕不僅是個手段」。

這種手段／附帶效應的區別在眞實世界中也扮演著重要角色，從刑事法、生命倫理學到國際戰爭法都是如此。舉例來說，手段／附帶效應是區分「戰略性轟炸」與「恐怖轟炸」的基礎。如果以轟炸平民做爲打擊敵人士氣的手段，那就是恐怖轟炸，是國際法所禁止的[12]。然而，如果是要轟炸軍用品工廠，雖然明知附近的平民會因爲「附帶傷害」而死亡，但那是戰略性轟炸，並未受到嚴格禁止。美國醫學會（American Medical Association）[13]對於刻意使用高劑量止痛劑終止慢性疾病患者的生命（被禁止的），以及明知藥劑會造成患者死亡，但爲了減緩痛苦而做此種行爲（未必被禁止），也做出了區別。

自動設定對手段／附帶效應的區別是否敏感呢？這能否解釋我們對不同電車難題的回應呢？爲了找出答案，可以比較最初的天橋情境與類似但因爲附帶效應而造成傷害的「撞上障礙物情境」（obstacle collide case，圖9.4）：

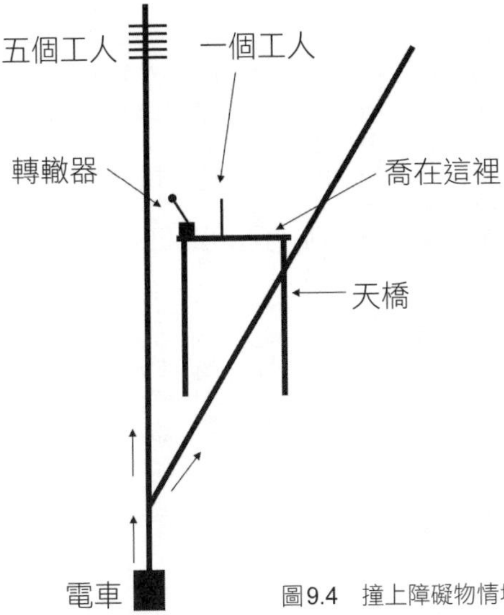

圖9.4　撞上障礙物情境

在這個情境中，電車向五個人駛去，而側線上有另一個人。就像轉轍器情境那樣，你可以扳動轉轍器，讓電車轉往側線而拯救五條人命。我們的主角喬正在側線上方狹窄的天橋上，讓電車轉向的轉轍器就在天橋的另一端，不幸的是，有一個工人擋在喬跟轉轍器之間。爲了救五條人命，喬必須非常迅速地奔向並扳動轉轍器，雖然他知道這麼做會撞到那個工人，使他掉落天橋死亡。在這個情境下，就像最初的天橋情境，傷害行爲具有完全的個人關聯性。喬用自己的個人力量把工人撞落天橋。不同的是，這裡的被害人是因爲附帶效應而受害，是一種附帶性傷害。如果那個工人神奇地消失了，對每個人來說都是天大的好消息。

在這種情況下，我們的受試者中有八一%的人贊同喬救五條人命，雖然明知會造成一個工人死亡的附帶效應。那是非常高的贊同比率，比起天橋情境三一%的贊同比例高出許多，而且與最初轉轍器情境下所得到的八七%的贊同比例相去不遠（在統計上也沒有顯著差異）。自動設定對於手段／附帶效應的區別似乎相當敏感，而這個因素也能解釋爲什麼人們在轉轍器情境中說「好」，但在天橋情境中卻說「不」[14]。

這開始聽起來像是爲自動設定辯護了。手段／附帶效應的區別咸認是關乎道德的，而道德直覺似乎也頗能追蹤兩者的區別，當被害人之受害被當作手段時（天橋情境、天橋棍棒情境），我們說「不」；當被害人之受害只是附帶效應，一種附帶性的傷害時（轉轍器情境、撞上障礙物情境），我們則說「好」。但這裡有件讓人困擾的事。大部分人贊同在遠端天橋情境與天橋轉轍器情境中的行爲，即使此處涉及將工人當作電車阻擋物，但約有六〇%的人會說「好」。還有更讓人困擾的。

在哲學界討論電車問題的初期，湯姆森提出了以下情境的一個版本，我們稱之爲「迴圈情境」（loop case）。它類似轉轍器情境，但在這裡，側線是繞了一圈再接上主要軌道（如圖9.5）。

在這個情境中，如果那個人不是在側線上，電車就會回到主要軌道，壓過五個人。換句話說，若有人在這種情況下扳動轉轍器，那個人是把被害人當作一種手段，當成電車阻擋物來救五條人命（如果那個工人不在那裡，扳動轉轍器就沒有意義了）[16]。儘管如此，八一%的受試者仍贊同扳動轉轍器[17]。看來，至少在某些時候，把某人當成電車阻擋物在道德上似乎是可被接受的。

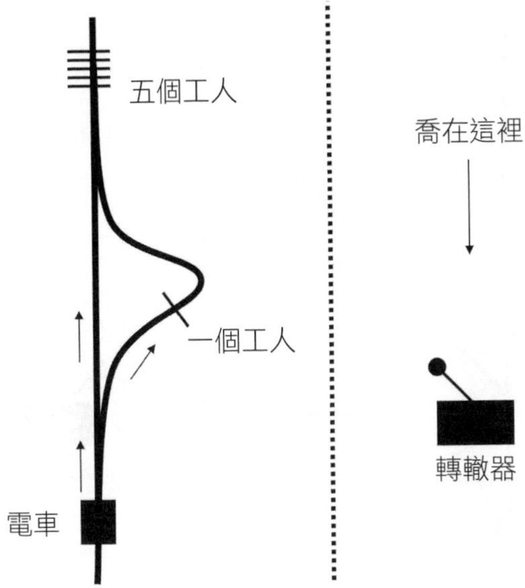

圖9.5　迴圈情境 15

這裡有另外一種情境，會對手段／附帶效應的區別造成麻煩（強硬派的電車理論專家請留意，這個情境也對「三重效應原則」〔doctrine of triple effect〕造成麻煩）[18]。在「撞擊警報情境」（collision alarm case）中，造成傷害的機制與最初的轉轍器情境是相同的，但被害人是被當成一種手段而受害（圖9.6）。

在這裡，它是這樣運作的：第一輛電車朝五人駛去，如果不採任何行動，他們就會死。第二部電車在另一條軌道上，前方沒有任何東西。喬可以扳動轉轍器，讓第二部電車駛向側線。在這條側線上有一

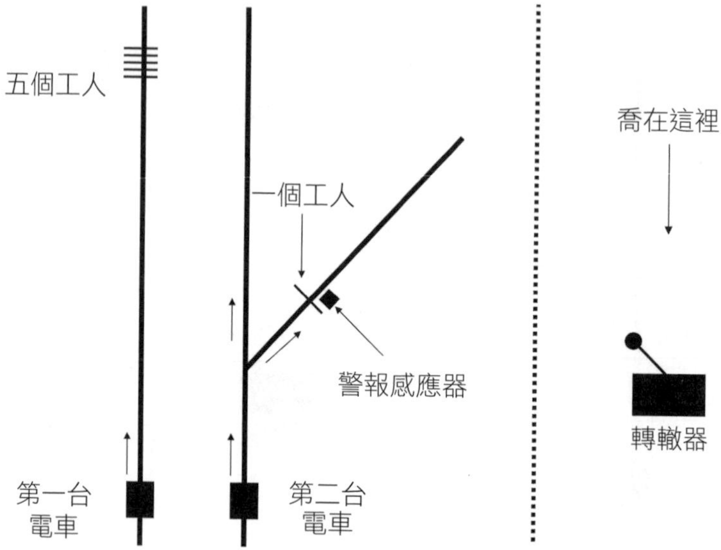

圖9.6　撞擊警報情境

個人，而那人旁邊有一個跟警報系統相連的感應器。如果喬扳動轉轍器，電車會駛向側線而撞上那裡的人，警報器會偵測到這個碰撞而發出警報，進而切斷整個電車系統的電力、第一部電車的電力，阻止它撞死那五個人。這裡的重點在於，我們同樣是把被害人當成救五條人命的手段。

在我們的樣本裡，有八六％的人贊同在這個情境下採取效用主義式的行動，這與最初轉轍器情境下有八七％的贊同比例幾乎相同（而且在統計上沒有差異）[19]。因此，在這種情境下，人們也贊成殺死一個人來救五個人，儘管被害人是被當成拯救其他人的手段而被殺害。

在情感上盲目，但不是在認知上盲目

這究竟是什麼情況？我們已經辨認出影響人們在電車問題中直覺判斷的兩個因素：被害人是否因爲加害人直接運用個人力量而受害（把人推落 vs. 扳動轉轍器），以及被害人之受害是做爲手段，還是僅爲附帶效應（當成電車阻擋物 vs. 附帶傷害）。但這些因素的影響效果是不一致的。有時個人力量的運用影響很大（如天橋轉轍器情境 vs. 天橋棍棒情境），有時又沒有多大影響（如轉轍器情境 vs. 撞上障礙物情境）。同樣的，手段／附帶效應因素的影響有時很大（如撞上障礙物情境 vs. 天橋情境），有時又沒有太大影響（如轉轍器情境 vs. 迴圈情境與撞擊警報情境）。爲什麼它們有時具影響力，卻不總是如此呢？

如果你仔細檢視就會了解，是這兩種因素整合起來產生影響。如果你用個人力量傷害某個人，但只是一種附帶效應，那看起來不會太壞（撞上障礙物情境，有八一％的人贊同）。如果你用傷害別人做爲手段，但並未使用個人力量，那看起來也不會太壞（迴圈情境，有八一％的人贊同；碰撞警報情境，有八六％的人贊同）。但如果你用傷害別人做爲手段，又使用了個人力量，那樣的行爲在大多數人看來都是錯的（天橋情境，只有三一％的人贊同；天橋棍棒情境，只有三三％的人贊同）。因此，以傷害做爲手段並運用個人力量，似乎是一種神奇的結合[20]（用技術性的辭彙來說，這是交互作用，就像兩種藥物的交互作用：一次使用兩種藥物的效果，比分別使用這兩種藥物的作用加總起來還強）。

談了這麼多電車，讓我們花點時間想想這些發現的重要性。我們正試著釐清道德直覺在這些情境下是否可靠。它們可靠嗎？似乎不太可靠。其一，我們的判斷（有時候）對個人力量是敏感的（推人 vs. 扳動轉轍器），而這個因素似乎與道德不相關。道德直覺似乎確實會偵測手段／附帶效應的區別，不過是用一種非常不精確的方式偵測。我們對於手段／附帶效應區別的敏感性，似乎與對個人力量的敏感性密切相關[21]。

這裡還有另一個重要的問題。顯然僅是推人與扳動轉轍器的區別無關道德。然而，如果你問一個頗受推崇的道德哲學家，他會告訴你，用傷害做爲「手段」與傷害僅是一種「附帶效應」，兩者的區別和道德密切相關。爲什麼呢？爲什麼在完全知道後果的情形下，因爲附帶傷害而殺死人，比以殺人做爲達成目的的手段好呢？即使你是因爲附帶傷害而被殺死，你還是死掉了，而且殺你的人明知你會死在他手上（請注意，我們討論的是轉轍器情境那種能預見到的附帶效應，不是意外事故）。認爲把殺人當作手段比因爲附帶效應而殺死某人更糟的想法，已經存在很長一段時間了，而且頗得人們尊重。但就我所知，以及就任何人所知，這種頗獲尊重的「雙重效應原則」除了受到某些直覺（不甚精確）的支持外，別無其他被正當化的理由。的確，全世界的人都在做與雙重效應原則（不甚精確地）一致的判斷，卻對這個原則一無所悉[22]。這告訴我們，直覺的判斷會先出現，而那個原則只是在對這些直覺判斷進行一種（不甚完善的）組織彙整。換句話說，「原則性地」區分以傷害做爲手段，以及因爲附帶效應而發生傷害，不能正當化我們的直覺判斷，是我們的道德直覺正當化了這項原則[23]。

那麼，這些直覺判斷又源自何處？爲什麼人們（時常）覺得以傷害他人爲手段比在預知可能發生附帶效應下而傷害別人更糟？在以下的討論中，我將提出一個理論，解釋爲什麼道德之腦對手段／附帶效應的區別敏感。如果這個理論是正確的，這會對被奉爲神聖的雙重效應原則之道德正當性，帶來極大的質疑，而如上所述，這個原則是眞實世界中攸關人們日常存亡的政策之基礎。

我把這個理論稱作「模組近視假設」（modular myopia hypothesis），它結合了道德判斷的雙重程序理論與另一個有關心智如何呈現行動的理論。模組近視假設是我在這本書裡所提出的最複雜的單一概念。爲了讓它較容易被理解，我先摘述其概要，再於下面幾節詳細說明其理論內容。

它的一般概念如下：首先，大腦有一套認知的子系統，一個「模組」，監控著我們的行爲計畫，當我們考慮傷害別人時，它會放出情感警示訊號[24]。其次，這個警報系統是「近視的」，因爲它無視有害的附帶效應。這個模組偵測著行爲計畫，審視可能的傷害，但因爲我將簡要說明的原因，這個偵測模組「看」不到有計畫的行動中附帶效應將造成的傷害，而只看得到被計畫當作達成目的之手段的傷害事件。因此，模組近視假設是透過這個警告人們不得做出基本暴力行動之認知子系統或模組的局限性，來解釋我們區分手段／附帶效應的直覺傾向。這些局限性讓人在情感上對特定類型的傷害盲目，但不是在認知上盲目。大家應該都很熟悉「在情感上盲目，但在認知上不盲目」的概念了。我將要解釋，這正是道德判斷「雙重程序」理論中的雙重性。

對模組近視假設的摘要描述會引發兩個大問題。首先，爲什麼人類的大腦會有一個偵測行爲計畫，找尋有無傷害的系統？下一節會解釋為什麼我們的腦袋裡有這種機制是說得通的。其次，為什麼這個模組會恰好用這種方式近視？我將簡要解釋，模組近視假設的好處，正在於它是從道德判斷雙重程序理論自然衍生出來的，結合著一種有關大腦對如何呈現行為計畫的簡單理論。

自動迴避暴力的機制

為什麼人類的大腦需要行為計畫檢測器呢？我的假設如下：

在人類歷史上的某個時點，我們的祖先變成深思熟慮的行為規畫者，能夠思考長遠的目標，並為達成目標而發揮許多創意。換句話說，我們習得了手動模式的思維與計畫能力。這是相當棒的進展，讓我們的祖先可以透過整合攻擊行動與埋設陷阱來殺死大型動物、建造更好的房屋結構、播種種子並期望在幾個月後收穫等等。但一個恐怖的代價伴隨著想出各種方法以達成長遠目標的一般能力而來，它開啓了預謀暴力行為之門。暴力不再因為當下的衝動被挑起，而可以被當作達到一般目的的工具，用來獲得人們想要的東西：厭倦被混蛋頤指氣使嗎？等到最好的時機來臨，就一舉擺脫他吧！喜歡隔壁的女人嗎？等她落單時，就可以對她為所欲為了！一個可以規畫未來、為達成目的而想出新方法的生物是一種很危險的生物，特別是當他懂得使用工具的時候。

一隻黑猩猩要單獨殺死另一隻黑猩猩是不容易的，特別當另一隻黑猩猩更大而強壯時。但像人類這樣的靈長類動物有一個很有趣，也很恐怖的事實，如同霍布斯所觀察到的[25]，一個健康的成年人不需要幫忙，就有能力殺死任一個同類。舉例來說，一個五呎三吋的女人可以在一個六呎五吋的男人睡著時偷襲他，用石頭砸爛他的頭[26]。因此，隨著人類日益嫻熟於規畫行爲並運用工具，我們也獲得了做出暴力行爲的巨大能耐。

有很大的本事可以做暴力行爲有什麼錯呢？如果你是像老虎那樣獨來獨往、領土感強的動物，或許沒有什麼錯，但人類是靠著組成合作團體而共同生活的。被攻擊的人類傾向復仇（「以牙還牙」），這對暴力攻擊者與被攻擊者來說都是危險的[27]。如果某個人打算以暴力攻擊的被害人是個會利用工具的規畫者，情況就更危險了。即使攻擊者在體型上是被害人的兩倍，只要被害人還活著，他會等待最佳的時機進行報復，用石頭砸腦袋，或從背後捅一刀。如果被害人死了，親友也可能會想替他報仇。在一個人們有復仇心，且任何人都能殺死別人的世界裡，你必須非常留意自己是怎麼對待別人的[28]。而即使迴避暴力對個人來說沒有好處，對整個群體卻可能有益，例如（內部）較和諧的團體更具有合作性，從而更有生存優勢。簡言之，不分對象總是暴力相向的個人比較可能因爲同一團體內其他成員的回擊而受害，也可能會破壞團體合作的能力，讓其團體在與別的團體競爭時居於劣勢。

爲了讓人們的暴力行爲得到控制，當人類正在謀畫暴力行爲時，若有某種內在的監控機制、警報系統跳出來說「別那麼做！」這是有幫助的[29]。這種行動計畫偵測器未必一概反對所有形式的暴力，如果是自我防衛或要攻擊敵人時，它可能會關掉。但一般說來，它會讓個人不樂於造成彼此的身體傷害，從而保護個人不會遭受報復，或許也進而支持團體層級的互助合作。我的假設是，近視的模組正是這種行動偵測系統，一種讓我們不會任意暴力相向的機制。

爲什麼這種模組會是近視的？因爲所有模組在某個方面都是近視的。我們所假設的是一個小的警報系統，一種控制潛在的危險計畫的自動設定，而這種自動設定是衍生自將效果極大化的手動模式（你可以回想起，當涉及個人得失時，它就很難保持無偏私）。所有自動設定都是捷思性的，因此總會在某方面視而不見。舉例來說，存在於杏仁核中的認知系統會自動依據眼白放大的徵狀，認出對象的恐懼情緒（頁174），但這個系統卻未注意到受試者所觀看的「眼白」是電腦螢幕的影像，而非真人在真正危險狀況下的眼睛。所有自動設定都仰賴著特定的線索，而它們與自動設定被設計來偵測的事物並不是完美相關的。同樣的，不管我們假設性的反暴力警報系統如何運作，它都是藉著回應某些有限線索來運作。所以問題不在於自動行爲計畫偵測機制是不是近視的，問題是，這個機制在哪些方面是近視的？

截至目前爲止，這都只是理論。我們有沒有任何證據來證明這個模組存在我們的大腦裡？的確有證據。我們對特定類型的暴力行爲，如把人推落天橋，有自動化的情感回應，而這個系統或多或少是「模組化的」[30]。也就是說，這個系統的內部運作是獨立於大腦其他區域之外的，或至少是獨立於那些促成有意識思考的大腦部位之外的（這就是我們爲何無法透過內省想出直覺反應在電車問題中如何運作，而必須進行類似前述的實驗才能了解）。實驗性的電車理論指出，在我們大腦裡確實有某種自動化反暴力系統的東西存在。

模組近視假設還做出了三個進一步的預測。首先，這個模組並不是演化來回應電車難題的，眞正應該讓這個警報系統啓動的是實際的暴力。其次，如果這個模組回應有關暴力行爲的線索，那麼它不應該等到眞正發生暴力行爲時才啓動，只要有正確的線索就夠了。換句話說，僅是模擬正確類型的暴力行爲應該就足以讓警報發作，即使模擬暴力的人（在手動模式下）知道根本不會發生眞正的暴力行爲。第三，如果這個警報系統的功能是要阻止自己（在沒有挑發情緒的狀況下）做出暴力行爲，那麼它在模擬暴力行爲時應該會有最強烈的反應，勝於觀看別人模擬暴力行爲，或模擬類似但非暴力的身體行爲時。

在了解這些之後，庫許曼、曼德斯與其同事進行了一項實驗，也就是第二章所提過的實驗。庫許曼等人讓人模擬暴力行爲，例如用鐵鎚敲人的腳，以及用桌子打破嬰兒的頭。再次說明，人們自己做這些假攻擊動作時，血液循環系統會收縮（讓他們覺得「腳軟」），但當他們看別人做同樣的事，或做類似但不是模擬攻擊的身體動作時，卻無此種情況。儘管他們（在手動模式下）清楚知道這些動作不會眞的造成傷害，還是會有此情況。因此，庫許曼與其同事準確地觀察到模組近視理論所預測的事：有一種自動化機制，會讓人迴避自己做那種表面上（但也不能太過浮面）跟暴力行爲很像的動作。

然而，模組近視假設還不止於此。我們不僅有警報系統回應有關暴力的線索，根據這個理論，這個系統的近視是針對特定方面的。它讓我們無視已預見的附帶效應所產生的傷害。爲什麼？

密哈爾的行為表徵理論

事情開始變得有點複雜。此理論的這一部分始於約翰・密哈爾（John Mikhail）所提出的行爲表徵理論，而這又是以亞文・郭德曼（Alvin Goldman）與麥可・布雷曼（Michael Bratman）早先的提案爲基礎[31]。密哈爾的想法是，人類的大腦是用圖9.7的樹狀行爲計畫來表現各種行爲，該圖描述了行爲人在轉轍器情境與天橋情境下的行爲計畫。

每一個行爲計畫都有一個主要的連鎖序列或「主幹」，那是從行爲人的身體動作開始，而終止於行爲人的目標（所欲的結果）。這個主要的連鎖序列包括爲了達成目標而在因果關係上必須存在的一連串事件。例如在轉轍器情境中，行爲人運用雙手（身體動作）造成轉轍器移動，接著造成軌道改變，使得車子走上側線，而不是留在主要軌道上，最後救了主要軌道上的五個人（目標）。

同樣的，在天橋情境下，行爲人運用雙手（身體動作）將人自天橋推落，造成他掉在軌道上，使得電車撞到他，電車因而停住，救了五條人命（目標）。你在圖9.7中可以看到這一連串事件，從兩個主要連鎖序列的底部端點開始，一路向上發展。因此，出現在主要連鎖序列上的任何事件，都

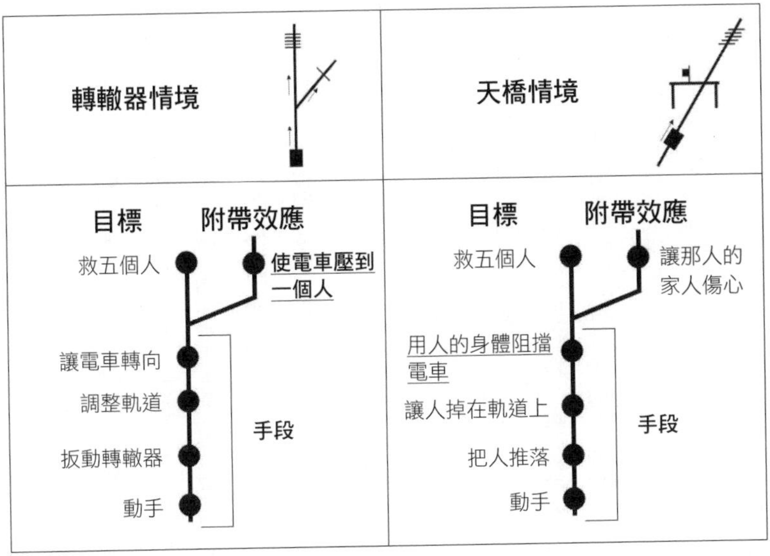

圖9.7　轉轍器情境與天橋情境下的行動計畫

被視作達成行爲人目標的手段，都是爲了達成目標而必須有的步驟。

圖9.7的行動計畫也有從主要序列分叉出來的次要序列。在轉轍器情境中，讓列車轉向有兩個效應（也就是「雙重效應」），它造成主要軌道上的五條人命獲救（目標），但也有一個值得留意的附帶效果，即害死了側線上的人。這個事件被表現在次要序列中，因爲它是一個已預見的附帶效果。這是行爲人預期會發生，但不是爲了達成目標而在因果關係上必要的事件（再次說明，如果側線上的人消失，仍能達成目標）。同樣的，在天橋難題中，也有一種已預見的附帶效應。把一個人當作電車阻擋物可以救五條人命，但可以預期它會產生其他效應，例如被用來當作電車阻擋物的人之家人會因此傷心。因此，圖9.7將那個效應表現爲

次要序列上的事件，這是已預見的事件，但對達成目標來說，在因果關係上並無必要性。即使被害人的家人一點也不傷心，整個計畫仍然可運作。

密哈爾的理論是相當直接的。我們認爲把人推落天橋是錯誤的，因爲這涉及把他當作手段，而在轉轍器情境中，調整電車方向是可接受的，因爲在這裡，我們「只是」因爲一個已預見的附帶效應而殺人。密哈爾的想法是，某種特定的心理表徵方式，一種不對稱的樹狀行爲計畫，可以用來自然地展現表現手段/附帶效應的區別。這確實是個精妙的想法。

第一次看到密哈爾的理論時，我覺得很有趣，但不認爲這是正確的。首先是，已經有很多證據證明了雙重程序理論，而根據這些證據，大腦某一部分的情感反應與大腦另一部分所做的效用主義判斷相互競爭。在密哈爾的理論中，沒有情感，也沒有相互競爭的系統之間的拉鋸，只有單一的系統，一種「普遍的道德語法」，透過毫無情感的方式進行樹狀行爲計畫的表現與分析。因此，我認爲密哈爾的理論雖然有趣，卻走錯了方向。其次，更具直接說服力的是，我知道手段/附帶效應的區別不足以解釋各種數據資料。最初讓人喝采的手段/附帶效應理論出現在湯姆森的迴圈情境中，我們在本章稍早曾經說明（頁264至265）。在那個情境中，有一個工人被當成了電車阻擋物，但是人們似乎認爲那沒有問題。

之後，在某個酷熱的夏日，我站在自己費城老舊公寓裡的窗型冷氣前，我突然靈光一閃（至少我認爲那是靈光一閃的發現，接下來你可以判斷它是不是）。那時我才剛看過其他研究者的數據顯示，手段／附帶效應的區別確實在許多案例中運作著，人們較贊同涉及有害的附帶效應的案例，較不贊同那些以傷害爲手段的案例[32]（舉例來說，我們在比較天橋情境與撞上障礙物情境時也可見這種情況）。這些研究顯示手段／附帶效應的區別確實有重要性。

但如何調和這些發現與雙重程序理論呢？再次說明，雙重程序理論表示，我們不喜歡的行爲，像是把人推落天橋，是觸發負面情感反應的行爲。所以我認爲，如果手段／附帶效應的區分眞的重要，其重要性一定在於它影響了觸動這些情感反應的系統。換句話說，我們必須對那種做爲手段而造成的傷害有更強烈的情感反應。但爲什麼我們不在乎迴圈情境中的傷害呢？那也明白涉及利用被害人做爲電車阻擋物的行爲啊？迴圈情境裡是否有什麼有趣的東西，讓發生的傷害不會困擾我們呢？那時我才眞正了解密哈爾的行爲表徵理論與雙重程序理論可以整合在一起。

迴圈情境的兩個因果關係鏈

在迴圈情境裡，確實有著有趣的東西。這是一個手段型的情境，但特別複雜。更具體地說，它之所以複雜，是因爲你必須追蹤多重的因果關係鏈，才能了解被害人被當成手段利用。在一個較簡單的情境下，像是天橋情境，你只需要追蹤單一的因果關係鏈，就能看出有人會受害，你需要知道的就只有從圖 9.8 所看到的那樣。

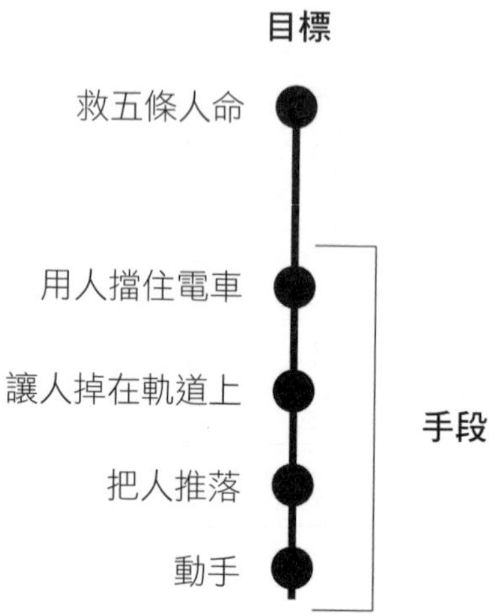

圖9.8　天橋情境下行動計畫的主要因果關係鏈

也就是說，你所需要知道的是，用某人來擋住電車的傷害事件，是從身體動作（動手）到目標（救五條人命）的過程中所必須有的一步。但在迴圈情境中，你必須追蹤兩個因果關係鏈，才能看出傷害事件在達成目標上是必要的。這是因爲電車有兩個方式可能傷害到那五個人：一、直接走主要軌道；二、繞行迴圈。兩種因果關係鏈都必須被阻斷才能救那五個人。第一個因果關係鏈的阻斷方式表現在圖9.9。

在迴圈情境裡，電車朝五個人駛去，但可以讓電車轉向而避免出事。換句話說，讓電車轉向會阻斷第一個因果關係鏈，在原本的關係鏈中，電車會走過主要軌道，撞死五個人。如果這是轉轍器情境，就不用提達成目標必須發生的事件了。在轉轍器情境，你只需要調動電車，不用再做別的事，就能救那五個人。換句話說，圖9.9說得上是完整呈現了在轉轍器情境下，救那五個人所必須有的事件。但是在迴圈情境中，你從圖9.9所看到的只是整個故事中的一部分。在迴圈情境裡，還必須阻斷第二個因果關係鏈，才能救那五個人。讓電車轉向，會使電車走到側線的迴圈，它會從另一個方向再次威脅那五個人，也就是說，透過另一種因果關係鏈威脅著那五個人。要阻止電車第二次傷害到那五個人，必須在側線上做另一件事才能予以阻止。當然，那裡有的是那個倒楣的被害人。阻斷第二個因果關係鏈的方法描繪在圖9.10。

如果你只看圖9.9所描繪的主要因果關係鏈，根本看不到任何傷害。電車離開了那五個人，事情就此告終。在迴圈情境裡要能看到傷害，並且要能看到爲了達成目的必須引發一個傷害，你就必須了解次要因果關係鏈，也就是圖9.10所顯示的關係鏈。

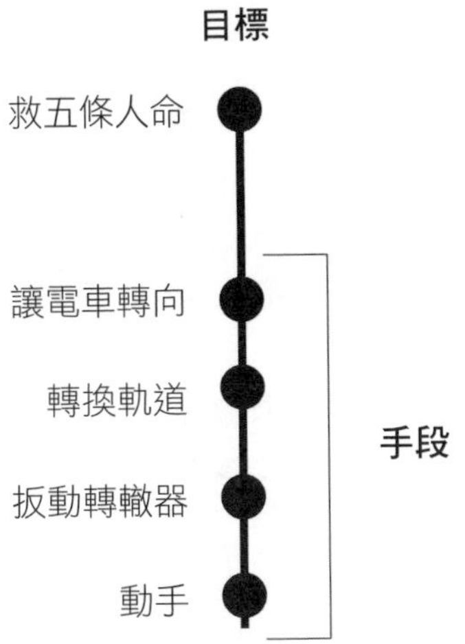

圖9.9　在迴圈情境與轉轍器情境下的主要因果關係鏈。扳動轉轍器可以阻止另一種不同的因果關係鏈發生，在那個關係鏈中，電車會撞死五個人。

現在，暫時回到雙重程序理論。根據雙重程序理論，有一種自動設定會放出情感警報，以回應特定類型的傷害行爲，例如天橋情境中的行爲。還有一種手動模式，其本性傾向用成本效益的方式思考。手動模式看著轉轍器情境、天橋情境、迴圈情境等，然後說：「用一個換五個嗎？聽起來是好交易。」因爲手動模式在這些以一換五的情境中都得出相同的結論（「好交易！」），在每個

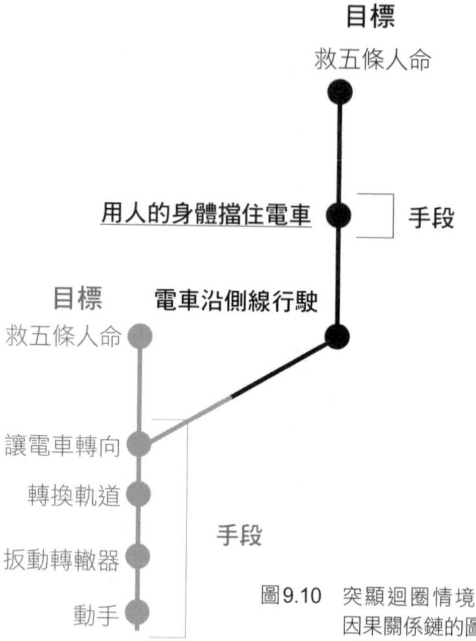

圖9.10 突顯迴圈情境中次要因果關係鏈的圖示

這類情境中的判斷傾向，最終都是由自動設定所決定的，也就是說，看近視的模組是否發出警報來決定[33]。

但到底是什麼決定這個系統要不要發出警報呢？我們的判斷至少在某些時候對手段/附帶效應的區別敏感。不過，迴圈情境顯示，我們的判斷並不總是對這個區別敏感。這是怎麼回事？從上所述，對於那個遺失的要素，有一個可能的適當答案：個人力量。我們向把人推落天橋說「不」，卻對讓電車轉入迴圈說「好」，這是因爲把人推落天橋涉及推人的動作。然而，如果那就是完整的解釋，那麼在迴圈情境中加入推人的因素，應該就會讓那個情況下的效用主義行爲，跟把人推落天橋的行爲一樣變成錯的，但似乎並未發生這種情況[34]。有鑑於此，是否有任何原因可以解釋，爲什麼大腦會把迴圈情境看成比較像是附帶效應情境，而不是典型的手段型情境，即使它確實是一

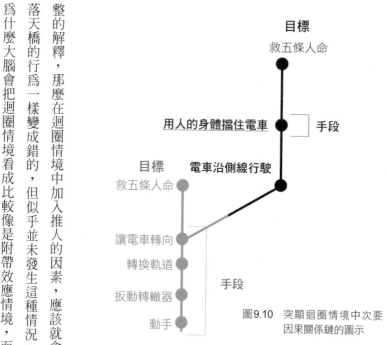

個手段型情境呢？

這裡有一個線索：根據雙重程序理論，發出情感警報的系統應該是一種相對來說比較簡單的系統，一種行爲偵測器，在我們圖謀做出暴力行爲時發出警報。

這裡還有另外一個線索：如同上面所解釋的，迴圈情境是一種異常複雜的手段型情境。要看出那是手段型情境，只看圖9.9所描繪的主要因果關係鏈是不夠的。要能明瞭爲了達成目標必須造成傷害，你必須看次要因果關係鏈，也就是圖9.10所描繪的關係鏈。

你明瞭了嗎？如果我是正確的，對於迴圈情境及其他許多情境的謎題，答案可能是這樣：我們有一個自動系統能「偵測出」行爲計畫，只要它偵測到在此行爲計畫中存在有害的事件時（例如讓電車撞上某人），就會發出警報。但是這個偵測器是相對簡單的「單頻」系統，無法追蹤多重因果關係鏈。也就是說，它沒辦法追蹤分岔的行爲計畫。當它攤開一個行爲計畫進行檢查時，它只看主要因果關係鏈上的事件。

對附帶效應盲目的近視模組

爲什麼會那樣呢？想想你怎麼記住歌詞的：〈鐵路工之歌〉（I've Been Working on the Railroad）的第三句是什麼？即使你知道答案，可能也沒辦法馬上答出來。你必須從歌詞第一句開始，一句句唱下去：「我已經在鐵軌上工作了一整天，我在鐵軌上工作就是為了打發時間。難道你沒聽見汽笛聲嗎……」你不是一次處理整首歌，你是逐句逐句，靠著句子與句子的銜接來檢視。所以，我的想法是，腦子裡那個小小的行為計畫偵測器無意識地處理行為計畫，就像你有意識地處理歌詞那樣：循著因果關係鏈一步步往下走。在偵測行為計畫時，這個偵測器從身體動作開始（例如推人），就像你從「我已經在鐵軌上……」開始，然後一路往前直達目標（例如救五條人命），就像你最後唱完整首歌一樣。行為偵測器看不到行為計畫的第二個分支，因為它只知道走在主幹上。

因此，當這個系統看著天橋兩難的行為計畫時，它看不到圖9.7右邊的東西，只看得到圖9.8的東西。但那已足夠讓它發出警報了，因為讓電車把人壓扁的那個有害事件，就在主要因果關係鏈上。

然而，當這個系統看著轉轍器難題的行為計畫時，它看不到圖9.7左邊的東西，只看得到圖9.9裡的東西。而在這裡，它看不到傷害事件。單就這個系統來看，這就是轉轍器情境裡發生的事：動手→扳動轉轍器→調整軌道→讓電車轉向→救五條人命。換句話說，它只看到圖9.11上的事。

因為這個系統只看到主要的因果關係鏈，所以很幸福地看不到這個行為會殺死某人。換句話說，因為那個傷害是附帶效應、在次要因果關係鏈上的傷害，所以警報從未發作。

迴圈情境又是怎樣呢？我們對迴圈情境的反常反應正好為模組近視假設提供了關鍵（雖然仍是初步的）證據。再次說明，我們對這種情境的反應是「反常的」，因為大部分人在迴圈情境中贊同讓電車轉向，即使這涉及將某人當作電車阻擋物，使人變成一種手段。關於迴圈情境有趣的事在於，即使它是一種手段型的情境，但其結構卻像附帶效應型的情境。更具體地說，在迴圈情境中，有害的事件發生在次要因果關係鏈上，就像附帶效應型的情境那樣，儘管那個傷害在因果關係上確實是救五條人命的必要手段。如同之前解釋過的，在迴圈情境中，主要的因果關係鏈跟轉轍器情境的主要因果關係鏈相同。所以在迴圈情境中，行爲計畫偵測者看到的同樣是下面這樣：動手→扳動轉轍器→調整軌道→讓電車轉向→救五條人命。而且，就像在轉轍器情境那樣，警報從未響起，因爲在主要的因果關係鏈上並沒有傷害。（你會問，爲什麼出現傷害的因果關係鏈是次要的呢？）[35] 因此，因爲傷害事件並不在主要的因果關係鏈上，所以近視的模組也看不到它。再次說明，在迴圈情境中，傷害事件是一種結構類似附帶效應的手段，所以近視的模組看不見[36]。

　根據這個理論，這個模組是近視的，因爲它看不到附帶效應，但那不表示我們看不到附帶效應。相反的，我們完全能辨識轉轍器情境是一種附帶效應型的情境，而天橋與迴圈情境則是手段型的情境。如果我們看得到這些附帶效應，但近視的模組看不到，那必定表示我們的大腦中有其

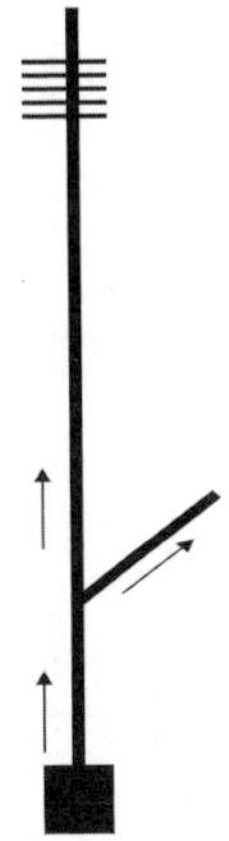

圖9.11　轉轍器情境與迴圈情境下的主要因果關係鏈空間示意圖

他部位看得到（亦即，可以表現）附帶效應。那麼附帶效應被表現在哪裡呢？

讓我們再次進入道德判斷的雙重程序理論。近視的模組只是一種自動設定，一種決定是否發出警報的小機關。但雙重程序理論還有另一面，也就是大腦的手動模式。前一章解釋過，這個系統是設計來爲一般目的進行成本效益的極大化計算，因此，它完全可以看到附帶效應。手動模式知道哪些是附帶效應，哪些不是，但它不「在乎」讓電車壓過某人這樣的事件是一種手段，還是附帶效應（除非它念過哲學研究所）。極大化效益的手動模式對所有情境都只說同樣的話：「用一個換五個嗎？好交易。」而再次的，只要警報不響，傳送反面的訊息，手動模式就佔優勢。這就是爲什麼我們在轉轍器情境與迴圈情境中傾向做出效用主義式的回答，但在天橋情境中則否。

爲了便於理解，我們用圖9.12來濃縮整個故事。

近視的模組偵測行爲計畫，針對可辨識的任何傷害發出警報回應。但它看不到有害的附帶效應，因爲它只呈現爲了達成目標在因果關係上有必要的事件，也就是構成行爲計畫主要因果關係鏈的事件。這個系統覺得轉轍器情境與迴圈情境中的行爲沒有問題，因爲它看不到傷害（第二行），但在天橋情境中則用警報大作來回應，因爲在那個情境中，它可以看到就位在主要因果關係鏈上的傷害事件（第四列）。手動模式可以表現屬於附帶效應的傷害事件，以及爲達成目的而在因果關係上必要的事件，但手動模式並不「在乎」某個傷害事件是達成目的之手段，或只是已預見的附帶效應，這表示它對做爲手段而發生的傷害並未賦予更多情感上的重要性。手動模式唯一關心的是最後

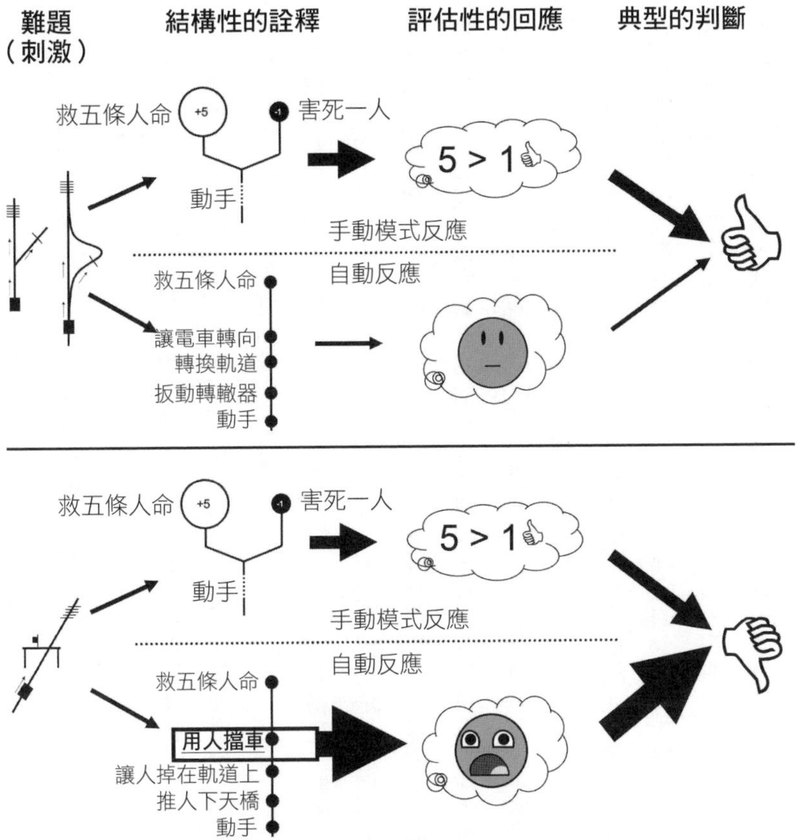

圖9.12　雙重程序對轉轍器情境、迴圈情境與天橋情境難題的反應圖解。這三種難題都會引出手動模式下的效用主義思考（第一與第三列），但只有在天橋情境中，殺人的結果才會被系統「看到」，並引發對於（特定類型）傷害行為的自動負面情感反應（第二列相對於第四列）。

底線：哪一種行爲能得到最佳的淨效果？因此，手動模式一般來說樂於用一條人命換五條人命（第一、三列）。這兩個系統的互動如下：當情感警報靜默無聲時，手動模式即大行其道（第一、二列）。但是當情感警報響起，手動模式的思維傾向於敗下陣來（第三、四列）（請注意，它並非總是失敗。如果成本效益的思維有足夠魄力時，手動模式也可能壓過情感反應，偏好自己成本效益的思維）[37]。因此，近視的模組假設整合了密哈爾的行爲計畫理論與道德判斷的雙重程序理論，解釋爲什麼我們較不關心因爲附帶效應而產生的傷害。

這項理論奠基於一個假定：近視的模組只看得到一個行爲計畫在主要因果關係鏈上的事件，亦即爲達成目標而在因果關係上屬於必要的連鎖事件。但它爲什麼是以這樣的方式近視呢？如果它同樣能判讀次要因果關係鏈，不是能運作得更好嗎？或許它可以，但是因爲兩個理由，這會在認知運作上增加更多負荷。首先，按照截至目前爲止的討論，我們假定只有兩種因果關係鏈：主要因果關係鏈與次要因果關係鏈。這是一種嚴重的過度簡化。只有在那種異常、迴圈式的情境下，行爲人的身體動作與目標之間才會只有一個因果關係鏈，也就是說，只有一條因果關係鏈能當主要的因果關係鏈。但在任何其他特定行爲上，可能有許多的次要因果關係鏈從身體動作幅射出去。舉例來說，當一個人在轉轍器情境中扳動轉轍器，它就殺死在側線上的一個人，但他也可以預見會引發其他許多事情：他擾動了側線上的空氣、他影響了被撞死的那個人的朋友與家人、這些事件會烙印在他心裡、他可能惹上法律的麻煩，諸如此類。對任何行爲來說，都有許多可預見的附帶效應，也因此，一個模組如果除了要追蹤具體所欲的效果外，還要能夠追蹤附帶效應，它必須多做好多倍的工作，那會讓它無法有效率地運作，而效率正是其功能上的要求。

還有第二個原因讓行爲計畫偵測者無法偵測所有的分支因果關係。這裡必須有更複雜的記憶系統，就像電腦科學家所稱的「佇列」（queue），即一種按照特定順序儲存有待處理的物件的系統。回想依照線性模式判讀行爲計畫的近視模組，就像我們記歌詞一樣，每一個環節拖出另一個環節。這種處理方式只有在因果關係鏈完全屬於線型時才有可能。然而，如果關係鏈分岔，就必須有個記憶槽讓某個任務等在一旁（歸到關係鏈的第二個分支上），並在稍後完成第一個工作（在關係鏈的第一個分支上）之後記得回來處理。要進行這種具有次級與高階目標的網狀多工任務所需要的能力[38]，對電腦來說很容易，但對動物的大腦來說眞的很困難。然而，人類的手動模式仍能做得很好。但對一個簡單的認知模組、一種自動設定來說，要有這種功能非常難，或許是不可能的。

因此，假定近視的模組根本看不到附帶效應，而不只是反應不足，在認知上是說得通的。對一個有效率的、自動化的行爲偵測器來說，要「回顧」某個行爲所有可預見的附帶效應是非常困難的，因爲附帶效應太多了，而且這需要有相當精密的記憶系統。

這裡已經討論了許多相當技術性的基礎問題，但底線是這樣的：如果模組近視假設是正確的，那麼我們爲因爲手段而造成的傷害及因爲附帶效應而產生的傷害進行道德上的直覺區分，可能只是一種認知上的意外結果，一種副作用。被做爲手段而造成的傷害會按下我們的道德情感按鈕，並不是因爲它們在客觀上比較不好，而是因爲避免我們任意展現暴力行爲的警報系統欠缺偵測附帶效應的能力。稍後將再進一步說明這點。現在先考量阻撓我們讓快樂極大化的另一種經典的道德區別。

作為／不作為的非道德區別

念大學時，有一次我離開餐廳時，想把紙巾丟進垃圾桶裡，但沒丟準。我把它捏皺成一團，丟向已經過滿的垃圾桶裡，但它彈回來掉到地上。我是個有公德心的人，不想因爲我的行爲讓事情變得更糟，所以我走過去把紙巾撿起來，放進垃圾桶。但我分不清楚地板上哪一張皺紙巾才是我的。我很尷尬地花了很長時間盯著散亂一地的紙巾，試著找出哪一張紙巾的位置最吻合我自己的紙巾的彈射落點。最後，我認定這實在很蠢。紙巾就是紙巾，我這麼想，要分出哪一張是我丟的，哪一張是別人丟的，實在是沒有意義。我隨機地選了一張紙巾，把它放在垃圾桶裡。然後我有了一個新的問題：爲什麼只撿一張紙巾就停下來？我已經跨越了清理自己造成的髒亂跟清理別人造成的髒亂之間的界線。我已經碰了一張黏答答的、別人的紙巾，爲什麼不再多撿幾張？但到底該撿多少張？我撿了好多張其他的紙巾，放在垃圾桶裡，然後走回原處。

相較於別人丟的紙巾，人們對自己丟的紙巾有更重的道德責任，這個信念具有獨特的哲學歷史，名爲「爲害與允害原則」（doctrine of doing and allowing）[39]。該原則指出，主動行爲所造成的傷害，比容忍造成的傷害更糟糕。這個想法在直覺上很有吸引力，並在眞實世界的道德決策中扮演著重要角色。舉例來說，根據美國醫學會的倫理準則，醫生永遠不能主動（且故意地）造成病人死亡，但醫師在特定情況下可以（故意地）容許病患死亡。我們對這種區分的敏感度也影響我們如何回應可預防的痛苦。你不會造成一個致命的地震，但會因爲不盡力提供救助資源而使地震受害者死亡。你不會在盧安達或達爾富殺人，但會因爲不積極協助他們防衛而讓別人殺害他們，諸如此類。

根據效用主義者的說法，爲害與允害之間的區別在道德上是不相關的，或至少不具有獨立的道德重要性。傷害就是傷害，而且在主動造成的傷害與任其發生的傷害之間，沒有根本的道德區別（然而，兩者有非根本的、實際的區別。稍後再詳述）。在我們的價值觀與環境條件下，在主動造成與任其發生的事之間進行道德區分是否有意義？就像手段／附帶效應的區別一樣，我相信能用更基本的認知機制，來解釋爲什麼我們傾向在主動與不作爲之間進行根本的道德區分，雖然這種區分與道德本身無關。換句話說，我認爲爲害／允害之別的（獨立的）道德權威性是可以被分析的。

暫且忘掉道德。動物的大腦爲什麼想區分主動造成的事與不作爲而任其發生的事呢？你讀本書的此刻，正主動讓眼睛一行看過一行，並且翻頁，那是你正在做的事。但想想所有那些不是你正在做的事。你並沒有正在教一隻捲毛狗跳舞，沒有以粉絲的身分寫信給洛．史都華（Rod Stewart），沒有耍弄火圈，也沒有在地下室弄一盆熱水。而這些還只是開始。在任何特定時刻，你沒有做的事情太多太多了，大腦不可能完全表現這些事，甚至也無法表現其中的重要部分（聽起來很熟悉嗎？）這表示在某種意義上，一個行爲人的大腦必定關注作爲勝過不作爲。我們必須將作爲表現出來，才能加以執行，以確定事情照著計畫進行，並了解其他人的作爲。但人就是無法偵測我們與別人所未做的其他一切事情。這不表示人無法想到這些不作爲的事，但這確實表示，大腦必須以根本不同的方法來表現作爲與不作爲，這樣對作爲的表現才能夠更基本、更可處理。

表現作爲的方式是基本的，此一事實可以從嬰兒身上看到。爲了了解作爲/不作爲區別的根源，庫許曼、羅曼·費蒙（Roman Feiman）與蘇珊·卡瑞（Susan Carey）進行了一項開拓性的實驗，讓六個月大的嬰兒觀看實驗者從成組的物品中挑選東西[40]。這些嬰兒被訓練去辨識實驗者的偏好。在嬰兒面前，假設右邊放一個藍色的馬克杯，左邊擺一個紅色的馬克杯，實驗者接著會拿起藍色的馬克杯。下一次，要做選擇的物品是右邊的藍色馬克杯（與前次相同），以及左邊的綠色馬克杯，而實驗者會再次挑選右邊的藍色馬克杯。經過一次又一次的試驗，實驗者都會選右邊的藍色馬克杯，而不是左邊每次不同顏色的選項。之後，在一個關鍵的試驗中，藍色馬克杯改放到左邊，而另一個新的不同顏色的馬克杯會放在右邊。在某些嬰兒面前，實驗者會選左邊的藍色馬克杯；在其他嬰兒面前，實驗者會選擇右邊其他顏色的馬克杯。關鍵的問題在於：哪一種選擇會讓嬰兒更驚訝？一方面，實驗者始終選擇藍色馬克杯；另一方面，實驗者也始終選擇右邊的馬克杯。所以嬰兒會期待實驗者選藍色，還是選右邊？結果是，當實驗者選擇右邊非藍色馬克杯時，嬰兒注視時間較久，顯示嬰兒對此感到意外。換句話說，嬰兒預期實驗者選擇藍色的馬克杯[41]。這表示，六個月大的嬰兒大腦所呈現的事實是，實驗者想要的是藍色的馬克杯，所以動手拿取。

這只是實驗的前半部。後半部，嬰兒再一次觀看實驗者在藍色馬與其他顏色馬克杯之間一次又一次地選擇。這次實驗者總是選擇另一個馬克杯，也就是不是右邊的藍色馬克杯。而後，在關鍵的測試中，實驗者必須再次從左邊的藍色馬克杯與右邊另一個新的、不同顏色的馬克杯之間做選擇。問題同樣是關於嬰兒的預期。上一次，當他們看到實驗者一再選擇藍色馬克杯時，他們預期實驗者會再次選擇它。但這次他們看到實驗者一次又一次地都不選藍色馬克杯（重複的不作爲），嬰兒會期待實驗者又一次不選它嗎？

不會。也就是說，嬰兒對實驗者選擇藍色馬克杯沒有任何驚訝反映。這表示，嬰兒可以理解「選擇藍色馬克杯」的意思，但不能掌握「不選藍色馬克杯」的意思。請注意，這些嬰兒可以分辨選擇藍色馬克杯與不選擇藍色馬克杯兩者。如果他們不能分辨，那麼一開始也就不會對實驗者多次選擇藍色馬克杯之後，竟然選了非藍色的馬克杯而感到驚訝了。這指出了，嬰兒可以做出預期，並知道他們的預期並未實現。而這些嬰兒顯然不會的，是將「不選擇藍色馬克杯」表現爲一個獨立的行爲。他們不會看著實驗者心想，「又來了，他又不選藍色馬克杯了。」

這意味著，表現一種特定目標導向的行動，例如選擇藍色馬克杯，是一種非常基本的認知能力，六個月大的嬰兒就有這種能力了。但是對人類來說，要表現未做什麼、沒有去做特定的事，則是一種不是那麼基本，而更爲精巧的能力。請注意，這並不是因爲，表現未做什麼事必定需要顯然更複雜的資訊處理過程。如果只有選擇A與不選擇A兩種可能性，那麼表現未做的事並未比表現有做的事更難。如果你要設計一個電腦監控並預測某人在兩種馬克杯之間的選擇，設計電腦呈現「不選擇藍色馬克杯」幾乎跟呈現「選擇藍色馬克杯」一樣容易（你所需要的只是加一個小小的「不」字，就能把後面這種選擇改成前面那種選擇）。儘管如此，人類在表現做過什麼事情上面，顯然比表現未做什麼事情更容易。而那是合理的，因爲在眞實生活中，追蹤人們做過的相對少的事，比追蹤數百萬件人們能做但未做的事要重要多了。

嬰兒表現正在做的事比沒做的事更容易，這個事實也可以用來預測成年人的相關行爲：成年人在其道德判斷中分辨有害的作爲與不作爲之事（未做之事）時，那是自動設定的結果，而不是手動模式運用爲害與允害原則的結果。庫許曼與我用腦部顯影研究驗證這項預測，在實驗裡，受試者同時評估主動與被動的有害行爲[42]。一如預期，我們發現要忽略作爲/不作爲區別，亦即將被動造成的傷害看作等同於主動造成的傷害，比遵守作爲/不作爲區別更需要手動模式的大腦背外側前額葉活動[43]。這是有道理的，因爲對不作爲的表現本質上就是抽象的。與不作爲不同的，一個作爲可以用基本的感知方式加以表現。舉例來說，要描繪一個人正在跑步的動作是容易的。但你如何畫一幅不跑步的人的圖畫？你可以畫某人靜靜站立，但這會傳遞諸如「人」、「女人」或「站立」的訊息，而不是「不跑步」。傳統上表現不具特定屬性的某事物之方法，是運用抽象象徵，例如用一個圓圈加上斜線，結合一個表現動作的傳統圖像。但傳統圖像本身是無法表現的。你需要一個抽象象徵。

作爲，除了有自然的感知表現外，也有自然的動作表現。讀「舔」、「選」或「踢」這些字，會自動增加運動皮質中分別控制舌頭、手指與腳的次區域的活動[44]。但是當人們想著不涉及舌頭（及其他部位）的行動時，大腦中並沒有任何部位特別活躍，因爲對於那些不涉及舌頭的行動，大腦並不特別用哪一個部位來表現。

之前已看到，最終來說，情感與道德判斷似乎都對作爲的感知與動作屬性、對如推人這類事敏感（而且也對推的視覺影像敏感。參閱頁63至64）。不像作爲那樣，不作爲並沒有特別的感知與動作屬性，因此必定至少欠缺一種情感觸發要素。甚且，作爲與不作爲之間基本的感知／動作區分，端賴這些行爲如何被概念化，可能也出現在更無特定行動形式的行爲領域上。舉例來說，「要人離職」（主動）感覺上比「容許某人離職」（被動）更糟。這也呼應尼魯．巴哈利亞（Neeru Paharia）、卡林．卡珊（Karim Kassam）、貝瑟曼與我共同進行的一項研究之結果，此項研究顯示，如果是透過另一個代理人間接地哄抬癌症藥品價格，感覺上比較沒那麼糟，即使這個作爲本身並沒有較爲間接[45]。

因此，我們的假設是，有害的不作爲不會用跟有害作爲相同的方式，按下情感性的道德按鈕。我們用一種基本的動作與感知方式表現作爲，但不作爲的表現則較爲抽象。甚且，這種關於表現作爲與不作爲的差異與道德無關，而只與大腦中更一般的認知限制有關。大腦根本不能追蹤所有未能執行的動作，而且大腦本來就是演化來做爲感知與動作的裝置，而不是抽象思考的裝置。再次說明，看來神聖的道德區分可能只是一種認知上的副產品（但我將簡要說明，可以針對作爲/不作爲的區分進行一些效用主義的調適）。

大腦中對暴力喊停的小機關

讓快樂極大化聽起來是一個很好的主意，但至少在原則上，它可能意味著做出可怕、恐怖的事情。怎麼辦？對道德之腦的了解告訴我們，這些「原則上的」問題終究不會是太大的問題。這不是因爲「原則上的」問題永遠不值得擔心，而是因爲我們已經證明，對於駭人行爲，直覺反應是相當可靠的。在雙重程序道德之腦運作下，一定會有某些情況，使得做眞正的好事卻導致可怕的錯誤。同樣的，一定會有某些情況，做眞正的壞事卻感覺十分良好。在談完駭人行爲之後，下面將回到我們最愛的果蠅問題，即天橋難題，然後考量我們已經知道的事在更廣泛層面上的重要性。

儘管可以救更多人，把人推落天橋看起來卻是錯的。爲什麼呢？從第四章得知，這是自動設定的結果。但再次說明，這只是部分的答案。一個較完整的答案來自我們對這個認知小機關運作特性的新認識：它對什麼起反應？它對什麼沒有反應？讓我們從第一個問題開始。

首先，相較於因爲附帶效應所造成的傷害，這個自動設定對於做爲達成特定目的之手段（或以傷害做爲目的）的傷害反應更強（但如果傷害手段被設計成像是附帶效應，即非如此，這是此一機制的特異屬性）。換句話說，它對具體意欲的傷害有反應46。其次，相較於被動造成的傷害，它對主動造成的傷害反應更強。第三，相較於以較間接的方式造成的傷害，它對直接用個人力量造成的傷害反應較強。這三項看起來並非獨立的指標，可以像清單一樣一個一個檢查。相反的，在我們警報小機關的運作中，這三個特性交互作用，構成一個有組織的整體。再次說明，個人力量因素與手段／附帶效應因素是有互動的。當傷害不是具體所欲的結果時，它是否由個人力量造成並不重要；如果傷害不是個人力量造成的，那麼傷害是具體所欲的結果這件事就更不重要了。而且，主動與被動傷害之間的區別，似乎也與另外兩個因素交互作用，好比人們爲自己在電車問題中的直覺判斷辯護時，就經常犯下一個共通的錯誤。

如果你要求人們解釋爲什麼在天橋難題中把人推落是錯的，但在轉轍器難題中扳動轉轍器卻是可接受的，他們通常會訴諸作爲／不作爲的區別，雖然在那種情況下它根本不適用。人們的說詞是：「把人推落天橋是謀殺，你正在殺那個人。但在另一種情況下，你只是讓他被電車撞死。」這個解釋並不眞能說得通。兩種情況都是主動殺人。想想下面這段話：如果你抱持特定意圖要殺害某人而讓電車撞向他那裡，那完全是主動的謀殺行爲。在轉轍器情境中，身體動作的主動性並不比把人推去讓電車撞死更低。但因爲在轉轍器情境下，傷害是一種附帶效應，而且未直接運用個人力量，所以它「感覺上」比較不主動。因此，看起來這三個因素對同一種感覺都產生影響。

這也吻合我們有關手段／附帶效應區別的認知機制理論。再次說明，根據模組近視假設，有害的附帶效應不會觸動警報，因爲有害事件不在行爲計畫的主要因果關係鏈上。但是被動造成的傷害，因爲不是主動的，所以沒有行爲計畫（至少通常是沒有的）。沒有身體動作，也就沒有連續事件將不存在的身體動作連接到目標上。因此，行爲計畫理論解釋著我們對於手段／附帶效應區別的敏感性，也免費奉送一個更詳細的說明，讓人了解爲何我們對作爲／不作爲的區別敏感[47]。

個人力量在行爲計畫中也可能扮演重要角色。一個行爲計畫中的事件不是只按時序排列，也按因果順序排列。一個事件造成下一個事件，如同我們從身體動作一路走到目標（扳動轉轍器……讓電車轉向……救五條人命）。有證據證明，我們用力量之有無來表現原因[48]。當你看到一顆撞球碰上另一顆撞球，你的視網膜顯示的是球在一系列的位置上運動，就像電影畫格一樣。儘管如此，我們顯然能夠憑直覺正確得知，力量從一顆球傳遞到另一顆球上。因此，在行爲計畫中的力量類型是個人力量還是其他力量，可能會影響一個人認定自己對傷害應該負多少責任。當然，個人力量的使用也與作爲／不作爲之區別有關，因爲不作爲在定義上就不涉及使用個人力量。

將這三個特徵整合在一起，看來警報小機關對於最典型的暴力行爲，例如打人、甩巴掌、揍人、用棒子打人，還有推人等行爲有反應[49]。也有一些行爲會造成傷害，卻完全欠缺這三個特徵，例如不捐錢給慈善機構而見死不救，但這類行爲完全不讓人覺得暴力。同樣的，對於那些涉及運用個人力量，也有具體意圖而主動造成傷害的行爲，即使只是做爲達成目的之手段，我們也很難，甚至不可能想像這是不暴力的[50]。若說這個自動警報系統回應暴力，這說法可能了無新意。相反的，我猜測我們對暴力的概念，是由這個自動警報系統負責定義的。

我們已經討論了這個小機關回應什麼情況，但它又忽略什麼情況呢？最首要的，它似乎忽略了透過暴力能夠獲得的任何利益。我和同事以某個版本的天橋情境進行測試，在那個情境中，只要把一個人推下去，就能拯救數百萬人命。如果電車沒有被擋下來，就會在通過大型水壩上端時撞上一箱爆裂物，炸掉水壩，然後淹沒一個大城市，並造成數百萬人死亡。在我們的樣本裡，七〇%的受試者贊同把人推下去，儘管把人推下去的好處大了一百萬倍，贊同的比例卻顯然低於轉轍器情境中八七%的支持率。因此，這個小機關看來不「在乎」若不這麼做，下場會是怎樣。當然，相較於原來只危及五個人生命的天橋情境，在這種情況下已經有更多人贊同把人推下去了。我們的判斷顯然受到數量的影響。但這似乎是因爲當數量過於龐大時，情感警報會被忽視或刻意忽略，而不是因爲警報不響。只要回顧一下就很清楚了：把人推落天橋以拯救數百萬人生命，並不比把人推下以拯救五個人性命感覺更好[51]。這一點也有實驗結果可茲證明。那些較不願意相信直覺的人（「在認知上更瞻前顧後的」人）較有可能贊同把人推下去以拯救數百萬人，這顯示這種行爲是悖離直覺的，儘管大多數人都同意這麼做。

我們現在有不錯的能力可以判斷這個小機關做些什麼，以及不做什麼。簡單說，它對典型的暴力行爲有負面反應，這與暴力行爲能帶來什麼好處無關。按照這個前提，我們應當多看重這個小機關給予的建議呢？

一般來說，我認爲人們應該要非常重視它的建議。暴力通常是壞事，也因此腦子裡能有一個小機關在我們考慮用暴力達成目標時大聲喊停，這是很好的。若沒有這個小機關，我們都會變得比較心理變態[52]。這個警報系統也提供好的保護機制，以防範過度自信與偏見的影響。即使你出於最良善的意圖而想使用暴力（「革命也許血腥，但想想我們光榮的未來！」），警報可能會說，「小心！你正在玩火！」這是腦子裡應該要有的好聲音（想想列寧、托洛斯基、毛澤東……）。總之，當人想著把一個無辜的人害死的時候，有一個讓他三思的警報系統，整體來說是非常好的。

但是……無論人類反暴力的小機關多麼不可或缺，把它當作絕對正確，並把其運作特性提升爲道德原則就沒什麼道理了。這個小機關可以區分手段與已預見的附帶效應，並不是因爲這種區分有任何內在的道德價值，而只是因爲這個小機關欠缺認知上的能力，無法追蹤複數的因果關係鏈。同樣的，它可以分別主動與被動的傷害行爲，並不是因爲主動造成傷害比被動造成傷害更糟，而是因爲這個系統設計上就是要評估行爲計畫，而且大腦對作爲與不作爲的表現方式不同。最後，這個機關對於運用個人力量所造成的傷害反應更強烈，並不是因爲個人力量本身的緣故，而是因爲人類對彼此能做的最基本的壞事（打人、推人等等）都涉及直接運用個人力量。

從道德錯覺中獲得啟發

並不是說，這些區別與在道德上重要的事完全沒有具意義的關聯。一方面，大部分的人都能做這些區別，這項事實讓我們可以推論那些不做這些區別的人的道德特性[53]。如同之前提到的，願意運用個人力量造成傷害的人顯示出特別強烈的跡象，可能在反暴力警報系統上有缺陷：如果這個人有正常的道德感，他就不會那麼做。而如果一個人欠缺正常的道德感，很有可能他也欠缺足夠的道德感（要有好的但又異常的道德感，機會很小）。對特別想要造成傷害的人，以及主動造成傷害的人來說，也是如此。然而，這一切都可以在一個效用主義的結構下加以調整。在評估人的時候，嚴守作爲／不作爲的區分、手段／附帶效應的區分，以及個人力量／未使用個人力量的區分是有道理的，但不是因爲這些區分反映了深層的道德眞理，而是因爲忽略這些區分的人在道德上是異常的，因此特別容易惹麻煩。

作爲／不作爲的區分也可能有顯著的效用主義價值。若沒有這種區分，你必須對所有你本來可以阻止的麻煩事負責，彷彿是自己造成的一樣（紙巾、滿地的紙巾……）。既然我們都不是解決全世界所有問題的超級英雄，讓我們只爲自己的作爲特別負起責任是有道理的（清理自己丟的紙巾就好了！）。順便提醒，這跟我們解釋爲何作爲／不作爲的區別是直覺式的是相對應的。兩種解釋都基於不作爲的數量遠超過作爲的數量這個事實。即使是行爲中的片刻，我們的大腦也不可能追蹤所有我們沒有做的事（不作爲）。同樣的，我們也不可能對所有因爲沒做什麼事而造成的結果負責。不過，這並不表示主動造成傷害眞的在本質上比被動造成傷害更糟（紙巾就是紙巾！）。

我們直覺區分做爲手段而造成的傷害，以及做爲附帶效應而造成的傷害，也可能具有重要的實際好處。區分具體所欲的傷害與做爲已預見的附帶效應之傷害，可能沒有什麼好理由，但是區分具體所欲的傷害與未預見的附帶效應之傷害（也就是意外事故），確實是很重要的。某些造成意外傷害的人可能是危險的，但那些特別想要造成別人傷害，以做爲達成其目的之手段的人，是眞正危險的。這種人可能比那些明知道會造成附帶傷害的人更危險，也可能沒有。但至少，回應具體所欲傷害的道德警報系統會區分出那些「馬基維利式的」傷害與意外傷害的不同。那是好事，即使警報系統把線畫錯了地方，把已預見的傷害當作了意外事故。

因此，如同我說過的，有很多好理由值得爲大腦有這種反暴力的小機關而開心，但我們的關鍵問題是：應該讓這個小機關決定最重要的道德哲學嗎？我們應該被這個小機關說服，不去追求更大的善嗎？從天橋難題與其他類似情境，我們應該得出教訓，認爲有時讓快樂極大化眞的是錯誤的嗎？或者我們應該做相反的結論，認定天橋難題是異常的情況，而不值得擔心呢？

我已經把天橋難題稱作是道德的果蠅，而那種比喻加倍妥切，因爲，如果我是對的，這個難題也是一種道德害蟲。那是一種特別編造的情境，在這種情境下必然涉及用典型的暴力行爲（透過設計）來促成更大的善。哲學家從這個難題中得到的大部分結論是，促進更大的善有時是嚴重錯誤的。然而，我們對雙重程序道德之腦的理解卻顯示出不同的結論：道德直覺一般來說是合理的，但不是始終正確的。因此，我們一定想得出濫用道德直覺在認知上不具彈性的特質之事例。我們也一定想得出一種假設性的行爲，它確實是好的，但看來又會引發可怕、恐怖的錯誤，因爲它按下了我們的道德按鈕。就我所知，再沒有別的例子比天橋難題更好了。

你可能會懷疑，就像人們時常懷疑，我是否主張把人推落天橋是正確的。其實我要說的是：如果你不覺得把人推落天橋是錯的，那麼你就有問題。我也覺得那是錯的，我也懷疑自己是否眞能把人推下去，而我也很高興我是這樣的人。更重要的是，在眞實世界裡，不把人推下去幾乎可以說是正確的決定。但如果某人抱持最良善的意圖，鼓起勇氣把人推下去，心中知道這能救五條人命，也確知沒有更好的替代方法，那麼我會贊同這種行爲，雖然我會懷疑那個選擇這麼做的人。

下一個問題：如果像天橋難題這樣的情境是異常的、編造的，應該加以忽略，那爲什麼要花這麼多時間研究它們？答案是，爲了某些目的可以忽略這些難題，但爲了其他目的則不能這麼做。如果我們要找出一個指引，通向可運作的後設道德，那麼應該忽略天橋難題，不應該讓它所引發的警報阻擋人類追求更大的善。但如果我們要找尋的是道德心理學的指引，那麼就該詳加留意它。這些異常的難題是很棒的工具，可以幫助我們理解道德之腦如何運作。的確，它們的科學角色幾乎可以類比爲視錯覺（visual illusions）在視覺科學中所扮演的角色（視覺科學家極爲看重視錯覺，視覺科學會〔Vision Sciences Society〕甚至每年都會頒發最佳獎項給新的視錯覺）。舉人

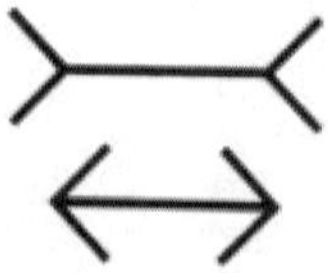

圖9.13　在有名的繆勒－萊耶錯覺中，兩條等長的線看似不等長。

們熟悉的「繆勒–萊耶錯覺」（Müller-Lyer illusion）爲例，它提供了出視覺系統使用收聚的線做爲判斷縱深的線索：

在圖9.13中，上面的線看似比下面的線長，但兩者其實等長。就如視錯覺揭露了視覺認知的結構，古怪的道德難題也揭露了道德認知的結構。它們是道德錯覺，而其造成的誤導是有啓發性的。

電車情境可能是古怪的，但在眞實世界中，也有攸關生死結果的道德問題反映著這些古怪。再次說明，天橋難題是古怪的，因爲那是一個典型的案例，顯示暴力行爲卻能促進更大的善。在日常生活中，這很少發生，但在生命倫理的領域卻時有所見，在該領域中，現代知識與技術提供機會，讓我們去做能促進更大的善的假性暴力事件。

再想想美國醫學會對醫師協助自殺的立場如何。美國醫學會基本上是認同雙重效應原則及爲害與允害原則的。如果我是對的，基本上它贊同某個近視模組的運作特性。因此，慢性病患者可能還是要繼續受罪，因爲我們就是沒有勇氣主動、刻意且親身做出對他們最有利、他們自己也最想要的事（並不是說涉及終結病患生命時，特別謹慎的態度不符合效用主義思維。但是美國醫學會慣常地反對醫師協助自殺，這是一項「原則」）。那個小機關的運作特性也可能影響人們對強制接種疫苗、器官捐贈及墮胎等政策的態度。的確，電車問題的誕生，有部分原因就是爲了促進墮胎及雙重效應法則的討論[54]。

在醫學之外，這個小機關的運作特性也可能影響我們對死刑、虐囚與戰爭的態度。在所有這些情境中，觸動道德按鈕的暴力或者準暴力行爲可能都有助於更大的善，而我們可能拒絕這些行爲，不是因爲深思過所有相關的道德考量，而是因爲這些行爲給我們的感覺。正如我們的道德警鈴可能會過度反應，看不見某些觸動警報的行爲之利益，我們的警鈴也可能會反應不足，看不見未觸動警鈴的行爲之成本。例如，當我們透過損害環境而傷害人（包括未來的人）時，這幾乎就像是附帶效應，時常是被動的，也未曾對他人直接使用個人力量。如果損害環境感覺像是把人推落天橋，也許我們的星球狀況會好得多[55]。

値得一提的是，對那個小機關的智慧抱持懷疑，會在政治上產生正反兩面的影響。我們的警鈴可能會強化反對醫師協助自殺與墮胎的立場，但也可能強化反對虐囚與死刑的立場。在此，我不想提出支持或反對這些政策的意見。相反的，我只建議我們訓練自己，換個方式來思考這些議題。

對暴力行爲心懷警戒是件好事，但我們大腦裡的自動情感小機關並非永遠明智。道德警報系統認爲推人與扳動轉轍器在道德上有很大的不同，更重要的是，我們的道德警報系統看不見「爲自利的謀殺」與「用一個人的性命拯救數百萬人的性命」之間的差異。在我們追尋普世道德哲學的過程中，賦予這些小機關否決權是個錯誤。

第十章

正義與公平

一個活在真實世界、有血有肉的效用主義者必須寬待自己，甚至比在日常生活中力行健康飲食的人更善待自己。做一個有血有肉的效用主義者不等同於讓自己變成製造別人快樂的幫浦。

上一章將焦點放在運用危險手段來追求良善目的的作爲。本章則將重點放在目的上：我們應該追求什麼？有些人說，更大的善強迫我們對他人，甚至自己做不公平的事，與正義是不相容的。我們會考量這個反對意見，以及其背後的心理學。

一如以往，我們將運用兩種策略。有時會使用調適方法，主張在眞實的世界裡，使快樂極大化並不會造成某些人所想的那種荒謬結論。在其他情況下，則主張採用改善策略，運用我們對道德心理學的認知與演化理解，來質疑人類的正義感直覺。

做一個有血有肉的效用主義者

第八章解釋過，做一個追求快樂極大化的人是很辛苦的，因爲這個世界充斥著可以規避的不快樂。如前所述，如果你想要救一條人命，或許花大約兩千五百美元就可以辦到，你可以考慮每年捐五百美元，捐個五年，或者跟四個朋友各捐五百美元。就算不能拯救人命，還是可以用少一點的捐款，例如少於你在餐廳享用晚餐的花費，就能減輕人們的許多痛苦。簡單地說，把一美元用對的方法花在別人身上，可以買到比這一美元所能帶給你、你的家人或你的朋友更多的快樂[1]。

可能你會懷疑是否眞是如此。讓我們敞開來說吧，你心裡可能有一部分希望那不是眞的，如果你不能幫助這世界上最不幸的人，那麼你就解套了。抱歉，但你沒辦法解套。我也是。確實，某些慈善計畫會造成反效果，帶來的傷害大過良善。盡最大善意送出去的錢，有時也會落入不對的人手裡，用來塞滿惡劣的獨裁者的箱子。但今天，你不能用不可能幫助人來做爲不幫助人的理由。國際援助組織已經比以前更有效率，也更負責任了[2]。即使當中有些組織很差勁，但只要有一個好的組織，你就有道義上的責任。事實上，有許多好的組織，而且就算世上最好的人道主義組織會輕率地花掉半數捐款（事實上不會），我們還是有道義責任，因爲就算把幫助人的成本變成兩倍，也不會在改變根本的算法。不可否認，如果你想要，今天你就可以用你的錢，幫助那些亟需幫助的人。

最終說來，這是個好消息，雖然它的確讓至少有一些可處分收入的人，陷入一種道德困境。只要捐一百美元就能讓一個窮孩子塡飽肚子好幾個月，你如何能把錢花在不是眞正需要的東西上？下一筆一百美元，再下一筆一百美元呢？你可以去度假嗎？找某個人約會呢？有一些嗜好？挑一個不是最賺錢的工作？幫你的孩子辦生日派對？先生小孩再說？在點的披薩上加料？你還能點披薩嗎？對一個完美的效用主義者來說，這些問題的答案都一樣：如果你一定要有這些喜好，才能維持最起碼的快樂，並極大化你增加別人快樂的能力，那就可以允許它們存在。而你所幫助的人大多是你永遠不會遇見的陌生人。簡言之，當一個完美的效用主義者，幾乎必須放棄生命中所想要的一切事物，把自己變成製造別人快樂的幫浦。

幾年前，有個哲學家在一場會議上爲這種效用主義理念辯護。在提問時間，另一個哲學家站起來，指著演講者的筆記型電腦說：「那東西至少值一千美元，」他說，「當世界上還有人挨餓的時候，你居然買那個東西，你有什麼可說的？」演講者答道，「我沒辦法辯護！但至少我有肚量承認自己是個僞君子！」[3] 這個答覆，我想不只有趣，也很有啓發性（它可能也是不正確的。我稍後將解釋，他肯定能夠爲擁有筆記型電腦找到合理的說詞）。

只有當我們期待自己做個完美的效用主義者時，對於效用主義可能過於苛求的憂慮才會變得嚴重，想做一個完美的效用主義者其實是一件非常不效用主義的事。舉例來說，以嘗試吃健康飲食的類似困境爲例，要當一個完美的健康飲食者，你會找出最健康的可能餐點組合，而且只攝取一定的分量。如果你要維持完美的飲食，可能永遠都吃不到你最愛的食物，即使是生日時也不行。到各地旅行時，你得自備健康餐，因爲你要去的地方很可能買不到這些食物。朋友邀你聚餐，你可能得回絕，或先吃自己的東西，或事後再吃，或者帶你的健康餐去赴約（自帶最適飲食運動！）。你可能再也不能到餐廳約會，或者只能去提供最適飲食的餐廳。

如果你是一台啃食物的電腦，維持最適當飲食可能是很實際的目標。但身爲一個眞實的，只有有限的時間、金錢與意志力的人，試圖維持對生理來說最適當的飲食並不是最理想的。相反的，最好的策略是在你眞實世界的各種限制下，包括你自己的生理限制，以及你做爲社會一分子所被加諸的限制，盡量吃得好。這是有挑戰性的，因爲在完美主義與耽溺口腹之欲的兩極間，沒有夢幻公式、沒有明確的界線。要在實際上而非原則上達到你所能達到的最健康狀況，你必須設下合理的目標，這個目標不可避免地有些專斷，然後在合理的範圍內努力達成這個目標。

在眞實世界裡當一個有血有肉的效用主義者也是如此，程度甚至有過之無不及。理想的效用主義「道德飲食」根本與大腦被設計來過的生活不相容。陌生人的快樂並不是大腦最關注的重點。的確，大腦甚至可能是被設計成不關心或苛待陌生人的。因此，一個活在眞實世界、有血有肉的效用主義者，必須寬待自己，甚至比在日常生活中力行健康飲食的人更善待自己。

這在實踐上意味什麼？這裡同樣沒有夢幻公式，只有一種在兩個極端之間沒定義好的適居區（Goldilocks zone）。做一個有血有肉的效用主義者並不表示讓自己變成製造別人快樂的幫浦。要了解為何如此，你只要想想如果真的這麼做結果會如何：首先，你根本不想試。其次，即使你試了，你也會變成一個悲慘的人，幾乎被剝奪了讓自己每天早上想起床的一切（如果你還有床的話）。做一個半調子的快樂幫浦，你會很快地為自己說話，讓自己脫離原本抱持的哲學立場，或者乾脆當個偽君子，那時你會回到原先的起點，試著想出你有多願意當偽君子，又有多願意當英雄。

在此同時，做一個有血有肉的效用主義者並不表示完全是偽君子，可以任意放縱自己。你無法當一個完美的效用主義者，並不會讓你因此免除道德責任，就像你無法當一個完美的節食者，並不表示你就有理由每一餐大吃大喝。顯然你還是可以做一些事減輕許多人的痛苦，同時不讓自己做出太大犧牲。你應該做多少犧牲？這裡同樣沒有什麼夢幻公式，完全取決於你個人的環境條件與限制。這個問題有其社會面向，長期來說，盡最大的努力比英雄式作為更好。你的生活是別人的典範，特別是你的孩子的典範（如果你有孩子）。如果你透過慈善捐贈，每年改善數百人的生活，但你的生活還是能夠快樂而舒適，那麼你就是別人可以仿效的典範。如果你為了捐款而把自己逼到忍耐極限，雖然終究做了善事，但也讓自己成了沒有吸引力的例子，不利大事。把自己逼到個人極限，不如提倡一種適度的、可持續的利他文化，長期來說才可能達到更好的結果。做出巨大犧牲的英雄對別人來說是「激勵人心的」，但研究顯示，要在真實世界中達到激勵效果，讓人們行善的最好方法是告訴他們，他們的鄰居已經這麼做了[4]。

更廣泛地說：如果效用主義要求你做看似荒謬的事，那就不是效用主義真正要求你做的事。效用主義是一種務實的哲學，而再沒有比命令自由的人去做有違其心理動機而荒謬的事更不務實的了。在眞實世界裡，效用主義要求很多，卻不是過度苛求。它可以調整我們的基本需求與動機，但仍要我們改善自私的習慣。

然而，還是有人可能反對眞實世界裡效用主義所要求的溫和改革。有人可能會說，幫助陌生人是值得贊許的，但怎麼幫忙則隨人高興。這是不是一種可以辯護的道德立場？或只是一種讓人舒服的合理化藉口呢？先把這個放在心裡，讓我們想想辛格原先提出的道德問題，以及我們認爲有義務幫助別人的這種直覺想法背後的心理學[5]。

拯救遠方溺水的孩子

假設你出門去公園走走，看到一個小孩掉進一個淺水塘裡。你可以走進水裡救那個孩子一命，但這麼做會毀掉你身上價值超過五百美元的新義大利西裝。讓那孩子溺死以保住你的西裝，在道德上是否可接受？我們顯然會說不行，那在道德上是可怕的行爲。但是，辛格問，你本來也可以捐贈五百元給國際援助組織，救一個孩子的性命，卻把那筆錢花在買一件西裝，爲什麼這在道德上卻可接受？換句話說，如果你認爲救溺水的小孩在道德上是義務，爲什麼拯救遠方窮人的孩子在道德上卻只是一種可選擇的事呢？

（再次說明，五百美元可能不足以救人性命，但一個穿著頗有品味的同事告訴我，五百美元也買不到一件眞正時髦的西裝。無論如何，你可以想像你有四個朋友，如果你願意捐錢，他們也會願意捐錢，或者你可以在往後四年各捐一次。）

首先，讓我們暫且承認好西裝的價值。假設你是一家公司的律師，經手數百萬美元的交易。對你來說，在傑西潘尼百貨（J. C. Penney）購物是省小錢花大錢。優雅的穿著可以彰顯自信與能力，那是穩健的財務投資，你辦公室裡那些漂亮的橡木家具、鄉村俱樂部會員證、兼具娛樂功能的好房子和其他很多好東西也是（如果你是靠閱讀與寫作謀生的學者，那你的筆記電腦也是）。這裡較一般的論點是這樣的：許多顯然不必要的奢侈品，儘管外觀看來不必要，但可以用效用主義的理由予以正當化。那是有效的論點，對許多人，包括我自己來說，也是很恰當的，我們都不願大幅改變自己的生活風格。但這不會讓辛格的問題消失無蹤，因爲不可否認，生活富足的我們確實擁有可處分的收入。如果你讓一個小孩溺死，以保住財務上有功能的西裝，你還是一個道德上的怪獸。爲什麼？因爲如果你買得起那樣的西裝，就有汰舊換新的財務能力，而如果你可以在救起溺水小孩之後換新的西裝，那麼就有能力在買下一件西裝之前，花錢救救遠方小孩的生命。一旦我們關照好自己廣義上的需求後，就必須面對我們在道德上的選擇機會。

或許我們被容許忽略遠方小孩的苦難，因爲（至少，從我們看事情的角度）他們是外國人，但當你到外國時，看見外國小孩在外國的池塘裡溺死，這是否就可接受呢？或許因爲還存在著許多可以幫忙他的人，讓你自覺對遠方小孩的責任減少了。在辛格溺水小孩的情境中，你是唯一能伸出援手的人。但這點有多重要？假設還有其他人站在池塘邊，明知那個小孩溺水卻見死不救，那讓那個孩子死掉是否就變得可接受了呢？我們很難正當化對近處溺水的小孩與遠方飢餓的小孩給予不同待遇的做法[6]。

儘管如此，顯然我們似乎必須拯救在眼前溺水的小孩，但是捐錢給外國進行援助，在道德上最多只是一種選項。換句話說，這兩種情況直覺上是非常不同的。我們是否該信任我們的直覺？當我們覺得這兩種情況截然不同時，我們是否具有一種道德上的洞見呢？或者這只是反映出我們的自動設定缺乏彈性呢？

爲了幫助我們解答這個問題，杰・穆森（Jay Musen）與我進行了一系列實驗，藉以找出是什麼影響我們在類似案例中的判斷，我們採用了辛格所提出的電車類難題[7]。在這些實驗中，我們沒有檢視所有可能的相關因素。舉例來說，如果那個小孩是你的孩子或姪子，那顯然有影響，但這種親屬關係的差異在辛格原先的問題中並不重要。我們想知道的是爲什麼我們會說「你必須」救那個溺水的孩子，卻又堅持對抗全球貧窮難題雖然值得嘉許，但只是一種選擇。

透過實驗，目前找到影響最大的因素是身體的距離。舉例來說，在我們架設的一個場景中，你正在一個剛遭受颱風嚴重侵襲的開發中國家度假。你很幸運地未受到颱風影響。你在山上有一個很舒服的小屋，可以俯瞰海岸，而你生活上的一切需求都已具足。但你可以捐款幫助已開始進行的重建工作。在另一個不同情境中，所有條件都一樣，只是你人不在那裡，而是你的朋友在那裡。你在家裡，坐在電腦螢幕前，聽你的朋友細述當地的情況，並用智慧手機的相機與麥克風，讓你如親臨實境般體驗受災區域。你也可以線上捐款幫助他們。

在回應親身經歷的情境時，六八%的受試者說，你有道德義務提供幫助。但若你身在遠方，只有三四%的受試者認爲你有道義要幫忙。儘管身處遠地的你獲取了完全相同的資訊，也同樣有能力幫助別人，但我們仍觀察到受試者在回應上的極大差異。

值得強調的是，人們反駁辛格的效用主義結論時，通常會提出許多因素，其中很多因素在這項實驗中均已控制不變。在我們的虛擬情境中，沒有人像在辛格的溺水孩子情境那樣，有可以幫助別人的獨特能力。在所有的虛擬情境中，援助都是以同樣的方式、透過捐款給有聲譽的組織來進行的。在我們的實驗中，不管是爲了回應特定的緊急情況（溺水的孩子），還是持續存在的問題（貧窮），援助的對象都維持不變，被害人都是外國人，因此排除了出於愛國心的理由幫助某些人多一些、其他人少一些的狀況。最後，這些實驗對於不幸的環境究竟是由意外造成，還是由其他更有責任提供援助、從而減輕了你的義務的人所造成，這點也維持不變。簡言之，在我們身處遠近幫忙別人的兩種情境之間，少有差異性，這表示單是身體距離或其他此類因素，就會對人們的道德義務感產生重大影響[8]。

單是物理上的距離應該造成影響嗎？就像在電車世界裡，人們可能主張，要評估某人的人格，身體距離是很重要的，擔心自己的西裝會毀損而讓小孩子直接在眼前溺死的人，是一個道德上的怪獸；但把錢拿來買西裝而不捐款，顯然不會讓我們因此變成道德上的怪獸。然而，那並不表示距離眞的重要，那只表示對距離不敏感的人在道德上是怪異的，而在道德上怪異，這就很重要了。再一次想想，有個朋友徵詢我們的意見：「我該不該幫助那些貧苦的颱風受災者？」如果回應「嗯，那要看狀況。你離他們幾呎遠？」會很奇怪。

看起來，我們又再次被欠缺彈性的自動設定牽著走：附近溺水的小孩按下了我們的道德按鈕，遠方挨餓的小孩則沒辦法9。但這樣的差異是無關道德的，就像有沒有使用個人力量一樣。爲什麼我們的道德按鈕被設計成那樣呢？更好的問題是：爲什麼它們不會被設計成那樣？再次說明，同理心是演化來促進合作的，但不是普世的合作，而是與特定個人或在特定部落的成員之間的合作。如果你幫助一個有需要的成員，很可能你那位「現在有需求（in need）的朋友」，會在某個時候變成「眞正的（indeed）朋友」（互惠）。而且，人們也有可能藉著協助自己部落內的其他成員，同時間接幫助了自己，因爲這讓我們的部落比其他相互競爭的部落更強大（你今天救的小孩，有一天或許會領導你的部落上戰場）。相對的，對普天之下的人心懷同情，在生物學上並無優勢，我要強調的是「在生物學上」。在天擇過程中，勝出的特徵之所以勝出，是因爲它們能帶來一種競爭上的優勢，無論是個人層次上，或可能是團體層次上。因此也就不難解釋，我們爲什麼對遠方的苦難無動於衷。從生物學的角度來看，更困難的問題是爲什麼我們有時會被周圍陌生人的苦難所觸動。它的解釋可能來自文化演化，而不是生物演化[10]。第三章解釋過，某些文化已經演化出一些規範，在那些規範下，陌生人被期待要對彼此抱持利他心，至少如果成本不高時，要幫助他人。

可辨識的受害者與「統計上的」受害者

在附近的溺水小孩與遠方的貧窮孩子之間還有一個顯著的差異。溺水的小孩是一個特定、可辨識的人，而你可以捐款救助的小孩，從你的觀點來看，是沒辦法辨識的「統計上的」人[11]。經濟學者托馬斯・謝林（Thomas Schelling）[12]觀察到，在緊急危難中，人們較傾向於回應可辨識的受害者，而較少回應不特定的、「統計上存在的」受害者。這被稱爲「可辨識受害者效應」（identifiable victim effect），可從潔西卡・麥克盧爾（Jessica McClure）的案例，即著名的「嬰兒潔西卡」（Baby Jessica）案例得見[13]。

一九八七年，十八個月大的嬰兒潔西卡掉進德州米德蘭的一口井裡，受困將近六十個鐘頭。陌生人們捐贈了超過七十萬美元給她的家人，幫忙救她出來，這筆錢如果花在預防保健上，可以救許多小孩的命。對嬰兒潔西卡見死不救是不可想像、可怕的道德瑕疵，但不增加州政府在孩童預防保健上的預算則沒有這麼罪大惡極。謝林在他討論可辨識被害者效應的研討會論文中觀察到，特定人的死亡會激起「焦慮與情感，罪惡感與恐懼，責任與宗教，（但）……當我們面對統計上的死亡時，這些情感震撼就消失了」[14]。

在謝林這項觀察的啓發之下，戴博拉・史默（Deborah Small）與喬治・魯文斯坦（George Loewenstein）進行了一系列實驗，檢驗相對於「統計上」的被害者，我們對於可辨識的受害者有何反應[15]。他們給十個受試者每個人十元的「額度」，讓他們隨機抽牌，某些人抽到的牌會寫著「保留」，他們就可以留下那筆錢，其他人則會抽到寫著「輸錢」的牌，他們的錢就會被拿走，讓他們變成「受害者」。每一個非受害者可以抽一張號碼牌，選擇一個被害者，然後跟受害者成組配對。關鍵是，非受害者並不知道跟他們配對的人是誰。如果你是非受害者，你可能知道你是跟「四號參加者」配對，但你不知道，也永遠不會知道那個人是誰。非受害者可以把他們得到的一部分錢分給跟他們配對的受害者，而且可以選擇給多少。然而，關鍵的操縱因素在於，某些非受害者在決定給受害者多少錢之前，就已經跟特定的受害者配對好（但並未碰過面）了，而其他非受害者則是在決定要給受害者多少錢之後，才跟受害者配對成組。那些在配對前就已經決定給多少錢的人知道他們會跟別人配對，因此某些人面對的問題是：「我想要給四號參加者（已確定的人）多少錢？」其他人面對的則是：「對那個我將抽出來的受害人（尚未確定的人），我想要給他多少錢？」再次說明，無論如何，決定者都不會知道誰將收到他們的錢。

結果：給已確定的受害者的捐款中位數，是給未確定的受害者的捐款中位數的兩倍以上。換句話說，相對於「將會被隨機決定的某號參加者」，人們較傾向願意給「已隨機決定的四號參加者」

錢。這沒有道理。的確，先選接受者再決定金額，或者反過來，其實並不重要，在這兩種情況下，你對接受者都一無所悉。

在一個後續研究中，史默與洛溫斯坦衡量了受試者自己回報的同情程度（在效果上與「同理心」相同）。他們發現，一如預期，對受害者的同情程度也可以用來預測捐款高低。他們也進行了一項田野實驗，讓受試者有機會捐款給國際仁人家園（Habitat for Humanity），每一筆捐款都能協助提供一棟房子給需要的家庭。在某些情況下，接受捐助的家庭已經事先確定了，而在其他情況下，接受捐款的家庭則還待決定。如同在實驗室裡做實驗的狀況，這些做捐款決定的人並不知道誰會因爲他們的捐款而獲益。果然，給事先確定的家庭的捐款中位數，是給尚未確定的家庭捐款中位數的兩倍。一項更近期的研究毫不意外地顯示，當捐款會流向某個特定需要幫助的人，而不是爲了解決更大的非洲貧窮問題時，人們會比較願意捐款給慈善機構。在這個案例中，那個特定的人名爲羅奇亞（Rokia），是馬利共和國的一個窮困的七歲小女孩。人們給予羅奇亞的捐款，同樣與他們自己回報的對她的同情心程度相關。但讓人意外的是，陳述羅奇亞的個人故事時，如果研究者也同時揭露非洲更普遍的貧窮問題的數據描述，人們就比較不願意捐款給羅奇亞了。這麼做會讓羅奇亞變成「一大桶水裡的一小滴」。然而，這些數字並未讓我們昏頭到蒙蔽了我們的同情心。德希拉・柯果（Tehila Kogut）與伊拉那・瑞托夫（Ilana Ritov）募款幫助一個需要昂貴醫療的病童，或八個病童[16]。相較於八個一群的小孩，人們更容易爲單一病童一掬同情之淚，也更願意捐款給他。一個更近期的研究顯示，只要有兩個對象以上，我們的同情心就會開始變遲鈍了[17]。

那麼……在附近溺水的一個小孩與需要食物及藥品的一群遠方小孩之間，眞的存在道德上的差異嗎？這些情境感覺起來確實不同，但我們現在知道我們對道德義務的直覺感受至少在某個程度上是不太可靠的，它對那些並不是眞正重要的事敏感，例如距離，以及我們對接受我們幫助的人是否有最低程度的了解。這並不表示我們自動的同理心程式整體來說是不好的。相反的，若沒有自然的同理心感情，我們會變成道德上的怪獸。同理心能力可能是我們大腦中最精髓的道德特徵。儘管如此，若讓同理心小機關無彈性的運作特質變成根本的道德原則，那仍是很蠢的事。

所以，先達成共識，我們確實不恰當地漠視了遠方的、「統計上的」人們的苦難。不過，幫助遠方陌生人的義務是否應該重要過一切呢？其他也應該關心的事怎麼辦？

人類並不只是資源分配者。我們都是爲人父母、子女、兄弟姊妹、戀人與朋友、同胞，信仰的持守者，也追尋著藝術、知識、美好生命等値得追尋的事。這些承諾似乎給予了我們正當的道德義務與選擇[18]。如果你覺得最好把錢花在不知名、遠方的窮困孩童身上，因而從不買生日禮物給你的小孩，你可能在某方面是値得稱許的，卻不是個好的父母親。如果你的效用主義承諾讓你沒有錢可以做社交活動，那麼你不會是個好的朋友。同樣的，資助藝術活動或社區高中運動團隊似乎也不像是道德上的錯誤。讓全球的快樂極大化之任務，是否應該排擠生命中其他值得追求的事？

效用主義可以做很多調適。如果爲了造福不知名的陌生人，要人類放棄家庭、朋友與其他熱情的要求看似荒謬，這就不會是效用主義要求人類去做的事。這麼做反而會引發一場災難，而災難並不能讓快樂極大化。人類演化來活在由人際與社群關係所界定的生活中，如果我們的目標是讓這個世界盡可能快樂，就必須考量人類本性的這個定義式特徵[19]。

然而，在這個大家可同意的效用主義調適策略之外，還是有一些挑戰性的改善要求。當然，你應該替你的小孩買生日禮物，但你的小孩是不是真的需要三份生日禮物？五份？十份？在某個點上，花錢在你的小孩身上，而不是在亟需食物與藥品的小孩身上，可能真的是一種道德錯誤。支持藝術活動很棒，可能比把錢花在自己身上更好，但捐贈一百萬美元給大都會美術館（Metropolitan Museum of Art），在道德上就不是那麼站得住腳了。這筆錢足以購買中價位的世界級藝術品，但那筆錢也可以餵飽、治療、買衣服與提供教育給一千個窮人家的小孩。就實務考量來說，嘲諷慈善家用「錯的」方式做好事可能會有反效果，畢竟把錢花在大都會美術館上還是比購買第四個度假屋要好[20]。若幫助那些需要幫助的人則更好。至於自私的欲望與人際關係是否高尚，沒有任何公式能計算出一條界線，界定什麼是合理，什麼是浪費。但在真實世界裡，我們不能把界線畫在一個荒謬之處，否則人們不會看重它。

因此，在這裡，如同一直以來的情況，效用主義在實踐上是堅定不移但合乎情理的，依照我們的需求與限制進行調適。但看來效用主義仍舊忽略了人類價值中某些非常重要的東西。

走向人性價值與常識正義

效用主義會原諒你關照自己的社會關係與利益，但這需要被原諒嗎？你會說，一個道德上理想的人並不是一個快樂幫浦，關照親友也不是出自人類固有的弱點，而是一種善意。效用主義認為，理想上，我們應該多關心不幸的陌生人更甚於其他事物，這不是有問題嗎？

或許不是。如果我們退到一定距離之外觀察，就能看到這些價值並不理想，即使我們仍然繼續擁抱它們。以下有個思想實驗或許有幫助。

想像你掌控了宇宙，而你決定創造一種有智慧、有感情的新物種。這種物種會活在某個類似我們的世界，資源稀少，而且比起將資源分配給「富有的人」，將資源分配給「貧窮的人」更能夠消除痛苦、創造更多快樂。你要設計這個新物種的心智，並且決定讓他們如何彼此對待。你已經將你的新物種選項限縮到三個。

物種一，自私的智人：這種生物根本不關心彼此。他們做任何能讓自己盡可能快樂的事，不在乎別人快樂與否。這種自私智人的世界是相當悲慘的世界，沒有人可以相信別人，每個人都持續爭奪稀少的資源。

物種二，和我們一樣的智人：這個物種的成員相當自私，但他們會關心相對來說較少的一群特定個人，而且起碼也關心具特定群體身分的個人。在其他條件不變的情況下，他們希望別人快樂，而不是不快樂。但就大部分的情況來說，他們不願意用舉手之勞服務陌生人，特別是屬於其他群體的人。這是一個關愛他人的物種，但他們的關愛非常有限。這個物種中有許多成員是非常快樂的，但是整體來說，這個物種距離其最大的可能快樂程度很遠。這是因為和我們一樣的這個智人物種成員傾向於盡其所能地為自己與近親積累資源。這讓和我們一樣的智人中略少於半數的成員得不到快樂所需要的資源。

物種三，追求共同最大效用的智人：這個物種的成員同等珍視所有成員的快樂，他們致力於追求最大的快樂，因為其成員盡其所能地像關心自己一樣關心他人。這個物種具備博愛的精神。也就是說，其成員用和我們一樣的智人關愛自己家人與好友同樣的熱情關心彼此。他們是非常快樂的一群人。

如果我掌管宇宙，我會創造追求共同最大效用的智人，那個充滿博愛精神、更快樂的物種。你可能不同意。你深信追求共同最大效用的智人成員是不費心機的蜂群，他們一視同仁地爲彼此奉獻，跟我們人類豐富而親疏有別的愛比起來遜多了，就像拿羅密歐與茱麗葉跟博格人相比。然而，這只是想像力不足的結果。試著想想在地球上現實生活中的一些英雄。某些人不求回報地捐腎給陌生人，奇妙的是，這些人並不認爲自己是英雄。他們擁有讓人溫暖的樂觀，堅信知道有機會，別人也會做一樣的事[21]。還有一位衛斯理・奧崔（Wesley Autrey），他在電車進站時跳下軌道救一位因癲癇發作而困在軌道上的人[22]。當列車掠過奧崔的頭髮，駛過他們身邊時，奧崔用他的身體壓住那個人。當我們想像追求共同最大效用的智人，我們應該想到英雄，而不是蜂群。那些人就像我們，卻比我們絕大多數的人更願意爲別人付出。

我的重點是這個：要期待實際的人類放下近乎他們所愛的一切，追求更大的善，這是不合理的。就我自己來說，把錢花在遠方挨餓的小孩身上更好，我卻把錢花在自己的小孩身上，而我也無意停止這麼做。畢竟我只是人啊！[23]但我寧願當一個自知僞善而願意變得不那麼僞善的人，也不願當一個誤把自己身上那種物種典型的道德限制當成理想價值的人。

對於懲罰違反規則的人，有一個直截了當的效用主義思維[24]：沒有懲罰的威脅，人們就不會循規蹈矩。然而，其他人則說懲罰不是，或不應該以鼓勵好的行爲爲主要考量。他們說我們應該懲罰逾矩者，只因爲他們應當得到懲罰，而無關懲罰的實際利益。這種懲罰的方法，即所謂的「應報主義」（retributivism），很合許多道德與法律理論家的意，其中包括康德[25]。事實上，康德曾說，如果一個孤島社會要拋棄他們的家園，島民離開前的待辦事項應該包括把還在牢裡的殺人犯處死，只爲了在離開前多盡一點額外的正義[26]。

應報主義提出了一些相當有力的論點來反對效用主義。首先，效用主義者有時候似乎在不應懲罰的情況下做出懲罰。你可以回想第三章的官老爺與暴民的情境（頁101至103），官老爺為了弭平暴力示威可以殺掉一個無辜的人。就算這麼做可以產生更好的整體結果，懲罰一個無辜的人分明就是錯的。其次，效用主義者似乎有時候會罰得太輕。對應報主義者來說，理想的世界是好人獲得獎賞，壞人承受苦難。但對效用主義者來說，理想的世界是每個人都得到最大的快樂，包括壞人也是如此。事實上，理想的效用主義懲罰制度是有效的假裝，而不是眞正的施予懲罰。在理想的效用主義者世界裡，被定罪的人會被送到一個快樂的地方，在那裡，他們不會給任何人添麻煩，但我們其他人卻會相信他們正在受苦，這樣能讓我們繼續盡可能地循規蹈矩。

懲罰無辜者？獎賞有罪之人？看起來效用主義對正義充耳不聞。有些人說，那就給了我們好的理由拒絕效用主義極大化快樂的理念。一如既往，我們會從盡力調適這些常識著手，了解在眞實世界裡事情是如何運作的。

至少在政策層面上，這種對於懲罰無辜、獎賞罪犯的憂慮，是不會出現在眞實世界中的。我們可以想像如官老爺與暴民情境，懲罰無辜者或許會讓結果變得更好，但若在眞實世界中採用這種政策，會成為一場災難。假裝懲罰的政策也一樣。這些政策若要實現效用主義的目標，政府官員就必須無限期地維持奧威爾式的巨大陰謀（譯按：指喬治・奧威爾〔George Orwell〕小說《一九八四》所描繪的全面管控之極權社會），同時每日抗拒濫用權力的機會。顯然不能預期這會促成一個更快樂的世界。

效用主義自然還會調適其他常識正義的特性。舉例來說，如果人們是意外而非故意傷害別人，我們的懲罰遠遠較輕（或根本不懲罰）。前一章解釋過，對於這種符合常識的政策，效用主義有一個很完美的辯護理由：那些故意傷害別人的人，一般來說比意外傷害別人的人更危險，因此嚇阻故意傷人者比較重要。故意的行徑因爲是有意識地做出，因此更有可能透過懲罰的威脅加以嚇阻。當然，如果意外傷害是因爲疏失而造成的，我們也會懲罰造成傷害的人，而那對效用主義來說也言之成理。我們希望嚇阻危險的疏失，也嚇阻故意傷害的行爲。

同樣的，法律與常識所認可的所有標準的免責與辯護理由，效用主義也予以支持。比方說，法律認可「未成年」（只是個小孩子）爲法定免責事由，這在效用主義上也成立。一個犯罪的十歲孩子，相較於三十歲的人，更可能用較輕的誘因使之循規蹈矩，也更容易因爲嚴苛的待遇而受到不能挽回的傷害。採用懲罰的方式也無法嚇阻心理有疾病的人，所以我們比較沒有效用主義上的理由懲罰他們。最後，因正當防衛與「出於無奈」（例如偷一條船以保全自己或他人的性命）違法，也有效用主義理由可以辯護：我們不想要嚇阻人們不做這些事。

因此，在眞實世界，一個使快樂極大化的法律體系不會採納危險的奧威爾式機制，故意讓無辜的人被懲罰、讓有罪的人被放走。同樣的，在眞實世界中促進更大的善的懲罰機制，將會肯認所有標準的免責與辯護理由，區分故意的犯罪與意外事故，區分小孩與成年人等等。話說回來，只爲了追求更大的善而懲罰，幾乎一定會涉及某些有爭議的改革。

例如囚犯的安全與福祉，這是鮮少得到公眾支持的訴求，而可能是政治人物應承擔的責任。囚犯經常受到其他囚犯的性侵[27]，我們認爲這種惡行是令人遺憾的，至少我們當中許多人這麼認爲，但我們並不會爲此太過困擾，而要求爲被監禁的受害人提供更好的保障。但想想看：做爲一部分的官方懲罰，囚犯要被州政府官方核可的強姦犯強姦，你會支持這種政策嗎？監獄中的強姦行爲是已被預見的監禁附帶效應，誰會受害則由運氣決定，許多人認爲這很遺憾，卻可容忍。但是把強姦當作政府懲罰的一種手段，故意施加在特定個人身上，我們會說這是野蠻的[28]。然而，從效用主義者的角度來看，強姦就是強姦，這兩種性侵害的形式在道德上並沒有那麼不同，我們應該採用更多方法防止囚犯對囚犯的暴力行爲。

當涉及刑法議題時，社會覺得正確的事與對社會有益的事往往是衝突的，而減少囚犯間的性暴力所突顯的是這一點。關於監獄經驗的本質與結果，一個更一般的問題是：入獄是否能讓人在被釋放之後，較可能過一種更有生產力、更守法的生活？監獄裡的悲慘經歷是否會鼓勵人們循規蹈矩？少有人會懷疑，懲罰的一般威脅具有重要的嚇阻效果。但對於整體的社會問題，美國目前經常實行的嚴懲是否眞是一種必要的回應，或只是不良政策，則尚無定論。潛在犯罪者是否知道當地的法律是什麼？又是否眞的在乎？更一般的重點在於：一個旨在促進更大的善的刑事司法制度不會變成荒謬的奧威爾式機器，但似乎可能跟我們現行的刑事司法制度不同，我們現在的制度是高度應報性的[29]。

美味的懲罰是否促進了更多的善？

效用主義的正義在實行上是合理的，卻始終存在一些「原則上」的問題。假定懲罰一個無辜的人眞的能夠促進更大的善，那就是正確當爲的事嗎？又假設我們眞的能夠用低成本假裝懲罰，而如果這麼做不會失去懲罰通常的效益（嚇阻效果等等），讓殺人犯與強姦犯過輕鬆愜意的生活，而不是眞的懲罰他們，是否眞的比較好？對效用主義者來說，懲罰只是必要之惡。但懲罰那些做壞事的人難道沒有某種本質上的正確成分嗎？縱使效用主義的正義概念在實行上可能一點也不荒謬，卻似乎忽略了正義的深層意涵。

那是我們的批評者說的話。另一種可能是，直覺的正義感是一種捷思機制：非常有用的道德機制，但絕不是始終正確的。我們對懲罰有偏好的口味，它就像任何口味一樣微妙而複雜，由一組複雜的基因、文化與意識型態因素組合而成。但我們對懲罰的口味仍然只是一種由自動設定植入的口味，因此受到其欠缺彈性的特質所局限。所有的味覺都可能被愚弄。我們用人造增甜劑愚弄自己的味蕾，用節育技術與色情出版品愚弄自己的性欲口味，這兩種方法都能提供性滿足，卻無益於散布基因。然而，有時我們的味覺也愚弄了自己。偏愛油脂與糖讓我們在一個資源過剩的世界裡變得肥胖。濫用藥物破壞了我們大腦的報酬迴圈，毀掉人們的生活。要知道我們是否愚弄了自己的味覺，或者味覺偏好是否愚弄了我們，必須暫時跳脫我們的味覺所形構的有限視野：加了人工糖精的蘇打水、色情出版品、能多益巧克力醬、海洛因等東西，在哪種程度上眞的符合我們最大的利益？就我們對懲罰的口味來說，也應該問相同的問題。

我說過，我們對正義的直覺是相當有用的，若沒有這樣的直覺，我們會迷失。第二章解釋過，懲罰促進合作，鼓勵人們用對我群，而不只是對自己有利的方式做事。換句話說，懲罰的自然功能是準效用主義的：我們很自然地成爲懲罰者，因爲懲罰具有社會功能[30]。

如果你問爲什麼我們應該懲罰逾矩者，人們會給出一個明顯效用主義式的答案[31]：若沒有懲罰的威脅，人們就會亂來。但這是手動模式的陳述。如果你看看人們對於特定個案的懲罰判斷，顯然他們主要考量的不是嚇阻。相反的，如第二章所解釋的，懲罰主要是由憤怒、嫌惡等感情所驅動的。這些感情是由逾矩行爲本身與做這些逾矩行爲的人所觸發的，而不是由嚇阻未來逾矩行爲的可能性觸發的。當人們對逾矩行爲給予懲罰時，他們傾向忽略有關嚇阻的具體因素，而僅單純基於他們對逾矩行爲感覺如何而施予懲罰[32]。舉例來說，對那些較難偵測的犯罪施予更重的懲罰，是符合效用主義的做法：當抓到違法行爲的機率偏低時，需要更強的嚇阻誘因（例如加州課處亂丟垃圾一千美元罰款，但不是因爲丟個紙杯到地上會造成多可怕的損害，而是因爲不容易抓到這樣的行爲）。人們傾向於忽略效用主義的考量。偵測率較低的犯罪行爲並不會讓我們更憤怒，因此我們直覺上不會對這種行爲分派更多懲罰[33]。如第二章所解釋的，這種忽略懲罰成本效益的心態很可能是一種設計特徵：如果你只有在「値得」的時候懲罰人，那麼你就不是個可靠的懲罰者，這會讓你成爲吸引別人侵犯的對象。但你如果有強烈的報復心，而別人也知道你是這樣的人，那麼你就更能有效嚇阻侵犯。

在某些情況下，我們的懲罰判斷顯然是非理性的。史默與魯文斯坦記錄了人們幫助特定受害者的偏好，並在一項針對懲罰的研究中記錄了類似的行爲。人們玩一個可以用合作或自私自利的方式來玩的遊戲。遊戲結束後，合作的人有機會懲罰自私自利的人。有些合作者有機會匿名懲罰某個已確定的個人：「你想要給四號的自私參與者多重的懲罰？」其他人則有機會匿名懲罰尚未確定的個人：「你想要怎樣懲罰那個你將抽到的自私的人？」一如預期，對那些「已特定的」逾矩者的懲罰，是另一種人的兩倍，而且他們的懲罰也跟他們的情感反應成正比[34]。

情感也影響有關在道德上誰應該或不應該負責任的判斷。紹恩・尼可斯（Shaun Nichols）與約書亞・諾伯（Joshua Knobe）向人們描述如下的「命定式」的世界[35]：

> 想像有個世界（A世界），其中所有事物的發生都是由先前已發生過的事情所決定。從這個世界最初之時就是如此，因此這個世界一開始時發生什麼事，就決定了接下來會發生什麼，而後依此類推，直到此刻。舉例來說，有一天約翰決定午餐時享用薯條。就像所有別的事情一樣，這個決定完全是由先前發生的事情所決定的。所以如果直到約翰做決定之前，這個世界的一切都是按此原則運行，那麼約翰一定會決定要吃薯條。

尼可斯與諾伯問受試者，在這樣的世界中，人們是否應該爲他們的行爲負完全的道德責任。只有少於五%的受試者回答是。另一群受試者則閱讀相同的A世界敘述，但不是籠統地回應在這樣的世界裡應否負責，而是被問到更具體的問題，一個特別設計來誘發其情感反應的問題。

> 在A世界裡，有個人名為比爾，他迷上了他的秘書，而他認定能跟她在一起的唯一方法就是殺掉他的妻子跟三個小孩。他知道，如果自家發生火災，他們是逃不掉的。在他出差前，他在地下室做了一些機關，可以燒掉房子，並殺死他的家人。

在這種情境下，有七二%的受試者說比爾在道德上要完全爲自己的行爲負責。這是奇妙的逆轉。如果用抽象的方式問，人們在一個命定的世界裡有多少責任，幾乎所有人都會回答沒有這種東西。但如果你對人們提出一種引發情感反應的特定惡行，那麼抽象的判斷就消失無蹤了[36]。

或許，如同康德所想的，讓逾矩者受苦眞的是值得追求的目標，就只爲了懲罰。但如果那是對的，這會是一種非常特殊的巧合。因爲物競天擇的作用，我們的大腦裡植入一個小機關，幫助我們穩定合作關係，從而複製更多我們的基因；若眞實正義的原則恰好與這個小機關所產生的情感一致，這是多麼奇怪的事啊。知道我們的大腦如何運作，以及大腦如何變成今天這樣之後，就更能合理推測，我們對正義的口味是一種有用的幻覺。我們把懲罰本身當作是值得追求的目標，而不只是一種促成更好行爲的手段，就像我們覺得食物本身是美味的，而不只是取得營養的手段。我們從食物中獲得的享受通常是無害的，但讓人受苦卻不是。因此，我們應該小心那種嚐起來美味的懲罰產生的是更多的惡，而不是善。我們也不應該因爲效用主義能超越我們對懲罰的口味之限制，而加以責難。

不為奴隸制度背書的效用主義

效用主義是非常平等主義的哲學，要求富人爲窮人努力付出。如果你明天起床後突然重獲新生，變成效用主義者，你生命中最大的改變是將重新致力於幫助不幸的人。儘管如此，對於效用主義最常出現的反對意見之一是，它還不夠平等主義，未能或可能並未重視底層的人的利益。

根據獲廣泛認同爲二十世紀最重要的道德哲學家羅爾斯的說法，讓快樂極大化可能會造成嚴重的不正義[37]。效用主義者說，爲了讓別人產生更大的快樂收益，可以減少某些人的快樂。這是累進稅制背後的原則：要求富人多付一點稅，對他們的生活方式不會造成太大影響，但是因此獲得的收益可以用以爲社會中其他人做許多事。儘管如此，羅爾斯說，這種以分配資源來極大化快樂有時是不正義的。用第八章的討論爲例探討他的觀點：想像有個社會是大多數人奴役少數人。如果這樣的安排讓多數人快樂，快樂多到足以抵銷被奴役者的不快樂，那會使這種安排變得正確嗎？羅爾斯認爲，一個有秩序的社會是以基本權利與自由爲基礎的，而不是以極大化快樂的最高目標爲基礎的。

表面上，這是一種非常有說服力的主張。的確，奴役是不正義的，而任何爲奴隸制度背書的道德標準都是不好的道德標準。接下來的問題是，效用主義眞的爲奴隸制度背書嗎？要得出答案，得先把問題切分成兩部分：「原則上」與「實踐上」。我會將重點放在「實踐上」，因爲那才是我在本書中想傳達的重點。我並不認爲效用主義是絕對的道德眞理，而是主張它是一個好的後設道德，一種能夠解決道德歧見的好標準。只要在眞實世界裡，效用主義並不爲奴隸制度那樣的事物背書，那就足夠了。

我不相信在眞實世界讓快樂極大化會導致任何像奴隸制度這樣的東西。我是以一個堅定的實證主義者的身分這麼說，實證主義者非常不願意坐在沙發上大放厥詞，隨意主張世界是怎麼運作的。但此時我卻大膽主張，效用主義可能在原則上爲奴隸制度背書，前提是人類的本性必須與當前的情況有極大不同。爲了找到一個因爲追求快樂極大化的目標推行奴隸制度的世界，我們必須進入科幻小說的世界（在那樣的世界裡，我們的道德直覺未必能被信賴）。

要釐清效用主義與社會正義的關聯是格外困難的。更具體地說，要釐清有關「效用」的事有極高的難度，因爲我們會自然而然混淆效用與財富。下一節將討論這種「財富主義」（wealthitarianism）的謬誤。現在，我要用一種不同的方法說明，想藉由奴隸制度（或其他壓迫形式）讓世界變得更快樂有多困難。

奴隸制度已爲某些人創造了龐大的財富，也造成極悲慘的境遇。當我們抽象地思考這些龐大得失及損益加總的結果，損失在實際情況下未必會超過獲利。這個問題可能尚未獲得實證，但我不認爲損失會超過獲利。而深入檢視具有代表性的個人之快樂可能有助於更清楚地思考奴隸制度可能如何影響人類的快樂。

在一個奴隸制度的社會裡，理所當然有奴隸與奴隸主人。爲求具體，讓我們想像在一個有奴隸制度的代表性社會裡，半數人是奴隸主人，另外半數人是奴隸。換句話說，每個自由人都恰好有一個奴隸（注意，這個一比一的比率只是針對我將進行的論證所做的一種保守假定）[38]。要讓奴隸制度達到最大的快樂，平均來說，每個奴隸主人因爲擁有一個奴隸所獲得的，必須多於他的奴隸因爲身爲一個奴隸所失去的。這種情況可能成立嗎？

讓我分階段向你提出問題。現在你既不是個奴隸，也不是個奴隸主人。你的第一個問題是：你如果有個奴隸，這會增加你多少快樂？當然，因爲你是個高尚的人，奴隸根本不會讓你更快樂，但我們正在想像你做一個快樂的奴隸主人的生活，所以請拋開這種道德上的保留立場。要讓這個問題更容易回答，我們可以想像你有一個高科技的機器人奴隸，它能做任何一個體格健全、未受教育的人類所能做的所有事，卻沒有任何感覺，就跟你的筆記型電腦或烤麵包機一樣。因此，跟擁有眞人奴隸的奴隸主人相比，擁有一個機器人奴隸不會讓你更困擾。

你會拿你的機器人奴隸做什麼？如果你就跟那些奴隸主人一樣，你會試著從奴隸身上得到最大的經濟價值，讓它去工作。假設你的奴隸一年能幫你多賺五萬美元（這也是一個保守的假設，可能高估了擁有奴隸可以創造的更高效用。即使大量超時工作，每年五萬美元對一個沒有技能的工人來說也是相當高的估計值，而我們甚至尚未考量滿足你的奴隸基本需求的成本）。那麼每年多賺五萬美元好不好呢？或許很好，但可能沒有你想的那麼好。若你能夠擁有一個奴隸，你的財務狀況可能已經相當好了。如果我們已經從有關快樂的研究中學到一件事，那就是額外的收入（比不錯的水準更高一些）不會對增加一個人的快樂有太多影響39。某些研究顯示，在不錯的水準上再增加額外的收入，根本不會增加任何快樂。從額外收益所能得到的快樂多寡因人而異，但我們知道，一般而言，一個單位的額外收入對有錢人比對窮人還更無效用，而這是此處的重點所在。我要強調這並不只是一種尚待驗證的發現40。經過數十年的研究，財富（在不錯的水準以上）與快樂之間的微弱關聯更像是一種人類本性的法則。超過一個特定水準，財富根本買不到（更多）快樂。

因此可以得出結論，保守地說，擁有一個奴隸可以讓你增加許多財富及小幅的快樂。接著是第二個問題：你若變成一個奴隸，將會失去多少快樂？答案當然是很多，原因顯而易見。我不想談奴隸制度恐怖的一面，在歷史上，這些事包括毆打、強姦、沉重的苦役、完全沒有個人自由，以及家庭破碎。變成另一個人的財產，就算在最好的情況下，也是非常糟糕的，而在通常的情況下，這是無法想像的悲慘命運。不用說，如果今天你從自由人變成奴隸，會大幅減損你的快樂。

考量人們從奴隸制度上如何增加與減少快樂後，你已經準備好回答第三個，也是最後一個問題了：獲利是否眞的超過損失？或許思考這個問題最好的方法，是把它轉化成等值的個人選擇：你願不願意用一半的人生當個奴隸，而在另一半的人生中，每年多賺五萬美元？或者你寧可過現在的生活就好？我希望這個答案是顯而易見的。如果答案很明確，那麼應該同樣明確的是，既然你已經用更具體的方法得知，在眞實世界中推行奴隸制度絕不可能獲得最大的快樂。同樣的道理也適用於更普遍的壓迫上。嚴重的不正義就是嚴重的不正義，因爲它涉及讓某些人陷入極悲慘的結果。只有在幻想世界中，才有一種「效用怪獸」41 可以透過吃掉人類而創造出無法想像的巨量快樂，否則即使是再好的好人，也無法好到抵得過壓迫所帶來的恐懼 42。

在眞實世界中幾乎確定存在的，是能夠促進更大的善的社會不平等與對自由的限制。擁有一個自由市場會導致經濟不平等，引發如果進行財產重新分配，應該做到什麼程度的問題。在一個最大的財產重新分配體制（共產主義）之下，不平等被消除了，但也消除了提升生產力的所有誘因。了解這點之後，幾乎所有人都會像北方牧民那樣，相信爲了更大的生產力，某種程度的經濟不平等是正當的（如果不同時考慮公平的話）。自由的不平等亦如是。在美國與其他許多國家，人類免疫缺陷病毒呈陽性反應的人（HIV-positive）若未告知其伴侶可能的風險，而在沒有保護的情況下任意與其發生性行爲，這是違法的。這種法律限制了他們的自由，這是一群一開始就受到壓迫的人，但是絕大多數人都相信，爲了更大的善，這麼做是正當的。更大的善也能正當化在其他方面限制我們的自由的做法，例如在擁擠的戲院裡大喊「失火了！」的老例子便是。這告訴我們，的確有可能藉由不平等及對自由的限制促進更大的善，卻不能以此認定，在眞實世界裡，這樣的不平等與限制是嚴重的不正義。這些事就某些人看來可能是不正義的，但重點是，眞實世界裡的效用主義，並不像它的批評者所主張的那樣，會造成顯然不正義的社會安排，例如奴隸制度。在原則上，你可以隨意批評效用主義；但是在實踐上，讓世界盡可能地快樂，並不會導致壓迫。

那麼，為什麼有這麼多有識之士認定效用主義支持嚴重的不正義？如我所說，部分的原因是混淆了效用這個詞的意涵。人們會混淆效用與財富，這使得效用極大化變得比較不具吸引力，甚至造成不正義的感受。巴隆與我在一個實驗中記錄了這種混淆的情況，下一節會說明實驗內容。這有點複雜，想要略過也可以。對於略過不看的人，要請你們了解的重點是：如果你認為壓迫在眞實世界能能夠獲致最大的快樂，恐怕你是誤解了。你想的是用壓迫來極大化財富，而非快樂。

「財富主義」的謬誤

對一個很棒的想法來說，「效用主義」實在是很糟的名字。效用主義並不是當我們想著「效用」時想到的那個東西。

第七章解釋過，效用主義者的第一個關鍵概念是經驗的首要地位：所有好事之所以好，壞事之所以壞，是因為它們對經驗所產生的影響（第二個概念法則是，每個人的經驗都同等重要）。廣泛地理解，快樂與不快樂的經驗是效用主義的貨幣。但是「效用」所暗示的，更接近「有用的東西」。擁有許多有用的東西，就是富有。因此，效用主義很容易被誤以為是是「財富主義」，主張最重要的事應該是讓財富極大化[43]。這並不是一個很棒的想法。

然而，效用主義與財富主義相混淆，並不只是因爲一個有誤導效果的詞。無論人們稱之爲「效用」、「快樂」或「經驗的品質」，都很難妥切地思考其意義。我們經常用一些量詞來說明這個世界裡的事物，或事物之特徵：有多少蘋果？有多少水？那場會議開了多久？有幾平方呎？多少錢？但我們一般不會量化經驗的品質。因此，當我們想像「效用」可能分配的方式時，很難不把它想作事物的分配，而非經驗品質的分配。

效用與事物密切相關，但它本身並不是東西（stuff）。首先，效用不是來自市場商品。你從友誼、晴天、證明數學定律、獲得鄰居的尊重等事物中得到的正面經驗，都是「效用」。其次，效用不等同於東西，因爲我們從特定數量的東西中得到的效用總額因人而異，且依個別情況不同而有變化。對一個貧窮的柬埔寨農夫來說，多兩千美元可以改變人生，但對一個富有的商人來說，兩千美元只是把飛往新加坡的班機座位升等成頭等艙。因此，討論效用的分配時，記得我們討論的是「效用」，這是難以捉摸的心智事物，而不是眞實世界裡或銀行帳戶裡的東西。

接下來的問題是，將效用（不是東西，也不是財富）極大化的社會不平等在眞實世界中是否可能非常不正義？當羅爾斯想像效用主義的不平等時，他所想像的是像奴隸制度那樣的事。奴隸制度確實是不正義的，但爲什麼會有人認爲奴隸制度（或類似事物）可以讓世界更快樂呢？因爲，如果你把效用混淆爲東西，也就是財富，奴隸制度能使效用極大化聽來就說得通了。

前面提過，奴隸主人從擁有奴隸所得到的，比奴隸因身爲奴隸而失去的更多，這點是說不通的。你不會選擇用一半的奴隸人生換取爲另一半人生增加收入。同樣的，兩千美元對富商和對窮人的意義相同，這點也是說不通的。但如果我們算的是財富而非快樂，用數學就可以得出有利富人的結論。奴隸主人可以藉著壓榨奴隸得到龐大財富，對一個正在出差旅行中的副總經理來說，一夜好眠可能造就或毀掉百萬美元的交易。就財務角度來看，富人賺更多錢的總額，可能超過窮人失掉的錢的總額。這是羅爾斯與其他人想像效用主義者的不正義時，心中所想到的：「抱歉，」快樂的壓榨者說，「但我很大、很大、很大的獲益讓你很大的損失不算什麼。」只有在我們計算的對象是金錢而不是快樂時，收益才會超過損失[44]。

上面提到的實驗顯示人們很容易混淆效用與財富，而這造成羅爾斯式的結論。巴隆與我向人們提出多個假設性的社會，其中有不同的年收入（財富）分配方式。舉例來說，在A國家，社會最底層可得到兩萬五千元的收入，中間層可以得到四萬五千元的收入，而最頂層的人可以得到七萬元的收入。在B國家，其他情況完全相同，但最底層的人只得到一萬五千元的收入。我們接著要求人們加以比較並評分，如果他們知道自己身處於頂層、中層或底層經濟階級的機會是一樣的，那麼他們喜歡住在A國家還是B國家。給A國與B國評分的分數差異告訴我們，人們是如何評比最底層從一萬五千元到兩萬五千元這當中的一萬元差距的。我們同時用類似的比較去判斷人們如何評比其他收入差距，如四萬元與五萬元之間的一萬元差距。你可能預料到了，並不是所有一萬元的差距都會得到相同評分。人們重視一萬五千元到兩萬五千元的差距，更甚於四萬元到五萬元的差距，這反映了財富邊際效用遞減。你愈有錢，每多一元對你所產生的意義就愈小，能帶來的快樂也就愈少。

在下一階段，人們則評比第一階段中所提出的各種不同收入。換句話說，我們要求人們對每一個收入層級的效用等級進行評價，要他們給最低的收入評零分，給最高的收入評一百分，之後用介於零到一百的分數評價其他收入等級，並請他們小心確認，每一點分數的價值都一樣，例如，從零分到五十分的改善幅度跟五十分到一百分的改善幅度應該是相同的。受試者提出他們的評分，而一如預期，他們給予底層的收入改善較多的評分，這與財富邊際效用遞減是一致的。舉例來說，一萬五千元與兩萬五千元間的評分差距，通常比四萬元與五萬元間的評分差距更大。

在第三階段，受試者再次評比他們有多想要住在不同國家，但這次，不是以收入分配的狀況來進行評分，而是根據效用分配的狀況。我們並未告知各個社會的底層、中層與頂層能賺多少錢，而是讓受試者評比每一個層級的收入價值（效用）。這些評分是「如你這般的其他受試者所做的收入評分，就像你（在上個實驗階段）所做的那樣」。然後我們就能比較人們對不同價值差距的評分了，只是這裡的差距是效用的差距，而不是收入的差距。舉例來說，我們可以判斷人們對於收入評價從零分到二十五分的差距評分如何。同樣的，我們也可以判斷人們對於收入評價從七十五分到一百分的差距評分又是如何。更關鍵的是，我們可以得知，人們是否認爲第一個二十五分的效用差距，比第二個二十五分的效用差距好。

如果人們的標準一致，他們對這兩種差距想要的程度應該是一樣的，因爲我們現在談的是效用水準，而非收入水準。請記住，這個部分的受試者所做的評價，是要讓每一分都代表相同的價值。也就是說，增加二十五分的效用評分應該是一樣的，無論是從零分上升到二十五分，或是從七十五分上升到一百分。

結果：他們在實驗第三階段的回應（依據效用分配狀況對各個國家進行評分）與他們在實驗第二階段的回應（對不同收入等級進行效用評分）並不一致。受試者並未對相同的效用差距給予相同的評價，而是把效用跟實驗第一部分的收入看作完全相同的事。也就是說，他們（像羅爾斯那樣）對於底層的改善給予較高的評分，從零分上升到二十五分所得到的分數，高過從七十五分提升到一百分。事實上，他們對底層的效用提升所做的評分，跟他們爲收入等級所做的評分是一樣的。這種評價模式就內在來說是不一致的，但那正是巴隆與我基於對羅爾斯研究的解讀，預期人們會做的事[45]。

這個實驗顯示，人們很難清楚思考效用這件事。一方面，人們了解效用與事物是不同的，這從他們爲收入提升一萬元的起始金額不同（從一萬五千美元跳升，還是從四萬元跳升）而給予不同評價可以看出。另一方面，如果你要求人們對效用的分配進行評價，他們會把效用當作跟財富一樣的東西，而不是效用應有的特定抽象意涵。換句話說，人們看著收入的效用評分從零分上升到二十五分時，心想「效用從這麼低分開始，這個提升會造成很大的改變」。而後他們看著效用評分從七十五分上升到一百分，心想「這是不錯的改善，但已經從不錯的效用分數做起點，這不算太大的改善」。這種想法根本就錯了。取決於你的情況，你可以從特定數量的金錢中得到或多或少的效用，但你不能從你的效用中得出不同水準的效用。效用就是效用。這不是說我們的受試者精神有點錯亂。當他們從思考收入的分配轉變成思考效用的分配時，他們絲毫沒有調整思維。他們把效用完全當作是東西了（而一些專業哲學家做同樣的試驗時，也有同樣反應）。

這意味著什麼呢？這意味著羅爾斯批判效用主義爲嚴重的不正義背書這點，是可以經過實證駁斥的。羅爾斯式的反對意見，是建立在對效用的誤解上，我們可以在實驗室中輕易證明此點。人們略微知道財富與效用是不同的，他們了解隨著財富增長，增加更多財富的重要性就愈來愈低。但是當人們評價效用的分配時，他們就忘記了這點，而將效用完全等同於財富了。他們混淆了效用主義與財富主義。於是，無數的哲學家判定可憐、無辜的效用主義犯下了違反人性的罪。

（這種反對意見「原則上」的版本呢？[46] 羅爾斯從「原初立場」（original position）得出的主張又是如何呢？）[47]

效用主義是否不正義？讓我們回顧一下。

效用主義是否要求我們變成快樂的幫浦？爲了追求更大的善而奴役自己？不是的。因爲這對活生生的人類來說，並不是一個實際的目標。人類的大腦不是爲了道德上的英雄主義而設計的。效用主義只要求我們督促自己在道德上更好，不只關心周遭的圈內人，更要多關心別人。效用主義並未要求我們在道德上達到完美，而是要求我們坦然面對自己的道德限制，並盡人類的力量克服這些限制。在此，科學可以提供幫助，顯示我們的義務感是多麼反覆無常而不理性。

效用主義是否支持濫用刑事司法的權力，懲罰無辜者，並獎賞有罪者呢？在想像的世界裡，可能是的；但在眞實的世界，這是災難性的想法，一個想要讓快樂極大化的智者不會想爲此背書。一如以往，這種調適策略也伴隨著改善的要求。我們對懲罰的偏好是有用的，但它不是始終正確的。就像我們喜愛脂肪與糖分會讓我們在一個充滿奶昔的世界變得肥胖，我們對報復的偏好也會造就一種滿足我們的懲罰欲望，卻侵害社會健全的刑事司法系統。

效用主義是否爲奴隸制度與其他形式的壓迫背書？在眞實世界裡，並非如此。在眞實世界裡，壓迫只能爲壓迫者增加少許快樂，卻將悲慘境遇加在被壓迫者身上。認爲效用主義支持社會不正義的想法，是基於財富主義的謬誤，這是一種微妙的、混淆財富極大化與快樂極大化的想法。「原則上」，人可以藉著壓迫別人而獲得最大的快樂，但在眞實世界中，在人類本性之下，壓迫並不能讓世界變成更快樂的地方。

因此，在眞實世界裡，在快樂與正義之間並沒有根本的緊張關係。然而，我們可以透過更妥善了解認知的小機關是怎麼來的、又怎麼運作，來調校我們的正義感。

第 5 部

道德解決方案
Moral Solutions

現代的牧民需要慢慢地想、努力地想，但必須用對的方法來想。與其把我們自動設定的產物組織起來並正當化，不如超越它們。我們應該擱置讓我們分歧的部落情感，並依循能夠得出最佳整體結果的方式。

第十一章 —— 第十二章

第十一章

深度的實用主義

若適切地理解並明智地運用，效用主義就是深度的實用主義。它是我們的第二個道德指南針，也是我們在新牧場上生活的最佳指引。

該是把一切整合在一起的時候了，把我們從生物學、心理學與抽象哲學中學到的事轉化成有用的東西。就我們現在明瞭的事，那麼應該如何思考造成我們分歧的問題？如何思考那些拒絕購買健保的愚人？健保制度真的是正確的嗎（即使對那些愚人來說）？或者只是讓某些人省錢的另一種產物呢？一〇％的美國人控制了美國七〇％的財富，那公平嗎？[1] 或者在這個充滿機會的土地上，事情就是這樣運作的呢？全球暖化的威脅是真的，或者只是天真的騙局呢？如果像專家說的，暖化的威脅屬實，那麼誰該花錢阻止，又該花多少錢？伊朗是否有權發展核子科技？以色列是否有權阻止他們？國際特赦組織說死刑「根本違反人權」是對的嗎？還是如艾力斯・柯金斯基（Alex Kozinski）法官（美國上訴法院第九巡迴庭）[2] 說的，謀殺犯「放棄了他們對自己生命的權利」？同志婚姻是上帝所成就的公民權利，還是被上帝所憎惡？藥石罔效的患者願意結束生命，醫師應否幫助他們？還是我們應該信賴美國醫學會所說的，醫師加工自殺的行爲「根本與醫師做爲幫助者的角色不相容」？

回到第六章，我們提出了一個很棒的想法：新牧場上的現代牧民應該擱置個別的意識型態，去做那些能得到最好結果的事。這聽起來相當合理，但未必特別有幫助。但我們已經看到，稍後也還會再看到，這確實是一種極有力而具挑戰性的想法。若嚴肅看待，會從根本上改變我們思考道德問題的方法。

第二種道德指南針

我稱爲「深度的實用主義」的這個哲學，是以一種平淡但可接受的面貌出現，因爲我們相信人類已經採行了。我們都相信自己想要的是最好的方案，但情況當然未必如此。要讓此一哲學有些實益，就必須具體界定什麼才算是「最好的」。我們需要一種共享的道德標準，也就是我所稱的後設道德。再次說明，後設道德的任務是幫助我們做困難的選擇，在相互衝突的部落價值觀之間進行權衡取捨。這能夠用一種有原則的方式進行嗎？

相對主義者認爲這是不可能的。不同的部落就是有不同的價值觀。相對主義者的看法在某種最終的形上學層面可能是正確的。或許我們的道德問題沒有客觀的正確答案，但即使眞是如此，知道這點並沒有多大幫助。我們的法律必須有所表達。我們必須選擇，而且除非我們願意丟銅板來決定，或認同那樣會得出正確選擇，否則都必須基於理性做出選擇。我們必須訴諸某一種特定的道德標準。

向前邁進，我們有兩種一般的策略。第一種是訴諸某種獨立的道德權威，如上帝、理性或科學。我們在第七章發現，這些都無法提供非套套邏輯的道德眞理，來解決我們的歧見。因此，我們被丟回「泥淖」，也就是那個讓我們結合又撕裂我們的交纏的價值與信念之網。

第二項策略，即深度的實用主義者的策略，則是尋求在共享價值觀上的共識。不是訴求某種獨立的道德權威（上帝／理性／科學說：「生命的權利超過選擇的權利」），而是將目標定在建立一套共通貨幣，以衡量相互競爭的價值。再次說明，這是效用主義的巧妙之處，它基於經驗建立一種通用貨幣。如同我們會按下或不會按下的按鈕所揭示的，我們都關心經驗，包括自己的經驗與別人的經驗。我們都想要快樂，沒有人想受苦。在我們所珍視的一切事物背後，幾乎都找得到對苦與樂的關心，只是需要一點反思能力才能看出這點。我們可以針對個人價值的核心進行無偏私的評價，將它轉化成道德價值，從而爲之注入黃金律的精華：你的快樂與苦難跟任何人相比，都不是更重要，也不是更不重要。最後，透過人類大腦前額葉皮質層的結果最佳化機制，我們能將這個道德價值轉化成一種道德系統，由此可得出一種沒有人喜愛，但每個人都「懂」的道德哲學，這是所有部落成員都能說的第二種道德語言。個別的部落有不同的道德直覺、不同的自動設定，爭端也在這基礎上滋生。幸運的是，我們擁有具彈性的手動模式。多想一下，就能夠運用手動模式的思考與我們的「腦」達成共識，儘管我們的「心」仍存在某些無法協調的歧異。這是深度的實用主義的精髓：不是從我們認爲應當在的地方來尋求共同基礎，而是從它的實際所在來尋求共同基礎。

實用主義者是一種人們熟悉的性質，是既獲讚賞也被懷疑的對象。我們讚賞實用主義能得出「結果」，實踐了「可能的藝術」，並橋接我群與他群之間的鴻溝。但是對實用主義者的憂慮在於，當他們熱切讓事情往前發展時，也可能失去方向感。假定兩個小孩正在搶一塊蛋糕。其中一個人想要一人一半，另一個人想要獨占整塊蛋糕，之後來了個永遠尋求妥協的實用主義者，他說：「好了，孩子們，我們用理性來解決這個問題。你拿四分之三，而你拿四分之一。」不分事理地尋求妥協並不是美德。某些妥協是壞的，而某些不妥協的情感是好的。但如果在妥協的精神裡，我們擱置了我們不能妥協的道德情感，那還留下什麼能指引我們呢？我們的道德指南針在哪裡？

這就是爲什麼深度實用主義的「深度」是基本要點，也是爲什麼現代牧民不能光說：「讓我們理性一點，放寬心胸來妥協吧。」一個實用主義者需要明確、一致的道德哲學，能夠在直覺情感不可信賴時提供指引的第二種指南針[3]。這也就是為什麼我花了大量篇幅解釋、釐清並捍衛效用主義的原因。我了解這不是每個人對好時光的看法。但如果我們承認我們所屬部落的情感未必全都正確，而想要用一種有原則的方式解決我們之間的歧異，那麼就需要某種「主義」——那種在我們的情感指南針失靈時，能夠指引我們的明確道德標準。

效用主義並不是我們一見鍾情的對象。我在第六章解釋過，這種哲學非常容易被誤解。它不是關於「功能」，不認為俗世的功能性比讓生命有意義的事物重要。它也不是淺薄地追求我們「喜愛的事物」，它更不是自私自利、享樂主義，或盲目地夢想著烏托邦。效用主義並不要求我們用魔術般或高科技的能力來精準地衡量快樂，它也不要求我們持續地「算計」。相反的，有效用主義上的原因必須拒絕這些天眞的、假效用主義式的做法。若妥適地理解，效用主義與它所被諷刺的對象之間，其實少有相像之處。若適切地理解並明智地運用，效用主義就是深度的實用主義。它是我們的第二個道德指南針，也是我們在新牧場上生活的最佳指引。在本章，我們將思考做為一個深度的實用主義者究竟是什麼意思，並將此哲學與某些有吸引力的替代方案進行對照。

何時該隨拿即拍？（我 vs. 我們）vs.（我們 vs. 他們）

我說過兩件顯然相悖的事。一方面，我說過我們應該擱置直覺反應，改採手動模式，並仰賴效用主義道德指南針給予方向（抱歉這裡我混用了機械上的比喻）。另一方面，我也說過，做爲深度的實用主義者，我們不應該一直做效用主義式的計算。哪一種說法才是對的？

那要看我們面對的是哪一種問題而定。在這整本書裡，我們仰賴三種指引的比喻，其中兩個在這裡一起出現。首先是新牧場的寓言，描繪常識型道德的悲劇。第二個是照相機的比喻，說明我們的直覺反應（自動設定）與明確的論理（手動模式）之優缺點。什麼時候該隨拿即拍？爲了回答這個問題，我們需要將這兩個指引的比喻放在一起（第三個比喻則是共通貨幣，我們很快會回到這點）。

第一部解釋過，我們面對著兩種在根本上不同的道德問題。第一種是「我」與「我們」之間的問題。再次說明，這是合作的基本問題，也就是公地悲劇。我們的道德之腦主要用情感來解決這個問題。同理心、愛、友情、寬容、榮譽、羞恥、罪惡感、忠誠、謙遜、敬畏與困窘等感情，（有時）會強迫我們把別人的利益放在自己的利益之前。同樣的，憤怒與嫌惡的感情驅使著我們迴避或懲罰那些把自己的利益看得比我群的利益還重的人。幸虧有這些自動設定，我們比較少說謊、欺騙、偷竊與殺戮，若非如此，這些情況會更常發生。這讓我們得以成功。

複雜的道德問題發生在我群與他群之間，關於我群與他群之間的利益衝突，或我群與他群之間的價值衝突，或兩者皆有。這是常識型道德的悲劇，是現代的道德悲劇，也是新牧場上許多糾紛的來源。在這裡，我們彼此迥異的感情與信仰讓事情變得難以處理。首先，我們都具有部落性，理直氣壯地看重我群勝過他群。其次，不同的部落會用不同的條件進行合作，某些人比較集體主義，某些則比較個人主義；某些人面對威脅較有攻擊性的反應，其他人則強調和諧。諸如此類。第三，不同的部落有不同的「專有名詞」，即他們賦予道德權威的領導人、文獻、機制與慣例。最後，所有這些差異都導致對於何為真實、何為公允產生偏私的認知。

我們的第二個指引比喻，照相機，闡明了兩種道德思考模式：一是自動設定，即有效率但沒彈性的情感直覺反應；一是手動模式，即進行明確、實際論理的一般能力，雖有彈性但沒有效率。

因此，我們有兩種道德問題，也有兩種道德思考方式。現在可以回答這些問題了：明智運用我們道德之腦的關鍵在於，把對的思考方式與對的問題類型搭配起來。我們的道德情感、我們的自動設定，在限制單純的自私自利上通常能獲得好的效果，可以避免公地悲劇。那是它們無論在生物上或文化上都被設計來執行的功能。因此，當問題出現在「我」與「我們」之間（或者「我」與「你」之間），即使你的手動模式認為可以予以正當化，我們也應該信賴我們的道德直覺反應，也就是人們所知道的良知：不說謊，不偷盜，不騙稅，也不欺騙你的配偶，不從辦公室的現金抽屜裡「借」錢，不惡意中傷競爭對手，不停在殘障人士專用車位，不酒後駕車。而且，對做這些事的人要確實表達你的蔑視。當問題出現在「我」與「我們」之間時，相信你的自動設定（道德的自動設定，而非貪婪的自動設定）。

但是……當涉及常識型道德的悲劇，涉及我群與他群之間的衝突時，就是停止信任你的直覺情感，並改採手動模式的時候了。我們如何知道處在哪一種情況呢？這個問題有一個意外簡單的答案：爭議（controversy）。當某人明顯做出一種道德逾矩行爲，例如詐欺或謀殺時，這是一個道德問題，但不是道德爭議。在法院門口不會有抗議者聲援伯尼・馬多夫（Bernie Madoff）有詐騙投資人的「權利」。那是他與我們之間的問題。在此，我們對於何者正確或錯誤的直覺，可能就能妥適滿足我們的需求。

但是當存在爭議，而所有部落沒有共識時，那麼你就知道這是新牧場上我群與他群的問題，此時就該轉換成手動模式。爲什麼呢？因爲當各部落有不同意見時，幾乎都是因爲它們的自動設定訴說著不同的事，它們的情感道德指南針指向彼此對立的方向。在這種情況下，我們無法用常識來解決，因爲我們的常識並沒有如我們所想的那麼普遍通用。

當發生這種情況時，這裡所提倡的決定策略，即在直覺彼此衝突時改採手動模式的策略，是我們的大腦在其他情境下已經使用的策略。相機的比喻留下了一個關於人類決策行爲的謎團；在照相技術上，是拍照者決定何時瞄準並按下快門照相，以及何時該改採手動模式。那麼，在人類的決策過程中，是什麼扮演著拍照者的角色？我們又怎麼決定如何來做決定呢？在此，我們面臨著一種無止盡回溯的危機。在做決定之前，不是要先決定如何做決定嗎？而在決定如何做那個決定之前，難道不需要……？

馬修・伯維尼克（Matthew Botvinick）、柯亨與其同事所做的開拓性研究，顯示出了大腦如何解決這種繞不完的困境[4]。你可以回想第四章有關唸出顏色名稱的史楚普任務。在這裡，挑戰之處是念出用來寫出文字的顏色，即使文字本身指向錯誤的顏色。例如用藍色寫下的「紅」這個字，你應該要唸「藍色」。這是困難的，因爲辨讀文字比辨識顏色更自動化，要又快又準地完成任務，你必須要有認知控制，也就是手動模式。所以，手動模式要如何知道它該何時進場？難道每次人們都要先自問「這是個棘手的問題嗎」，然後才決定如何思考嗎？

伯維尼克與柯亨主張，大腦用一種衝突監視器（conflict monitor）來解決這個問題，這個監視器是位在大腦稱爲前扣帶皮質層（anterior cingulate cortex, ACC）的地方。每當有不相容的反應被同時激發，前扣帶皮質層就會活躍起來。舉例來說，當你看到「紅」這個字寫成藍色的，某一組神經元就會開始作用，促使你說「紅」，而另一組神經元則要你說「藍」。根據衝突監視器理論，當前扣帶皮質層偵測到大腦做出兩種不相容的行爲時，便會送出一個訊號喚醒大腦背外側前額葉皮質層，也就是手動模式的所在，這個部位就像一個更上級的法院，可以解決這場衝突。與此一致的，我與柯亨及其他人合作進行的研究也顯示，困難的道德難題在本質上會激發相互衝突的反應，促使前扣帶皮質層與大腦背外側前額葉皮質層產生反應[5]。

在史楚普任務中，以及在某些道德難題中，這種衝突是在同一個大腦裡發生的，但是當我們牧民有不同意見時，這種衝突是在不同人的大腦之間發生的。所以，我的建議是將大腦自動運用來解決內部歧見的策略，刻意拿來解決不同大腦之間的歧見：在面對衝突時，轉換成手動模式。

發自我們的腦海深處

且讓我們達成共識，當我們牧民有歧見時，會停下來想一想。這麼做很難。確實很難。那是一個很好的想法，但這裡有一個很大的問題：當我們思及引發分歧的道德問題時，我們的第一個直覺是想出所有我群是對，而他群是錯的理由。

再次回想，在某個實驗中，我們向死刑的支持者與反對者提出死刑能否有效嚇阻犯罪的正反面證據。受試者的想法並沒有因此變得折衷（「正反證據參半」），反而變得更兩極化。人們緊抓著適合他們立場的證據，並拒斥其他證據。同樣的，面臨氣候變遷的爭議時，那些具備更多科學知識，且「計算能力」較好的人（非氣候專家，而是喜歡使用手動模式的一般人），反應特別兩極。也回想我們評估證據時，偏見在無意識的情況下悄悄出現的情形。如果交鋒的談判者把賭注押在無偏見的第三方會怎麼決斷上，他們會得到輸錢的結果。

理解這一切後，你可能認為基於證據的手動模式道德是無望的，努力思考讓人分歧的問題只會使事情變得更糟。或許如此，但換一個角度來看，只要我們用正確的方法來使用手動模式，手動模式思考還是有可能讓我們團結。在眞實世界中大部分有爭議的道德問題，例如全球暖化與健保改革，都是非常複雜的。儘管如此，不具相關專業知識的人仍對這些議題有強烈的意見。在一個理想的世界裡，我們會努力讓自己變成專家，然後基於廣泛的知識來做出判斷。但因爲這種理想情況在現實中絕不會發生，我們的次佳方案就是仿效蘇格拉底的智慧：當人們承認自己無知時，就會變得聰明一些[6]。

心理學家法蘭克．凱爾（Frank Keil）與其同事記錄下了他所稱的「解釋深度的錯覺」（the illusion of explanatory depth）[7]。簡言之，即使事實上並不明瞭，但人們總以爲自己知道事情是如何運作的。舉例來說，人們通常認爲他們了解拉鍊或沖水馬桶的原理，但是當他們實際嘗試解釋這些事物如何運作時，很悲慘地，他們解釋不出來。但關鍵是，當人們試著解釋這些事物如何運作而解釋不出來時，他們會認知到自己的失敗，而後修正他們對於自己懂得多少的估計。

在一組非常巧妙的實驗中，菲立普．費恩巴哈（Philip Fernbach）、托德．羅哲斯（Todd Rogers）、克萊．福斯（Craig Fox）與史帝芬．斯洛曼（Steven Sloman）將此一概念運用在政治上[8]。他們要求美國人想想六個具爭議性的政策提案，例如單一支付者健保體系，以及爲限制碳排放量而提出的總量管制與交易制度。在某個版本的實驗中，他們要求人們針對這些政策提出自己的意見，然後說明他們對那些事有多了解，接著又要求他們詳細解釋這些政策如何運作。最後要求人們再次提出自己的意見，並爲自己了解的程度評分。他們發現，人們在被迫解釋這些政策的運作機制之後，會調低自己了解程度的評分，並在意見上變得更折衷。實驗者也進行了控制組的實驗，受試者未被要求解釋這些政策如何運作，而是被要求為其意見說明理由。對大部分人來說，提出理由並不損及他們原有定見的強度[9]。

因此，這些研究巧妙顯現出來的是，正確的手動模式思考可以讓我們更緊密地團結在一起。僅僅強迫人們用明確的理由來為自己的意見正當化，不太能讓人們更理性，甚至可能造成反作用[10]。但強迫人們面對他們對基本事實的無知，確實會讓他們和緩一些。如同這些研究者提到的，他們的研究結果為公共辯論提出了另一條路徑[11]：不是只問政治人物與學者為什麼他們偏好自己所喜歡的政策，而是首先請他們解釋他們所偏好（以及不贊同的）政策實際上會怎樣運作。《與媒體見面》（*Meet the Press*）如是，與親戚見面（meet the relatives）亦然。當你頑固的、滿嘴都是火雞肉的叔叔堅稱，全國性健保是歷史上的重大進展或文明的終結（就如我們聽過的那樣）時，你可以不用公然挑戰他，而是把他的意見導向你的方向：「這麼說很有趣，吉姆。那全國健保是怎麼運作的呢？」

我們靈魂的祕密笑話

一九七〇年代初期，丹諾・達頓（Donald Dutton）與亞瑟・阿隆（Arthur Aron）派一位很有魅力的女性實驗者到卑詩省某座公園的兩座橋上去堵男性路人的路[12]。其中一座橋是可怕的、搖搖晃晃的吊橋，橫跨在一個深谷上；另一座橋是安穩的木橋，離地面很近。那位有魅力的實驗合作者跟這些男士進行訪談（一次一個人），討論他們在公園裡的經歷，然後給這些人她的電話號碼，眨眨眼告訴對方，如果想更清楚知道這個研究，可以跟她聯絡。跟她在搖晃吊橋上相遇的人在事後回電的機率大得多，而且更可能開口約她出去。爲什麼呢？如同達頓與阿隆預測的，那些在搖晃吊橋上的男人誤把他們怦怦跳的心臟與冒汗的手心當作是被強烈吸引的徵兆了，這顯示當我們不知道自己爲何感覺如此時，會編出一個聽起來合理的故事讓自己相信[13]。

這並不是一個孤立的現象[14]。在另一個經典實驗中，尼斯貝與提摩西・威爾遜（Timothy Wilson）將幾雙絲襪排成一列，要求幾位受試者從中挑選一雙[15]。當要求受試者解釋他們爲什麼喜歡那一雙時，人們提出足以適當理解的答案，說明他們選擇的絲襪的相關特性，如卓越的織工、透明度佳、彈性好等等。然而，他們的選擇與這些特性無關，因爲展示的每一雙襪子事實上是完全相同的，只是人們比較喜歡右手邊的展示物。在另一個類似實驗中，同樣的兩位研究者讓人們看幾個字組，其中一個是「海洋─明月」。稍後，那些人必須從不同的洗衣精中挑選一樣。先前曾看過「海洋─明月」這組字的受試者，挑選「汰漬牌」（Tide）而不是其他牌子的機率高出其他人兩倍，但是當受試者解釋他們的偏好時，他們大概會說類似這樣的話：「汰漬是最廣爲人知的品牌」或「我媽都用汰漬」或「我喜歡汰漬的盒子」。

這種我們爲了解釋爲什麼做某件事而編故事的傾向，在有神經病症而無法說明他們行爲理由的人身上尤其明顯。舉例來說，有柯沙科夫失憶症（Korsakoff's amnesia）的患者經常會試著用精巧的故事掩飾他們的記憶缺陷，說故事時通常顯得很有自信，根本不覺得自己是在憑空捏造故事。神經學者稱此爲「虛談症」（confabulation）。舉例來說，在某個實驗中，一個失憶症患者坐在靠近冷氣機的地方，被問到知不知道自己身處何地時，他回答自己在空調機房。當實驗者對他指出，他正穿著睡衣時，他說：「我把衣服留在車子裡了，很快我就會換上工作服了。」[16]在「裂腦」患者[17]，也就是透過外科手術使大腦半葉彼此不相連以避免癲癇擴散的人身上，也可以看到類似效應。因爲兩個半球不相連了，大腦的左右半葉不再如以往彼此交換內部訊息。在某項研究中，一個患者的大腦右半葉看到雪景，並得到指令選擇一個相應的圖片。患者用他的左手，也就是右半葉控制的手，挑選了鏟子的圖片；在此同時，病患大腦的左半葉，也就是控制語言的半葉，則看到雞爪的圖像。實驗者用口頭詢問患者爲什麼用左手選鏟子。患者（也就是看到雞爪但沒看到雪景的患者左半葉）回答，「我看到雞爪，而且挑了個鏟子，因爲必須用鏟子清除雞舍」。

虛談症是很奇怪的，但認知神經學者從這裡得到的結論更奇怪。並不是說這種腦部損害以某種方式創造或釋放出了編造能力，畢竟損害腦部並不會使它因此得到新的能力或動機。重點是我們其實都是虛談者，有健全腦部的人其實更會虛談。我們持續地詮釋自己的行爲，用合理的敘事解釋我們正在做什麼及爲什麼如此做[18]。有虛談症狀的神經患者與我們之間的關鍵差異在於，因爲其缺陷，患者只好被迫用更貧乏的素材來建構他們的敘事。在健康的人虛談時要當場抓到他，你必須設定一種控制實驗，例如橋樑實驗或汰漬實驗。

在道德上，虛談就是合理化。虛談者察覺到自己正在做某件事，而編造出一個聽起來合理的故事來說明他在做什麼及爲什麼這樣做。在道德上進行合理化的人以某種方式感覺到一個道德議題時，就編造出一套聽起來合理的說詞把感覺正當化。根據喬納珊・海德（Jonathan Haidt）的主張，我們都是完美的道德合理化者[19]，而在我們雙重程序的大腦下，這是完全有可能的。我們的自動設定給予我們情感上有說服力的答案，隨後手動模式開始工作，爲那些答案產生合理的正當化說詞，就像失憶症患者試著用手動模式解釋自己正在做什麼。舉例來說，康德在名爲〈關於恣意自瀆〉（Concerning Wanton Self-Abuse）的一段文字中，如此解釋爲什麼自慰違反無上命令，即至上的道德法則[20]：

> 此種不自然地使用（因此是不當使用）個人的性特徵，違背了人對自己的義務，因此僅僅是想到這件事，就會被認定是最嚴重違反道德的事。……然而，要在理性上說明此種不自然使用個人性特徵是違反個人對自己的義務……從而不被容許，是不容易的。而證明的基礎當然是在於，人們只把自己當作滿足動物驅力的手段，而放棄（丟棄）了自己的人格[21]。

回想雙重效應原則，它區分了傷害人做為一種手段之情況，以及傷害人只是一種附帶效果的情況。康德，就像阿奎那，認同特定行爲之錯誤在於它們將某人當作手段。在此康德採用了這個想法，並且將之用來論證自體性行爲的罪惡：自慰是錯的，因爲它把你自己當作一個手段。

這是很聰明的說法，也有一點滑稽。我們這些不贊同康德性壓抑道德觀的人，可以好好取笑他認眞嘗試從抽象原則推導出自慰行爲不道德的說法。十九世紀德國哲學家尼采也覺得康德理性主義式的道德相當有趣：

> 康德的笑話[22]——康德想要證明一般人是對的，但他的方法卻會讓一般人錯愕：那是這個靈魂的一個祕密笑話。他撰文反對學者，支持一般人的偏見，但文章卻是寫給學者看的，不是給一般人看的。

換句話說，康德跟他周遭的部落同胞有相同的自動設定。但和他們不同，康德覺得有必要爲他們的「普遍成見」提供深奧的正當化論述。他也發展出了一套精細的理論，用來解釋白人的優越性與黑人的劣等性，他認爲黑人是「天生的奴隸」[23]。

合理化是道德進步的最大敵人，因此也是深度實用主義的最大敵人[24]。如果道德部落因爲其成員具有不同的直覺情感而互相爭戰，那麼運用手動模式爲情感進行合理化，並不能帶來任何改變。

我們必須轉換成手動模式，但必須明智地運用手動模式。前面已經看到了一些例證（除了交代「爲什麼」，還要解釋「如何」），但還能做得更多。人們可以學著承認合理化行爲的存在，也可以建立基礎法則，讓我們更難愚弄自己，也更難互相愚弄。

正面我贏，反面你輸：權利做為合理化的手段

深度的實用主義者，會想要將重點放在硬性的實務工作上，找出在眞實世界裡最佳的方案。但部落的忠誠者，由於他們永遠不變的直覺反應，有十足的理由抵抗我們的呼籲。死刑的反對者會很樂於引用他們能找到的最佳證據，告訴你死刑不能減少犯罪，死刑支持者也一樣。而對部落的忠誠者來說，這些實用主義、效用主義式的論證只是窗飾。如果就像國際特赦組織所說的，死刑「根本違反人權」，那麼政策論辯就只是「正面我贏，反面你輸」的事了。如果事實顯示不利於死刑的存在，國際特赦組織會歡呼；但如果事實不然，死刑在「原則上」還是錯的。而當然，對死刑的支持者來說也是一樣，當實務工作淪爲嘴上功夫，只要堅持死刑是受侵害社會的道德權利即可。

因此，訴諸「權利」的功用就像一張知性上的免費入場券，一張讓證據變得無關緊要的王牌。不論你與你所屬部落的同胞覺得如何，你永遠可以假定某種呼應你的感覺的權利存在。如果你覺得墮胎是錯的，你可以討論「生存的權利」；如果你覺得讓墮胎成爲非法是錯的，你可以討論「選擇

的權利」。如果你是伊朗人，你可以討論你的「核武權利」；而如果你是以色列人，你可以討論你的「自衛權利」。「權利」根本是無懈可擊的，它們可以合理化我們的直覺反應，而無須做更多工作。

權利與它們的鏡像，即義務，是現代部落論辯中的完美修辭武器。我們在先前幾章看到，自動設定發出道德指令，告訴我們哪些事不應該做，哪些事應該做。這些感情或多或少都完美呼應著權利與義務的概念。如果我們覺得某個行為就是不該做，我們可以藉由它違反了他人權利來表達這種反對。同樣的，如果我們覺得某個行為應該做，我們可以訴諸某種對應的義務來予以表達。把人推落天橋感覺起來是非常嚴重的錯誤，因此無論這樣能不能救五條人命，我們會說這嚴重侵犯了被推落者的權利。但扳動轉轍器感覺上並不那麼嚴重，因此我們說它沒有違反被害人的權利，或者說五個人的權利「勝過了」被推落者的權利[25]。同樣的，我們有義務救身邊溺水的小孩，但遠方「統計上」的孩子並未同樣強烈地觸動我們的心弦，因此我們沒有義務拯救他們。權利與義務通常是伴隨情感的[26]。

權利與義務的說法，以兩種方式貼切表達出了我們的道德情感[27]。首先，當我們的直覺反應告訴我們應該做什麼、不應該做什麼，這是以一種沒得商量的方式出現的，反映了我們自動設定欠缺彈性的特性。再次說明，告訴我們不能把人推落天橋的感情，根本不「關心」這裡押上的是零個人、五個人，還是數百萬人的性命。此種情感可以被壓制，但它是不願意協商的。實驗心理學家說，這是「認知上的頑固」。這種不可協商性也內建於權利與義務的概念中。權利與義務可以被壓制，但這麼做牽涉的不只是傾覆考量權衡的結果。權利與義務是絕對的，除非它們不是權利與義務。

其次，道德家喜愛權利與義務的語言，因爲它將我們主觀的感情表現爲一種客觀的事實。人們喜歡這樣，因爲我們主觀的感情感知事物的方式，往往彷彿它們就「在那裡」，即使事實上並非如此。例如，想想性吸引力。當你覺得某個人很性感時，不會感覺自己是在投射一種性感的氛圍在你的慾望對象身上，雖然明白實情如此。人類會覺得其他人類（其中某些人）很性感，但我們（當中的大部分人）並不會覺得狒狒是性感的。而當然，狒狒所感興趣的對象也是彼此，而不是人類。不同物種之間的不對盤提醒著我們，性感存在於觀看者的內心[28]。儘管如此，當我們落入性吸引力的掌握中時，我們的感覺卻非如此。一個性感的人的性吸引力對我們來說並不是一種主觀投射，而是跟某個人的身高體重一樣，「眞實存在」的東西。因此，我們很自然地把某人描述爲「性感」，而不是「激發像我這樣的人的性慾」。同樣的，權利與義務的說法也將主觀感受表現成「眞實存在」的客觀事物，無論是否眞是如此。當你說某個人有權利時，你彷彿是在陳述關於那個人擁有什麼的一個客觀事實，其眞實程度就和他有十根手指頭一樣。

如果我是正確的，權利與義務的說法，來自手動模式試圖將難以捉摸的感受轉譯成它所能理解並操縱的客觀事物。手動模式的存在，主要是爲了處理這個世界中的具體事物：行爲與事件，以及將之串連在一起的因果關係。因此，手動模式原初的知識本體論充滿了確切的「名詞」與「動詞」。那麼，它如何讓自動設定的輸出合理化，以從無中生出的神祕情感抗拒從其他角度看來可理解的行爲（或者命令做出從其他角度來看純屬可選擇的行爲）？答案是，它將這些感受轉化爲對外在事物的感知。這些感受被名詞化了。對於「不可爲」的無定形感受，被轉化成了對於「權利」的感知，它是抽象卻實在的事物，可以被獲得、喪失、拋棄、移轉、擴大、限制、超越、中止、威脅、交易、違反與防衛。藉由本來用於思考具體對象與事件的認知機制，我們將道德情感概念化成權利與義務的感知，而給予了自己明確思考它們的能力[29]。

基於上述理由，權利與義務成了當代道德家所愛用的武器，它讓我們可以將感受呈現爲無法妥協的事實[30]。藉著訴諸權利，我們避免掉必須找出眞實的、非套套邏輯的理由來爲自己辯護的苦工。只要我們容許自己打出權利牌，證據成了次要的，因爲它是「正面我贏，反面你輸」的論辯。

說到這裡，你可能認爲我對權利的批判過於嚴苛。這是不是一種反對訴諸權利的主張呢？或只是一種反對未舉證聲言的主張？的確，我們可以訴諸權利而使直覺反應合理化，但也可以做效用主義式的合理化：無論我們想要什麼，都可以說是爲了更大的善。兩者的差別在哪裡？

如前述討論所提示的，差別在於，不像有關權利的主張，有關做什麼能不能促進更大的善之主張，最終都可以用證據解釋。特定政策會不會增加或減少快樂，最終是一種實證的問題。全國健保方案或許會改善／破壞美國的醫療照護體系，但要這麼說，而且要有信心地這麼說，最好有一些證據。首先，最好了解全國健保實際上會怎麼運作（參閱前述討論）。接著，做爲一個找尋證據的人，他必須了解不同的健保體系又是如何運作，以及不同體系在不同的州與國家如何發展：誰活得最久？誰在健保實施後得到最佳的生命品質？哪些公民對其健保方案整體來說最滿意？當然，這些都是努力研究政策的人試圖回答的問題，他們回答的不僅是有關健保的問題，也關於所有重要的社會議題：國家廢除死刑時，謀殺案件是否增加了？那些廣泛進行財產重新分配的國家，是否鼓勵更多人懶散？這些國家的公民整體來說是否較不快樂？要找出讓社會快樂的方法是具挑戰性的工作，而且容易受偏見影響。但走十步退九步的結果，這些問題都可以用證據予以回答。

但關於權利，我們卻無法這麼分析。第七章解釋過，目前我們除了套套邏輯的方法之外，別無其他方法可以說明誰擁有什麼權利。如果哪一天，哲學家創造出了一種權利理論，可以證明爲眞，那麼我在這裡所說的一切就不會存在了。但是至少就目前來說，爲權利論辯是一條死胡同。訴諸權利無助於解決爭端，只是假裝爭端已經在某個抽象領域中解決了，而那個抽象領域只有你和你的部落同胞有權進入。

說到這裡，長期以來做爲權利信仰者的你，可能還是猶豫不決。你也許同意有許多關於權利的說法只是空洞的合理化論述，但權利的概念似乎仍掌握了某些極重要、無法用效用主義的損益表加掌握的東西。如何看待把小女孩賣做娼妓的事呢？如何看待用虐待人來表現自己信念的人呢？這些事眞的不違反人的權利嗎？我們難道沒有道德指南針可用嗎？

好消息是。做爲深度的實用主義者，我們可以欣賞關於權利的思考在我們的道德生活中過去已扮演，今後也將持續扮演的重要角色。爭論權利或許沒有重點，但有時論辯本身就是沒有重點。有時你需要的不是論辯，而是武器[31]，比如爲權利挺身而出的時候。

以權利做為武器及盾牌

法學教授亞蘭・德修維茲（Alan Dershowitz）曾經對學生說了以下這個故事[32]。曾經有個否認猶太人大屠殺事件存在的人堅持要跟德修維茲公開辯論，而德修維茲拒絕了。對方不斷用充滿憤怒的信件騷擾教授，質疑他的學術倫理。「你自稱是言論自由的倡議者，但你卻試著逼我沉默！爲什麼你反對公開交換意見？因爲你知道我會贏，所以你不敢跟我辯論！」最後，德修維茲同意了。他說「我同意跟你辯論」，「但有個條件：我們的辯論必須分成三場來舉行。首先，我們要辯論地球是不是平的；然後，我們要辯論聖誕老人是不是存在；最後，我們再辯論猶太人大屠殺是不是眞的發生過。」他原來的對手拒絕了。

德修維茲的聰明回應闡明了一個有價値的、實用的教訓：道德辯論並不只關乎尋求眞相。決定要不要，以及如何與對手交鋒，就像其他任何決定一樣，都是一種涉及效益與成本的實用主義式決定。在德修維茲的例子中，這是在公開交換意見的利益，與浪費時間與心力在一個有害而暴躁的傢伙身上的成本，兩者之間的權衡[33]。某些議題根本不值得辯論。在德修維茲的例子中，議題焦點是一個歷史事實，但對涉及價值的事務也是如此。

只要在谷歌上面搜尋一下，就可以發現仍然有很多人認爲黑人應該被奴役，一些女人活該被強姦，而希特勒沒有消滅猶太人眞是可恥。這些人同樣也不值得與之辯論。我們現代牧民已有共識，奴役、強姦與種族屠殺是不可被接受的。我們爲此提出不同的理由，有些人訴諸上帝的意旨，有些人訴諸人權，有些人則像我一樣，是因爲其所造成的龐大且無必要的苦難而予以反對。或許人們大多把它當作一種道德常識來反對，心裡並不存在特定的辯辭。但我們全都同意，這些事情完全是不可接受的。換句話說，某些道德判斷眞的是「常」識，常見不代表是普世的，而是在實際、政治的目的上已經足夠普遍了。這些事情已有定論。

當處理確實有定論的道德事務時，談論權利是合理的。爲什麼？因爲權利語言適切表達了我們最堅定的道德信念。擁有堅定的信念，並不經思索地拒絕某些想法是好的[34]，但不是因爲我們一定是正確的，而是因爲比起不正確，我們更可能不夠堅定。我們想要讓孩子們在知性與情感上都了解，有些事就是無法被接受，我們也希望在我們當中的極端分子，如3K黨、新納粹、嚴重歧視女性者，能明白自己是不受歡迎的。

先前我已說過，我反對奴隸制度，因爲成本遠高於效益，但我用這種方式表達，是不是讓你有些不舒服？我也是。那聽起來像是在說，如果有人能提出某種對的主張，或許，只是或許，我會考慮改變對奴隸制度的想法。好吧，不必擔心，在這個特定的議題上，我的想法不會改變。如果你寄一封電子郵件給我，標題是「爲什麼奴隸制度在某些情況或許可以被正當化」，我會直接刪信，敬謝不敏。如前所述，我仍然相信，唯一非套套邏輯的反奴隸制度的論證，是邊沁與彌爾在很久以前提出的效用主義論證。但現在，在這個新的千禧年，奴隸問題是我非常樂意用套套邏輯方式面對的問題之一。我認爲把奴隸制度當作還有開放答案而必須用可得的證據來加以解決，這種討論的成本遠超過其效益。因此，做爲一個深度的實用主義者，我很樂意附和：奴隸制度違反基本人權！

「但是，」你反對，「你並不是眞的那麼想！」是的，我是那麼想。對深度的實用主義者來說，在適當運用下，關於人類權利的宣示就像婚禮誓詞那樣。當你告訴心愛的人「我們至死不離」時，如果你是個具有積極手動模式的理性成年人，你想表達的並不是你無論如何都不可能離婚，你的婚姻在自主選擇下結束的機率是0.0000000000%。你只是在表現一種感情，一種深刻的承諾。但如果你在聖壇之前宣示：「吾愛，我們繼續共度人生的機會，據我估計，是非常、非常高的。」那是非常糟糕的表達感情與承諾的方式。相同的，在表達對奴隸制度的反對時，你說據你估計，奴隸制度很顯然不能讓快樂極大化，這也是很糟糕的表達方式。當有人問你，「你是否相信奴隸制度違法基本人權？」正確的答案是，「我相信。」

做爲深度的實用主義者，當道德事務已有定論時，我們可以訴諸權利。換句話說，我們訴諸權利的做法可以發揮一種盾牌的作用，保護我們的道德進展不受剩下的威脅所影響。同樣的，有些時候運用「權利」當作武器也是合理的，當論證不能達成效果時，可以此做爲修辭的手段來促成道德的進步。例如，想想美國民權運動的道德奮鬥過程。也有效用主義式的論證主張讓黑人可以投票，並在餐廳裡跟白人並排而坐吃東西。這些都是好的論證。但是這些論證，就像所有效用主義的論證一樣，都是建立在無偏私的基礎上，也就是黃金律——任何人的快樂在本質上都不比別人的快樂更重要。這正是民權運動反對者拒絕接受的前提。因此，關於明顯的種族歧視的論辯，不同於論辯稅率之高低、死刑或醫師協助自殺行爲。從無偏私的道德觀點來看，這根本沒有什麼好辯的。「吉姆・克勞（Jim Crow）法」很明白的，就是讓某些人的部落宰制別人的部落，在一九五〇年代，顯然只靠道德論理不能成事，那時需要的是力量，以及有第三方投入情感來運用力量。因此，在這場重要的道德與政治爭戰中，情感上突出的權利語言正是應當使用的正確語言。當時該議題可能尚未有定論，但也沒有理性辯論的空間。

因此，有時候深度的實用主義者應該可以自由地談論權利，不僅是法律權利，也包括道德權利。然而，這些情況比我們所想的要少。如果我們眞的希望用理性說服對手，那麼就應避免使用權利語言，因爲我們找不到非套套邏輯（也非效用主義）的方法用來決定哪些權利眞的存在，哪些權利又優先於其他權利。但不値得辯論時，無論是因爲問題已有確定答案，或對手不可理喻，就應該停止論辯，開始訴諸實際行動。那是堅定我們的道德信念的時候，但不是用似是而非的估算，而是用能激發靈魂的字句。

但是請不要把這當做一種許可證，讓你放心忽略我所說過有關「權利」的一切。大部分的道德爭議都不是一個部落宰制另一個部落那樣單純。幾乎在所有道德爭議中，兩邊都有眞正的道德考量[35]。個人主義的體系有理由鼓勵人們照顧自己，集體主義的體系也有理由主張讓每個人都獲得他們所需要的幫助。不能殺害任何人類胎兒是有原因的，但讓人們自己做困難的生命倫理選擇也有其原因。解決之道不是讓我們用眞心感受到的權利主張棍棒相向，無論這麼做有多麼吸引人。解決方法是擱置我們的自動設定，轉換成手動模式，尋求利用共通貨幣做爲中介的協商方法。

墮胎：案例研究

墮胎爭議既激烈又持久，因此是進行深度實用主義思考的一個測試佳例。如果深度的實用主義在這裡幫得上忙，它在別的地方也可能有用（必須強調，我不是第一個採用這種方法的人。在這一節與下一節中，有許多觀點是跟隨辛格及其他學者提出的）[36]。

道德的和平促進者說，我們應該更理性、更有彈性、心胸更開放。但這是什麼意思？如果你相信墮胎就是謀殺，是殺害一個無辜的人類，你應該「理性」並容許人們謀殺嗎？如果你相信禁止墮胎違反女性的基本權利，你應該「理性」並放棄女性的選擇權嗎？僅僅敦促人們理性不太能解決問題，因爲我們都相信自己已經很理性了。要獲得眞正的進展，必須擱置我們的直覺反應，轉換成手動模式，從而看出，在墮胎議題上，無論是左派或右派，幾乎沒有人是採取一致的道德立場，禁得起手動模式的審查[37]。

支持女性選擇權者的說法

讓我們從支持選擇權的一方開始。如同你熟知的，自由派傾向將墮胎看成一種「權利」，具體來說，是女性的權利。但幾乎沒有人能認同，一個女人有權利墮掉九個月大的胎兒。爲什麼呢？胎兒還在身體裡，女人難道沒有權利控制自己的身體嗎？難道美國深南部選出來的正統派基督教國會議員大老有權對舊金山的年輕女人說，她們不能墮胎嗎？在某些方面，顯然他們確實有權利。

一個一致的選擇權倡議者必須解釋爲什麼在懷孕初期的墮胎在道德上可以接受，在懷孕末期的墮胎卻不可接受[38]。第一期與第三期的胎兒都有可能變成完全發展的人類，所以，這種差異不能夠是針對「可能性」，畢竟第一期與末期的墮胎都是扼殺一條人命[39]。如果不談可能性，那麼關鍵差異必須是「眞實」的：懷孕初期的胎兒與懷孕末期的胎兒分別是什麼？這有許多可能的說法。

最具影響力的區別，是美國聯邦最高法院在「羅伊訴韋德案」（Roe v. Wade）中提出的，有關胎兒在子宮外存活機會的著名見解，它區分出了初期胎兒與晚期胎兒的不同。但存活機會眞的重要嗎？存活機會的高低既與胎兒本身有關，也受科技影響[40]。今天，即使是二十二週出生的早產兒也能存活[41]，而此一數字隨著科技進步幾乎一定會再改變。有可能在我們這一代就能看到，奮力求生的胎兒可以從懷孕初期就在母體外的人造子宮裡發育。到時贊同選擇權的人會不會說，拜新科技之賜，第一期的墮胎也變成不道德的了呢？[42]而無法在子宮外存活的晚期胎兒又如何呢？假定有個胎兒快滿九個月，卻因為罕見的情況還無法在子宮外存活。又假定這種情況恰好在分娩之前可以解除。能不能因為這個近九個月大的胎兒（還）沒有在子宮之外存活的能力，就墮掉它呢？

在子宮外存活的能力似乎是一種便利的標準，可代為表達眞正的重點。那麼眞正的重點是什麼？懷孕晚期的胎兒究竟有什麼特點，讓他們有權活下來？要找出那個特點相當困難，因為無論那是什麼，我們（大部分人）所吃掉的動物也一定擁有。是感覺到痛的能力嗎？豬也會覺得痛（無論如何，我們至少能確定成年的豬跟懷孕晚期的人類胎兒一樣，都會感覺到痛）。豬和所有人類胎兒一樣可能都是有意識的，至少可能有強烈的自我感受，有複雜的情感，更可能具備與其他對象間有意義的關係。懷孕晚期的胎兒所具備，而懷孕初期胎兒所欠缺的重要道德特性，幾乎是人類與成年豬隻及其他我們殺來吃的動物所共有的。

支持選擇權的立場並未死去，但可選擇的論證正在一點一點減少。選項之一是說懷孕晚期的胎兒所具有的某些特性（例如基本的意識能力）使得晚期的墮胎變成錯誤行為，然而這使得吃某些動物也是錯的。這並不是容易的出路。一致性不只要求我們做一個有道德的素食者，它還要求我們做一個好戰的素食者[43]。許多素食者，包括出於道德考量者選擇不吃肉，但他們對於別人吃肉的行為仍然「尊重其選擇權」。他們不會把吃肉的朋友當成謀殺犯，也不認為吃肉應該變成非法（某些人或許這麼想，但大部分人不會）。如果你是因爲認爲懷孕晚期的胎兒具有基本的意識能力（或任何其他特性），因此對懷孕晚期的墮胎不採支持選擇權的立場，那麼你對於吃豬肉這件事也不應該採取支持選擇權的立場。這種立場是一種選項，但大部分支持選擇權的人，不願意走得那麼遠[44]。

支持選擇權者還有另一個選項：你可以說懷孕晚期的胎兒具有一種神奇的結合特性，讓他們有權活下來。就像豬一樣，他們具有基本的意識能力（或任何其他能力），但不像豬那樣，他們是人類。與懷孕初期的胎兒相比，他們不但是人類，而且具有基本的意識能力。這兩件事若單獨存在，均不足以賦予生存的權利，但是將它們放在一起，砰！你就得到一個有權利的造物了。這個理論必須注意的第一個問題在於，這完全是特別爲這個論點而生的。其次，特別因事設論的地方在於，認爲「身爲人」是享有生存權的關鍵因素的想法。很少自由派的人會說，身爲智人的一個成員是享有生存權的必要因素。舉例來說，大部分的自由派相信，非人類的動物如黑猩猩也有生存的權利，我們不能只爲滿足自己的利益而殺害黑猩猩。更尖銳地說，想想跟我們一樣有思考與感覺的非人類外星人。舉例來說，雖然《星際爭霸戰：銀河飛龍》（*Star Trek: The Next Generation*）裡可愛的星異（Deanna Troi）不是人，但因此殺了她肯定是不行的[45]。星異雖然不是眞實的人，讓無數《星際爭霸戰》的影迷懊惱，但她的角色已足以讓我們釐清此點：眞正賦予我們權利的，並不是我們身爲人這件事，而是我們具有其他物種可能或確實具有的特性。

把「人類意識」視爲確實重要的想法，藏有一種人們更熟悉的觀念，即靈魂的存在。稍後我們考量支持生存權者的困境時，會多談一些有關靈魂的事。但首先，讓我們想想支持選擇權者訴諸靈魂是什麼情形。假設人類具有靈魂，而其他動物像豬，如果不是沒有靈魂，就是靈魂的品質與人類不同，例如是豬靈等等。我們也假設，具有（或成爲）人類的靈魂，正是賦予我們明確生存權的主因。如果你是心裡想著靈魂的選擇權支持者，那麼你會說懷孕晚期的胎兒具有靈魂，而懷孕初期的胎兒沒有。這個主張的問題在於，根本無從相信這是眞的。懷孕初期的胎兒也能移動他們的身體[46]，他們是有生命的，如果不是人類的靈魂驅動他們動作，那會是什麼？一種暫時性的胎兒靈魂嗎？即使如此，我們仍無法確定「靈魂賦生」發生在懷孕第一階段之後的某個時點，如果眞有此事的話。如果我們認爲人類有靈魂，懷孕初期的胎兒可能也有靈魂，那麼就很難站在支持選擇權那邊。

總之，要在墮胎議題上爲支持選擇權的立場建構一個一致的正當化理由，其實是很困難的。不是說沒辦法做到，而是就算做得到，也需要某種相當複雜的、手動模式的玄祕哲學操作。在普遍的道德論述中，我們完全可以只說「我相信女人有權選擇」，而不需要進一步解釋。但若沒有進一步解釋，訴諸此項「權利」只是一種虛張聲勢、一種粗糙的聲明，彷彿在某個地方有一套前後一貫的生殖選擇權理論。

支持胎兒生存權者的說法

支持生存權的一方又如何呢？他們能否表現得更好？支持生存權的一種論證方式，是將重點放在因爲墮胎而未曾存活的人類生命上。此種論證的問題在於，它的運用範圍大到連支持者也承受不住。墮胎讓一個生命喪失存活的機會，但避孕也是，而大部分支持生存權的人（至少在美國）還沒有打算要讓避孕也變成非法。當然，許多支持生存權者也反對避孕，最爲人知的是虔誠的天主教徒。然而，問題還不止於此。拒絕生命的論證也適用於禁欲，那些選擇不要小孩或選擇生少一點小孩的夫婦，也會阻止生命的誕生，甚至那些養不起更多孩子、只要有人願意就會送養的夫婦也是如此。除非你認爲道德要求我們必須盡可能生出許多快樂的嬰孩，你不能基於墮胎阻止人類生命發生的理由，主張墮胎是錯的。

然而，這不是大部分支持生存權的人想要做的主張。他們想要的是在有可能出現的生命，以及就某種意義來說已經在路上的生命之間，畫出一條分隔線。對大部分支持生存權的人來說，關鍵的時刻在於受孕（我會無分別地交叉使用「受孕」與「受精」來指稱精子與卵子的結合）。人們常說「生命」始於受孕，但那不是確切眞實的。組成受精卵（單一細胞，胎兒由此開始發展）的精子與卵子兩者都不可否認地是有生命的。那麼，觀念並不是生命始於受孕，而是某人的生命始於受孕。那樣說正確嗎？

回到靈魂的題目上。在進入這個題目之前，讓我們先看看是否能用一種不那麼形而上的方式來說理。你可以說受孕是特別的，因爲一旦精子撞上卵子，一個人的身分便就此確定。對於「誰的生命受威脅」這個問題，現在有了一個答案。然而，要回答這個問題未必需要精子與卵子的實際結合。想想助孕診，在那裡可以進行體外受精。一般來說，授精容器（通常是培養皿，而非口語所說的「試管」）裡放了數個卵子與許多精子，如果授精成功，其中各有一個將成爲幸運兒。但是助孕醫師可以選擇單一的精子與單一的卵子，然後放著任其發展。在精子與卵子相遇之前，它們可能存放在不同的容器中，但當幸運的精子「被選中」，就有一個新生命會出現[47]。這個將出現的受精卵的基因身分被確定了，但我們能否說在此時出現了一個被分隔在兩個容器而具有生存權的人呢？如果精子被選中，但那名婦女卻退出醫療程序，那算謀殺嗎？她是否剝奪了一個無辜的人的生命呢？[48]

我想，大部分支持生存權的人，並不會將一個從體外人工生殖程序中退出的婦女稱爲殺人犯，即使那個（不）幸運的精子與卵子已經被選上了，從而決定了原本可能生出來的小孩之身分。而這表示，重要的並不是原本可能生出來的小孩已有確定的基因身分，重點是當精子與卵子實際結合時，便發生某種在道德上具重要性的事件，也就是「生命」始於受孕。這引發了非常重要的問題：受孕時究竟發生什麼事？

嗯……發生很多有趣的事。無論如何，我不會給你上完整的生物學課程[49]，我還不夠格講這堂課。關鍵是，人類在機械式的、分子式的層次上已經充分了解受精與其周邊過程。我們了解讓精子能移動的化學過程：精子中節的粒線體製造出三磷酸腺苷，這是精子的尾巴（鞭毛）用來推進的燃料。鞭毛裡的動力蛋白將三磷酸腺苷的化學能量轉化來產生運動，最終形成精子尾巴的運動，而使精子得以前進。我們也了解精子是如何找到卵子的：精子對卵子所釋放的某種化學結合熱的訊號敏感。我們知道當幸運的精子撞上卵子的表面後發生什麼事：卵子被一個稱爲透明帶的膜糖蛋白所包圍，這種膜糖蛋白裡面有化學接受器，能與精子頭部的化學接受器吻合，這個化學交互作用的過程使精子釋放出消化攜，使得精子可以鑽過透明帶，游向卵子的細胞膜。當精子的膜跟卵子的膜融合在一起，便觸發了一系列的化學反應，讓別的精子沒辦法再進入卵子。精子將基因物質釋放到卵子裡面，而後一個新的膜在男性的基因物質周邊形成，創造出精原核。與此同時，精子與卵子的融合造成女性基因物質完成分裂程序，並形成卵原核。被稱做微管的薄層聚合物結構將這兩個生殖核拉在一起。它們融合，兩組基因物質於是融入單一的原核，即受精卵原核，受精的程序就完成了。受精卵之後將分裂成兩個細胞、四個細胞、八個細胞，並繼續分裂下去，直到它形成一整球的細胞，稱爲桑椹胚，之後桑椹胚裡面開始清空，最後形成一個空的細胞球，這稱爲囊胚。囊胚再發展成原腸胚，內部有三個獨立的細胞層（外胚層、中胚層、內胚層），各別形成不同的身體組織。舉例來說，內胚層將形成神經系統（大腦與脊髓），以及牙齒的琺瑯質和皮膚的外層（表皮）。

我跟你說這一切，並不是要用我發展生物學的知識讓你印象深刻，其中大部分內容我也必須仔細查考。我想讓你明白的是，我們從發展的最早階段就已經深入了解生命的機制了。的確，我短短的摘要很難精確地、一步一步地、一個分子一個分子地完整呈現生物學者現在已具有的認識。這些認識中肯定有漏洞，但是沒有太大的、鴻溝式的祕密，只有一些小漏洞，等待下一篇研究論文來補述在一長串化學反應中所發現的下一個蛋白質。

我們對人類發展機制的了解，對大部分支持生存權的人帶來一個重大的問題。或許對他們而言，受精在某一個瞬間造成了一個享有生存權的全新之人。受精是很奇妙的，是一個全新的人類發展過程中最關鍵的時刻。然而就我們所看到的，它並不是魔法。更重要的是，人類卵子的受精過程似乎並不比老鼠蛋或青蛙蛋的受精過程更奇妙，或更不奇妙。沒有任何證據能證明，在受精或發展過程中的其他任何時候，發生了「靈魂賦生」一事。我們所能知道的，只是有機分子在依照生理法則運行。

一個支持生存權的人會怎麼做？他可能堅持，受精時必定發生了某種神奇的事，而如果科學家還沒找到，那只是反映了他們的無知，或者更糟的是，他們無神論、唯物論的偏見。然而，這也只是一種希望，一種沒有證據支持的空洞主張。這麼說的生存權支持者，跟在欠缺任何證據下宣稱道德上的魔法發生在稍後的懷孕第三期，而非受孕之時的選擇權支持者，是沒有差別的。

一個較溫和的生存權支持者可能會承認，我們不知道「靈魂賦生」發生在什麼時候，但他會主張，正因為我們無知，所以應該採取較安全的立場。因為我們不知道什麼時候發生那件事，所以我們不應該允許任何類型的墮胎行為。但如果這種說法是對的，為什麼要針對受精這件事呢？為什麼不假設，上帝爲每個未受精的卵子賦予靈魂，而精子只是提供某種有用的分子呢？或者爲什麼不設想，上帝讓每個精子都有靈魂呢（來一段蒙提・派森劇團〔Monty Python〕的表演）？我們如何確定避孕不會扼殺靈魂？若要採取安全的立場，不是應該禁止避孕嗎？我們又如何知道禁慾不會扼殺靈魂？要做到眞正安全，只要女人的子宮裝得下，難道不該要求她們盡量接收（可能承載靈魂的）精子嗎？

當面對禁止墮胎的可能例外時，生存權支持者的麻煩就更大了。二〇一二年，共和黨參議員候選人李察・莫達克（Richard Mourdock）引發了一場風暴，那時他解釋爲什麼就算是強姦成孕，他還是反對墮胎：

> 我想，即使生命開始於強姦那種可怕的情況，那也是上帝旨意要它發生的[50]。

因爲這段話，他的競選活動在猛烈抨擊中停止了[51]。「莫達克說上帝想要女人被強姦！」但讓莫達克絆倒的不只是墮胎這件事，其實是更大的問題。那是很古老的「邪惡問題」[52]，數世紀以來一直困擾著神學家：如果上帝是全知且全能的，爲什麼祂會允許強姦（以及虐童、校園掃射與致命大地震）這樣的事發生？這不只是莫達克的問題，這是每一個相信有一位全知、全能且慈善的神祇存在的人所面對的問題。無論如何，莫達克的話並未通過選民的檢驗，特別是女性，而他也輸掉了這場選舉。但我不認爲莫達克痛恨女人，或特別痛恨強姦案件的受害人。我想他只是想做一個始終如一的生存權支持者。就像他當時說的：

> 我相信生命始於受孕，唯一必須墮胎的例外狀況……是為了保全母親的性命。對這件事我自己也掙扎了很久，但最後我了解了，生命是上帝給的禮物……

如果你眞的相信「生命」始於受孕，而且相信上帝在那個時刻爲生物物質注入了靈魂，那麼說眞的，我們怎麼能消除上帝在無形層次所注入的靈魂？從支持生存權的觀點來看，莫達克的立場唯一一個可質疑的地方，在於他竟然願意允許藉由墮胎救母親的命。如果因爲某種緣故，必須殺死一個三歲大的小孩才能救媽媽，這樣做可以嗎？

也許討論到最後，生存權支持者是對的。我們或許有靈魂，而上帝或許在受精之時便爲生物物質注入了人類靈魂，但我們沒有任何一點證據能證明這是眞的，也沒有更多證據可以證明其他關於靈魂賦生的理論，包括將靈魂賦生的時點放在懷孕晚期或受精之前的理論。當生存權支持者自信滿滿地宣稱胎兒有「活下去的權利」，他們就像支持選擇權的對手一樣，只是空口說白話，假裝他們的主張前後一貫，但事實上，他們只有強烈的感受與未經證實的主張。

胎兒何時開始有生命？

某些關於墮胎的觀點相當扣人心弦，某些則否，而某些想法能讓辯論雙方都有共鳴。如果大部分的人對於墮胎始終沒有前後一貫的哲學可以支持其論點，那麼這些態度又是怎麼來的？一如既往，加強心理學上的認識應該很有幫助。

你可能想起了第二章（頁63至64）嬰兒選擇跟有著骨碌碌眼睛的好心三角形玩的實驗，也就是幫有著骨碌碌眼睛的圓形爬山的三角形。你也可能回想起，當圓形的眼珠被移除，小孩也看不到圓形自發性地移動時，這種偏好就消失了。沒有了眼睛（口語中的「靈魂之窗」）和自發運動的表現，圓形就只是一種形狀。同樣的，你或許也會回想起，單是眼睛的圖像就能觸動杏仁核裡的警鈴（頁174圖5.2），並使我們更加慷慨（頁61）。眼睛啓動了我們的社會大腦。

雖然眼睛能做很多事，但結果顯示，單是運動本身就足以讓沒有面容的實體轉變成有感情與心智的造物。一九四〇年代，社會心理學家弗里茨・海德（Fritz Heider）與瑪莉安・齊美爾（Marianne Simmel）首開先例地製作了一段著名的影片，讓三個形狀上演一段默劇[53]。有一個大的、壞心的三角形虐待兩個較小的形狀，大三角形窮追猛打，另外兩個則試著逃跑。這段影片只有移動的形狀，別無其他，但人們卻自動賦予它們意向（「大三角形想要抓它們」，「兩個小的圖形想要逃掉」）、情感（「它們跑走了，大三角形很生氣」、「小圖形們很高興，因爲它們逃掉了」），甚至是道德性格特徵（「大三角形欺壓弱小」）。賦予特性的行爲是如此自然地發生[54]，以致人們不得不這麼說。看到顏色與形狀時，我們也自動看見了一齣社會劇。

胎兒會移動，也有眼睛。在發明醫學影像技術之前，許多探討墮胎倫理議題的人將道德的轉折點放在「胎動」上，也就是胎兒開始製造可感覺到的動作時。醫學影像技術讓我們不只看得到胎兒的運動，也看得到胎兒的特徵，例如眼睛，甚至是胎動前胎兒的運動與特徵。對許多人來說，這種技術讓那個奇妙時刻提前許多降臨。

運動與眼睛對我們有強烈的影響，但那還不能解釋一切。大部分人未及多想就吃掉的動物也都會動、也有眼睛[55]。然而，不若我們所吃掉的動物，胎兒從某個時點開始看起來就像是人類了。他們有著小小的人類之手、小小的人類之腳、小小的人臉，也用人類的動作方式在動。難怪生存權倡議者會熱切地展示胎兒的影像，特別是手、腳與臉部特寫。這也解釋了爲什麼一九八四年支持生存權的影片《無聲的吶喊》（*The Silent Scream*）會獲得如此驚人的成功。那部影片與海德及齊美爾的影片相仿，用超音波記錄一次墮胎的過程。我們看到胎兒在子宮內移動，旁白解釋胎兒「有意地」遠離墮胎工具，描述胎兒的動作是「激動」而「劇烈」的。在影片中的關鍵時刻，當抽吸機靠近時，胎兒的嘴巴張開了。之後，胎兒的頭被打碎，以通過子宮頸。無論你是生存權支持者還是選擇權支持者，都會覺得不忍卒睹，而那正是影片所要突顯的。《無聲的吶喊》觸動了人類的自動設定，提出一種反對墮胎的「論證」，而它比任何實際的（手動模式的）論辯都更有力。

《無聲的吶喊》能發揮功效是因爲胎兒看起來很像人，如果影片記錄的是第一階段的墮胎，那時發展中的人類只是一串細胞，那就沒有看頭了。毀掉一串細胞感覺起來不是一件可怕而難以下手的事。這裡存在著直覺式道德主義者的難題。在胎兒開始長成人形之前，感覺墮胎並不是一件錯事，在胎兒確實長得像小嬰孩之前，墮胎似乎也不是那麼可怕的錯誤。但什麼時候胎兒才長得像一個小嬰孩，什麼時候胎兒只粗具人形，這兩者之間並沒有一條明確的界線。在粗具人形的階段與更早的階段，也就是在未受專業訓練的一般人眼中，發育中的人類跟發育中的老鼠或青蛙沒什麼兩樣時，這些階段之間也沒有明確的界線。在懷孕到生產的整個過程中，唯一突然發生變化的事件只有受精。但在受精、成爲受精卵時，發育中的人類尚未能觸動我們自動設定的特徵。那顯然只是一整袋有機分子。如果我們支持人們可以隨意墮胎，就好似被允許殺死長得就像一個小嬰孩的某個東西（某個人！）。但若我們禁止所有墮胎行爲，就會逼迫某些原本自由的人生因爲一袋分子而大受影響。然而在這兩個極端之間，並沒有在情感上讓人舒服的中間點。

那麼，我們該怎麼做？在很多事情上，我們會依循所屬部落其他成員的做法。大部分部落都相信有靈魂[56]，這是一種非常自然的信仰，其原因可能十分多樣。如果你堅信人們有靈魂，你就必須相信，在某個時間點會有靈魂賦生，而受孕看起來是最有可能的那個時間點。的確，單一細胞看起來不太像是有靈魂的造物，但還有其他可能的時點嗎？在受孕之前，你只有兩個分開的個體，而在受孕之後，也沒有獨特非連續的事件。受精是截至目前爲止最有可能的靈魂賦生階段。因此，如果你的部落長老們告訴你，那就是「生命」開始的時點，而你自己也提不出更好的理論，你也只好接受了。或若你表達不同意見，會讓你聽起來像是「他們」的人。

如果你的部落不相信靈魂的存在，或者容許人們自行判斷，那麼你會怎麼做？基於某個人對靈魂賦生時機的猜測來判定墮胎議題，並不是有吸引力的選項。如果不僅在墮胎的脈絡上，也在更廣泛的層面上，你的部落重視個人選擇，那麼情況就更是如此了。不過，也不是一切都可隨意決定。你的部落可能沒有關於靈魂賦生的共識，但至少會同意殺害嬰孩是不被允許的。爲了安全，你不可能允許人們殺害任何長得像嬰孩，或者現在可能已經是嬰孩的東西，也就是能在子宮外存活的任何東西。不幸的是，長得像嬰孩只是程度的問題。從發育的初期，胎兒就會自發性地做出動作，有著像人類那樣的手、腳與臉。怎麼辦？

支持選擇權的人期望能得到一種不自然的、情感上的平衡。鮮少有選擇權支持者會完全安心地接受殺害類人者的事，即使只是殺害長得像動物的東西，也會讓很多人感到不安。但是選擇權支持者對於告訴別人他們該怎麼做，特別是指使女性該怎麼做，也感到不安。因此，選擇權支持者在「不要使喚別人怎麼做」以及「你不能殺死一個長得像那樣的東西」之間做出了一種不愉快，但顯然不可避免的折衷決定。

這一切在墮胎的論辯上有何意義呢？它意味著幾乎我們所有人都是隨意唬弄。所有我們關於「生存權」與「選擇權」的雄辯滔滔，都只是一種手動模式的虛談行爲，我們試圖用理性的面貌來掩飾不完全成熟的直覺理論，而這些直覺理論則是由我們不甚了解的認知小機關所驅動的。當你剝開道貌岸然的權利討論，會發現背後相當空洞。

一個誠實的生存權支持者聽起來會像是這樣：

我相信人是靈魂住在一個有形的軀體中。我找不到真實的證據來證明這一點，但就我看來，這是正確的，而這也是我認為我所信任的每一個人都相信的。我不知道靈魂如何進到身體裡面，但我信任的那些人說，當精子碰到卵子，新的靈魂就跑進去了。我不確知這如何發生，但是我自己也沒有更好的說法。所以，我所能做出最好的猜測是，在受孕時就開始有人的靈魂。你不能夠正當地殺害一個無辜的人類靈魂。我知道這有一部分事關人們的信仰，我也了解我們應該尊重彼此的信仰，但我就是沒辦法坐視人們殺死某個東西，即使它很小，但裡面可能有個人類的靈魂。我知道對很多不想懷孕的人來說，那很教人難受。但是那些人選擇有性行為（除非是被強姦，那是不同的），殺害某個可能有人類靈魂的東西，並不是取消原來選擇的正當方法。這是我的感覺。

一個誠實的選擇權支持者的說法則會像這樣：

我相信人們應該可以自由地為自己設想，並自己做選擇，那是我對墮胎的感覺，至少是對懷孕最初幾個階段的感覺。第一期的胎兒看起來有點像人，但也有點像青蛙。我雖然不喜歡殺死一個長得有點像青蛙的小人，但我想逼迫女人經歷她們不想要的懷孕過程是更糟糕的。我知道有些人想要收養小嬰孩，但生下一個嬰孩，然後把他送給別人，心情一定會很煎熬。逼迫女人這麼做，就我看來，比殺死一個長得像青蛙的小人更糟。然而，第三期的胎兒長得並不像青蛙。他們看起來就像小嬰孩，而殺害嬰孩顯然是錯誤的。所以，如果你正懷著的小孩長得有點像青蛙，那麼我想你殺死他是可以的，如果那是你的選擇；但如果你的胎兒長得就像一個真正的嬰孩，而不是一隻小青蛙，那麼即使你不想要，我想你最好還是讓他活下去。那是我的感覺。

這是墮胎爭議最後會到達的結局：強烈而複雜的情感，我們既無法爲之正當化，也無法加以忽視。那麼，現代的道德牧民們該怎麼做呢？

墮胎：實用主義的思考進路

既然稱論辯兩方談到權利都是「唬弄」，我們已經準備好像深度的實用主義者那樣思考了。我們不想要嘗試找出「生命」始於何時，而是要從另一組不同的問題出發：如果我們限制墮胎的合法管道，會有什麼結果？如果我們不限制，又會怎樣？而這些政策對我們的生活又會有什麼影響？這些都是複雜的實證問題，難以回答，但我們可以先做一些有學識依據的猜測。

如果墮胎變成非法，人們會用三種一般的方式調整其行爲。首先，有些人會改變他們的性行爲。有些人可能會完全禁慾，至少在某段時間內禁慾，其他人則可能減少性行爲次數，還有一些人可能會採取進一步的措施降低懷孕機率。其次，某些人會透過其他管道想辦法墮胎，無論是非法的管道，或在國外墮胎。第三，有些人會生下意外懷上的小孩。在這些人當中，有些會把生下來的小孩送給別人收養，其他的則會選擇自己養育小孩。

這一切加起來的結果會是如何？讓我們從那些改變性行爲的人說起。對大部分的成年人來說，不以生殖爲目的而發生的性行爲是高度享受的，而且是讓人生充實的一部分。不以生殖爲目的的性行爲是快樂的主要來源之一，不只對不安分的青春少年如此，對於處在穩定的一夫一妻關係中的伴侶也是如此。有生育能力的伴侶如果不打算生育，可在發生性行爲時做好避孕措施，但我們都知道，即使負責任地確實避孕，也不是絕對有效。因此，對數百萬在性行爲上活躍的成年人來說，墮胎的選項提供了一種重要的防衛措施，可以迴避不想要的懷孕結果。

在實用主義總帳的另一邊，某些性行爲是有害的，如果墮胎變成非法，有害的性行爲或許會變少。有害性行爲的例子包括合意成年人之間在情感上有害的性行爲、在感情上還未成熟的青少年之間的性行爲、亂倫及強姦。因爲害怕懷孕而避免性行爲也可能有減少性病傳染的附帶效益。較不明顯的是，讓墮胎變成非法是否能大幅減少有害的性行爲。強姦犯看來不太可能因爲知道被害人不能墮胎而被嚇阻不去強姦。的確，讓墮胎非法會防止一些青少年有性行爲，不過整體來說，這樣的結果是好是壞尚不明朗。那些對自己選擇的後果最小心的青少年，也可能是做了最好準備，能夠擁有活躍性生活的人。

總結來說，談到改變人們的性行爲時，使墮胎非法會廣泛影響數百萬性生活活躍的成年人，但用快樂來衡量，卻沒有任何顯著的補償利益。

接著，讓我們考慮墮胎的替代管道。對有錢人來說，讓墮胎非法只是讓尋求墮胎更貴且更不方便。較不那麼幸運的女性會轉向能滿足急切需要非法墮胎者的國內市場。我不會在這裡重述非法墮胎的恐怖。從效用主義的觀點來看，促使人們尋求墮胎的替代管道，會使他們剩下從不好到極其可怕的選項。

最後，讓我們想想增加生育的影響。迫使女人懷不想要的孩子是很可怕的。懷孕在最好的情況下，也會造成巨大的情感負擔，而懷了不想要的胎兒的女人或許會有意無意地較不關心她們的孩子。讓不想要的胎兒／嬰兒生下來，不只是巨大的情感負擔，也可能嚴重擾亂她的人生。總之，強迫女人違反意願生下小孩是非常、非常不好的。

儘管如此，人們可以主張，迫使女人走完不想要的懷孕過程，這利益更大。若這女人把孩子生下來，她就允許了讓一個新的人活著。如果這個女人不想留下她的嬰兒，她可以把嬰兒送給別人收養。在最好的情況下，那個嬰兒會到一個有愛心的家庭，得到許多資源。這裡我們很難論證，生母所付出的代價無論有多高，是否會大到超過她生下的小孩整個人生的價值。當然，而且也很不幸地，並不是所有被收養的孩子都能找到肯栽培他們的家庭，而如果墮胎是非法的，能找到的好的收養家庭可能也會變少。而且，即使被收養的小孩的情況遠非理想，我們也很難論證母親的痛苦應該占優先地位。只要被收養的小孩的生命整體來說是值得的，就很難說生母的痛苦超過了她的孩子整個人生的價值。

在某些情況下，母親，以及可能也包括父親（或相對的只有父親）會選擇把小孩養大。或許在大部分的情況下，結局會是好的。許多快樂的家庭都包括原本不在規畫中、一開始也不想要的小孩。在其他情況下，不被想要的小孩的人生可能不如我們期望的好，但是要讓墮胎變成偏好的選項，必須能證明小孩子的人生整體來說是不值得活的，或者小孩子的存在會讓這個世界整體來說變得更糟。或者，更實際的可能是，小孩子的存在可能讓另一個本來會過著更快樂的人生，或者讓世界整體來說變得更好的小孩無從被生下來。

在這裡，在這種令人難受的效用主義計算下，生存權支持者可以得到最強的論證。如果墮胎變成非法，世界會多出一些人。在某些情況下，他們的存在會導致快樂的淨損失。但整體來說，很難有信心地主張，因爲使墮胎非法化而創造出來的人在整體上會是不快樂的，或讓這個世界整體來說變得更不快樂。當然，這是一個複雜的實證問題。有很多變化取決於能否找到好的收養家庭。如果有好的收養家庭，就很難主張受影響的胎兒/嬰兒最好是被打掉，或者如果他們被打掉，這個世界會變得更好。

這樣的討論帶領我們走到何處？我這種不正規的帳目似乎是這樣：一方面，讓墮胎非法化會讓數百萬人失掉一個安全防護網，使得某些有錢人用更高的費用尋求墮胎，並導致亟需墮胎的婦女及女孩尋求非常危險的非法墮胎管道。使墮胎非法化也會干擾許多人的人生規畫，使他們在還沒準備好時或根本沒興趣生養小孩的情況下，必須生養小孩。這些是非常、非常高的成本。另一方面，讓墮胎非法化會讓許多本來可能不存在的人得到生命。而且，基於好的收養家庭與其他因素之存在，他們的存在可能是好的。所以，那樣的計算帶我們走到哪裡？我們是否再一次碰到僵局？

我不認爲如此。生存權支持者的救命效用主義式論述是很好的。問題在於，它太好了。你可以回想我們先前討論過，不只是限制墮胎會失去新生命，限制避孕與節慾也會失去新生命。如果我們因爲墮胎讓人們扼殺新生命的誕生而反對墮胎，那麼我們也應該反對避孕與節慾，因爲這兩種行爲都有同樣的效果。然而，這幾乎是所有生存權支持者不想做的論證。

這種深刻支持生存權的論證，事實上類似支持極端的利他主義，或把人變成製造快樂的幫浦的效用主義論證。要製造最大快樂的方法之一，是更有效率地配置資源，讓富人負擔成本來幫助沒錢的人。但還有另一個方法，就是製造出更多快樂的人（生養出願意爲了別人的快樂而努力工作的小小快樂效用主義者，那更好）。並不是說這種論證沒有道理。只是這太苛求不是英雄的人們了。如果我是上帝，要在兩個物種中擇一創造，一種人盡可能讓其同胞快樂，另一種人則不那麼做，在其他條件不變之下，我會選擇能創造更大快樂的物種。我想，我們抗拒製造更多快樂的人並不是一種道德上的抗拒。相反的，我們活著的人正共謀著對抗最缺乏代表爲之發言的人，事實上是未獲代表發言的絕大多數人，他們是無助、假設性的龐大族群，因爲我們自私的選擇，甚至從來沒有機會抗議他們的不存在。

嗯，好吧。他們眞是太可憐了。不管好壞，我們不能把生存權支持者這種救命的效用主義式論證看得太認眞。但選擇權支持者的效用主義式論證則不是「太好」。它們只是普通好。干擾人們的性生活，干擾人們的生涯規畫，並迫使人們尋求國際的或非法的墮胎管道是非常糟糕的事，那會讓許多人的生活變糟，並在某些情況下讓他們變得短命。而最終，那也就是爲什麼，我相信深度的實用主義者會支持選擇權。我並不訴諸任何「權利」，只對後果進行實際考量。

如果你是個誠實的生存權支持者，不願意用「權利」來唬弄，那麼你有兩個選擇。第一個選擇，你可以坦白說明你部落式的形而上信仰，並嚴正地堅持世界上其他的族群都必須接受。但如果你這麼做，你必須預期支持選擇權的對手會提出這樣的問題：「上帝是在精子的頭碰到透明帶時讓靈魂賦生呢？還是在精子碰到細胞膜的時候呢？精子的所有基因物質進入卵子細胞是否就夠了呢？或者上帝要等到精原核與卵原核融合之後呢？是完成全部融合之後，還是在融合過程中呢？」在這個時候，生存權支持者必須承認，對於這些問題，他們並無基於證據而得出的答案，但仍堅持他們基於信仰而得出的答案必須操控人間的律法。

相反的，選擇權支持者的立場則不需要立基於未經證實的形而上主張，或我們若持續實行就會發現不能太過當眞的論證。的確，選擇權支持者還沒發現一個有原則性的界線。但那可能是不可避免的。無論値得人們視爲道德焦點的是什麼，這些事物並非全在某一個神奇的時刻發生。因爲沒有一個可相信的神奇時刻，選擇權支持者就必須在某個地方畫出界線，同時承認他們的界線是有些恣意的。或許我們現在所畫出的界線是最好的，別無更好的地方。但如果能找出基於共通貨幣的好理由，將界線畫在別處，那麼深度的實用主義者也應傾聽其理由。

道德哲學是道德心理學的一種呈現

或許你已經發現，對於墮胎問題，這種實用主義的、效用主義的「解決方案」並不讓人滿意。的確，感覺上我們不像是已經找到了正確答案。我們支持選擇權的權宜結論，感覺上不像已經打了勝仗，而更像期限不明確的停火，儘管停火條件顯然偏向其中一方。因爲是這樣讓人不滿意，所以你可能還想獲得一場眞正的道德勝利。你可能會提出某種在理性上可辯護，而且也感覺正確的墮胎理論。的確，這是我們每次進行道德探究時希望得到的結果。我們是不是太快放棄了呢？

許多道德思想者可能說「是的」。有許多生命倫理學者嘗試去做上述我所未做到的事：在攸關生死的問題上，找出直覺上讓人滿意的非效用主義式論證，來分出孰是孰非[57]。除了墮胎與生命倫理議題外，道德哲學家也一直忙於建構比舊式的十九世紀效用主義更好、更精緻的道德理論。這些人難道都找錯對象了嗎？我相信是找錯對象了。我沒辦法證明他們找錯對象，也不會嘗試加以證明。相反的，在本節中，我想要解釋爲什麼相較於其他人，我對於那種精緻的道德理論不那麼樂觀（如果你根本不在乎爲什麼精緻的道德理論不可能成功，請隨意跳過這一節的說明）58。

這一切都可以回歸到我們雙重程序的大腦。我們想要的是一種手動模式的道德理論，某種可以用文字寫下來的明確理論，總是（或者在大部分情況下）提出跟我們的自動模式一樣的答案。如果自動模式告訴我們殺死一個懷孕第三期的胎兒是錯的，而殺死懷孕第一期的胚胎則是沒問題的，那麼我們想要道德理論來告訴我們這些直覺是正確的，以及爲什麼它們正確，諸如此類。簡言之，我們想要的是一種能夠將我們的直覺反應組織化並正當化的道德理論。用羅爾斯的話來說，我們想要找到一種「反思的均衡」59，使我們的道德理論配合我們「深思熟慮下的決斷」60。

但我們的直覺反應並不是設計來組織化的，它們也未必是設計來滿足眞正的道德目的的。自動設定是捷思式的，能夠在大多時候透過有效的演繹得出「正確的」答案，但並非始終正確。我將「正確的」加上引號，是因爲我們的自動設定即使按照本來設計的方式運作，也不需要在任何眞正的道德意義上是「正確的」。有些直覺反應可能只是反映了散布基因的生物最高指令，例如使我們偏好自己與部落同胞勝過其他人。了解這點之後，我們可能想要整頓一下。在將我們的道德直覺組織化之前，我們可能會先試著丟棄我們所有偏見式的直覺。如果我們用科學式的自我認識來拆解我們偏見式的直覺，最終結果會是如何呢？

我相信我們最終會得到某種像效用主義的東西。爲什麼呢？首先，如同我在第八章解釋過的，效用主義是很能說得通的，不只對你我來說如此，對每一個具備手動模式、心理健全的人來說都是如此。對於效用主義，唯一眞正有說服力的反對意見是，它在特定狀況下會得出錯誤的答案，特別是在假設性的情況中。在第九、十章裡，我們檢視了許多這類事例，並對我們反效用主義的道德直覺變得更加懷疑。這些反效用主義的直覺似乎對與道德無關的事敏感，例如用手推人還是扳動轉轍器的區別。我猜我們可以找到更多這種例子。

其次，我懷疑：我們反效用主義的道德直覺若對道德上要緊的事敏感，那會意味著什麼呢？一個可能的答案是，我們的直覺判斷會促成好的結果：我們對傾向產生壞結果的事（例如暴力行爲）具有負面的直覺反應，而對傾向產生好結果的事（例如幫助他人）有正面的直覺反應（換句話說，我們無法解析的道德直覺是「效用主義規則」）。如果那是我們發現的結果，那只會強化效用主義的論證，顯示我們的自動設定只是尙不完善的效用主義機制。那麼，如果我們的自動設定對道德上要緊的事敏感，卻不是爲了創造更好的結果，那又會意味著什麼呢？一個自然的想法是，我們的直覺會追蹤像權利那樣的東西。舉例來說，我們覺得把人推落天橋是錯的，這可能反映了把人推下去違反了被推落者的權利之事實。但我們如何不藉由獨立的、非效用主義式的權利理論（也就是，從不證自明的道德公理推衍出來），來知道果眞如此？我們如何知道我們的直覺反應是不是在追蹤著人們的權利，或者「權利」是否只是我們直覺反應的幻影？一個完整的（非效用主義的）權利辯護會是什麼樣子？

在某個時間點，你會開始明白：道德並不是數個世代以來的哲學家與神學家所想的那樣。道德並不是我們人類的有限心智或多或少能明瞭的一組獨立存在的抽象眞理。道德心理學並不是偶爾闖入道德哲學抽象領域的東西。道德哲學是道德心理學的一種呈現。再次說明，道德哲學只是範圍更大、更深層的心理學與生物學冰山中之一角。一旦你了解這點，你對道德的看法會整個改變。若將主體與背景互換，你會看到相互競爭的道德哲學並不只是抽象哲學領域中散置的各點，而是在我們雙重程序的大腦下可預期的產物。

等待一種較精緻的道德理論

西方道德哲學有三大主要流派：效用主義/後果論（即邊沁與彌爾），義務論（即康德）與德行論理學（即亞里斯多德）。這三大思想流派，基本上是手動模式用來使自動設定合理化的三種不同方法。我們可以用手動模式的思維來明確描述我們的自動模式（亞里斯多德），正當化自動設定（康德），也可以用手動模式思維來超越我們自動設定的局限（邊沁與彌爾）。明瞭這點之後，讓我們來對西方道德哲學進行一場心理學速覽。

如果你是某個部落的首席哲學家，會發生什麼事呢？部落裡存在著道德上的歧見，但那些主要是關於「我」與「我們」（或「我」與「你」）之間的問題，即公地悲劇。在一個部落中，並不存在全面性的道德爭議，如「我們」與「他們」之間的價值衝突，因爲在一個部落中，只有「我們」。因此，做爲你的部落中的首席哲學家，你的工作並不在於解決相互競爭的道德世界觀之間的緊張關係，你的職責不在於質疑你部落的常識，而是將它典章化，以做爲部落智慧積累的寶庫。你的工作是讓部落成員回想起他們已經知道，但有時候會忘記的事。

在西方哲學家當中，亞里斯多德是常識的強力擁護者 61。與他的老師柏拉圖不同，亞里斯多德並未提出任何激進的道德觀念或公式。對亞里斯多德來說，同時做道德上的好人及一般的好人是一種複雜的平衡，而美德是這種平衡最適切的描述，美德是持久的習慣與技巧，能讓人發達。舉例來說，亞里斯多德說，人面對危險時不應莽撞，也不能怯懦，而必須勇敢，在莽撞與怯懦這兩種不良極端之間求取德行的平衡。與愛、友誼、工作、玩樂、衝突、領導及其他事物相關的各種美德，都要求著不同的平衡作爲。對亞里斯多德來說，並沒有任何一組明確的原則可以告訴人們如何達到好的平衡。那只能靠練習。

做爲一個倫理學者，亞里斯多德基本上是個部落式的哲學家 62。閱讀他的著作會讓人明瞭身爲一個明智而溫和的古代馬其頓雅典貴族是什麼樣子。也會學到如何做一個更好的人，因爲有些給古代馬其頓雅典貴族的教訓運用範圍較廣。但亞里斯多德不會幫助你思考墮胎到底是對是錯，你是否應該捐更多錢給遠方的陌生人，或者已開發國家是否應該建立單一支付者的健保制度。亞里斯多德建立在美德基礎上的哲學，以及他那祖父式的建議，從來就不是要用來回答這類問題的。美德無法解決部落間的歧見，因爲一個部落的美德很可能是另一個部落的惡，即使不是普遍如此，至少部落之間有歧見時可見如此狀況。

在當代的道德哲學家之間，亞里斯多德的美德理論已經歷一場復興63。爲什麼？啓蒙運動的遠大希望是，哲學家會建立起一套有系統的、普世的道德理論，亦即某種後設道德。但如同我們已經看到的，哲學家未能找到一個「感覺上」正確的後設道德（因爲我們雙重程序的大腦讓這變得不可能）。面對這個失敗，選擇之一是繼續嘗試（參閱前述討論）。另一個選擇是放棄，不是放棄尋找後設道德，而是放棄尋找感覺正確的後設道德（這是我的建議）。第三條路則是完全放棄啓蒙運動的計畫，承認道德是複雜的，無法用任何明確的一組原則加以典章化，而人們能做的只是用實踐來磨練自己的道德感，把似乎做得很好的人當成學習的典範。在人類價値觀的泥淖中，現代的亞里斯多德僅僅是讚頌這樣的泥淖。

總之，在特定部落中的好成員指的是什麼，亞里斯多德那一派人對此描述得很精準，他們所得出的某些教誨，適用於所有部落。但是考量部落間的歧見來定義當代道德問題時，亞里斯多德們就沒轍了，因爲某個部落的美德可能恰好是另一個部落的惡。

如果你比亞里斯多德（或現代的「相對主義者」）更具企圖心，你不只可以運用你的手動模式來描述你的部落之道德，也可以使之正當化。你可能會試圖表明，你的部落的道德原則是普世皆然的，就像數學定理那樣。這是康德進場的時候。

數學家試圖證明定理，但他們不會試著證明所有定理。他們選擇看似或可能爲眞的有趣數學命題，並試圖從基本原理、從公理中推衍之。他們成功完成了從畢氏定理到安德魯・懷爾斯（Andrew Wiles）對費馬最後定理的證明。那麼爲何倫理學不能如此？爲什麼哲學家不能從基本原理推衍出有趣的道德眞理呢？

這是康德的期望，也是康德之後許多有企圖心的哲學家的期望。這種想證明其所屬部落的道德觀正確無誤的嘗試，尼采將之稱爲康德靈魂的「祕密笑話」。但這是調侃康德嗎？如果我們不認爲數學家試圖證明他們看來正確的事是丟臉的，那爲什麼這是一個「祕密笑話」，而不是「高貴的企圖」呢？

康德的問題與其說是他的企圖心，不如說是他不願意承認失敗。數學家已經用證據成功解決了無數的數學爭議，但還沒有任何道德爭議能夠透過從基本原理推出的證據予以解決。康德如此急於證明他的道德意見是正確的，以至於他無視其論證中的缺陷。換句話說，康德跨越了界線，從論理走向合理化，那是讓尼采發笑的原因。

如果我們不認同康德的結論，很容易就能了解康德的論證是無效的。舉例來說，他論證自慰是錯的，因爲那涉及把自己當作手段（眞的嗎？因爲舒服而按摩自己的手臂，那也錯了嗎？），人們不認為康德反對自慰的論證是他的上乘之作，但就我所知，他更著名的論證也沒有好到哪裡去。舉例來說，咸知康德論證說謊、毀諾、偷竊與殺人是錯的，因為說謊、毀諾、偷竊與殺人的「律則」無法被「普遍化」64。如果有人要說謊（或毀諾），那麼說真話（或守信）的機制就會受損，而因此變得不可能說謊或毀諾。同樣的，如果某人真要偷竊，那麼個人財產的機制就會受損，因此變得不可能偷竊。而如果所有人都想殺人，最後就再也沒有任何人可以殺了。

這些論證相當巧妙，但它們缺乏證據。問題之一是，無論是邏輯上或直覺上，某個行為無法在康德的意義上被普遍化，並不必然就是錯誤的。舉趕時髦為例：如果每個人都趕時髦，就沒有人是時髦的了。普遍的趕時髦是一種自我侵害，儘管如此，我們並不認為趕時髦是不道德的。同樣的，也有一些糟糕的行為，例如打人，並不是自我侵害的：沒有理由我們不能打人，直到天荒地老。這是不好的行為，但它不會變成不可能，而康德的論證卻要求它成為不可能65。

康德的粉絲很清楚康德論證中的缺陷，他們也有自己的回答66，但我們至少可以這麼說：在將近兩個半世紀之後，沒有人成功把康德有缺陷的論證轉化成有力的道德證據，但不是沒有人努力過。也沒有任何人有辦法證明任何實體的道德主張是眞實的。我的意思是，至今仍沒有任何道德爭議已經用證據獲得解決，即使許多聰明的人都這麼嘗試過。最有名的是羅爾斯的《正義論》（*A Theory of Justice*），他試圖闡明，在一些最小的假定下，人可以推衍出羅爾斯所偏好的平等的自由派政治理論。我不知道是不是眞有任何人相信羅爾斯的論證能做為其結論的眞實證據，但許多人相信羅爾斯爲非效用主義式的道德與政治哲學提出了一個好例證。我是抱持懷疑態度的。事實上，我想羅爾斯在《正義論》中的核心論證，就像康德所做的那樣，基本上是一種合理化論述67。

我們可以描述我們所屬部落的自動設定（亞里斯多德），也可以試圖證明它們是正確的（康德），然而，這些哲學進路都不能解決現代的道德難題，因爲我們所屬部落的道德哲學正是最初造成困擾的癥結。所以，前進的唯一道路是（幾乎完全）改以手動模式處理問題，藉以超越自動設定之局限。與其信賴我們部落的道德情感，或將之合理化，不如運用一種共通貨幣的系統，從共享的價值觀中尋求共識。

或許亞里斯多德或某個像他那樣的人是正確的，真有一組我們所有人都應爲之奮起的道德美德。又或許康德或某個像他那樣的人是正確的，眞有一種道德理論等著我們從基本原理加以證實。又或者，較溫和地說，我們可以將人類價值觀的泥淖組織成某種較一致、較精緻的道德理論，藉以更好地掌握我們對是非的直覺。或許是吧。但是當我們等待果陀時，我建議採用一種較實用主義的方法：我們應該嘗試讓這個世界盡可能地快樂，就這樣。這個哲學並不能給我們每個人想要的一切，但就目前來說，那是現代牧民所能做的最好的事。

自由派在道德上是有缺陷的嗎？

我是一個住在麻州劍橋的大學教授，不需要進行社會學調查就能猜到我是自由派（我所說的「自由派」是指美國的自由派意涵，即中間偏左，比起自由放任主義者〔libertarian〕與某些古典自由派的人，較不那麼厭惡積極的政府干預）。我的自由主義是可預測的，但那能夠被正當化嗎？我所屬的自由派部落是否只是另一個部落，有自己的直覺反應與訓練有素的合理化說法呢？

就某程度來說，是的。如同我們在討論墮胎時所看到的，自由派人士同樣有無法證實的假設及不一致的主張。但就我的觀點來看，自由派並不只是另一個部落。這世上有許多傳統的部族式部落，其中的人們有共同的歷史，透過一組「專有名詞」（上帝、領袖、文獻、神聖處所等等）把大家團結起來。然而，今日已有兩大全球性的後設部落（meta-tribes），或可稱爲後部族式部落（post-tribal tribes），不是以共同的歷史和專有名詞，而是用一組抽象的理念團結彼此。其中一個後設部落就是我所屬的自由派部落。我並非始終都是自由派[68]，而且可以想像有一天我也可能變成非自由派。因爲相信在眞實世界裡，我的部落的政策傾向於讓世界更快樂，於是我選擇成爲其中一分子。但我不是個鐵桿自由派，我首先是個深度的實用主義者，其次才是自由派。只要有對的證據，你就能說服我脫離它。

我及海特對道德與政治的理解，有助於了解爲什麼自由派部落是特別的。我們已討論過海特的著作，而他也是影響我思考的主要來源之一[69]。針對本書第一至三章所討論的道德的一般演化與心理學框架，海特與我之間存有共識。主要想法如下：

這些是很重要的功課。但不幸的是，它們只帶領我們走到這裡。心胸更開放、少自以爲正義，應該能有助於解決道德問題，但它本身並不是解決方案。

我與海特的第一個相異意見是關於理性、手動模式在道德心理學中所扮演的角色。我相信手動模式的思考在道德生活中扮演著極重大的角色，而再次說明，那正是我們的第二個道德指南針。海特不同意。他認爲道德論理在道德生活中舉足輕重，他的著名論文的標題〈感性的狗與牠理性的尾巴〉（The Emotional Dog and Its Rational Tail）[70]，已經簡要地點出了他的結論（我必須特別說明，海特並不接受用這種方式爲他的觀點定調）[71]。我們稍後會回到道德論理這個議題上。現在讓我們先想想，爲什麼不要那麼自以爲正義與僞善，還不足以解決道德問題（這是我跟海特有共識的結論）？

再想想墮胎問題。有些自由派人士說，支持生存權的人是想要控制女人身體的歧視女性者；有些社會保守派人士則相信，支持選擇權的人是不尊重人類生命、不負責任的道德虛無主義者，這是「死亡文化」的一部分[72]。對這種尖銳而極常見的部落道德家來說，海特的規約來得正是時候。但是之後呢？假設你是成熟的自由派，你了解生存權支持者是眞的有道德上的顧慮，他們既不邪惡也不瘋狂。那麼，你現在應該要基於妥協的精神，同意對墮胎做額外的限制了嗎？同樣的，成熟的自由派人士應該基於妥協的精神，倡議給同志伴侶更多的公民權，但不是完整的公民權嗎？心胸開放的自由派人士應該爲強烈但仍不太足以阻止全球暖化問題的環境規範而奮戰嗎？當然，成熟的社會保守主義者也同樣面對這些問題：他們應該「理性」一些，鬆動他們反對懷孕初期墮胎的立場，即使他們覺得這是謀殺行爲？

承認對手並不邪惡是一回事，承認對手的信仰與價值觀才是正確的，或有一半正確，或其可被正當化的程度不亞於你的信仰與價值觀，又是另一回事。同意不要那麼自以爲正義是很重要的第一步，但它並未回答最重要的問題：我們應該相信什麼？我們應該怎麼做？

關於爲什麼自由派與保守派不能達成共識，海特提出了一個更具體的理論。根據這個名爲「道德基礎論」（Moral Foundations Theory）的說法，自由派的道德感受力很貧瘠[73]。海特辨識出六項「道德基礎」，可以用正面或負面的辭彙加以標示：關照／傷害、公平／欺騙，忠誠／背叛、權威／顚覆、神聖／墮落，還有最近新增的自由／壓迫。每一個基礎都有一組對應的道德情感。例如關照的價值與同情心的感受有關，神聖的價值與（對神聖化事物的）敬畏與嫌惡（對敗壞之事物的嫌惡，是神聖化的反面）的感受有關。他將這些道德情感的性質拿來與舌頭的五種化學味覺受體相比較，就像舌頭對甜、鹹、酸、苦、鮮味感應不同，道德心智也有六種道德受體，能對與六個道德基礎有關的行爲與事件進行情感回應。舉例來說，一個受苦中的小孩會激起道德心智中的關照／傷害受體，製造出讓人同情的感受。重點是，不同的文化群體（或者用我的說法，「部落」）有不同的道德味覺，看重不同的道德滋味。而根據海特的說法，自由派的味覺特別差。他們能輕易「嚐出」

關照、公平與自由的味道，卻幾乎嚐不出忠誠、權威與神聖。

關於這種六部分理論，我有我自己的懷疑，但海特的理論仍有其重要的一面，看似爲眞，也有一些支持的證據[74]。自由派與保守派多少有某些共通的道德價值觀，另外一些價值觀則不然。海特詢問他的研究受試者：你會不會把消毒過的針頭扎進小孩的手臂，逼他把錢交出來（關照／傷害）？你接不接受一台偷來的電視機被當成禮物送給你（公平／欺騙）？保守派與自由派對這類問題都給予否定答案[75]。但是在下面的問題中，自由派與保守派則各有不同的答案：你會不會打匿名電話到國外的電台節目，批評你的國家（忠誠／背叛）？你會不會掌摑你父親的臉（在他允許之下），好演一齣幽默劇給別人看（權威／顚覆）？你會不會參加一齣前衛劇的演出，連同其他演員，像動物那樣赤身裸體地到處爬，並像黑猩猩那樣吼叫（神聖／墮落）？對這些問題，社會保守派遠比自由派更有可能說「不」（或「絕不！！！」）。爲什麼那樣？

海特的答案是，自由派的味覺較差，他們有半數的道德味覺受體受到嚴重損壞。這是怎麼發生的？據他所說，凶手是西方道德哲學家與其他啓蒙運動之子。聰穎但有自閉傾向的人，特別是邊沁與康德[76]，認爲避免傷害與保持公平是唯一重要的事。這些想法日漸根植，不久就形成了一種新的文化品種：「古怪的」（WEIRD，指西方的〔Western〕、高知識分子〔Educated〕、工業化的〔Industrialized〕、富有的〔Rich〕、民主的〔Democratic〕）[77]現代自由派及其弱化的道德味覺。

海特的理論是，社會保守派人士（他們的六種道德味覺受體都正常開啓）較能預測自由派人士在回應道德問題時會怎麼說，自由派人士則較不能[78]。

那麼，我們該怎樣理解自由派較狹隘的道德味覺呢？這是自由派人士需要矯正的一項缺陷嗎？在某些方面，確實是的。如果你是個自由派的社會科學家，你較弱的味覺會讓你陷於劣勢。如果你認爲道德只是有關避免傷害並保持公平，那麼你很可能會忽略並誤解許多人類的行爲。同樣的，如果你是一個試圖影響中間選民的政治工作者，如果你的廣告只能觸動某個道德味覺受體，而你的對手的廣告卻能觸動所有道德味覺受體，那麼你將輸掉選票。最後，如前所述，如果你是個想要了解保守派的自由派人士，理解保守派具有較廣泛的道德味覺是有幫助的。但是這個說法並沒有回答最關鍵的問題：自由派在道德上是有缺陷的嗎？我想答案是否定的，不僅如此，情況還可能相反。

超越部落主義

我對現代的道德歷史抱有一種不同的觀點，就像新牧場寓言所顯示的：現代世界是具有不同道德價值觀與傳統的不同部落匯流之處。啓蒙時代的偉大哲學家著述之時，世界正急遽縮小，迫使他們懷疑自己的法律、傳統與神祇（們）是否眞的比別人的更好。他們著述之時，科技（例如船艦）與隨之而來的經濟生產力（例如全球貿易）正讓新興的知識階層擁有財富與權力，誘使人質疑國王與教會的傳統權威。最後，在這個時代，自然科學也讓這個世界更能用世俗辭彙加以了解，顯現出普遍的自然法則，並推翻了古老的宗教規條。哲學家們想知道，是否眞的有普世的道德法則，就像牛頓的萬有引力法則那樣，能夠適用於所有部落的成員，無論這些成員是否知道它們的存在？因此，啓蒙時代的哲學家們並不是恣意使用其道德味蕾，他們是在尋求更深刻、普遍的道德眞理，而他們有好的理由這麼做。他們尋求超越任何特定宗教的教理、超越任何俗世國王之意志的道德眞理，他們尋求的是我所稱的後設道德：一種泛部落或後部落的哲學，用來管理新牧場上的生活。

人們可以像海特那樣，說自由派有較狹隘的道德味覺。但若論及道德基礎，少的反而可能是多的。自由派的道德味覺非但不是狹隘，反而是更精細。

就大多數的情況來說，美國社會保守派屬於一個特定部落，即歐式美國人、白種人、基督教部落，可惜的是，他們仍保有極強的部落性。若科學知識與部落的教導相衝突，這個部落便拒絕接受知識[79]。甚且，這個部落認爲自己的成員才是「眞正的」美國人[80]（就算不是明講，也是這麼暗示），並把那些挑戰其部落信仰的人當作外來的入侵者。根據海特的說法，美國社會保守派更尊敬權威。在某些層面確實是如此。即使只是開玩笑，掌摑父親所引發的不安感在他們身上更爲強烈。他們極尊重他們的部落所承認的權威（從基督教的上帝到各種宗教與政治領袖，以及他們的父母），卻並非在普遍的層面上尊重權威。美國社會保守派人士並不特別尊重歐巴馬，他出生在美國，從而是合法的總統，但他們持續挑戰這一點。這種陰謀論本來應該歸給極右翼的人，但二〇一一年哥倫比亞電視台與《紐約時報》合辦的一項民調顯示，四五%的共和黨人相信歐巴馬總統就他的出生地撒了謊[81]。同樣的，比起民主黨及其他獨立人士，共和黨也較不尊重聯合國的權威[82]，而大部分共和黨人說，在美國政府中擔任公職的美國穆斯林是不值得信賴的[83]。換句話說，社會保守派人士對權威的尊重是有強烈部落性的，就像他們對神聖的重視那樣（如果先知穆罕默德對你來說是神聖的，你就不應該掌有權力）。最後，也最顯著的，社會保守派人士對忠誠的關切也是具有部落性的。他們不認爲每個人都應忠於其個別所屬的國家，如果伊朗人要抗議他們的政府，那是該被鼓勵的[84]。

總之，說美國社會保守派人士特別重視權威、神聖性與忠誠，並不是最好的描述，倒不如說他們是部落的忠實成員，忠於自己的權威、自己的宗教與他們自己。這並不會讓他們變得邪惡，只是讓他們成爲一種地方性的部落。就此而言，他們就像阿富汗的塔利班、歐洲的民族主義者和世上其他社會保守部落一樣。根據海特的說法，自由派應該更開放地與社會保守主義妥協。我不同意這個說法。短期來說，妥協可能是必要的，但長期來說，我們的策略不應該是跟部落式道德家妥協，而是要說服他們降低其部落性。

我不是個社會保守派人士，因爲我不相信部落主義這種基本上在團體層級的自私做法能夠促成更大的善，而我認爲證據是在我這邊的。如果自由派腐蝕了美國社會的道德基礎，那麼徹底自由派、只有少數公民自認相信上帝的國家，如丹麥、挪威與瑞典，統統都該下地獄了[85]。相反的，以全球做比較，他們的犯罪率最低，學生成就最高，生活品質與幸福感也最高[86]。根據海特的說法，美國的政治需要保守派的「陽剛」來平衡自由派的「陰柔」[87]。若是如此，同樣的教訓能不能用在斯堪地那維亞地區？丹麥人是否應該從美國鄉間進口原教旨基督徒來平衡他們傾向一方的政治？在這裡的「劍橋人民共和國」中，沒有任何共和黨人贏得選舉[88]，但劍橋依然是三大主要信評機構評等為AAA的美國少數幾個發行債券的自治市鎮之一[89]。

這並不是說自由派沒有甚麼可以從社會保守派那裡學習的事。如同海特指出的，社會保守派非常擅長讓彼此快樂[90]。他們是好鄰居，比一般自由派人士更願意把時間與金錢投入社區。他們知道如何建構社會資本，創造能建立信賴並讓群策群力成為可能的社群網絡與機構。換句話說，社會保守派非常擅於避免原初的公地悲劇。儘管如此，他們卻拙於避免當代的悲劇，亦即常識型道德的悲劇。做為一個自由派人士，我可以讚賞他們投入地方教會的社會資本，也期望我們自由派能夠建立同樣綿密的支援性社會網絡。但是順從教會對於墮胎、同性戀及世界是如何造成的等議題的教理，則是另外一回事。

深度的實用主義不是自由放任主義

部落的忠誠者並不是唯一的保守主義者。抱持個人主義的北方牧民已擴展到全球，形成這世界的另一個後設部落。他們是自由放任主義者，主張自由市場，也是「古典的自由派」，無論對社會議題或經濟議題，他們都偏好讓政府的干預程度降到最低。他們想要更低的賦稅、更少的社會福利計畫、更少的規管與更少的財富重新分配。但他們也想要墮胎權、吸大麻的權利，以及跟任何他們想要結婚的對象結婚的權利。自由放任主義者（我會如此稱呼他們）是最不具部落性的人，他們迴避著其現代自由派拍檔的那種溫和的集體主義。

那麼，為什麼一個深度的實用主義者不會是自由放任主義者呢？在相當大的程度上，他們應該要成為自由放任主義者。想想所有的政治選擇，從放任的自由市場資本主義到共產主義，像我這樣的自由派是比較接近今日的自由放任主義者，而不是古老的共產主義者（雖然右派的指控不斷）。南方牧民那種徹頭徹尾的集體主義已經死了，而今天的問題並不在於是否贊同自由市場資本主義，而是是否應該用集體主義的機制如濟弱扶貧、免費的公共教育、國家健保，以及累進稅率等，來調和資本主義，以及應該做到什麼程度。

對某些自由放任主義者，政治是一種基本權利的問題：他們說，把一個人努力賺到的錢拿走，交給別人，這根本就是錯的。政府沒有權利告訴人們可以做什麼，不可以做什麼。諸如此類。我反對這種看法，理由在前面已提過：除了套套邏輯，我們別無其他方法知道誰享有什麼權利。就經濟事務來說，這種觀點也假定這個世界已經是公平的：如果政府干預市場是不公平的，那一定是因為市場本身已經是公平的，贏家本來就應該獲得全部勝利的成果，輸家本來就應該承擔他們全部失敗的結果。我不相信這個世界是公平的。許多人，包括我自己在內，一生下來就比別人占有更大優勢。有些人儘管處在很大的劣勢下，仍然能獲得成功，但這並不表示劣勢本身就不重要。榮・保羅說政府不該照料那些太蠢而沒有買健康保險的人，但那個人的小孩呢？或者家裡太窮而買不起健康保險的孩子呢？政府應該放手讓那些孩子去死嗎？這些是很熟悉的自由派論點，我也不再贅述。除非你相信這個世界是公平的，或以爲只要人積極一點，就可以扭轉所有社會經濟劣勢，否則用基於權利的原教旨主義主張來支持自由放任主義政策是行不通的。

自由放任主義政策的實用主義論證是，這些政策能促成更大的善。如同北方牧民說的，懲罰聰明勤奮的人，而獎賞愚蠢懶惰的人，長此以往對任何人都不好。榮・保羅說，有些人做出了愚蠢的選擇，眞是太糟糕了，但一個社會若承諾照料那些拒絕照料自己的人，必然走向毀滅。一個保守派抗議者的標語寫著，「散播我的工作倫理，而不是我的財富」**91**。

我相信在某些情況下，自由放任主義者有可能是對的，比許多自由派人士更正確。把更多競爭引入公立學校，我覺得這聽起來是個好主意。我並非始終反對設立一種合法的人體器官市場，雖然我擔心濫用以及關於取得器官的暴力行爲所要付出的成本，會超過讓更多需要者能取得器官的利益。有別於某些自由派人士的抗議，我寧可看到性交易合法化並受規管。拒買海外血汗工廠所製造的商品可能傷害窮國的工人更深**92**。設立歐元做爲歐洲的共通貨幣可能是勇敢而明智的進步，也可能是被誤導的超級集體主義冒險。時間會證明一切。個人主義與集體主義之間理想的平衡點在哪裡，我不曉得，也不會假裝知道。但我確實知道一些有關道德心理學的事，這讓我更常傾向左派，而非右派。我懷疑許多理當反對「大政府」的效用主義論述事實上只是合理化的說詞。我這麼說，並非宣稱自由派不會有合理化的說詞（參閱前述討論）。我也不是宣稱支持最小政府干預的人士當中沒有那種誠實又有自覺的人。我所說的，或我所假設的是，許多反政府的情緒並不像它所聲稱的那樣。這類情緒有兩種表現。

首先，爲什麼社會保守派人士反對「大政府」？並不是因爲社會保守派人士像他們自由放任主義的盟友那樣，是堅定的個人主義者。我懷疑社會保守派對美國聯邦政府懷有戒心，理由跟他們對聯合國懷有戒心一樣。這兩個都是跨部落的權力機構，有意願也有能力從我群這裡拿走東西，交給他群（或者將他群的價值觀強加在我群身上）。社會保守派樂於捐錢給教會與其他服務其部落同胞的地方機構。但是他們認爲，當聯邦政府拿走他們的錢，並不是交給僅須他人一臂之力而努力工作的人，而是交給「社福女王」（welfare queens，譯按：指到處搜刮社福資源的人）[93]，也就是說，交給他群。我想，之前採行奴隸制度的各州恰好就是現在（美東）最常投票給共和黨的各州，這不是意外[94]。我猜想，對許多人來說，看似對抗著「大政府」的哲學立場，大多只是部落主義罷了。像聯邦醫療保險（Medicare）這類顯而易見能直接幫助我群的政府計畫，不僅得到容忍，對社會保守派來說也是備受尊崇的（就如一個憤怒的保守派人士在市政廳的一場會議上說的，「請你的政府不要插手管我的聯邦醫療保險！」）[95]。

其他堅定反對「大政府」的人是有錢人，他們偏好更低的稅賦、更少的管制，以及最少的社福方案。他們就是人們常說的「一%」，投下的票很少，卻擁有極大的權力。如同華倫・巴菲特（Warren Buffett）這位不到一%者的代言人所提出的著名觀察，當億萬富翁繳的稅率比他們的祕書還低，一定出了什麼問題[96]。然而，如果你認爲這個世界上最有錢的人因爲明智又勤奮所以應得這額外的報償，這類政策仍可能被正當化。這種信念只是爲自我服務，我不是第一個，也不會是最後一個這麼看的自由派人士。這種信念令人驚訝地眞誠。當羅姆尼貶抑說四七%的美國人都是不負責任的白吃客時，他取悅了一屋子的金主。這裡不常被提及的是，這可是一屋子「金主」。羅姆尼喜愛的聽眾都不是擺明自私自利的人。一個心理有問題的人不會花五萬美元參加一場選舉募款餐會，人們可以從別處找到更可靠的報酬或更多樂子[97]。我相信羅姆尼跟他那些有錢的朋友都眞心相信，他們想要的是更大的善。這不是單純的自私自利，這是偏私的公平觀。

有些人一年賺進三百萬美元。更典型的美國工人年收入是三萬美元。這就是自由市場的運作方式。我已準備相信，平均來說，那些賺幾百萬美元的人比典型的工人更努力，從而應該獲得獎賞，但我不相信他們努力的程度有一百倍之多。我不相信超級富豪在一週內努力工作的量比一般工人一年努力工作的量還多。有錢人有錢是有道理的，但他們也是好運氣的受益者。我看不出爲什麼這世界上最幸運的人就應該將所有好運留給自己，特別當公立學校沒辦法付給教師有競爭力的專業薪資，而全球數十億個小孩在自己沒有任何錯誤的情況下一出生就是貧窮的時候。從那些已經擁有的人手上拿走一些錢，對有錢人的傷害很小，但若明智地運作，給予那些窮人們資源與機會卻能夠有長期的效果。那不是社會主義，那是深度的實用主義。

在感情之前，先有思考

我從比較我對政治心理學的理解與海特對此的理解開始。基於我前面所說的，你可能會認爲海特是堅定的保守派，但他不是。他是中間派，一度傾向自由派，但最後完全贊同效用主義98。海特最後爲何變成效用主義的支持者有點難以說清，但具有啓發性。

根據海特的說法，自由派的道德味覺較狹隘，而效用主義者的道德味覺更是狹隘中的狹隘。邊沁死後的診斷顯示出他患有亞斯伯格症，這是一種輕度的自閉症，讓人無法跟社交世界連結。海特用這點主張，邊沁的異常心理顯現在他的哲學中，他將所有道德有系統地簡化成了單一價值。海特用烹飪來比擬，想像他是一個「效用主義用餐者」。就像一家只供應糖的餐廳，邊沁的廚房只有一種道德味覺受體，是一種貧乏的哲學。但之後在他的著作中，海特這麼說：

> 我不知道什麼是最好的規範倫理理論，可以讓個人在私人生活中運用99。但當我們在西方民主社會這種具有某種程度的倫理與道德多元性的地方，談到立法與執行公共政策的議題時，我認

為沒有比效用主義更有說服力的替代選項了。

究竟是怎麼回事？面對最終的問題「我們該怎麼做」時，看起來原先自閉的哲學家是完全正確的。我想這裡發生的情況是，海特現在正在運用他另一個道德指南針。

我們現代的牧民有強烈的道德感受，而且有時候是彼此非常不同的感受。不幸的是，我們不能想怎樣就怎樣。該怎麼做？第一步，如同海特告訴我們的，是增進彼此的了解，了解我們來自不同的道德部落，在各部落自己的認知方式上，大家都是眞誠的。但那還不夠。我們需要一種共通的道德標準，一種後設道德，來幫助我們過日子。我們應該以達到最大的快樂爲目標，但這個想法並不是要斷然服膺單一的道德口味，或讓某個部落的價值觀凌駕於其他部落的價值觀，而是運用一種共通貨幣，一種價值的公制單位，藉以衡量其他價值，不僅促成妥協，而且是有原則的妥協。根據海特的說法：「人類是由九〇%的黑猩猩與一〇%的蜜蜂所組成的。」[100] 這意味著我們大部分人是自私自利的，但也具有部分的部落性，守衛著我們個別的蜂巢。我想對於人類本性的這種陳述是不完全的。我們的哪一個部分相信，我們應該極大化全球的快樂呢？既不是黑猩猩也不是蜜蜂。這種後設道德是人類的發明，一種抽象論理的產物。如果我們只受限於我們的自私自利與部落直覺，我們就會卡住。但幸運的是，我們都有能力可以轉換成手動模式，即使可能有些不情願。

就短期來說，道德論理仍會相當無效率，雖然也不是完全無效[101]。我想，這就是爲什麼海特低估其重要性的原因。如果一個牧民心中感覺到某件事是對的或錯的，你優秀的論理要能夠當場改變他的心意，機會極爲渺茫。但是就像風雨經年累月地侵蝕地表，一個好的論理也可以改變事物的樣貌[102]。它從願意質疑自己部落的信念開始，而在這裡，有點自閉或許是有幫助的。下面這段話大約是邊沁在一七八五年寫下的，當時同志性行爲是可以處死刑的：

> 我折騰自己好多年[103]，想找出有沒有充分的理由，支持現在所有歐洲國家對待（同志）的嚴苛方式：但是基於效用的原則，我找不到任何充分的理由。

要轉換到手動模式的道德必須有勇氣與毅力。以下這段文字取自彌爾爲女性權利辯護的經典著作《婦女的屈從》（*The Subjection of Women*）前言，這本書出版於一八六九年，很可能是彌爾與妻子哈莉特・泰勒・彌爾（Harriet Taylor Mill）共同寫作的：

> 但是，若認為這個案例的困難之處，一定在於我的信念的理性基礎不夠或模糊，這會是個錯誤[104]。跟其他所有情況一樣，這裡的困難是，有許多必須與之奮戰的情感……只要這種情感還在，它就會一直形成新的論證壕溝來彌補過去所造成的裂縫。

今天，我們一些人用偉大的信念捍衛同志與女性的權利，但在我們能用感情做這件事之前，在我們的感情能感受到「權利」之前，必須有人先用思考來這麼做。我是個深度的實用主義者，也是個自由派，因爲我對這種進展懷有信仰，也相信我們的工作尚待完成。

第十二章

超越隨拿即拍的道德：給現代牧民的六個原則

我們有兩種根本上不同的道德問題，也有兩種根本上不同的道德思考，關鍵在於將正確類型的思考搭配到正確類型的問題上：面臨我與我群的問題時，想快一點；當面對我群與他群之問題時，要慢慢地想。

最初，是一種原生漿液，而後彼此合作的分子組成了更大的分子，其中某些又自行複製，並在周邊加上了保護膜。合作的細胞合併成複雜的細胞，再形成合作式的細胞串。生命變得日趨複雜，一次又一次地找到神奇的角落，在那裡，個體犧牲以換取集體成就，從蜜蜂到倭黑猩猩都是如此。但是按照其生物上的設計，合作的有機體不是普遍無差別地進行合作。合作是演化來用以在競爭中獲勝的武器，做為勝過他群的策略。因此，在最高層級上的合作不可避免地受到限制，受到偏好我群勝過他群的力量所反對。

某些動物演化出大腦，那是吸取資訊並用來引導行爲的計算控制中心。大部分的大腦都是反射性的機器，自動地將輸入搭配到輸出，而沒有能力反思它們正在做什麼，或想像新奇的行爲。但人類演化出一種全新的智能，一種通用的論理能力，可以解決複雜、新穎、不能透過反射解決的問題。智能的快思慢想是一種取勝的組合，也是一種危險的組合。多虧我們龐大的大腦，我們已經擊敗了大部分的大自然敵人，可以獲得所需要的最多食物，並建造保護我們不受自然威脅的庇蔭之處，我們比從獅子到細菌等大部分掠食我們的物種都更聰明。今日我們最可怕的敵人是自己，幾乎所有嚴重的問題都是因人類自己的選擇所造成，或至少是人類可以選擇避免的。

近來，我們在減少人類仇恨上獲得了極大的進步，用溫和的商業往來取代戰爭，用民主取代獨裁，並用科學取代迷信，但還是有很大的改善空間。我們有長年的全球問題（貧窮、疾病、戰爭、剝削、人際間的暴力），有新興的全球問題（氣候變遷、使用大規模毀滅性武器的恐怖主義），以及現代生活獨有的道德問題（生命倫理、大政府相對於小政府、宗教在公眾生活中扮演的角色）。

我們如何做得更好？

我們的大腦就像其他器官，是演化來幫助我們散播基因的。因爲某些明顯的原因，大腦賦予我們自私的驅力，驅使我們獲得生存與繁殖所需的自動機制。因爲一些較不明顯的原因，大腦也驅使我們關心別人，並關心別人是否也是如此。我們具有同情心、愛、友誼、憤怒、社會嫌惡、感激、復仇心、榮譽、罪惡感、忠誠、謙遜、敬畏、愛評斷人、流言蜚語、困窘與義憤。這些人類心理的普遍特徵，讓「我們」比「我」更重要，並能到達神奇的角落，避免公地悲劇發生。

這些認知上的小機關在近乎所有健全的人類大腦中運作，只是我們運用的方式各有不同。不同的部落用不同的條件來進行合作。我們對於人該爲彼此做什麼，以及有榮譽感的人面對威脅時該如何反應，有著不同的想法與感情。我們獻身於不同的「專有名詞」，也就是地方的道德權威。而我們在設計上就是有部落性的，偏好我群勝於他群。即使我們自認公平，潛意識裡仍然偏好最適合我群的公平版本。因此，我們面臨著常識型道德的悲劇：各個道德部落不能在孰是孰非上達成共識。

要解決問題，得先用正確的框架來解析它。在本書中，我已努力提出一個思考我們最大的道德問題之框架。我們面對兩種根本上不同類型的道德問題：我與我群之間的問題（公地悲劇），以及我群與他群之間的問題（常識型道德的悲劇）；我們也有兩種根本上不同類型的道德思考：快思（運用感情的自動設定）及慢想（運用手動模式的論理）。關鍵在於將正確類型的思考搭配到正確類型的問題上：面臨我與我群的問題時，想快一點；面對我群與他群的問題時，要慢慢地想。

現代的牧民們需要慢慢地想、努力地想，但我們必須用對的方法來想。如果我們只用手動模式的論理方式來描述或合理化我們的道德感受，那是沒有用的；與其把我們自動設定的產物組織起來並正當化，不如超越它們。經過上述說明，解決我們問題的方法看來相當明顯了：我們應該擱置我們分歧的部落感情，並且遵循能夠得出最好的整體結果的方式。但什麼是「最好的」？

幾乎我們所重視的一切之所以有價值，是因爲它們對我們的經驗具有影響力。因此，我們可以說，最好的事就是能讓我們的經驗最佳化的事，而且同等重視每個人的生活品質。邊沁與彌爾將這個很棒的想法轉變成一個系統化的哲學，卻給了它一個很糟的名字。從那之後，我們就一直誤解它，並忽視它的概念。然而，問題不僅在於行銷方式欠佳。我們的直覺反應本來就不是設計來建構一個一致的道德哲學。因此，眞正一致的道德哲學註定會冒犯我們，有時是在眞實世界，但更常是在哲學思想實驗的世界裡，在這裡，人們可以用最強烈的情感來抵抗更大的善。我們低估了效用主義，因爲我們高估了自己的心智。我們錯誤地假定，直覺反應是通往道德眞理的可靠嚮導。如契訶夫所言，要變得更好，必須先知道自己是什麼模樣[1]。

在這本長而複雜的書籍開頭，我曾經承諾讓你對這個主題有更清晰的了解。我希望你現在比剛翻開第一頁時更明確了解道德的問題。我希望你看得出在自己身邊上演的常識型道德悲劇、做爲其根本原因的情感，以及能使我們進步的論理方式。我們討論了許多抽象概念，許多「主義」。身爲一個社會科學家與實用主義者，我極明瞭理論與實踐之間的落差。若希望能有長期效果，理念不能只建立在主義之上，而必須體現在我們的習慣上。明瞭這點後，我提出一些簡單、實際的建議，做爲新牧場上生活的原則。

給現代牧民的六個原則

原則一：面對道德爭議時，請教你的道德直覺，但不要完全信賴它[2]。

你的道德直覺是相當奇妙的認知小機關，是經過數百萬年的生物演化、數千年的文化演化，以及許多年的個人經驗淬煉而成。在你的個人生活中，你應該信賴你的道德直覺，並當心你的手動模式，因爲手動模式習於找出各種方法，好把我自己的利益放在我們共同的利益之前[3]。但面對道德爭議，也就是我群與他群的問題時，就該轉換成手動模式。當我們的情感式道德指南針指向兩個相反的方向時，它們不可能都是對的。

原則二：權利不是用來論證，而是用來結束論證的。

我們找不到非套套邏輯的方法，可以解決誰有什麼權利、哪一項權利勝過其他權利的問題。我們喜愛權利（以及義務，它是權利比較乏味的姊姊），因爲它們是好用的合理化機制，能將我們的主觀感受轉化爲對抽象道德客體的感知。爲這種客體是否存在而爭辯是沒有意義的。我們可以用「權利」做爲盾牌，保護我們已經促成的道德進步；當理性論證的時間過去，我們也可以把「權利」當作修辭武器。但我們不能太常這麼做。當我們這麼做的時候，我們應該知道自己在做什麼：當我們訴諸權利，我們並不是在做一種論證，而是在宣稱論證已經結束。

原則三：將焦點放在事實上，並且使別人也這麼做。

對深度的實用主義者來說，人們不可能在不知道事情應如何運作及其效果可能如何時，就判斷一個提案是好是壞。儘管如此，大部分的人都急於對政策做出判斷，從環保法規到健保體系，但我們幾乎不明瞭其內涵。應該要在公眾的道德論辯上下更多苦功。我們應該驅策自己與別人，不僅知道我們喜歡什麼、反對什麼，也要知道這些政策如何運作。我們應該提供，同時也要求人們提供證據，說明哪些政策能發揮作用，哪些政策不能。無論就理論或實踐上，我們不知道事情如何運作時，就應該效法蘇格拉底的智慧，承認自己無知。

原則四：當心有偏私的公平。

保持公平有很多不同的方式，而我們時常無意識地偏好最適合我們的公平方式。因爲有偏私的公平也是一種公平，人們很難看出它是有偏私的，特別是它厚待我們自己時。我們會爲了個人利益這麼做，也會爲了當所屬部落的忠實成員而這麼做。有時我們會犧牲個人，以使部落獲得有偏私的公平，這是一種有偏私的無私（biased selflessness）。

原則五：運用共通貨幣。

我們可以一直爭辯權利與正義，但我們因爲兩點而結合在一起。首先，我們透過正面與負面的人類經驗而彼此連結。每個人都渴求快樂，沒有人想要受苦。其次，我們都了解黃金律與其背後無偏私的理念。把這兩個概念結合在一起，我們就得出一種共通貨幣，一種能達成有原則的妥協的系統。當我們部落式的直覺出聲反對時，我們仍然能夠彼此同意，進行任何能達到最佳效果、任何能讓整體最爲快樂的方法。

要找出何種方法能達到最佳效果，必須有一個衡量價值的共通貨幣，但我們也需要一個衡量事實的共通貨幣。知識的來源很多，但截至目前爲止，最普遍獲得信賴的是科學，這是有好理由的。科學並非始終正確無誤，而且當科學知識與人們的部落信仰相衝突時，人們會輕易選擇拒絕科學知識。儘管如此，如果科學證據支持人們想要的目的，幾乎所有人都會訴諸科學證據。（如果明天有信譽的科學家宣稱，地球只存在了幾千年，創造論者難道不會雀躍嗎？）沒有其他的知識有這樣的特性。在我們的部落裡，在我們的心中，我們可以隨自己的喜好相信任何事情，但是在新牧場上，應該運用具有可觀察的證據的共通貨幣來判斷眞相。

原則六：給予。

個人沒有機會制定生活所必須依循的原則。但每個人都會做重要的、攸關生死的決定。藉著小小的犧牲，我們這些活在豐裕世界裡的人有大幅改善別人生活的力量。我們是被設計成過部落生活的造物，對遠方「統計上的」陌生人的同情心是微弱的。不過很少人能眞心地說，極盡奢華的奢侈品比拯救某人的生命更重要，或者其重要性高於幫助某個沒有機會獲得醫療協助或教育資源的人獲得更美好的未來[4]。我們可以昧於事實自欺，否認我們的捐助能夠幫忙別人。或者，如果我們在哲學上有企圖心，更可以合理化這種自利的選擇。但是誠實的回應、有智慧的回應，是承認我們的確有不好的習慣，並盡可能加以改變。一個部分成功的真心努力，比一個完全成功的否認要好。

康德爲「天上的星空」及「內心的道德法則」而發出讚嘆。這是一種可愛的情感，但是我不能真心與之共享。人類在許多方面非常了不起，但內心的道德法則卻是好壞參半的。對我來說，更了不起的是我們能夠質疑寫在我們心裡的法則，並用更好的東西加以取代。自然的世界裡，合作無所不在，從小小的細胞到大批的狼群。但無論團隊合作讓人印象多麼深刻，它仍是爲了成功競爭這種非關道德的目的而演化出來的。然而，運用我們過度發展的靈長類大腦，我們還是能透過某種方法掌握自然機制背後的抽象原則，並將這些原則內化。在新牧場上，太陽底下正有新鮮事在發展：一個全球性的部落正在找尋它的成員，不是爲了勝過別的部落，而只單純因爲這麼做很好。

附記

善捐組織建議依據其追蹤紀錄、成本效益與對新資金的需求進行慈善捐助。關於最新的資訊可瀏覽：www.givewell.org。

國際樂施會致力於為貧窮與不正義的情況創造長期的解決方案。要找尋離你最近的樂施會分支機構，請見網站：www.oxfam.org。

謝辭
Acnowledgments

我首先要感謝我的雙親，羅莉・格林（Laurie Greene）與喬納珊・格林（Jonathan Greene），他們一開始就鼓勵我要爲自己打算，並且勤奮工作、全心照料我，讓我可以將工作投注於理念上。我非常感謝他們，我也感謝我的兄弟丹（Dan）與姊妹麗茲（Liz），他們一生都愛護我、支持我。我也感謝我的朋友暨兄嫂（或弟妹）莎拉・史騰堡・格林（Sara Sternberg Greene），也感謝我的外甥女亞隆・法楚克（Aaron Falchook）。

能夠投身於理念，也有部分必須歸功於啓發我、認眞看待我尚未成熟的想法，並教導我如何思考的良師與同事。我永遠感謝我大學時代的導師巴隆、洛辛、阿瑪蒂亞・森（Amartya Sen）、艾利森・西蒙斯（Allison Simmons）與德瑞克・帕費特（Derek Parfit），他們協助我開始這項研究。我也非常感謝我的研究論文指導老師大衛・劉易士（David Lewis）與吉伯特・賀曼（Gilbert

Harman），也感謝彼得・辛格，他在我主持的委員會服務，一直提供許多寶貴建議與鼓勵。在那些日子中，我也要感謝普林斯頓的哲學家社群，我與他們進行了美好的論辯，並共度美好時光。我也非常感謝我博士後（及非正式的博士論文）指導者柯亨，他願意嘗試教我科學之藝，並幫助我了解大腦如何可能成爲心靈。同樣的，我也要感謝雷伊・尼斯特隆（Leigh Nystrom）、約翰・達利（John Darley）、蘇珊・費斯克（Susan Fiske）與其他在普林斯頓大學心理學系爲我提供第二個家，並幫助我找到出路的人們。從研究所時期開始，其他收養我的家庭還有道德心理學研究小組（Moral Psychology Research Group），這是一群快樂的哲學家暨科學家，他們持續拓展我的心靈，並在我的靈魂飄盪時，助我一臂之力。特別在最近幾年，我在道德心理學研究小組的部落長老們，包括史迪奇、多瑞斯、尼可斯與華特・辛諾特－阿姆斯壯（Walter Sinnott-Armstrong）的指導與協助下獲益良多。最後，我要感謝哈佛大學心理學系的成員（再次）願意給我這個改裝後的哲學家一個機會，感謝他們給我啓發與指引，也感謝他們鼓勵我寫作本書，儘管我還很資淺。我也要特別感謝馬札林・巴納吉（Mahzarin Banaji）、喬許・巴霍茲（Josh Buckholtz）、藍迪・巴克納（Randy Buckner）、卡瑞、吉博特、克利斯汀・胡克（Christine Hooker）、史帝芬・寇斯林（Steven Kosslyn）、曼德斯、傑森・密契爾（Jason Mitchell）、麥特・諾克（Matt Nock）、史迪芬・平克、吉姆・西達紐斯（Jim Sidanius）、杰西・史奈德克（Jesse Snedeker）、華內肯與丹・威格納（Dan Wegner）的支持與建議。我也非常感謝貝瑟曼。另外，謝謝我們系上傑出的行政人員，他們讓每一件事都能順利解決，令人驚奇。

我也感謝羅伯・薩波斯基（Robert Sapolsky）向柏克曼公司（Brockman Inc.）的卡汀加・馬森（Katinka Matson）提及我，卡汀加之後成爲我的經紀人，有時也是我的守護天使。我要感謝卡汀加願意（又一次）壓注在我身上，她教我認識書的世界，有耐心而聰明，並相信這本書有可能完成。

就像寓言《希修斯之船》（*Ship of Theseus*），這本書的木板更動了如此多次，以致原來的船體已經消失無蹤了。我永遠都感謝幫助我建立並重建這本書的許多同事們，他們仁慈地爲這本書耗費了數百小時的寶貴時間與關注。以下的人們閱讀並評論完整的書稿：巴隆、貝瑟曼、伯倫、多馬索・布魯尼（Tommaso Bruni）、亞烈・查克羅夫（Alek Chakroff）、莫許・柯亨–以利亞（Moshe Cohen-Eliya）、庫許曼、多瑞斯、吉博特、海特、布瑞・哈爾賽（Brett Halsey）、安德莉・賀伯林（Andrea Heberlein）、安娜・堅金斯（Anna Jenkins）、艾力斯・喬丹（Alex Jordan）、理察・喬伊斯（Richard Joyce）、西蒙・凱勒（Simon Keller）、諾伯、維特・庫瑪（Victor Kumar）、尼可斯、帕克斯頓、平克、薩波斯基、辛格、辛諾–阿姆斯壯、坦勒・桑默斯（Tamler Sommers）、威格納與楊。此外，有許多人讀了一章或更多章，並給我有助益的評論，包括丹・阿默斯（Dan Ames）、庫特・格雷（Kurt Gray）、賀曼、丹・凱利（Dan Kelly）、麥特・奇林沃斯（Matt Killingsworth）、卡崔納・柯斯洛夫（Katrina Koslov）、琳賽・鮑威爾（Lindsey Powell）、杰西・普林茲（Jesse Prinz）、托利・麥吉爾（Tori McGeer）、艾多瓦・馬契里（Edouard Machery）、隆・馬龍（Ron

Mallon）、瑪利亞・默瑞（Maria Merritt）、亞力斯・布拉奇亞斯（Alex Plakias）、艾力卡、羅埃德（Erica Roedder）、亞迪納・羅斯基（Adina Roskies）、提姆・斯洛德（Tim Schroeder）、蘇珊納・西格爾（Susanna Siegel）、山德拉・斯里帕達（Chandra Sripada）、史迪奇與華烈里・提貝流斯（Valerie Tiberius）。（特別要感謝吉博特、平克與辛格，他們讀了兩份完整的稿件。）也要感謝大衛・呂貝羅福（David Luberoff），他看出了嗆紅辣椒的關聯性。對於這份感謝名單不慎漏掉的人士我也要表達歉意。每當我想起這麼多人腦力激盪所提供的集體智慧，我就深覺必須謙遜，也只能期望我已經盡力讓他們的投資有所回報。這些有大智慧的人們每次都帶給我極大的挑戰，而且讓我免於遇上（更大的）困窘。

非常感謝企鵝出版社的許多才能傑出者，我要從尼克・特勞溫（Nick Trautwein）開始，他就我的第一份初稿做了編輯分析，並給我一些方向與鼓勵，也要感謝威爾・帕默（Will Palmer），他清晰的審稿讓這本著作增色不少。我也要感謝艾蒙・多蘭（Eamon Dolan），他在短暫擔任我的編輯時，貢獻寶貴的時間，提出有益的評論。在特勞溫與多蘭離開之後，這本書落在班傑明・普拉特（Benjamin Platt）的桌上，他所提出的新鮮觀點也創造了豐碩且收穫極大的合作結果。班看到我的書裡有許多我未看到的缺點與機會，他也認出我的故事是從中段開始的，需要補上更多前情說明。因爲他的這項洞見，以及其他許多幫助，我要表示感謝。我最要感謝的企鵝員工的是史考特・摩爾斯（Scott Moyers），他（又一次）壓注在我身上，願意提供一個名不見經傳的博士後研究人員一份著作出版契約，而他也紆尊降貴地在過去一年來參與本書的共同編輯。在許多方面，史考特對我的書的了解比我還深，這讓我有些慚愧，但也因此得到激勵。我很感謝史考特用他卓越的才能，以如同馬邁（Mametesque，譯按：指Davide Mamet）那樣的機智與智慧協助我，並從這本書一開始到完成為止始終相信我。

在過去這七年來，有一組聰明而且有決心的年輕科學家以研究生及博士後研究員的身分與我一起在道德認知實驗室賭上他們的前途。不論是我還是他們，都無法預期這本書最後的命運會是怎樣。而我最終至少還從這個過程冒出頭，掛名為這本書的作者，他們得到的只有拖延、缺席、累壞的空白眼神與道歉。我的實驗室夥伴都是這麼有耐性，也這麼支持我，我永遠無法回報他們的仁慈（我可以聽到他們說「那不是眞的！」）。感謝你們，阿部准（Nobuhito Abe）、亞密、雷根・班哈特（Regan Bernhard）、多納・卡希爾（Donal Cahill）、查克羅夫、庫許曼、史帝芬・法蘭克倫（Steven Frankland）、紹恩納・戈登–麥凱恩（Shauna Gordon-Mckeon）、莎拉・戈特利（Sara Gottlieb）、克莉斯汀・麥–凱拉姆斯（Christine Ma-Kellams）、帕克斯頓、藍德與薛哈夫。你們讓我每天都很開心地工作。特別感謝法蘭克倫在腦部顯影與戈特利在準備數據、附註與參考文獻上投入極大的心血。

在我腦袋還能記得的部分，我要感謝那些在這段期間用他們的溫暖與幽默支持著我的摯友們：尼可・拉密（Nicole Lamy）、麥可・帕帝（Michael Patti）、寶拉・富斯（Paula Fuchs）、與艾胥利・

巴霍茲（Ashley Buckholtz）夫婦、哈爾賽與華樂里・列維・哈爾賽（Valerie Levitt Halsey）。

我的孩子山姆（Sam）與弗莉妲（Frida）帶給我前所未有的歡樂。我最愛的事就是當他們的爸爸，別無其他，而最遺憾的事就是在他們的童年，我因爲這本書而錯過了應該跟他們在一起的數千個小時——在萬聖節挑南瓜，還有海邊戲水與床邊故事。從現在起，老爸會更常在家。而最後我要爲我取得的所有成就，感謝我的妻子，我最好的朋友，也是我一生的愛，安德莉・賀伯林，爲了她我要獻上這本書一千次。安德莉的智慧與敏銳讓這本書變得更好，若沒有她的投入，我也寫不出任何可以讓書更好的內容。安德莉將我們的生活打理得如此妥貼，讓我可以完成這本著作，而完全沒察覺到我讓彼此陷入一種什麼樣的局面。爲此，以及更多其他的事，我永遠感謝她。

註釋 Notes

銘文

1 Chekhov (1977) 27, quoted in Pinker (2002). Chekhov, A. (1977). *Portable Chekhov*. New York: Penguin. Pinker, S. (2002). *The Blank Slate: The Modern Denial of Human Nature.* New York:Viking

前言

1 最惡名昭彰的錯誤主張是歐巴馬健保設立了「死亡小組」決定誰生誰死（FactCheck.org，二〇〇九年八月十四日），但民主黨對人們在歐巴馬健保下能否保留自己原來的健保方案，也有一些錯誤的說法（FactCheck.org, August 18, 2009）。
2 Politisite (September 13, 2011).
3 Financial Crisis Inquiry Commission (2011).
4 這項措施獲得兩黨支持，但民主黨更是強烈支持（US House of Representatives, 2008; US Senate, 2008）。
5 Krugman (November 24, 2011).
6 Kim (December 12, 2011).
7 http://www.huffingtonpost.com/2011/10/06/herman-cain-occupy- wall- street_n_998092.html.
8 http://www.motherjones.com/politics/2012/09/watch-full-secret-video-private-romney-fundraiser
9 Buffett (August 14, 2011).
10 ABC News (December 5, 2011).
11 *The Rush Limbaugh Show* (September 22, 2011).
12 Kahan, Wittlin, et al. (2011); Kahan, Hoffman, et al. (2012); Kahan, Jenkins-Smith, et al. (2012); Kahan, Peters, et al. (2012).
13 嚴格來說，這些是專有名詞的指示對象。

14 Pinker (2011).
15 Henrich, Boyd, et al. (2001); Henrich, Ensminger, et al. (2010); Herrmann et al. (2008).
16 Leitenberg (2003).
17 Degomme and Guha-Sapir (2010).
18 World Bank (February 29, 2012) 二〇〇八年的報告資料。
19 International Labour Organization (2012).
20 Bertrand and Mullainathan (2003).
21 Pinker (2011).
22 彌爾的效用主義與達爾文的物競天擇理論在同時間興起，而且從一開始就有重疊的支持者基礎，兩人起初也相互讚賞。我想這並非意外。這兩種突破性的理論都偏好手動模式勝過自動設定。Wright (1994) 第十六章對此有很好的討論。

第一部　道德問題

第一章　公地悲劇

1 Hardin (1968).
2 Von Neumann and Morgenstern (1944); Wright (2000); Nowak (2006).
3 Margulis (1970); Wilson (2003); Nowak and Sigmund (2005).
4 Mitani, Watts, et al. (2010).
5 Michor, Iwasa, et al. (2004).
6 Darwin (1871/1981).
7 A. L. Tennyson, *In Memoriam AHH*, in Tennyson and Edey (1938).
8 這個觀點出自 Darwin (1871/1981)，並成爲近數十年來行爲科學家的共識。參閱 Axelrod and Hamilton (1981); Frank (1988); Wright (1994); Sober and Wilson (1999); Wilson (2003); Gintis et al. (2005); Joyce (2006); de Waal (2009); Haidt (2012)。
9 即使道德只透過個人選擇而演化，偏好互惠式的利他主義能力，相同的論理仍然適用。
10 Wittgenstein (1922/1971).
11 精明的家庭計畫或許可經由節育加強基因長期的展望，但顯然不需要這麼做。

第二章　道德機制

1 囚徒困境是由Rand Corporation的M. Flood與M. Dresher設計的。參閱 Poundstone (1992)。

2 Blackburn (2001), 101.

3 Fisher (1930); Haldane (1932); Hamilton (1964); Smith (1964)。演化生物學的此一主要觀點再次變得具爭議性。參閱Nowak, Tarnita, et al. (2010)。

4 參閱Trivers (1971) 及Axelrod and Hamilton (1981)。潛在合作者的邂逅可以是自主選擇的，也可能是被迫的。參閱Rand, Arbesman, et al. (2011)。在這裡，我讓他們像囚徒困境中的亞特與巴德一樣自主相遇，但在互惠式利他主義的標準範型中，人是因為環境所迫而相遇。不管是哪一種情況，都適用相同的互惠邏輯。

5 可參閱 Nowak and Sigmund (1993)。

6 參閱 Rozin, Lowery, et al. (1999); Chapman, Kim, et al. (2009)。請留意憤怒與嫌惡這類負面情感並非完全可互換。憤怒是一種做為「方法」的情感，使人產生積極侵犯之意。相反的，嫌惡是一種「退縮」的情感，原先是演化來避免糞便與腐肉等汙染性物質接近身體。在特定情況下，哪一種態度才是最適當的策略，取決於積極侵犯與選擇性迴避的成本與利益比較。

7 Rand, Dreber, et al. (2009).

8 De Waal (1989)。也可參閱 Packer (1977) 與 Seyfarth and Cheney(1984)。

9 Gintis, Bowles, et al. (2005).

10 Nowak and Sigmund (1992); Rand, Ohtsuki, et al. (2009); Fudenberg, Rand, et al. (2010).

11 De Waal and Roosmalen (1979).

12 Seyfarth and Cheney (2012).

13 Daly and Wilson (1988); Pinker (2011).

14 Stevenson (1891/2009).

15 Grossman (1995).

16 Cushman, Gray, et al. (2012).

17 Milgram, Mann, et al. (1965).

18 Pinker (2002), 259.

19 Cialdini et al. (1987).

20 Batson et al. (1981); Batson (1991).

21 Batson and Moran (1999).

22 在某些案例中，同情並不表示與被同情的人有相同的感覺，例如，同情一個被驚嚇的小孩時，自己不需要也被嚇到。
23 Singer, Seymour, et al. (2004)。對痛苦的同情涉及的是痛苦的情緒成分，而非感知成分。*Science* 303 (5661), 1157-1162。
24 Pedersen, Ascher, et al. (1982).
25 Rodrigues, Saslow, et al. (2009).
26 Kosfeld, Heinrichs, et al. (2005)。但也可參閱 Singer, Snozzi, et al. (2008)。
27 De Waal (1997, 2009); Keltner (2009).
28 如 Waal (2009) 所述。
29 de Waal (2009).
30 Warneken et al. (2006, 2007, 2009).
31 Lakshminarayanan and Santos (2008).
32 Bartal, Decety, et al. (2011).
33 MAD 這個詞彙的正式理論來自 von Neumann and Morgenstern (1944)。
34 Frank (1988)。也可參閱 Schelling (1968)。我這裡提出的例子是引用自 Pinker (1997)，他將憤怒比擬為 Stanley Kubrick 電影 *Dr. Strangelove* 的「末日機制」，該機制是被設計來在遭受攻擊時自動啓動反向的核攻擊。
35 Jensen, Call, et al. (2007).
36 De Waal and Luttrel (1988).
37 Baumgartner, Fischbacher, et al. (2009).
38 Pinker (2008).
39 如同 Frank Abagnale 的個案情況。參閱 Abagnale and Redding (2000)。
40 Pinker (2008).
41 Henrich and Gil-White (2001).
42 Keltner and Haidt (2003); Haidt (2012).
43 Nowak and Sigmund (1998).
44 Haley and Fessler (2005).
45 Forsythe, Horowitz, et al. (1994).
46 Bateson, Nettle, et al. (2006).
47 Dunbar (2004); Dunbar, Marriott, et al. (1997).

48 Feinberg et al. (2012b); Nowak and Sigmund (1998, 2005); Milinski, Semmann, et al. (2002).
49 Semin and Manstead (1982); Keltner (2009).
50 Hamlin, Wynn, et al. (2007, 2011)。也可參閱 Sloane, Baillargeon, et al. (2012)。
51 經 Hamlin, Wynn, et al. (2007) 授權重製。
52 在某些實驗版本中，顏色與形狀做了相反的安排，顯示這不只是偏好特定形狀或顏色的問題。在其中一個版本中，嬰兒偏好幫助者勝過中性形狀，偏好中性形狀勝過阻礙者。
53 Brown (1991).
54 Bernhard, Fischbacher, et al. (2006); Choi and Bowles (2007).
55 Kinzler, Dupoux, et al. (2007)。也可參閱 Mahajan and Wynn (2012)。
56 McElreath, Boyd, and Richerson (2003).
57 Greenwald, McGhee, et al. (1998); Greenwald and Banaji (1995).
58 https://implicit.harvard.edu/implicit.
59 Greenwald, McGhee, et al. (1998).
60 Baron and Banaji (2006).
61 Mahajan, Martinez, et al. (2011).
62 Bertrand and Mullainathan (2003).
63 Eberhardt, Davies, et al. (2006).
64 Stephens-Davidowitz (2012).
65 Kurzban, Tooby, et al. (2001).
66 Tajfel (1970, 1982); Tajfel and Turner (1979).
67 De Dreu, Greer, et al. (2010, 2011).
68 Hobbes (1651/1994).
69 Wilson (2003); Roes and Raymond (2003); Norenzayan and Shariff (2008).
70 Gervais, Shariff, et al. (2011).
71 Boyd and Richerson (1992).
72 Boehm (2001).
73 這裡是假定遭懲罰的人無法或不會全力報復施罰者。如果他們有能力且真的報復，合作機制就會崩潰。參閱 Rand, et al.

(2008); Hermann, Thoni, et al. (2008)。

74 Gintis (2000); Bowles, Gintis. et al. (2003); Gintis, Bowles, et al. (2005).

75 Fehr and Gachter (2002); Boyd, Gintis, et al. (2003).

76 Fehr and Gachter (2002); Marlowe, Berbesque, et al. (2008)。但也參閱 Kurzban, DeScioli, et al. (2007)。

77 Dawes, McTavish, et al. (1977).

78 Boyd and Richerson (1992); Fehr and Gachter (1999).

79 Kurzban, DeScioli, et al. (2007).

80 Boyd, Gintis, et al. (2003).

81 Margulis (1970); Nowak (2006); Wright (2000).

82 這些特徵有許多都列在Donald Brown (1991)的人類共通特徵清單上（例如「同情」、「蜚短流長」、「羞恥」、「報復」），而且全都與此清單上的項目密切相關，甚至有邏輯上的前後關係。

83 Rand, Greene, et al. (2012).

84 所有資料出處同前註。決策時間（以log10 seconds計算）列在x軸，捐款水準列在y軸，表現爲最大金額的百分比（上圖），或做出是／否選擇的合作可能性（下四圖）。上圖是單次公共財賽局；左中圖是連續進行單次囚徒困境賽局的首次結果；右中圖是重複而有執行誤差的囚徒困境賽局；左下圖是重複的囚徒困境賽局，有或沒有高成本的懲罰；右下圖是重複的公共財賽局，有獎賞（懲罰）或無獎賞（懲罰）的情況。黑點的大小跟觀察的次數對應，數量標示在黑點旁邊。誤差線顯示均值標準誤差。

85 Harris, Bose, et al. (1966).

86 Davidson and Ekelund (1997).

87 Dawkins (1986).

第三章　新牧場上的衝突

1 Pinker (2002).

2 Choi and Bowles (2007); Bowles (2009).

3 Henrich, Boyd, et al. (2001); Henrich, Gil-White, et al. (2001); Henrich, McElreath, et al. (2006); Henrich, Ensminger, et al. (2010).

4 Guth, Schmittberger, et al. (1982).

5 Liberman, Samuels, et al. (2004).

6 List (2007).

7 Henrich, McElreath, et al. (2006).

8 獨裁者賽局是關於利他主義，決定給人東西，而自己一無所獲。但從數學的、賽局理論的觀點來看，合作與利他確實是（或可以是）相同的。這是因為（有趣的）合作要求人們支付個人成本來造福他人。要合作，就要利他，而成功的合作恰好就是相互有益的利他主義（然而，獨裁者賽局與囚徒困境及公共財賽局這種真正的合作賽局之間，有個值得一提的差異：在真正的合作賽局中，餅的大小通常是不固定的，也就是說它並非「零和」）。人們也許會說，如果參加者期待有相等或更大的價值來回報自己的付出，那合作就不是利他的。這麼說有道理。但對於利他，我們同樣可以這麼說，在只有一次的互動情境中，合作是利他的，而在重複的互動情境下，無論合作或利他，在最強烈的意義下，都未必是真正利他的。

9 Henrich, Ensminger et al. (2010).

10 Herrmann, Thoni, et al. (2008).

11 經授權改編註10內容。在此，我只列出前述研究裡十六座城市中九座城市的資料，以更清楚呈現三個顯著的趨勢。

12 Ellingsen, H errmann, et al. (2012).

13 經授權改編 Herrmann, Thoni, et al. (2008) 之內容。

14 BBC News (November 27, 2012).

15 一直以來都有學者提出似乎違背其意識型態及文化信念的研究結果。例如 Ellsworth Huntington，他是二十世紀初著名的地理學者、耶魯大學教授，也是美國優生社團（American Eugenics Society）理事會主席（是的，他們組了社團）。Huntington 相信經濟發展主要是由氣候所決定，更具體地說，他認為康乃迪克州的新港（New Have，耶魯大學所在地）多少具有理想的氣候條件，促成了智識創新及經濟發展。

我身為一個住在波士頓都會區的世俗猶太人與哈佛大學教授，這裡似乎也在告訴你，像利雅德與馬斯喀特等以穆斯林為主的城市文化是阻礙合作的，其他城市的文化則有益於合作。噢，例如波士頓。

面對你的懷疑，讓我先直接說明這項研究的三個要點：首先，這個研究不是我做的。第二，這些結果並不是我刻意挑選出來的。就我所知，沒有類似的研究顯現出非常不同的結果，如果你想眼見為憑，可以上 Google Scholar 搜尋。第三，實驗的結果是正反參半的。利雅德與馬斯喀特在這個合作行為研究中的表現接近底部，但雅典這個民主的誕生地與西方哲學的搖籃也是如此。而且，雖然我的家鄉表現接近頂端，但伯恩也是如此，伯恩離先前納粹集中營很近。但除去這些特定的研究，以及我與它們的關係，還有一個更一般性的問題：對於讓某些人在某些方面看來比其他人更好的科學研究，特別當研究的提出者正好來自看起來比較好的群體時，我們應當如何回應？

讓我們從問題的兩個極端立場出發。在其中一個極端，我們是完全的尊重：如果某個有科學信譽的人說某件事得到科學證據的有力支持，那麼它一定是正確的。因爲明顯的理由，這不是一個好的政策。在另一個極端，我們抱持全面的懷疑：每次有科學家提出某種本來應該具科學性的研究，但讓一些人在某方面看來比其他人更好，我們就應該抱持高度的懷疑，而且如果研究結果讓它的提出者看起來比其他人更好，我們就應該推定，那只是出於政治誘因，爲自己牟利的胡扯。

你可能預期到了，我想我們的態度應該是比較中庸的立場。我們要抱持心胸開放，就必須容許跨文化研究揭示出，某些文化看似比其他文化更好，並不是因爲它最終說來較好，而只是在某些方面較好。而且我們也應該承認，這些研究者可能恰好就來自那些看似較好的群體（就我所知，Huntington 可能是對的）。同時我們應該明瞭，科學家也是人，就像所有人一樣可能懷有偏見，包括不自覺的偏見（參閱本章稍後的討論）。

在因應跨文化社會科學時，我們應該清楚區分哪些是科學得出的結果，哪些是受到我們自己的道德假設所影響。舉上述研究爲例，波士頓與哥本哈根的受試者在公共財賽局中透過合作獲得的錢比利雅德與雅典的受試者多。然而，這些研究並未告訴我們波士頓與哥本哈根的人是否表現得比較好，或者他們具有在一般情況下表現較好的文化特性。那些是遠超過數據資料的價值判斷了。

我們應該當心，科學研究可能有嚴重的缺陷（波士頓人有可能比雅典人還了解實驗者的指示）。同時，我們也應該對科學程序心懷尊重。科學期刊是透過匿名的同儕審查機制選擇刊登哪些論文，而且，相信我，科學家對彼此都相當苛刻，特別當他們匿名的時候。在有聲譽的期刊上刊登的論文可能有嚴重的缺陷，但不太可能有明顯的缺陷（在上述的各項研究中，實驗者會一再測試，確保參與者了解他們的指示，這是所有這類研究的標準程序）。

總之，關切跨文化社會科學研究中的偏見是正當的，但不是把所有這類研究都當成是偏頗的政治宣傳而拒斥。這跟盲目相信具信譽的科學家所說的一切屬實沒有兩樣。

16 Cohen and Nisbett (1994); Nisbett and Cohen (1996).

17 Cohen and Nisbett (1994).

18 Fischer (1991).

19 Lind (1999).

20 Nisbett, Peng, et al. (2001).

21 相關描述見 Doris and Plakias (2007)。

22 Anscombe (1958)，引自註21著作。請留意，Anscombe 談的是用殺害一個無辜的人來平息暴民。我們不清楚她對監禁一個無辜的人會如何評論。

23 參閱本章註15。

24 Denmark TV2 (October 9, 2004)（用 Google Translate 翻譯）。
25 *Indian Express* (February 18, 2006).
26 BBC News (September 9, 2006).
27 *International Business Times* (September 21, 2012).
28 *U.S. News & World Report* (January 30, 1995)，引自 Bazerman and Moore (2006), 74。
29 Hsee, Loewenstein, et al. (1999).
30 Walster, Berscheid, et al. (1973); Messick and Sentis (1979).
31 Van Yperen, van den Bos, et al. (2005).
32 Babcock, Loewenstein, et al. (1995); Babcock, Wang, et al. (1996); Babcock and Loewenstein (1997).
33 留意這與 Rawls (1971) 的「無知之幕」（veil of ignorance）之間的比較。
34 Thompson and Loewenstein (1992).
35 Wade-Benzoni, Tenbrunsel, et al. (1996).
36 Harinck, De Dreu, et al. (2000).
37 Cohen (2003).
38 柯恩的研究很吸引人，而且並不誇大，但如果那些結果能夠普遍化，顯示黨派間的歧見是質而非量的問題，我會非常訝異。舉例來說，對於重新包裝的黨派政見是否會改變人們對墮胎或同志婚姻的態度，我心存懷疑，至少短期內是不太可能的。
39 Millbank and Deanne (September 6, 2003).
40 Reuters (September 10, 2008).
41 Hastorf and Cantril (1954).
42 Lord, Ross, et al. (1979).
43 Vallone, Ross, et al. (1985).
44 Kahan and Hoffman (2012).
45 Intergovernmental Panel on Climate Change (2007); Powell (November 15, 2012).
46 Jones (March 11, 2010) 中的蓋洛普民調報告。
47 Kahan, Wittlin, et al. (2011).
48 經授權改編自 Kahan, Peters, et al. (2012)。
49 Dunlap (May 29, 2008) 與 Jones (March 11, 2010)，蓋洛普民調報告。

50 Kahan, Jenkins-Smith, et al. (2011).
51 Shergill, Bays, et al. (2003).
52 經授權改編自 Shergill, Bays, et al. (2003)。
53 Blakemore, Wolpert, et al. (1998).
54 Forsyth and Schlenker (1977); Brawley (1984); Caruso, Epley, et al. (2006).
55 Pinker (2011).
56 Copenhagen Consensus Center (2012).
57 Gardiner (2011).
58 Singer (2004).
59 Union of Concerned Scientists (2008)，原始數據來自 US Energy Information Agency (2008) 之彙整資料。
60 二〇〇〇年第二次總統大選，引自 Singer (2004), 26。
61 Fisher (1971), 113.
62 同前註第112頁。
63 Schlesinger (1971), 73.

第二部　道德的快思慢想

第四章　電車難題

1 Mill (1861/1998); Bentham (1781/1996)。第三位偉大的效用主義之父是 Henry Sidgwick (1907)，相較於更出名的前輩，他對效用主義的闡述更詳盡，也更精確。有關此點，感謝 Katarzyna de Lazari-Radek與Peter Singer 提示 Sidgwick 所提過的許多要點。
2 或沒有男朋友，按照個別情況而定。
3 Trivers (1972).
4 Eens, M., & Pinxten, R. (2000). "Sex-role reversal in vertebrates: Behavioural and endocrinological accounts." *Behavioural Processes*, 51(1), 135–147.
5 Singer (1972).
6 如果問題是關於捐款給一個更大的（兩條河川或二十條河川）改善計畫，這種態度可能是有意義的。但這裡的問題是，如果只用這筆錢就能把事情完成，你願意捐多少錢。

7 Baron and Greene (1996).

8 Gilovich, Griffin, et al. (2002); Kahneman (2011).

9 參閱 Thomson (1985)。第一篇討論電車問題的論文是 Philippa Foot (1967) 與 Thomson (1976)。之後衍生出許多探討倫理的文獻。參閱 Fischer and Ravizza (1992); Unger (1996); Kamm (1998, 2001, 2006)。

10 Thomson (1985); Petrinovich, O'Neill, et al. (1993); Mikhail (2000, 2011); Greene, Somerville, et al. (2001).

11 Kant (1785/2002)。康德在 *Groundwork* 中構思了四個無上命令，這是第二個。

12 O'Neill and Petrinovich (1998); Hauser, Cushman, et al. (2007).

13 參閱 Damasio (1994) 與 Macmillan (2002)。

14 Saver and Damasio (1991); Bechara, Damasio, et al. (1994).

15 Damasio (1994), 45.

16 Miller and Cohen (2001).

17 Stroop (1935).

18 Miller and Cohen (2001).

19 功能性磁振造影使用一種常用在現代醫院的磁振造影掃描儀器。在大部分臨床目的中，磁振造影拍攝靜態的、三度空間的身體影像，這是一種「結構式掃描」。功能性磁振造影則拍攝運作中腦部的「影片」。這些影片的空間解析度不高，是由二至五毫米的「體數」（體積像數）所組成；其時間解析率非常低，大約每一到三秒拍攝一個影像（電影中的一「格」）。功能性磁振造影拍攝的這些影像看起來就像像素不夠的斑點，通常是蓋在更高解析度的掃描影像之上，讓人可以看出斑點位在腦部什麼地方。這些斑點並不是「觀看」大腦的直接結果，而是統計運算的結果。在腦部某個區域內有斑點，通常表示某人正在進行一項工作（例如看著人臉），而這個工作比其他工作（例如看著動物的臉）讓大腦那個區域的平均「活動」較多。這裡的「活動」是指大腦神經的電活動，是藉由追蹤充氧血液流動的變化而間接衡量的。要進一步了解，可參閱 Huettel, Song, et al. (2004)。

20 Greene, Somerville, et al. (2001)。大腦中許多其他區域也顯示出這種對比效果，包括大部分現在被稱爲「預設網絡」的區域（Gusnard, Raichle, et al., 2001)。這些區域有許多似乎不涉及情感反應本身，而是涉及對非現時存在事實的呈現（Buckner, Andrews-Hanna, et al., 2008）。

21 Greene, Nystrom, et al. (2004).

22 Greene, Cushman, et al. (2009).

23 我不知道第一次使用這個例子的人是誰。

24 一些哲學家已對雙重程序理論的證據提出質疑（McGuire, Langdon, et al., 2009; Kahane and Shackel, 2010; Kahane, Wiech, et al., 2012; Berker, 2009; Kamm, 2009）。對這些質疑的回應，參閱 Paxton, Bruni, and Greene（審查中）、Greene (2009) 與 Greene（審查中）。有關 Berker 論文的更多細節，參閱 Greene (2010) 的註釋。有關 Berker 論文的更多細節，參閱 Greene(2010) 的註釋，這是爲了亞歷桑那州立大學的一場研討會準備的，在我的網頁上可找到，也可以跟我索取。

25 Mendez, Anderson, et al. (2005).

26 Koenigs, Young, et al. (2007); Ciaramelli, Muciolli, et al. (2007).

27 Moretto, Ladavas, et al. (2010).

28 也可參閱 Schaich Borg, Hynes, et al. (2006); Conway and Gawronski (2012); Tremoliere, Neys, et al. (2012)。

29 Thomas, Croft, et al. (2011).

30 Koenigs, Kruepke, et al. (2012)，也可參閱 Glenn, Raine, et al. (2009)。

31 Koven (2011).

32 Cushman, Gray, et al. (2012)，也可參閱 Navarrete, McDonald, et al. (2012)。

33 Bartels (2008).

34 Valdesolo and DeSteno (2006); Strohminger, Lewis, et al. (2011).

35 Adolphs (2003).

36 Glenn, Raine et al. (2009).

37 Shenhav and Greene（準備中）。

38 Crockett, Clark, et al. (2010).

39 Perkins, Leonard, et al. (2012).

40 Amit and Greene (2012).

41 我這麼說不是主張做出效用主義判斷的人都是熱切的效用主義者，接受這套哲學的全部內容。我的意思只是他們採用一種無偏私的「成本效益」決策準則。

42 MacDonald, Cohen, et al. (2000).

43 Shenhav and Greene (2010); Sarlo, Lotto, et al. (2012); Shenhav and Greene（準備中）。

44 Greene, Morelli, et al. (2008)，也可參閱 Trémolière, Neys, et al. (2012)。

45 Suter and Hertwig (2011).

46 方法是依循 Pinillos, Smith, et al. (2011)。

47 Frederick (2005).

48 Paxton, Ungar, and Greene (2011)。在天橋難題中，複雜的數學問題沒有改變人們的判斷。相反的，我們發現那些通常擅長解決複雜數學問題的人，面對天橋情境更容易做出效用主義式的判斷。也可參閱 Hardman (2008)。Paxton 與我運用 CRT 方法及 Kahane, Wiech, et al. (2012) 設計的「善意謊言難題」，據稱在這種情境下，非效用主義式的回應才是反直覺的。我們的結果顯示正好相反，而與我們最初的雙重程序理論一致。參閱 Paxton, Bruni, and Greene（審查中）。

49 Bartels (2008); Moore, Clark, et al. (2008).

50 Cushman, Young, et al. (2006).

51 同前註；Hauser, Cushman, et al. (2007)。

52 Crockett, Clark, et al. (2010); Perkins, Leonard, et al. (2010); Marsh, Crowe, et al.(2011); De Dreu, Greer, et al. (2011).

53 以 Ransohoff (2011) 爲基礎的準備中手稿。如欲從神經科學的觀點回顧生命倫理議題，可參閱 Gazzaniga (2006)。

54 常有人說，醫師在入行之前必須宣誓的「希波克拉提斯誓詞」（Hippocratic Oath）命令他們「首先，不加害於人」。然而，這些字似乎並未眞的出現在誓詞中。參閱 http://www.nlm.nih.gov/hmd/greek/greek_oath.html。

第五章　效率、彈性與雙重程序的大腦

1 Winner (2004).

2 Posner and Snyder (1975); Shiffrin and Schneider (1977); Sloman (1996); Loewenstein (1996); Chaiken and Trope (1999); Metcalfe and Mischel (1999); Lieberman, Gaunt, et al. (2002); Stanovich and West (2000); Kahneman (2003, 2011).

3 Kahneman (2011).

4 Griffiths (1997).

5 此種處理過程可能觸發情感反應，但視覺處理本身非關情感。

6 Darwin (1872/2002); Frijda (1987); Plutchik (1980).

7 Susskind, Lee, et al. (2008).

8 Lerner, Small, et al. (2004).

9 Hume (1739/1978).

10 一般來說，蓋吉這種大腦腹內側前額葉受損的患者是很糟的決策者。他們可以爲選擇某樣東西而不選另一樣東西給出理由，理由聽起來通常也很好。但它們其實是破碎的。他們不是將各項理由連貫起來做成一個好的決策，而是隨意採用幾個理由，

導致愚蠢的行為（參閱 Damasio, 1994）。在一個頗具說明性的實驗中，Lesley Fellows and Martha Farah (2007) 顯示腹內側前額葉受損的患者比其他人更容易呈現出「不及物的」（intransitive）傾向，他們會說自己喜歡 A 勝過 B、喜歡 B 勝過 C，而喜歡 C 勝過 A。關於決策，這是非理性的顯著特徵。此外，大腦背外側前額葉皮質層，也就是進行抽象思考的區域，與多巴胺系統密切相連，這個區域負責將價值注入客體與行動中（Rangel, Camerer, et al., 2008; Padoa-Schioppa, 2011）。從神經與演化觀點來看，我們的論理系統並不是獨立的邏輯機器，而是靈長類哺乳動物選擇獎賞行為的原始系統過度成長的結果，是使哺乳動物更有進取心的認知義肢。換句話說，休謨似乎是對的。

11 Shiv and Fedorikhin (1999).

12 McClure, Laibson, et al. (2004).

13 在此，立即的獎賞並不是那麼即時。在隨後一個運用食物為獎賞的研究中（McClure, Ericson, et al., 2007），獎賞比較即時。

14 經授權改編自 Ochsner, Bunge, et al. (2002); McClure, Laibson, et al. (2004) 的圖像；以及 Cunningham, Johnson, et al. (2004)。

15 Nagel (1979).

16 Cohen (2005).

17 Ochsner, Bunge, et al. (2002).

18 Cunningham, Johnson, et al. (2004).

19 Richeson and Shelton (2003).

20 Bargh and Chartrand (1999).

21 Whalen, Kagan, et al. (2004).

22 Bechara, Damasio, et al. (1994); Bechara, Damasio, et al. (1997); Damasio (1994).

23 經 Whalen, Kagan, et al 授權改編。

24 手汗這種小差異，可以透過在皮膚下導入小電流加以偵測，手掌溼潤時較能傳導電流。已知這種技術被用來測量「皮膚傳導反應」（skin conductance response, SCR）或「皮膚電阻感應」（galvanic skin response, GSR）。

25 Woodward and Allman (2007).

26 Olsson and Phelps (2004, 2007).

第三部　共通貨幣

第六章　一個非常好的想法

1 群體內的競爭也是如此。
2 這裡我指的是口語上的相對主義。哲學上的相對主義可能是很不同的。參閱 Harman (1975)。
3 粗略地說，對於眞理，實用主義認爲各種主張孰是孰非取決於相信這些理論的實際效果。
4 嚴格來說，我談的是行爲的後果論。
5 Driver (2009).
6 Smart and Williams (1973).
7 Mill (1861/1987), chap. 4, 307– 314; Bentham(1781/1996), chap. 1.
8 Mill (1861/1998), 281.
9 同前註，282-283。
10 Fredrickson (2001).
11 Easterlin (1974); Diener, Suh, et al. (1999); Diener (2000); Seligman (2002); Kahneman, Diener, et al. (2003); Gilbert (2006); Layard (2006); Stevenson and Wolfers (2008); Easterlin, McVey, et al. (2010).
12 同前註。
13 Clark and Oswald (1994); Winkelmann and Winkelmann (1995); Clark, Georgellis, et al. (2003).
14 此處的論辯，出現在認爲有錢人賺更多錢也買不到更多快樂的人（Easterlin, 1974; Easterlin, McVey, et al., 2010），以及認爲他們可以多買到一些快樂，但不會太多的人（Stevenson and Wolfers, 2008）之間。快樂似乎最多是按照一種對數函數的型態，隨著收入而增加，這表示要多得到一單位的快樂，必須得到創造前一單位的快樂所需的收入十倍的收入才行。
15 至少對此刻的快樂是如此。要對生命滿意度進行神經衡量是很大的挑戰。
16 Mill (1861/1998), 294.
17 同前註，294–298; Hare (1981); Bazerman and Greene (2010)。
18 有人覺得效用主義與意識型態上的集體主義較接近，而與意識型態上的個人主義者距離較遠。效用主義者和意識型態上的集體主義都追求更大的善，不同的是後者以獻身於一種集體主義的生活方式爲其基本原則。相反的，意識型態上的個人主義並不以追求更大的善本身爲目標。如果某些人又蠢又懶而收獲較少，減少了全部的人整體的快樂，但這對個人主義者來說沒有什麼問題。對他們來說，目的並不在於讓快樂極大化，而是讓人們得到應得的快樂或不快樂。效用主義者若追隨了共產主義，就印證了一句古老警語：「理論上很好，做起來很糟」。意識型態的個人主義者甚至不會說這「理論上很好」。
19 參閱 Sidgwick (1907), 401。
20 這段陳述其實與前一段不相同。所有價值可能都必須對我們的經驗有影響，才能算作是有價值的，但這未必表示，價值的價值程度純粹是源自其對經驗的影響。換句話說，對經驗的影響可能是具有價值的必要條件，但不足以決定價值的價值程度。

21 Sidgwick (1907) 稱這爲正義的公理。

22 Kahane, Wiech, et al. (2012) 已對這種關聯性提出質疑，主張在某些情況下，手動模式的思考（如天橋情境）偏好效用主義，但並非常態。爲了證明這點，他們用一組新的兩難情境進行神經攝影研究。他們認爲義務論的判斷（非效用主義式的判斷，偏好權利或義務而非更大的善）比效用主義更不合直覺。然而，Joe Paxton、Tommaso Bruni 與我所進行的實驗對他們的結論提出了重大質疑。首先，他們的結論並未獲得神經影像數據的支持（Paxton, Bruni, and Greene，審查中論文），我們用被稱爲認知反射測驗（Cognitive Reflection Test）的方式（Frederick, 2005）衡量並引發反射性的思考（Pinillos, Smith, et al., 2005），藉以測試他們所提出的新難題。在這種「善意謊言」情境中，說謊可以達成更大的善。我們也測試了類似標準天橋難題中的一個，做爲控制組。結果顯示，在這兩種情境中，反射性的提高都與更效用主義式的判斷有關。這是此處所提出的雙重程序理論的重大勝利，因爲它採用了我（Greene, 2007）與這些批評者都認爲本來應可做爲反證的情境。

23 事實上情況更複雜一些。目前的研究顯示，杏仁核的功能有點像警鈴，而大腦腹內側前額葉皮質層其實比較像是彙整各種情感信號的部位，將動機資訊轉換成一種共通而有影響力的貨幣（Chib, Rangel, et al., 2009）。因此，大腦腹內側前額葉皮質層的損害或許會阻斷自動設定影響決策行爲的路徑，因而封鎖其影響。背外側前額葉皮質層所採用的決策規則，可以影響腹內側前額葉皮質層的情感彙整（Hare, Camerer, et al., 2009），但這類規則也可能不經腹內側前額葉皮質層就被採用。參閱 Shenhav and Greene（準備中）。

24 黃金律是很曖昧的，因爲人們所面對的情境總是不相同，而黃金律並未告訴我們，哪一種情況上的差異讓不同的處世方式成爲正當。對於不同的處世方式，人們幾乎都能找到一種形式上無偏私的法則來加以正當化：「對，但如果你是國王，而我只是個小老百姓，那你想對我怎樣就怎樣！」只有當大家對於我們處境中哪些特徵關乎道德具有共識時，黃金律才能發揮效果。換句話說，黃金律並未設定合作的條件。它只說像「我要分的更多，因爲我就是要」這種純粹自私的說法是不被允許的，但碰到要解決衝突時，它就不太有幫助了。第三章解釋過，沒有任何一個部落的價值是純粹自私的。

第七章　追尋共通貨幣

1 歐巴馬在二〇〇六年的演講中接著這樣說：「對相信聖經絕無錯誤的人，例如許多福音派人士來說，這可能難以接受，但是在多元主義的民主體制下，我們別無選擇。政治仰賴於我們說服彼此接受奠基於共同現實上的共同目標。那和妥協有關，是一種關於何爲可能的藝術。在某種基本層次上，宗教並不允許妥協。那是一種不可能的藝術。如果上帝曾經說話，那麼追隨者就被期待必須依據上帝的命令而活，無論結果如何。將生命奠基在這種不願妥協的承諾上，可能是崇高的，但將我們的政策決定奠基在此種承諾上是很危險的。」

2 參閱 Greenberg (February 27, 2012)。桑托倫是直接回應甘迺迪總統的觀點，甘迺迪的觀點與歐巴馬的觀點相近。

3 Dworkin (1978).

4 Kant (1785/2002); Hare (1952); Gewirth (1980); Smith (1994); Korsgaard (1996)。也可參閱由 Katarzyna de Lazari-Radek 與 Peter Singer 合著、即將出版的一本書（尚未定名），他們受到 Henry Sidgwick 的啓發，爲效用主義做爲一種可被公理化的系統而辯護。

5 Espresso Education (n. d.).

6 我們所說的「適用」是什麼意思呢？如果沒有某種評量標準，我們如何能說一種後設道德是否「適用」呢？又如何能在未採用某種道德眞理或至少某種後設道德的情況下，運用這個標準？我們稍後將更詳細討論這個問題，但目前一個較簡短的答案是：如果我們大致滿意某個後設道德，那麼它就「適用」。而如果一般來說，我們對某個後設道德比對其他後設道德更滿意，那麼這個後設道德就比其他後設道德更適用。我們可以用法律來比擬。你不需要相信「汝在未滿二十一歲前不應喝酒」是道德眞理，也能接受法律規定合法的飲酒年齡是二十一歲。不同人可以因爲不同理由而滿意這樣的法律。人們對某個道德系統的滿意，不需要他們對道德的基本原則懷有共識。

7 Plato 的 *Euthyphro*，轉引自 Allen and Platon (1970)。

8 Craig and Sinnott-Armstrong (2004).

9 這封信在許多網站上都讀得到，其形式各有不同。關於其中一個版本，以及對其出處的討論，參閱 Snopes.com (November 7, 2012)。

10 Obama (2006).

11 Shenhav, Rand, and Greene (2012); Gervais and Norenzayan (2012).

12 當然，有些宗教比其他宗教的部落性低。有一個肯定不具部落性的宗教是一神普救派教會（Unitarian Universalist church）。

13 Kant (1785/2002).

14 當然，有些人犯的確實是理性的錯誤，採用著內在不一致的道德信念。但硬派的理性主義者相信，某些特定的道德結論（相對於各種結論的混合）可能永遠無法以理性辯護，因爲這需要道德變得像數學，可以從不證自明的基本原則推衍出實質的結論。稍後再深入討論這點。

15 我說「可駕馭的」，是因爲如果道德公理是一套無法寫盡的大量陳述，那它就不像數學。

16 爲什麼沒有人發現這些公理呢？哪種原則可以形成好的公理呢？由於公理必須不證自明，我們可能會期望有「分析性」的公理，也就是說，它們因爲用來表述其意義的字詞而爲眞。（Quine, 1951 對分析性/綜合性（analytic/synthetic）的區分提出了著名的質疑，但似乎也不能沒有這樣的區分〔Grice and Strawson, 1956〕）。舉例來說，「所有單身漢都沒有結婚」是分析性陳述。你可能會說，分析性陳述「因其定義而爲眞」，只是有些分析性陳述的眞理可能不顯著，特別是長而複雜的陳述。也可能有些不證自明的眞理是非分析性的。例如，歐幾里德的公理說任兩點都可以用一條直線加以連接。這顯然爲眞，但我們無法從其定義中的「點」、「兩」推衍出其眞理。換一個方式說，「點」的概念並不包含「直」的概念（或「線」的概念），這與「單身漢」這個語詞就包含了「沒結婚的」概念不同。因此用歐幾里德的公理做爲我們的範型，我們可能期望發現不證自明地爲眞的道德公理，但又不是因爲其定義而爲眞。或者，我們也可能希望找到因爲定義所以爲眞的公理。如果我們要尋求道德公理，那些就是我們的選擇了。

二十世紀早期的哲學家 G. E. Moore (1903/1993) 提出了「開放問題論證」（Open Question Argument），爲潛在的道德公理提供了一種測試方法。雖然有違 Moore 原先的想法，但我們可以把開放問題論證當作一種測試不證自明性的方式（Moore 認爲未通過測試的命題不可能爲眞，但他忽略了命題可能是眞的，只是並非不證自明或顯然爲眞）。如果我們尋求用數學做爲道德的範型，那麼我們就需要不證自明性的測試工具，因爲再次說明，道德公理必須是不證自明的。

Moore 測試的進行方式如下：找一個據稱能告訴你孰對孰錯、孰好孰壞等的道德原則，例如這樣的效用主義原則：「正確的事，是那種能讓整體快樂極大化的事。」如果你具有效用主義的傾向，你可能認爲這個原則不僅是眞的，而且是不證自明的。對你來說，Moore 測試提出了這樣的挑戰：假設我們知道某個行爲可以讓整體的快樂極大化，但那個行爲是否正確，不仍舊是個開放問題嗎？如果答案爲是，那麼讓快樂極大化的事就是正確的事這一點，就不是不證自明的了。在這個情況下，你可以想一些反例來感受 Moore 開放問題論證的效力。例如把人推落天橋來拯救五條人命的情境。就算我們同意這個行爲可以讓整體的快樂極大化，那就能因此也同意，那是正確的行爲嗎？顯然不行。道德問題仍懸而未決，不論我們最後可能做出何種結論。

讓我們試試更抽象的原則。這是經許可借用自 Michael Smith (1994) 的原則：「正確的事是那些如果我們得到充分的資訊，並在完全理智的情況下會想要的事。」這個原則或許看似不證自明爲眞，但眞是如此嗎？假設有個行爲是某人在獲得充分資訊並在完全理智的情形下想要的。它是否正確難道不仍舊是個「開放問題」嗎？

想想人魔漢尼拔那種經典的邪惡心腸。漢尼拔那種殺害並吞食無辜者的壞蛋，也許一定是犯下了某種邏輯錯誤，或者對一些非關道德的事實渾然不覺。或許是，也或許不是如此。重點在於，這並非不證自明。Shaun Nichols 的研究顯示，許多人相信心理變態者知道如何分辨是非，只是不在乎，就像人們也認爲不一定是因爲不理性或對非關道德的事渾然不覺，才造成道德缺陷（Nichols, 2002）。就算我們掌握充分資訊並完全理性，我們是否變得在道德上完美，這仍然是個「開放問題」。而那表示，上述原則不是不證自明的。它看起來可能是不證自明的（至少對我們某些人來說），因爲我們認爲更理性、掌握更充分的資訊只可能有幫助，不會有壞處。但那與表示完全的理性與完全的資訊不證自明地就是你要做出完美的道德判斷並產生動機唯一需要的事，是非常不同的。我們可以掌握充分資訊並完全理性，卻還是犯下一些道德錯誤。無論如何，我剛剛說的事是否錯誤，並非不證自明。那表示上述的原則不可能是道德公理，因爲縱使它是眞的，它也不是不證自明爲眞。

而且，即使我們眞的接受這種非常抽象的原則爲一種公理，它也無法給我們一個共通貨幣，告訴我們如何在相互競爭的價值觀之間取捨。它只告訴我們，在獲得充分資訊並充分理智時所做的取捨才是正確的，這並沒有多大幫助。

Moore認爲，就任何道德原則來說，它所打算要回答的問題總是保持開放的。要了解何以如此，就必須想想什麼是道德原則。對Moore來說，道德原則是將「自然屬性」連結至「道德屬性」的原則。舉「說謊是錯的」這個原則爲例。用一個行爲來當作說謊的例子，這是描述該行爲的「自然屬性」。一個行爲之爲錯誤，是該行爲的「道德屬性」。而「說謊是錯的」這個原則，就屬性來說，其意思如下：如果一個行爲具有例示說謊的自然屬性，那麼它也具有爲錯的道德屬性。Moore的開放問題論證所提示的是，將自然屬性歸諸於事物，永遠不會因此讓我們得到道德屬性，至少不是以不證自明的方式。

（Moore的用語暗示著道德屬性一定是「不自然的」，但這不是他的論證的基礎部分。與其談論「自然」屬性，我們不如談談可以毫無爭議地找到歸屬的明顯事實屬性，就像律師們所說的「案件事實」。）

假設喬爲了保護朋友對警察撒謊，而我們對他是對是錯懷有歧見。然而，喬撒了謊，這個「案件事實」卻是沒有爭議的。從這個事實出發，我們是否不得不認定喬所做的是錯的呢？Moore認爲不是，那是一個「開放問題」。Moore論證，不僅是「說謊是錯的」，所有實質的道德原則都有同樣的限制，因爲它們都必須跨越實然—應然的鴻溝，橋接一端的「自然屬性」（不具爭議性的案件事實）與另一端的「道德屬性」。案件事實始終是有關「實然」的情況，就像喬撒了謊這樣的事實。相反的，道德結論則始終是有關什麼情況「應該」存在，例如喬本不應該撒謊。好，「說謊是錯的」這個命題可能爲眞，但關鍵是，這個道德原則不可能不證自明爲眞。爲什麼？因爲即使我們同意喬撒了謊（關於「實然」的事實），撒謊的行爲是否錯誤（關於「應該」如何的事實）仍是個懸而未決的問題。

「說謊是錯的」並非不證自明地爲眞，但那只是一個選項而已，或許還有其他我們熟悉的道德原則是不證自明地爲眞。或許可以從一個看似明顯、絕對是錯的原則開始。想想這個：「虐待小貓是錯的」。虐待小貓是錯的，這不是不證自明嗎？嗯……如果在某個情況下，要虐待小貓才能拯救一百萬條人命，那還算不證自明地錯嗎？或許我們需要一點小小的修正：「虐待小貓是錯的，除非你有眞正很好的理由。」但是「眞正很好的理由」是什麼，好到足以正當化虐待小貓的行爲？若是如此，那我們得到的不是一個實質的道德原則，而是一個空洞的套套邏輯：「虐待小貓是錯的，除非有足以正當化虐貓行爲的理由」。我們可以試著更具體一些，但虐貓行爲必須創造多少的好？而這個好的量又如何隨著虐待的量而變化？對於這些問題，是否存在著不證自明的正確答案呢？或許吧，經過充分的修正，我們可以得出一段有關虐待小貓（或任何事）而能通過開放問題測試的道德陳述。但我們最終得到的並不是一個道德公理，一種基礎原則，可以推衍出更具體的道德眞理。我們只會得到一段非常針對特定情況且有重重限制的關於虐待小貓（或任何事）之倫理學的陳述。

我們一直在討論用開放問題論證來測試不證自明性，而不證自明性正是公理所必須具備的要件。但嚴格來說，即使一段陳述是否爲眞仍是「開放問題」，它仍可能是不證自證爲眞。怎麼說？想想這段陳述：所有的單身漢都是未未未未未未未未未結婚的。除非你算過有幾個「未」字，此句之眞確性對你來說是個開放問題。結果顯示那個句子是眞的，而且是不證自明爲眞，這意謂你不需要任何證據，只靠著句子的內容就能確認那是眞的。因此，嚴格來說，一段陳述可能是不證自明爲眞，即使它的眞實性仍懸而未決，也因此，嚴格來說，開放問題論證並不是用來判斷有無不證自明性的測試，而只是用來測試某種近似「顯著性」的方法。由此我們知道，或許有一些有用的道德公理，確屬不證自明爲眞，但卻不是顯著爲眞。這種原則會是什麼樣子？不像上面那個「未未……」句子，這種原則可能沒辦法化約成某種更簡單的東西，否則那個較簡單的版本就可以當成公理了。因此，這樣的原則可能是無可化約地複雜的道德陳述，不需要進一步的證據或論證就可視之爲眞，但是其眞實性卻因爲其複雜性而不顯著。而從這段陳述（或許還有其他類似的陳述），以及非關道德的事實，我們將能夠推衍出對應具爭議性的道德問題之答案。我無法證明這種道德公理不存在，但可以公允地說，短時間內還看不到它的出現。

總之，用數學爲樣板套在道德上似乎不妙。要完成這項工作，我們需要既不證自明，也要有用的道德公理，但是我們身邊似乎找不到這樣的公理。道德原則要有用，必須能讓我們將「實然」連結到「應然」，帶領我們從「案件事實」走向特定的道德答案。而有足夠強大力量能達到此種效果的原則，似乎並不是不證自明的，無論它們多麼說得通。我沒辦法證明道德永遠無法公理化，而讓它像數學那樣運作，但大家最好不要引頸等待它的出現。

後記：Katarzyna de Lazari-Radek 與 Peter Singer 受到 Henry Sidgwick (1907) 的啓發，而論證（在一本尚未出版，也還未定名的書籍草稿中）效用主義是否奠基在一組不證自明的公理上。就我的意見來說，他們已經將這類論證的說服力擴展到最大了。但最終我還是不能認同，理由已在前述的討論中提過。

17 再次說明，我這裡採用的不是一種群體選擇論的道德演化過程。在此「群體」可能是兩個人、一個數千人的部落，或在數量上介於兩者之間的任何情況。

18 Joyce (2011).

19 Casebeer (2003)。也可參閱 Ruse and Wilson (1986)，以及 Kitcher (1994) 的反駁。假設生物上演化出來的並不是道德，而是一種習得文化慣例的一般能力。又假設道德純粹是文化演進而成的，意即那是一組模因（memes，文化變因），因爲在與人類腦中其他模因奮戰時獲勝而得以廣傳。在這種情況下，同樣的論證仍然適用。道德的最終功能會是讓自己在大腦中有最多的複本，而不是讓與自己相關的基因產生最多的複本。道德傾向可能只因爲擅於「感染」大腦而散播出去，就像洗腦歌與陰謀論一樣，它們能夠生存，是因爲有助於其宿主之存活。更具體地說，道德模因之所以活下來，或許是因爲它們幫助其宿主在競爭中獲勝。但無論是哪一種情況，也不管道德在這過程中是否做了一些好事，文化演進的底線在於文化模因的散播，就像生物演化的底線在於散播基因。

20 Hume (1739/1978).

21 根據創造這個詞彙的 G. E. Moore (1903/1993) 之說法，「自然主義的謬誤」指的是某種事物因爲其「自然」屬性的事實，而被看作是好的，例如，巧克力因爲可口，所以是好的。

22 「社會達爾文主義」這個詞主要用作貶義詞。它時常被不甚公允地歸屬於 Herbert Spencer。就社會達爾文主義做爲一種意識型態來說，它存在於精英資本主義者的心裡，他們在達爾文那裡看到了對其既有道德與政治信念的肯定。參閱 Wright (1994)。

23 Greene (2002).

24 感謝 Walter Sinnott-Armstrong、Peter Singer 與 Simon Keller 幫助我在這一點上獲得進展。

25 兩難的部分在此：一方面，某些道德觀點看似顯然比其他的更好。如果某一個道德立場的內在不一致，或者其訴求仰賴著錯誤的假設，那麼在某種意義上，這種觀點在客觀上就比其他沒有這種問題的觀點還差。但如果我們相信有所謂「客觀上較佳」與「客觀上較差」，那麼爲什麼不相信有「客觀上正確」呢？爲什麼不能說道德眞理就是我們盡最大努力加以客觀改善之後的道德信念呢？

另一方面，你可能認爲道德眞理所需要的不只是改善後的共識（參閱 Mackie, 1977; Horgan and Timmons, 1992; Joyce, 2001, 2006），如果你相信的是絕對地眞，那麼別人應該不能夠在沒有犯某種客觀錯誤的情況下不同意你的意見。假定有一個掌握充分資訊而完全理性的心理變態者，其思考方式符合我們「充分改善」的標準。假設他不贊同我們認爲虐待小貓是錯誤行爲的看法，那麼這有兩種可能。首先，我們可以根本否認有這種人存在。我們會說，如果他的思考已在客觀上充分改善了，那麼他就一定會贊同虐待小貓是錯的。但我們根據什麼理由這麼說？只有在我們能直接掌握道德眞理時才能這麼說，但顯然我們沒有。另一個選項是接受具備已獲充分改善道德思考的心理變態者（知道所有事實，沒有內在的不一致等等）仍可能存在。但這表示人們可以不需要犯錯（以任何非套套邏輯的方式）就駁斥某個道德眞理。但那聽起來就不像是眞理了。那就像在說：「太陽比地球大是眞的，但如果你認爲太陽沒有比地球大，你也未必是錯的。」是吧？

那麼到底有沒有道德眞理？我在論文（Greene, 2002）中主張根本沒有道德眞理，理由見前一段。但我現在認爲在實務目的上最重要的是客觀改善的可能性，而不是客觀正確的可能性。而這使得我，爲了實務目的，傾向於說，可能有些東西很像是道德眞理（Blackburn, 1993），它們多少接近道德眞理，甚至就是道德眞理本身。但是，我眞的認爲把焦點放在這裡是錯的，所以本書對此問題不太關注。重點是我們要如何處理所身陷的泥淖，而不是要不要把最後的成果稱爲「道德眞理」。

26 「在最高層級上」是關鍵所在。幾乎沒有人認爲我們每天的行事都必須完全無偏私，對陌生人的關懷必須和我們對自己與所愛的人的關懷一樣多。但同時我們也承認，從道德的觀點來看，我們都必須遵守相同的規則，即使我們在那些規則建成的系統中占有不同位置。如果我能獲允偏愛我所愛的人更甚於陌生人，那麼你也可以，只要我們的地位對稱。而如果我能偏愛自己的人，更甚於你偏愛自己的人，那是因爲我們在客觀上占有不同的地位（例如私人俱樂部的會長相對於聯邦法官）。簡言之，我們獲允在較低的層級上偏私，但是界定偏私可以在何時何地被接受的規則，必須無偏私地加以運用。

27 參閱註25。

第八章　找到共通貨幣

1 該影片（Medak, 1986）原作者是 Richard Matheson，是他依據自己以前的短篇故事改編，也是電影 *The Box* 的基礎。

2 我們假定這裡沒有隱藏的好處。摔斷你的膝蓋骨並不會讓你的個性變得更好。你不會在醫院裡遇到你的此生摯愛。在這裡，摔斷膝蓋骨只會不可挽回地減少你的快樂，而你能夠按下按鈕來避免。

3 至少，我期待各部落都會有一些成員在其部落內依循效用主義的邏輯。有些部落的部落性可能強到用跨部落的觀點來看根本就是心理異常。但如前所述，如果事實如此，那他們根本就不是參與這場對話的「我們」之一。至少尚未加入。第三章提過，對陌生人仁慈，如果不是由現代市場社會所創造的，也似乎是受到現代市場社會所支持（Henrich, Ensminger et al., 2010）。在試驗這個猜測時，使用的方法必須依照測試的群體加以調整。

你可能不同意。你可能認爲致力於「其他條件不變」是沒什麼價值的。在其他條件不變之下，我們都反對撒謊。在其他條件不變之下，我們都贊同讓人們想花多少錢就花多少錢。諸如此類。換句話說，許多價值，或許大部分的價值，在某種程度上是人們所共享的，而我們所有人在某種程度上都珍視的價值，也是我們「在其他條件不變之下」的努力方向。衝突主要起因於人們用不同方式爲其價值排定優先順序，因此我們「在其他條件不變之下」讓快樂極大化的承諾沒什麼特別。我們對許多價值都會做出「在其他條件不變之下」的前提，問題就在於其他條件絕非不變。

的確，「在其他條件不變之下」的道德承諾很容易淪爲說說。儘管如此，我們「在其他條件不變之下」讓快樂極大化的承諾是很特別的。「不可撒謊」並不是一個道德系統。「隨你高興花錢」等也不是。相反的，「讓快樂極大化」是一個道德系統。爲什麼它是一個系統呢？因爲讓快樂極大化的承諾告訴我們如何爲不同的價值排定優先順序，換句話說，它告訴我們如何權衡取捨，給予了我們「什麼時候可以說謊？」、「經濟自由在什麼情況下過了頭？」等此類問題的答案。因此，我們「在其他條件不變之下」讓快樂極大化的承諾，並不只是將許多道德價值中的某一項設定爲預設承諾，它是一種對做爲或可以做爲一個完整的道德價值系統的事物的預設承諾。那具有深遠的重要性。

5 這裡的關鍵字是「最終」。我了解有一些抽象的、理論性的論證反對效用主義。然而我的主張是，這些理論最終都是由直覺感情所驅動的。參見第十一章。

6 Russell and Norvig (2010).

7 Dennett (1987).

8 Miller and Cohen (2001).

9 Kahneman (2011).

10 有關這個概念的發展，參閱 Gauthier (1987) 與 Boehm (2001) 有關狩獵採集社會的平等主義之論著。

11 Singer (1981).

12 這裡可能沒有客觀的理由可以偏袒自己，但就我們所說的，也沒有客觀的理由不偏袒自己。我們可以下結論說，客觀來說，所有相關的人都同樣有權完全自私。

13 Batson, Duncan, et al. (1981); Hoffman (2000); Decety and Jackson (2004); de Waal (2010).

14 Smith (1759/1976), section III. 3. 4; Pinker (2011), 669–670; 與 Bloom（接受評論初稿）都提出相同論點，也引述 Smith 的說法。

15 Rawls (1971).

16 Givewell.org (n. d.).

17 同前註。

18 Singer (1972, 2009); Unger (1996).

19 效用主義還有另一個著名的反直覺意涵。首先，它無法區分自然的與虛擬的經驗（Nozick, 1974）；其次，它讓具有最小正面經驗的足夠多數個體（例如兔子）優先於許多過著好日子的人，這是一種「讓人不快的結論」（Parfit, 1984）；第三，它也容許具有極高品質經驗的單一個體（一個「效用怪物」）優先於許多過著好日子的人（Nozick, 1974）。我在學士論文中處理過這些議題 (Greene, 1997)，Felipe de Brigard (2010) 也在關於虛擬及真實經驗的議題上，順著類似理路提出一個基於實證的好論證。本書不會討論這些議題，因爲就我估計，這些與真實世界的道德議題較無關聯，它們喚起的是帶領我們深入科幻小說領域的前提，讓想像超越了其情感限度，甚至概念限度。有關效用怪物與令人不快的結論的進一步討論，參閱第十章註 46。

20 有關抽象與具體思考之緊張關係的一般討論，參閱 Sinnott-Armstrong (2008)。

21 有關對假設問題的厭惡感，有一個極佳的討論，參閱 Kinsley (2003)。

22 最近有兩本流行的著作《道德景觀》（*The Moral Landscape*,Sam Harris, 2010）與《正義之心》（*The Righteous Mind*, Jonathan Haidt, 2012），討論了道德心理學/神經科學的最新進展，而結論也偏好某種效用主義，就像本書的結論。Haidt 無意針對上面所列的反駁意見爲效用主義辯護，Harris 則解釋爲何麼效用主義的基礎原則是合理的，就像本書第三部及邊沁與彌爾在更久之前提出的論述一樣。但 Harris 較不關注上面所列的許多反對效用主義的有力理由。他的目的是闡明科學可以「決定人類價值」，但我不認爲他達成這個目的了，至少他沒有在道德哲學家中引發爭議。他認爲若以效用主義價值爲基礎（科學既不支持，也未否定），科學就能決定更多價值。換言之，科學可以幫助我們想出是什麼讓人們快樂。我頗認同他務實的結論，但我認爲他忽視了他似乎想處理的問題。許多人對他的著作有相似的評論，而他也有所回應。參閱 Harris (January 29, 2011)。本書第四部將試著依據新的道德認知科學，給予效用主義更完整（雖然不可避免地還是不夠完整）的辯護。

第九章　引發警報的行爲

1 這些詞彙引自 Brink (2011)。也可參閱 Bazerman and Greene (2010) 有關效用主義的調整。

2 這仍未解決原則上替這種行爲背書的問題，這是我嚴肅看待的問題。稍後將深入探討。

3 Mill (1895).

4 這些論述近似，而且是建構在 Jonathan Baron (1994)、Cass Sunstein (2005)、Peter Singer (2005)、Walter Sinnott-Armstrong (2004)、Stephen Stich (2006) 與其他人的論著基礎上，也可參閱 Greene (1997, 2002, 2007，審查中)。

5 Baldus, Woodworth, et al. (1998); Eberhardt, Davies, et al. (2006)。也可參閱 General Accounting Office (1990)。

6 在這些研究中（Greene, Cushman, et al., 2009），我們用這三個問題設計出不同版本來詢問人們：在眞實世界中，用這種方法救五條人命，依計畫發揮效果的機率有多高？出錯的機率有多高？得到更好結果的機率又有多高？接著我們用他們的回答，在統計上控制人們在眞實世界的期待。也就是說，我們的問題是：我們到底能不能只靠著知道人們在眞實世界裡的期待，來預測他們的判斷爲何？我們得到的結論是，也許有一點預測效果，但很有限。人們在這些情況中對用一條人命換五條人命的提議說「不」時，似乎並不是因爲他們在眞實世界裡的期待如此，而主要是因爲下文描述的這些難題中的特性。

7 Greene, Cushman, et al. (2009)。這些更近期研究所得出的「關乎個人」之意義，和先前暫時提出的不同（Greene, Sommerville, et al., 2001）。

8 也可參閱 Cushman, Young, et al. (2006)、Moore, Clark, et al. (2008) 與 Royzman and Baron (2002)。

9 當然，也有人覺得這涉及碰觸，就是用棍棒來碰觸。

10 Greene, Cushman, et al. (2009).

11 也就是說，效用主義可以隨著事實調適（我假定那是事實）。願意進行關乎個人而爲害的效用主義行爲這一點，可能指出了一種更一般的、傷害他人的反社會意願。參閱 Bartels and Pizarro (2011) 有關馬基維利式效用主義的論述。然而，Conway and Gawronski (2012) 顯示馬基維利主義者並不眞的是效用主義者，而比較接近非義務論的主張者。

12 McMahan (2009).

13 American Medical Association (1991).

14 Greene, Cushman, et al. (2009).

15 Thomson (1985).

16 如果你想到的是，這可以爲五個工人爭取多一些時間，我們可以將主軌道往另一個方向突出。

17 這個結果與 Thomson (1985) 的直覺，以及 Waldmann and Dieterich (2007) 的研究一致，但跟 Hauser, Cushman, et al. (2007) 的研究不同。相關解釋參閱 Greene, Cushman, et al. (2009)。

18 Kamm (2000).

19 關於文獻，這些數據尚未出版。這個實驗與 Greene, Cushman, et al. (2009) 提到的實驗是一起進行的，使用的是一樣的方法。如果需要測試材料與數據，可以向我索取。

20 如果你真的非常留心，你會注意到這個模式中有一個落差。撞擊警報情境獲得八六%的贊成票，遠端天橋情境只得到六三%。不過，這些都是不涉及個人力量的手段型情境。爲什麼有這種差異呢？除了手段／附帶效應的區別外，其中似乎還有另一個因素作用著：被害人是否由天橋上掉落。如果你設計出一種讓人掉落的撞擊警報情境，贊成率就降到遠端天橋情境的水準了。但如果你設計出一種讓人掉落的轉轍器情境，掉落這件事並沒有太大影響。更廣泛地說，多重「力量」因素（肌肉的力量、重力的力量）似乎會與手段／附帶效應的因素交互作用。再更廣泛來說，手段／附帶效應的因素似乎並不完全依賴個人力量的存在，但它的確依賴著某些其他因素的存在，如同撞擊警報情境與迴圈情境的情形。

21 但也不是完全相關。參閱前註。

22 Cushman, Young, et al. (2006); Hauser, Cushman, et al. (2007).

23 Cushman and Greene (2011).

24 這個概念有些類似 Blair (1995) 之前有關「制暴機制」（Violence Inhibition Mechanism）的概念。依據 Cushman（接受評論中手稿）提出的模型，對故意的個人傷害行爲的情感反應，不是由專門的警報系統觸發的，而是由一個習得的負面情感反應所觸發的，後者是由一個更普遍的情感學習系統（更具體地說，一種「不受模型限制」的學習系統）所編碼。Cushman的模型保留了我這裡稱爲「近視模組」的關鍵特徵。首先，情感反應看不到附帶效應（近視），原因這裡有提到，與行動計畫的分析有關。其次，這個系統的內部運作無法透過內省加以探查。亦即，它們是「資訊已封裝的」（informationally encapsulated，模組性）。但如果 Cushman 是對的（我猜他是對的），這個系統並不是專門用來發揮它在這裡所發揮的功能。儘管如此，人們可以把這種習得的關聯能力當成是一種已潛移默化成習慣的模組。

25 Hobbes (1651/1994).

26 其他物種如黑猩猩能否進行這種預謀暴力行爲，尚不清楚。黑猩猩會參與殺死鄰近族群成員的攻擊行動，但是否具有一個有意識的目標則不明確。牠們可能比較像動物的遷徙，是功能性、複雜的，具有社會整合性，但不是爲了某個目標有意爲之。

27 DeScioli and Kurzban (2009).

28 Dreber, Rand, et al. (2008).

29 Blair (1995).

30 Fodor (1983).

31 Mikhail (2000, 2011); Goldman (1970); Bratman (1987).

32 Schaich Borg, Hynes, et al. (2006); Cushman, Young, et al. (2006).

33 也就是說，這種兩難情境（between-dilemma）的不同選擇是由自動回應的強度所決定的。但證據顯示，其實許多內含式情境（within-dilemma）的不同選擇是依個人依賴手動模式的程度而決定。參閱 Paxton, Ungar and Greene (2011)，以及 Bartels (2008)。

34 同時，在迴圈情境中加入推人的動作似乎確實有影響，對模組近視假設來說，這讓事情變得複雜。在轉轍器情境中加入推人的動作則沒有太大影響，而在概念上，在迴圈情境中應該也是如此。加入掉落的動作（從天橋上經過暗門掉到軌道上）後，我們確實看到完全符合模組近視假設的情況，亦即掉落的動作對轉轍器情境的影響不大，對迴圈情境也沒有太大影響，但是在撞擊警報情境中，這卻會大幅降低贊成人數的比例。這些全部都還在研究當中，目前我還不完全清楚發生什麼事。但現在的關鍵是，個人力量與掉落的因素似乎不能充分解釋天橋情境與迴圈情境的差異。我暫且擱置這些待解的曖昧之處，因爲本節的目的是要提出近視模組假設做爲一種「假設」，而不是一個能解釋眼前一切事物的理論。

35 次要因果關係鏈之所以次要，是因爲它寄生於主要因果關係鏈上。讓電車從五個人的方向轉開，做爲一個目標導向的行動本身，不必考量次要因果關係鏈，也就是電車轉向後所發生的事，這是說得通的。但次要因果關係鏈不能單獨存在，它做爲一個完全的行動，必須一路回溯到身體動作，亦即扳動轉轍器。但扳動轉轍器只有在參照主要因果關係鏈時才有意義，也就是說，若什麼也不做，電車沒有轉向，它就會沿著主要軌道行駛，並殺死五個人，只有考量這個事實，扳動轉轍器才有意義。

36 Kamm (2000) 將這種結構看作「三重效應」的例子。在三重效應中，爲了達成目標，必須發生一件已預期的事件，但在某種關乎道德的意義上，這個預期的事件是人們不想要的。

37 Nichols &Mallon (2006); Paxton, Ungar, & Greene (2011).

38 Koechlin, Ody, et al. (2003).

39 Howard-Snyder (May 14, 2002).

40 Feiman et al.（準備中）。

41 這個效應是由 Woodward and Somerville (2000) 首次提出。

42 Cushman, Murray, et al. (2011).

43 一個早期的研究提供了較曖昧的證據。Cushman, Young, et al. (2006) 讓人們評估有害的作爲與有害的不作爲，而後爲自己的評分提出理由。在約八〇%的情況下，那些在評分中區分作爲與不作爲的人，能夠明白運用兩者的區別來說明評分的理由。但這也表示有約二〇%的人做了這樣的區分，卻對此毫無所悉。他們顯然並非有意識地在手動模式上採用作爲／不作爲的區別原則。我們不清楚，這八〇%的人是全部還是部分的人都有意識地這麼做，還是他們憑直覺區分之後，才意識到此種區別。腦部顯影數據顯示，應該是後面這種情況。

44 Hauk, Johnsrude, et al. (2004).

45 Paheria, Kasam, et al. (2009).

46 將任何這類傷害稱爲「具體意欲的」有一個技術性的問題。例如對於天橋情境，我們可以說具體意欲表現爲利用人的身體來阻擋電車，而邏輯上這不包含對那個人產生任何傷害（如果他是超人呢？）。若是這樣解釋，那個人的死亡與他所經歷的痛苦只是偶發的附帶效果，是用身體來阻擋電車時不幸產生的副作用而已。雖然這種解釋在原則上是可能的，但顯然不是我們的大腦表現事件的方式。因此，這裡有一個有趣的心理問題，也就是如何了解在這些脈絡下分析事件的機制。

47 Cushman, Young, et al. (2006) 已經發現手段／附帶效應對被動傷害的影響，但在這些情況中，不作爲很不尋常地可能是有意的，非常具體地未做到人們爲了救更多人通常會做的事。因此，將不作爲當作行動方案的一部分是可能的，不過這並不尋常，就像食譜中寫「在餡餅呈現金黃色之前，不要把它移出烤箱」一樣。值得一提的還有，手段／附帶效應的影響在不作爲的情況中弱了許多。

48 Talmy (1988); Wolff (2007); Pinker (2007).

49 這並不表示，這個小機關無法學習回應其他種類的暴力行爲，例如槍械暴力。我們有可能對槍械已經熟悉到足以將槍械的爆炸力納入身體機制中，將槍械概念化成身體能控制的一種力量。重力也是如此。這些是有趣的實證問題。有關我們如何學習不造成某些類型的傷害。我建議閱讀 Cushman,“Action, Outcome”，其理論相當迷人，而且我預測將非常重要。

50 我能想到最好的例子是外科手術，但外科手術確實讓人感受到暴力，只是外科醫生已經學會如何克服這樣的感受（如果他們不是心理異常），我們也不會因爲其所做所爲而責難他們，因爲我們知道他們是爲了病人好。

51 Paxton, Ungar, and Greene (2011)。也可參閱 Nichols and Mallon (2006)。上文七〇%的數據爲未公開的資料，使用和 Greene, Cushman, et al. (2009) 一樣的方法。

52 Bartels and Pizarro (2011); Glenn, Raine, et al. (2009); Koenigs, Kruepke, et al. (2012).

53 Pizarro, D. A. and Tannenbaum, D. (2011), "Bringing Character Back: How the motivation to evaluate character influences judgments of moral blame", M. Mikulincer & Shaver, P. (Eds) *The Social psychology of morality: Exploring the causes of good and evil*. APA Press.

54 Foot (1967).

55 也可參閱 Gilbert (July 2, 2006)。

第十章　正義與公平

1 Givewell.org (n. d.); Sachs (2006); Singer (2009).

2 www.givewell.org.
3 此段對話由 Simon Keller 轉述。
4 Cialdini (2003).
5 Singer (1972)。我對辛格的思考實驗做了一些小幅調整。
6 Jamieson (1999).
7 以 Musen (2010) 的研究爲基礎的準備中手稿。這些實驗所完成的許多工作是以 Peter Singer (1972) 與 Peter Unger (1996) 的思想實驗爲基礎。
8 Nagel and Waldmann (2012) 宣稱物理距離本身不重要，眞正要緊的是資訊的直白性。然而，在我跟 Musen 合作進行的實驗中，除了資訊的直白性，距離還是有其獨立影響。無論如何，很難主張資訊的直白性本身在規範上具有重要影響。因此，如果 Nagel and Waldmann (2012) 的主張是對的，這裡提出的主要結論還是不會改變。
9 留意在電車世界裡，空間距離似乎並不很重要，但在這裡它確實重要。這可能是因爲我們面對的是一種不同的自動設定，這種自動設定回應可避免的傷害，而不是造成傷害的行爲。也可能是因爲這兩種情況中的距離至少有兩種數量級的不同。
10 Pinker (2011); Henrich, Ensminger, et al. (2010).
11 有些援助組織刻意將個別的捐贈者配上個別的接受捐贈者，好讓經驗更個人化。
12 Schelling (1968).
13 Small and Loewenstein (2003); Variety (1989).
14 Schelling (1968); Small and Loewenstein (2003).
15 同前註。
16 Kogut and Ritov (2005).
17 Slovic (2007)。關於如何改變我們面對世界上需要幫助者的方式，我推薦可仿效 Slovic 的具體建議。
18 Smart & Williams (1973).
19 Sidgwick (1907), 434.
20 Sidgwick (1907), 221,428, 493.
21 A. Marsh, personal communication, January 31, 2013.
22 Buckley (January 3, 2007).
23 注意參閱 Parfit (1984) 第32頁，對無可責難的惡行的看法。
24 Bentham (1830).

25 Kant (1785/2002).
26 引述自 Falk (1990), 137.
27 Mariner (2001); Gaes & Goldberg (2004).
28 你可能會反駁，覺得這不是一個公允的比較，因爲監獄強姦只是偶發事件，而政府准許的強姦行爲則確實是野蠻的。這很公平。我們可以在我們官方的強姦政策中採用輪盤來導入偶發機會因素，這樣你覺得如何？
29 Tonry (2004).
30 然而，我只說這是「準效用主義」，因爲我們的正義感未必是設計來讓我們更快樂的，從懲罰中獲益的「我們」也未必包含每一個人，這個利益也未必公平衡量著每一個人的福祉。不過按照效用主義的標準或其他任何合理標準，懲罰的存在整體來說是件好事。
31 Carlsmith, Darley, et al. (2002).
32 Baron and Ritov (1993); Carlsmith, Darley, et al. (2002); Kahneman, Schkade, et al. (1998).
33 Carlsmith, Darley, et al. (2002).
34 Small and Loewenstein (2005).
35 Nichols and Knobe (2007).
36 也可參閱 Sinnott-Armstrong (2008)。
37 Rawls (1971), 158-161.
38 在歷史上更典型的情況是，一個奴隸主人擁有許多奴隸，這讓奴隸制度更難讓快樂極大化。然而，還是可能用反方向來想，在某種「分時」的安排下，假設五個人共有一個奴隸，但這不會改變下文所述的基本算法。我們假設，這表示每個奴隸主人每年多了大約一萬美元的收入。你願意投入五分之一的人生當一個奴隸，藉以多獲得一萬美元嗎？
39 Easterlin (1974); Layard (2006); Stevenson and Wolfers (2008); Easterlin, McVey, et al. (2010)。之前提到（參閱第六章註14），這裡的論辯是有關對已經很富有的人來說，多一些額外收入是否根本無法增加什麼快樂，或只能增加少許快樂。
40 Rawls (1971, 158-161) 暗示確實如此。但那是在他進行有關快樂的研究之前寫的。
41 Nozick (1974).
42 還沒被說服嗎？讓我們再努力想想效用極大化造成壓迫的實際例子。那個器官移植的老例子如何呢（Thomson, 1985）？如果一個健康的身體可以提供拯救二十條人命的器官呢？假定這確實能讓快樂極大化，效用主義者是否會允許我們隨機綁架、殺害人，取出其器官？不會，因爲顯然還有其他更好的方法。在訴諸會造成普遍恐慌與悲痛的綁架行爲之前，我們可以建立一個合法的器官市場。無論它在你眼裡是不是一種好做法，它不像奴隸制度那樣是嚴重的不正義。對於是否應該有一個管理完善的人體器官市場，理性的人可以有不同意見。

那種透過壓迫一個人，而使數千人受益的行爲又如何呢？當獅群將競技場上不幸的格鬥士撕裂時大聲歡呼的群眾又如何呢？或者那些愛看兒童色情片的人呢？如果有夠多的觀眾被逗樂了，這樣的苦難能夠被正當化嗎？只有當你認爲人們能從剝削人、讓人痛苦時獲得樂趣，而且是淨收益的快樂時，才是如此。我們可以想像在一個假設的世界中，人們從無辜者的苦難中得到樂趣，而不會產生有害影響，但眞實世界不是如此。

43 Greene & Baron (2001).

44 羅爾斯（Rawls 1971, 158-161, 167-168）有意識到人們從財貨所得的邊際效益遞減，因而效用主義政策傾向平等分配的論證。但他認爲這種論證並未提供充分的道德保證，所以予以駁斥。在這裡，他做了兩個假定。一是即使效用主義一般來說是平等主義的，它有時會偏好社會不平等；二是有時效用主義偏好的不平等在道德上讓人不快，例如奴隸制度。關於第一個假定，他是對的（參閱前述討論），但他誤將第一個假定當作做支持第二個假定的理由，這點非常值得懷疑，至少在眞實世界裡是值得懷疑的。羅爾斯認爲第二個假定也是合理的，但我主張那是因爲他犯了和其他每個人一樣的錯誤：混淆了效用與財富。

45 當羅爾斯主張（Rawls, 1999, 144）人們對於效用應該採取風險迴避的態度，暗示著某些效用比其他效用更有價值（也就是更有效用）時，他的錯誤最是明顯。

46 就算眞的能夠藉著壓迫一些人讓快樂極大化，那不仍然是錯誤的行爲嗎？那不正顯示出效用主義有某種敗壞的核心嗎？**Nozick (1974)** 的效用怪獸是一個經典的例子，上文略微提到。這個效用怪獸藉著吃人得到極大的快樂量。但是把無辜的人送去給效益怪獸吃似乎是錯的，即使這麼做假設能使快樂極大化。另一個著名的例子來自 Derek Parfit (1984)，他想像要在兩種不同世界中做出選擇：一種是有極多的人非常快樂，另一種是有極多的人過著「幾乎不值得活」的生活。從效用主義得出的一個「讓人不快的結論」是：不管這個世界再怎麼好，永遠都有一個更好的世界，其中住著非常多生活只達最低程度好的人。講得清楚一點，如果我們同意動物的經驗也有那麼一點重要性，我們可以用動物來比擬人。我們可以想像有個很大的倉庫，裡頭有好幾兆的兔子，牠們的腦袋瓜裡有某種斷斷續續製造輕度的兔子滿足感的刺激器。每隻兔子所得到的滿足感不會太大，但是兔子是如此之多，因此效用主義革命家原則上可以很正當地摧毀我們的世界，藉以實現他們建立一個龐大的製造兔子滿足感的工廠。這種展望會讓大多數人覺得是不公平的。（當然，不會有人費心去問兔子們！）

對這些「原則上的」反對意見，我有兩點回應。首先，再次說明，我並未主張效用主義是道德眞理，也不是主張它完善掌握並平衡了所有的人類價值。我只是主張，它能提供一個好的共通貨幣，藉以解決眞實世界的道德歧見。如果效用怪獸與兔子眞的來了，要求效用主義給牠們應得的分額，我們可能必須修正原則。牠們或許眞的有好的理由，不過我們很難鑑別。

這也把我帶到對這些「原則上的」反對意見的第二點回應。我們應該非常當心，不要過度信賴背離了直覺理解的直覺。效用怪獸與兔子都把我們的直覺思考推離了原本的限度。更具體地說，它們沿著直角線推衍：即品質與數量。效用怪獸是一個單一的個體（數量低），卻有難以理解的高生命價值。牠吃一餐所得到的價值，超越你從整個存在得出的價值。相反的，兔子有極低的生命品質，但是兔子大軍的數量卻背離了直覺理解。當然，我們還是可以了解這些事，畢竟我才剛剛向你描述，而你也了解我的描述。但那是你的手動模式在進行這項了解工作。你直覺上沒辦法了解吃一餐能夠得到比整個人生更多的快樂會是什麼樣子。同樣的，你在直覺上也無法區分一百萬隻兔子跟一兆隻兔子的不同。我們可以用抽象的方式來思考這些事，但要我們對這些事有直覺感受，就像是要求一隻鳥想像一條長達一英里的蟲那樣。

47 如果你讀通了你的羅爾斯，你會留意到我並沒有處理他反駁效用主義的正式論理。羅爾斯主張，一個社會最公正的組織原則是人們從某種「無知之幕」後進行選擇，而不知道他們在這個社會將占有何種地位。他主張人們在這種「原初立場」上不會選擇效用主義社會，因爲活在一個效用主義社會可能有極大的負面效果。換句話說，羅爾斯的正式主張仰賴於前述的某種誤會，也就是效用主義在眞實世界中對眞實存在的人性可能具壓迫性。羅爾斯的主張也涉及某種對風險迴避與原初立場結構的嚴重誤解。關於這部分更詳細的討論，參閱第十一章註67。

第五部　道德解決方案

第十一章　深度的實用主義

1 Davies, Shorrocks, et al. (2007)。也可以參閱 Norton and Ariely (2011)。

2 Alex Kozinski and Sean Gallagher, "For an Honest Death Penalty." *New York Times,* March 8, 1995.

3 感謝 Scott Moyers 提出「兩種指南針」的比喻。

4 Botvinick, Braver, et al. (2001)。這個理論有些爭議性，但我們不需要操心此點。這裡的主要興趣是認知策略，而不論大腦是否眞的有利用此策略。儘管如此，對於前述的無限回溯問題，我還不知道有別的解決方法。

5 Greene, Nystrom, et al. (2004); Greene and Paxton (2009); Cushman, Murray, et al. (2011).

6 Plato (1987).

7 Rozenblit and Keil (2002); Keil (2003).

8 Fernbach, Rogers, et al.（接受評論中初稿）。

9 要求人們說明理由確實會讓某些人的觀點中庸一些，但這通常是被問到問題時根本提不出任何理由的人。

10 Tesser, Martin, et al. (1995).

11 Sloman and Fernbach (2012); Fernbach (May 27, 2012).

12 Dutton and Aron (1974).

13 關於此種解釋效果，有一個經典的示範，參閱 Schachter and Singer (1962)。
14 Bargh and Williams (2006); Wilson (2002).
15 Nisbett and Wilson (1977).
16 Stuss, Alexander, et al. (1978).
17 Gazzaniga and Le Doux (1978).
18 Bem (1967); Wilson (2002).
19 Haidt (2001, 2012).
20 康德的〈關於恣意自瀆〉是一七九七年出版的 *Metaphysics of Morals* 中的一節。參閱 Kant (1994)。
21 同前註。
22 Nietzsche (1882/1974).
23 Bernasconi (2002).
24 本節及本章其他部分的論證，最早於 Greene (2007) 提出。
25 Thomson (1985, 1990)。留意 Thomson 已經改變想法，她現在認為讓電車轉向是錯的（Thomson, 2008）。除非我們認為有義務主動讓電車改變方向，從一個人的方向轉往五個人的方向，這基本是將權利論者的解釋責任放在作為／不作為的區分上。
26 Jamieson (1999).
27 Kahane and colleagues (2010, 2012) 已論證，在自動情感反應與典型的義務論道德判斷之間並沒有特殊關係，而此種關係之所以看似存在，是偏私的刺激選擇所造成的結果。關於相反的證據，參閱第六章註 22 所提到的「善意謊言」案例，以及 Paxton, Bruni and Greene（修改中稿件）。
28 這不表示我們對性感的感知因人而異。演化心理學者已指出（Miller and Todd, 1998），我們認為具有性吸引力的人，通常也具有高度的生殖潛能。性吸引力並非隨意的，而且在生物上具有功能，但這也不暗示那在客觀上正確。沒道理說我們認為誰性感有其客觀（絕對的、非相對的）正確性，而彿彿的感受卻是客觀上不正確的，反之亦然。
29 Lakoff and Johnson (1980).
30 當然，確實存在著哪些是法律賦予的權利與義務之事實，但在道德爭議中，此種法律事實幾乎從來不能解決問題。公共的道德爭議是關於法律應該如何，而非法律實際如何。
31 在一篇頗受爭議的文章中，Mercier and Sperber (2011) 主張論理只是說服別人做我們想要的事的一種重要武器。這在我看來不太合理。他們之所以能發展那種主張，是因為他們在「論理」這個範疇中排除了使用手動模式的所有無聊的日常事務，例如想出最佳的辦事順序（「我最好是最後才去買食物，否則冰淇淋在車子裡會融化。」），這種好辯的理論在演化上也說不通。論理不是只出現在人類身上的新事物。確實，我們靈長類的近親也用我們用來論理的同一套神經結構，來解決牠們（相當）複雜的問題。然而，猩猩與獼猴顯然不會進行說服性的言詞交鋒。

32 我跟其他大學生在一九九四年一場「跟教授會面」的午餐中聽到這件事。我盡可能地回憶其細節。

33 把這點說得更清楚些：德修維茲的回應是很聰明的，因爲他區分了成本與效益。他基本上等於在說：我不是因爲害怕而拒絕跟你辯論，我拒絕辯論是因爲太把你這種怪咖當一回事會耗費很多成本，但如果你願意用一種讓你得不到你所想尋求的可信度的方式（成本）來跟我辯論，那麼我就樂意跟你交換意見。

34 關於「好的廢話」（good nonsense），也可參閱 Dennett (1995)。

35 這裡所說的「眞正道德的」是指不只是部落性的道德。

36 Singer (1979) chap.6; Singer (1994).

37 關於與此一致的其他論證，參閱 Singer (1979) chap.6; Singer (1994)。

38 如果你認爲懷孕末期的墮胎無妨，那麼殺嬰呢？下文的大部分論理也同樣非常適用。

39 存活的機會可能不同，但這種順產機會的差異（假設是六〇％與九五％）不能構成有無生命權利的差異。如果某個懷孕末期的胎兒，因爲某種原因，存活的機會跟一般懷孕初期的胎兒相同，那把他墮掉可以嗎？

40 你或許會說，眞正重要的是不需要特殊科技而能存活下來的能力。如果是這樣，那麼若有個九個月大的胎兒，因爲某種特殊的健康情況，雖然可以在子宮外存活，但必須仰賴某種既有科技的暫時協助，能不能因此而墮掉他呢？

41 Stoll, Hansen, et al. (2010).

42 或許你會傾向說「是」。畢竟，你可能認爲從那個發展階段繼續存活的可能性在道德上是重要的。但請注意，並不是科技讓胎兒可以從那個發展階段存活下去，正確的說，科技是讓胎兒從那個階段開始可以在子宮外存活下去。從那個階段開始，胎兒不需要太炫的科技就能存活下去了，只是他必須留在子宮裡！我們老早就有足夠的「科技」讓早期的胎兒能夠活著。

43 至少它要求我們放棄某些類型的肉食。人們可能允許某類的肉食，例如欠缺要緊特徵的動物的肉。

44 即使到那時，也不清楚那樣的論證是否有效。動物權倡議者通常將焦點放在爲了供應肉品而被飼養的動物所經歷的痛苦。如果那是吃肉不對的理由，那麼只要墮胎過程不痛苦，或不涉及嚴重的痛苦，同樣的論證就沒辦法用到懷孕末期的墮胎上。

45 好吧，好吧：不「完全」是人。她只是半個貝塔索人。但這點也適用在她的母系親族上。唉！

46 Dongen and Goudie (1980).

47 當然，如果培養皿上只有一個精子，成功受精的機會就較低，但那又如何呢？生命權支持者不會因爲受精卵出於任何原因存活機率較低，就同意墮掉它。

48 再說，認爲受精決定人的身分這種想法，似乎與我們知識有限比較有關，而與什麼已被決定或尚未被決定的事實較無關。當一對夫妻用傳統的方式懷了孩子，他們不知道哪個精子要跟哪個卵子結合，我們也無從得知。但不論因爲性交會生出哪一個孩子，那就是那個會生出來的孩子。如果那對夫妻決定不完成這個過程，也是那個孩子因爲他們的退縮而將不存在。發生這樣的情況時，沒有人知道，或者說永遠不會有人知道，「那個孩子」到底是誰，但那又如何？如果他們的性行爲將導致某個具體的孩子存在，那麼他們不做性行爲也會導致那個具體的孩子不存在（我在這裡將避免進入決定論的問題）。

49 Gilbert (2010), 6, 14, 123–158, 301.

50 Madison (2012).

51 Haberkorn (2012).

52 Tooley (2008).

53 Heider and Simmel (1944).

54 Heberlein and Adolphs (2004).

55 我們許多人都很難下手殺死我們所吃的動物，但那很可能是因爲我們不習慣這麼做。我們的祖先在幾百萬年前就這麼做了。

56 Bloom (2004).

57 Beauchamp, Walters, et al. (1989); Baron (2006); Kuhse and Singer (2006).

58 也可參閱 Greene（審查中）。

59 Daniels (2008).

60 直覺反應與「深思熟慮下的決斷」不同，但前者在決定後者的過程中扮演著重要的角色。

61 Aristotle (1941).

62 MacIntyre (1981).

63 我所歸入亞里斯多德學派復興的論述，不只有美德倫理學（Crisp and Slote, 1997; Hursthouse, 2000），也包括「感性」理論（Wiggins, 1987）、分殊論（Dancy, 2001）及其他類似主張，它們都通向已放棄尋求或建構能夠告訴我們該如何做的明確道德原則的規範倫理學。此種復興的出現，大多要歸功 Alasdair MacInytre (1981)，他對當代道德問題有相似的診斷，但認爲在啓蒙運動的道德理論失敗之後，某種改良的美德理論是我們所能做的最佳選擇。

64 Kant (1785/2002).

65 康德的普遍化論證不只是我們所熟悉的「如果所有人都那麼做會怎樣」的另一種版本。他不只是在說，如果每個人都說謊、不守承諾等會很糟糕。那是效用主義者或規則式的效用主義者、行爲式的效用主義者反對說謊的論證，取決於你如何解釋。這對康德來說還不夠好，因爲他想要得出一種絕對禁止說謊的論證，不需要仰賴事情在眞實世界中的結果恰好爲何（如果每個人都說謊等等，事情會變糟）。他想要讓道德變成像數學那樣必然爲眞，且可確切地知道。參閱 Korsgaard (1996) 第三章。

66 可參閱 Korsgaard (1996)。

67 雖然羅爾斯其人其作有許多值得贊揚之處，但我相信他的核心論述主要還是一種合理化，試圖從基本原則推衍出那種他直覺上偏好的實際道德結論，而他誤以爲這些實際的道德結論跟效用主義是相衝突的（參閱本書頁 334 至 339）。羅爾斯的主要論證出現在《正義論》第一至三章。

我曾提過，效用主義從兩個非常一般的道德理念出發。首先，快樂是最終重要的事，值得加以極大化。其次，道德必須是無偏私的。基本上，羅爾斯保留了無偏私的假定，但捨棄了快樂是最終重要之事的假設。他把快樂有其本質價值的假定換成了「選擇」有其本質價值的假定。因此對他來說，一個社會最好的組織原則是人們若能無偏私地選擇，將會選擇出來的原則。這是很好的想法，其源頭可追溯至康德與洛克（羅爾斯和洛克一樣是「契約論者」）。

所以，我們該如何想像如果人們無偏私地選擇，會選擇些什麼？要回答這個問題，羅爾斯進行了一個思想實驗。他想像出一種稱爲「原初立場」的情境，在那種立場中，不可能以直接自利的方式做選擇。接著他問人們會做出什麼選擇。在原初立場下，要以一種擺明自利的方式做選擇是不可能的，因爲人們是在無知之幕後做選擇。也就是說，在原初立場中的各方必須協商取得共識，在不知道自己歸屬哪個種族、性別、族群背景、社會地位、經濟地位，或者其天生才能的本質與程度的情況下，決定他們的社會如何組織。因此，關鍵是讓所有協商者得不到任何一點能夠用來使協議結果偏向對其自己有利的資訊。決策者被期待做出理性且自私的決定，但因爲他們是在無知之幕後做決定，因此根據羅爾斯的主張，他們所選擇的社會結構必定是公平且公正的。在無知之幕後對社會結構達成共識，很像「我來切，你來選」的分蛋糕方法。這種公正性是來自於決策程序，而非來自決策者的善意。

這個核心理念（將社會抉擇設計成一種無偏私的自利選擇）是稍早由匈牙利經濟學者 John Harsanyi (1953, 1955) 所獨立提出的，他後來因爲對賽局理論的貢獻而獲頒諾貝爾獎。Harsanyi 和羅爾斯不一樣，他把自己提出的原初立場當作是效用主義的一個理性基礎。他認爲人們是在不知道自己將占據何種社會地位（富有或貧窮等等），但知道他們有同等機會占據任何一種社會地位的情況下，選擇他們的社會組織原則。在這種假設下，如果人們追求將效用極大化（每個人都試圖極大化自己的快樂），那麼決策者就會選擇一個能讓效用極大化的社會組織方式，讓整體的快樂極大化（假定人口數是固定的，這會同時極大化快樂的總數與平均數）。

然而，對於自私的人在原初立場中會選擇怎樣的社會，羅爾斯卻有非常不同的結論。他說，在原初立場上的人會選擇一種「最大化最小值」（maximin）原則組織的社會，而不是依效用主義原則組織的社會。「最大化最小值」原則只依據社會中過得最不好的人的狀態來評估社會的等級。根據這個原則，人們喜愛某種社會安排，勝過另一種社會安排，這完全是基於在每種安排中「最糟案例的情境」而來。羅爾斯承認，一般來說，這不是一個好的決策原則，以下例子將顯示這點。

假設你正要買一台車，但要用下面這種不尋常的方式進行。你必須買一張彩券，這張彩券會從一千輛車子中隨機選一台車給你。A彩券會帶你到一個停滿一千輛普通車子的停車場。若用一到十分打分數，這一千台車都是四分。如果你買A彩券，你就會得到一台這種車。B彩券也會帶你到一個停滿一千台車的停車場，其中九九九台的分數是完美的十分，但剩下的一台車只有三分。你如果買B彩券，你有九九．九%的機會能得到夢想中的車子，但你有〇．一%的機會得到一輛還可以、但比你原先買A彩券保證能得到的還要差一些的車子。你會怎麼選？顯然的，你會選擇B彩券。然而，根據「最大化最小值」原則，你會選A彩券，因爲買A彩券的最糟糕情況還比買B彩券的最糟糕情況好一些。這不是很聰明。

「最大化最小值」原則的問題在於它是極大化的風險迴避。羅爾斯同意這在一般情況下並不適當（例如透過彩券買車），但他論稱，對那些不知道自己將占有何種社會地位而選擇其社會組織原則的人來說，這是適當的。他認爲生活在一個效用主義社會中可能是「讓人難受的」（原著第156、175頁）。他警告，如果你意外掉進一個效用主義社會，你最後可能會變成一個奴隸。因爲太糟糕，所以沒有人願意冒這種險。相反的，從無知之幕後做選擇的人會採用「最大化最小值」原則，偏好那種「最糟案例的情境」最佳的社會。羅爾斯是在其所稱「基本自由」（basic liberties）的相關議題中如此論證。在原初立場中的人不會將自由交給效用主義來計算並配給，而會選擇能夠直接保障其「基本自由」的原則。他在教育機會/經濟機會與經濟成果的討論上也做了同樣的論證。在這裡，羅爾斯也說效用主義社會中最糟案例的情境可能差到根本不值得冒險。

首先要留意，羅爾斯的正式論證是建立在前一章所描述的錯誤基礎上，亦即混淆了財富與效用。更具體地說，他假定人們在原初立場中會犯下跟他一樣的錯。再次說明，偏好「最大化最小值」原則是因爲在效用主義社會裡，「最糟案例的情境」可能是「難以忍受的」。在一個財富主義社會中，不難看出「最糟案例的情境」會讓人難受。讓國民生產毛額極大化可能需要一些壓迫做法。但先前解釋過，要讓一個世界盡可能快樂，卻在現實世界裡採用壓迫的做法，這根本說不通。人類心理大概必須完全重新設計，才能讓身爲奴隸所承受的痛苦小於擁有奴隸等所得到的效益（再問一次，你願意捨棄一半的人生當奴隸，以換取在另一半人生中擁有一個奴隸嗎？你能想像在眞實世界中有難以對此下決定的情況嗎？）。

這是羅爾斯的第一個錯誤（我不認爲這是一種合理化，我認爲這只是單純的錯誤）。但讓我們假設羅爾斯是正確的，在一個快樂極大化的社會裡，對某些人來說，人生可能是「難以忍受的」。即使你做了這種說不通的假設，羅爾斯的論證仍然不能運作。再次說明，「最大化最小值」原則對每一種社會安排的評估，只奠基於最糟案例的情境，亦即該社會裡生活福祉最低的人之生活品質。換句話說，羅爾斯假定，只要在好壞參半的結果中有不可忍受的結果，人們就會盡可能地迴避風險。但Harsanyi (1953, 1955) 與其他學者已經指出，那根本不是一個合理的假設。每次搭乘一輛車，你就增加在車禍中嚴重受傷的風險，對大多數人來說，在車禍中受重傷就羅爾斯的解釋都是「難以忍受的」結果，但我們還是把這種風險當作像在深夜吃一品脫冰淇淋那樣瑣碎（你或許可以指出，待在家裡也可能受重傷，比方說屋頂可能塌下來。因此無論你吃不吃冰淇淋，最糟案例的情境都是一樣的。那很好，但如此一來，你就必須用相同的邏輯來處理羅爾斯的論證。即使在一個依據「最大化最小值」原則來治理的社會中，生活也可能是「難以忍受的」。你的屋頂可能塌下來）。

為了要驅動風險迴避的幫浦，羅爾斯還替他的原初立場版本畫蛇添足。如果你還記得，在Harsanyi的版本中，決策者知道他們在社會中占有任何社會地位的可能性是相等的。然而，羅爾斯卻做了稍微不同的安排。他假定在原初立場中，人們完全不知道可能的結果及其相關範圍有多大，這讓他們處在一種完全的、確實的無知狀態。他主張，在這種最大的無知狀態下，在原初立場下的人將會、也應該會表現出高度迴避風險的態度（「任何事都有可能發生！」）。用技術性的辭彙來說，羅爾斯讓原初立場變成一種曖昧，而不只是不確定的情況。

為什麼羅爾斯要讓人們在原初立場中做決策的曖昧狀況極大化呢？為什麼不像Harsanyi那樣，假定人們在原初立場下知道各種可能的社會地位，也知道他們占有這其中某個地位的機會都是相等的？羅爾斯處理了這個議題，而且就我所了解，他的論述完全是循環論證。他把原初立場定義成人們對各種可能性毫無所知的情況，接著論證在那樣的假定中，他們不應該仰賴可能性的估算，因為他們實際上不知道各種可能性是如何（第155、168、169頁）。Harsanyi (1975) 指出，即使在完全無知的假設情況下，比起「最大化最小值」原則所內建的假設，即最糟的情況百分之百會發生，假定所有結果的可能性都是均等，在理性上更能加以辯護。但我們可以將這點暫且擱置。羅爾斯為什麼一開始要把原初立場定義成人們對各種結果的可能性毫無所悉？原初立場的重點完全在於限制選擇範圍，好讓決策者有效地排除偏私。不偏私就是讓每個人的利益獲得同等的重視。因此，把原初立場定義成每個做選擇的人都知道他占有這個社會中任何地位的可能性都相等，這是完全合理的。這種假設不會讓人們的選擇有所偏私，反而是盡可能清晰地體現了無偏私的理念。

就我的理解，羅爾斯讓原初立場的可能性結構在極大程度上曖昧化，原因與正義、公正或無偏私都無關。就我的理解，這純粹是為了讓他直覺上正確的答案更有說服力，而特別編出來的。進入政治哲學領域時，羅爾斯沒有具體理由要採取極端的風險迴避理論。但他既已決心使用原初立場做為構成正義理論的手段（這個正義理論的想法很好），他突然發現自己處在一種困窘的情況。他想要一種優先考量面臨最糟結果的人的社會，這點必須成為基本原則。但透過其思想實驗邏輯過濾之後，這需要羅爾斯所假設的自私決策者在進行自利導向選擇時，異常專注在最糟糕的結果上。也就是說，他們得要異常專注於迴避風險。為了這一點，他無端地為他的思想實驗加上一層曖昧性，好讓這種極端的風險迴避看起來較為合理。

如同康德的情況，這種取巧的做法突顯了羅爾斯真正想要什麼。他不是從基本原則出發，依循這些原則得出它們合乎邏輯的結論。他知道他想要讓論證走向何方，而他盡自己一切可能讓它走向那裡。

羅爾斯善意的合理化因而突顯了兩點。首先，這是個好例子，說明聰穎的人決定用論理為其道德情感辯護，結果會是如何。其次，這也暗示Harsanyi可能是對的。如果你不混淆財富與效用，不假定人們有異常的風險迴避傾向，也不無緣無故地讓虛擬的決策過程曖昧化，而妥適地進行原初立場的思想實驗，你得出的結果可能就是一個效用主義式的結論。換句話說，如果你用偏好選擇的假設來取代快樂假設，你最終會得出效用主義，因為在不具備任何意識型態的信念下，無偏私的人自然會選擇一個能讓他們快樂的展望極大化的社會。

68 我年輕時曾經是自由放任主義的保守派，而且還因此出名：高三時，我贏得 Ayn Rand 論文競賽第三名。然而，等我拿到這個獎項時，我已經開始改變想法了。我向打電話向我道賀的一個女人說出我的懷疑。結果並不太好。

69 Haidt (2001, 2007, 2012).

70 Haidt (2001).

71 根據海特的說法，道德論理在他具指標性的道德心理學理論，即社會直覺論模型（Social Intuitionist Model, SIM）中扮演著重要角色（Haidt, 2001）。這點是否爲眞，取決於什麼算作道德「論理」（Paxton and Greene, 2010）。

根據社會直覺論模型，道德判斷的運作方式如下：道德判斷一般來說是由道德直覺所造成的，當我們進行道德論理時，論理過程通常是事後用來正當化我們在直覺基礎上做出的道德判斷（參閱本章稍早有關道德合理化的討論）。海特說，人們有時確實會進行個人的道德論理，但這很「罕見，主要發生在直覺很弱而分析能力很強的時候。」這就是爲什麼我會說，根據海特的主張，在道德生活中，道德論理扮演著不重要的角色。

然而，還有兩個心理過程必須考慮，它們鋪排了社會直覺論模型中的「社會」面向。首先，根據社會直覺論模型，A明白地做了一項道德判斷，可能會影響B的道德直覺，進而影響B的道德判斷。海特稱這個過程爲「社會說服」（social persuasion）。這顯然不是道德論理，因爲這裡沒有論證，只有遵從他人判斷或行爲的直覺反應。其次（這也是關鍵部分），海特說人們進行一種「論理性的說服」（reasoned persuasion）。在此，A爲其判斷提出了口語的正當化說詞，B聽到這個說詞而調整了他的道德直覺，從而又影響了他的道德判斷。海特稱這是「論理性的說服」，但我覺得這個名稱會誤導人。在這裡，A藉由調整B的感受（自動設定）而影響他的判斷，但未啓動B進行明確論理的能力（手動模式）。A所產生的「理性」，其作用方式就像成功打動B的一首歌。

海特相信這種過程很普遍，而且有高度影響力（可能如此）。這是爲什麼他說道德論理在道德生活中扮演重要角色。但上文說過，我不認爲這符合「道德論理」的條件。這是爲什麼儘管海特抗議，我還是說他的理論並不是建立在道德論理扮演重要角色的基礎上。根據社會直覺論模型，如果我不先改變你的感受，我就不能在某個道德議題上（例如同志婚姻、墮胎或吃肉）改變你的想法。我不能直接訴諸你的論理能力，而使你超越你的感受。我想對道德心理學做這樣的描繪並不正確。我與同事已經在一場實驗中用一個相當抽象的論證來（至少暫時有效）說服人們接受一個反直覺的道德結論（Paxton, Ungar, and Greene, 2011），突顯了此一論點。

72 這裡有兩個例子：http://www.libchrist.com/other/abortion/choice.html，http://k2globalcommunicationsllc.wordpress.com/2012/08/28/abortion-nihilist-argument-eliminate-poverty-kill-the-poor。也可參閱 John Paul II (1995)。

73 Haidt and Graham (2007); Graham, Haidt, et al. (2009); Haidt (2012).

74 海特用來支持其理論（有五項基礎的最初版本）的調查數據（Graham et al., 2009, 2011），顯示出關照—公平這個字串，與忠誠—權威—神聖這個字串有很大的歧異，而且沒有什麼證據可以說明爲何第一個字串爲兩字進行區別，第二個字串爲三字進行區別。能夠當作證據的，只有這個調查爲了蒐集數據而預先分出五個字詞的事實。爲了替五要素（或六要素，或 n 個要素）道德理論提供強烈的證據，人們必須建構一種「由下往上」的方法，運用不是爲了驗證心中已有定見的特定理論而設計的材料來檢證其理論。海特表示，初步略計，道德世界有五個（或六個）「大陸」。在他的數據中，我看到了兩個大陸的證據，其中或許有，也或許沒有兩或三個有趣的隆起之處。

75 Graham, Haidt, et al. (2009) 用另一個方式表達這個問題（「要給你多少錢，你才願意……？」）

76 我認爲海特（Haidt, 2012）對康德心理的描繪並不準確。康德可能略微自閉，而且確實愛建構系統，但他也是非常權威的，對道德嫌惡的情感並不陌生。而且不讓人意外的，他在宗教上也非常虔誠。

77 參閱 Henrich, Heine, et al. (2010)。

78 Graham, Nosek, et al. (2012).

79 Mooney (2012).

80 Devos and Banaji (2005).

81 Condon (April 21, 2011).

82 Wike (September 21, 2009).

83 Arab American Institute (August 22, 2012).

84 Swami (June 15, 2009).

85 European Commission (2005).

86 Economic Intelligence Unit (2005); United Nations Office of Drugs and Crime (2011); United Nations (2011); Ingelhart, Foa, et al. (2008). Murder rates, educational attainment, and test scores: World Values Survey on happiness.

87 Haidt (2012), 294.

88 基於我自己的網路搜尋結果，並經過 Henry Irving 的確認，麻州劍橋市市議會議長是共和黨人（個人通信，二〇一三年三月二十四日）。

89 http://www.cambridgema.gov/citynewsandpublications/news/2012/02/cambridgemaintainsraredistinctionofearningthreetriplearatings.aspx.

90 Putnam (2000); Putnam and Campbell (2010).

91 Haidt (2012), 137.

92 Nicholas D. Kristof, "Where Sweatshops Are a Dream." *New York Times*, January, 14, 2009.

93 這個辭彙是由雷根在一九七六年總統大選期間創造出來的（"'Welfare Queen' Becomes Issue in Reagan Campaign." New York

Times, February 15, 1976）。

94 Lind (2012).

95 Krugman (July 28, 2009).

96 Tienabeso (January 25, 2012); Buffett (August 14, 2011).

97 是的，此類金主可能會從羅姆尼的行政政策中獲得巨大利益，但是單一金主的捐款改變選舉結果的可能性微乎其微。

98 爲了制訂政策，海特贊同他所稱的「涂爾幹式效用主義」（Haidt (2012), 272），也就是用效用主義來解釋宗教等傳統社會機制的價值。涂爾幹式的效用主義其實就是一種明智運用的效用主義。儘管如此，還是值得一提，因爲不是所有自成一格的效用主義者都欣賞保守社會機制的價值。然而之前解釋過，Mill (1885) 確實是如此，可參閱他的論文 “The Utility of Religion”。

99 Haidt (2012), 272.

100 同前註，xv。

101 參閱 Paxton, Ungar, and Greene (2011)。

102 另一個類比：好的論證就像一種科技。我們少有人能創造出一種新科技，我們也不太可能在哪一天採用它。儘管如此，我們所居住的世界是由科技變化來定義的。同樣的，我們所居住的世界也是好的道德論證下的產物。人們無法在某人進行論理性的道德說服時抓到他，要恰好見證一個好的論證誕生更困難。但我相信，若沒有道德論理的能力，這個世界會變成一個很不同的地方。也可參閱 Pinker (2011) chaps. 9-10；Pizarro and Bloom (2003)；Finnemore and Sikkink (1998)。

103 Bentham (1978).

104 Mill (1895), 1–2.

第十二章　超越隨拿即拍的道德：給現代牧民的六個原則

1 參閱前言註1。

2 這個原則還有一個汽車保險桿標語版本：「別相信你所想到的一切」，可瀏覽 www.northernsun.com。

3 Valdesolo and DeSteno (2007)。

4 我們很少人也能夠老實說，因爲肉比豆腐好吃，而且買不虐待動物的起士漢堡要多花一美元，實在太貴了（此種商品尚不普及，原因純粹是欠缺需求），所以動物應該承受極大的痛苦。

參考書目
Bibliography

Abagnale, F, W., and S. Redding (2000). *Catch me if you can*. New York: Broadway.

ABC News (2011, December 5). Ron Paul: Why Elizabeth Warren is wrong. Retrieved February 3, 2013, from http://www.youtube.com/watch?v=glvkLEUC6Q&list=UUoIpecKvJiBIAOhaFXw-bAg&index=34.

Abrams, D., and M. A. Hogg (2012). *Social identifications: A social psychology of intergroup relations and group processes*. London: Routledge.

Adolphs, R. (2003). Cognitive neuroscience of human social behaviour. *Nature Reviews Neuroscience* 4(3): 165-178.

Allen, R. E., and N. Platon (1970). *Plato's "Euthyphro" and the earlier theory of forms*. New York: Humanities Press.

American Medical Association (1991). Decisions near the end of life. http://www.ama-assn.org/resources/doc/code-medical-ethics/221a. pdf

Amit, E., and J. D. Greene (2012). You see, the ends don' t justify the means visual imagery and moral judgment. *Psychological Science* 23(8): 861-868.

Anscombe, G. E. M. (1958). Modern moral philosophy. *Philosophy* 33(124): 1-19.

Arab American Institute (2012, August 22). The American divide: How we view Arabs and Muslims. http://aai.3cdn.net/82424c9036660402e5_a7m6b1i7z.pdf

Aristotle (1941). Nichomachean ethics. In R. McKeon, ed., *The basic works of Aristotle* (pp. 927-1112). New York: Random House.

Axelrod, R., and W. Hamilton (1981). The evolution of cooperation. *Science* 211(4489): 1390-1396.

Babcock, L., and G. Loewenstein (1997). Explaining bargaining impasse: The role of self-serving biases. *The Journal of Economic Perspectives* 11(1): 109-126.

Babcock, L., G. Loewenstein, et al. (1995). Biased judgments of fairness in bargaining. *The American Economic Review*: 85 (5): 1337-1343.

Babcock, L., X. Wang, et al. (1996). Choosing the wrong pond: Social comparisons in negotiations that reflect a self-serving bias. *The Quarterly Journal of Economics* 111(1): 1-19.

Baldus, D. C., G. Woodworth, et al. (1998). Racial discrimination and the death penalty in the post-Furman era: An empirical and legal overview, with recent findings from Philadelphia. *Cornell Law Review* 83: 1638-1821.

Bargh, J. A., and T. L. Chartrand (1999). The unbearable automaticity of being. *American Psychologist* 54(7): 462.

Bargh, J. A., and E. L. Williams (2006). The automaticity of social life. *Current Directions in Psychological Science* 15(1): 1-4.

Baron, A. S., and M. R. Banaji (2006). The development of implicit attitudes: Evidence of race evaluations from ages 6 and 10 and adulthood. *Psychological Science* 17(1): 53-58.

Baron, J. (1994). Nonconsequentialist decisions. *Behavioral and Brain Sciences* 17: 1-42.

Baron, J. (2006). *Against bioethics*. Cambridge, MA: MIT Press.

Baron, J., and J. Greene (1996). Determinants of insensitivity to quantity in valuation of public goods: Contribution, warm glow, budget constraints, availability, and prominence. *Journal of Experimental Psychology: Applied* 2(2): 107.

Baron, J., and I. Ritov (1993). Intuitions about penalties and compensation in the context of tort law. *Journal of Risk and Uncertainty* 7: 17-33.

Bartal, I. B. A., J. Decety, et al. (2011). Empathy and pro-social behavior in rats. *Science* 334(6061): 1427-1430.

Bartels, D. M. (2008). Principled moral sentiment and the flexibility of moral judgment and decision making. *Cognition* 108: 381-417.

Bartels, D. M., and D. A. Pizarro (2011). The mismeasure of morals: Antisocial personality traits predict utilitarian responses to moral dilemmas. *Cognition* 121(1): 154-161.

Bateson, M., D. Nettle, et al. (2006). Cues of being watched enhance cooperation in a real-world setting. *Biology Letters* 2(3): 412-414.

Batson, C. D. (1991). *The altruism question: Toward a social-psychological answer.* Hillsdale, NJ: Lawrence Erlbaum Associates, Inc.

Batson, C. D., B. D. Duncan, et al. (1981). Is empathic emotion a source of altruistic motivation? *Journal of Personality and Social Psychology* 40(2): 290.

Batson, C. D., and T. Moran (1999). Empathy-induced altruism in a prisoner's dilemma. *European Journal of Social Psychology* 29(7): 909-924.

Baumgartner, T., U. Fischbacher, et al. (2009). The neural circuitry of a broken promise. *Neuron* 64(5): 756-770.

Bazerman, M. H., and D. A. Moore (2006). *Judgment in managerial decision making*. Hoboken, NJ: Wiley.

Bazerman, M. H., and J. D. Greene (2010). In favor of clear thinking: Incorporating moral rules into a wise cost-benefit analysis—Commentary on Bennis, Medin, & Bartels (2010). *Perspectives on Psychological Science* 5(2): 209-212.

BBC News (2006, September 9). Cartoons row hits Danish exports. Retrieved February 3, 2013, from http://news.bbc.co.uk/2/hi/

europe/5329642.stm.

BBC News (2012, November 27). Eurozone crisis explained. Retrieved on February 3, 2013, from http://www.bbc.co.uk/news/business-13798000.

Beauchamp, T. L., and L. R. Walters (1989). *Contemporary issues in bioethics*. Belmont, CA: Wadsworth Pub. Co.

Bechara, A., A. R. Damasio, et al. (1994). Insensitivity to future consequences following damage to human prefrontal cortex. *Cognition* 50(1): 7-15.

Bechara, A., H. Damasio, et al. (1997). Deciding advantageously before knowing the advantageous strategy. *Science* 275(5304): 1293-1295.

Bem, D. J. (1967). Self-perception: An alternative interpretation of cognitive dissonance phenomena. *Psychological Review* 74(3): 183.

Bentham, J. (1781/1996). *An introduction to the principles of morals and legislation (Collected works of Jeremy Bentham)*. Oxford, UK: Clarendon Press.

Bentham, J. (1830). *The rationale of punishment*. London: Robert Heward.

Bentham, J. (1978). Offences against one's self. *Journal of Homosexuality* 3(4): 389-406.

Berker, S. (2009). The normative insignificance of neuroscience. *Philosophy & Public Affairs*, 37(4): 293-329.

Bernasconi, R. (2002). Kant as an unfamiliar source of racism. In J. Ward and T. Lott, eds., *Philosophers on Race: Critical Essays* (pp. 145-166). Oxford, UK: Blackwell.

Bernhard, H., U. Fischbacher, et al. (2006). Parochial altruism in humans. *Nature* 442(7105): 912-915.

Bertrand, M., and S. Mullainathan (2003). Are Emily and Greg more employable than Lakisha and Jamal? A field experiment on labor market discrimination. National Bureau of Economic Research.

Blackburn, S. (1993). *Essays in quasi-realism*. New York: Oxford University Press.

Blackburn, S. (2001). *Ethics: A very short introduction*. Oxford, UK: Oxford University Press.

Blair, R. J. R. (1995). A cognitive developmental approach to morality: Investigating the psychopath. *Cognition* 57(1): 1-29.

Blakemore, S. J., D. M. Wolpert, et al. (1998). Central cancellation of self-produced tickle sensation. *Nature Neuroscience* 1(7): 635-640.

Bloom, P. (2004). *Descartes' baby: How the science of child development explains what makes us human*. New York: Basic Books.

Bloom, P. (in press). *Just babies*. New York: Crown.

Boehm, C. (2001). *Hierarchy in the forest: The evolution of egalitarian behavior.* Cambridge, MA: Harvard University Press.

Botvinick, M. M., T. S. Braver, et al. (2001). Conflict monitoring and cognitive control. *Psychological Review* 108(3): 624-652.

Bowles, S. (2009). Did warfare among ancestral hunter-gatherers affect the evolution of human social behaviors? *Science* 324(5932): 1293-

1298.

Boyd, R., H. Gintis, et al. (2003). The evolution of altruistic punishment. *Proceedings of the National Academy of Sciences* 100(6): 3531-3535.

Boyd, R., and P. J. Richerson (1992). Punishment allows the evolution of cooperation (or anything else) in sizable groups. *Ethology and Sociobiology* 13(3): 171-195.

Bratman, M. (1987). *Intention, plans, and practical reason*. Cambridge, MA: Harvard University Press.

Brawley, L. (1984). Unintentional egocentric biases in attributions. *Journal of Sport and Exercise Psychology* 6 (3): 264-278.

Brink, D. O. (2011). *Principles and intuition in ethics*. (unpublished manuscript)

Brown, D. E. (1991). *Human universals*. Philadelphia: Temple University Press.

Buckley, C. (2007, January 3). Man is rescued by stranger on subway tracks. *New York Times*.

Buckner, R. L., J. R. Andrews-Hanna, et al. (2008). The brain's default network. *Annals of the New York Academy of Sciences* 1124(1): 1-38.

Buffett, W. E. (2011, August 14). Stop coddling the super-rich. *New York Times* 14.

Carlsmith, K. M., J. M. Darley, et al. (2002). Why do we punish? Deterrence and just deserts as motives for punishment. *Journal of Personality and Social Psychology* 83(2): 284-299.

Caruso, E., N. Epley, et al. (2006). The costs and benefits of undoing egocentric responsibility assessments in groups. *Journal of Personality and Social Psychology* 91(5): 857.

Casebeer, W. D. (2003). *Natural ethical facts: Evolution, connectionism, and moral cognition*. Cambridge, MA: MIT Press.

Chaiken, S., and Y. Trope (1999). *Dual-process theories in social psychology*. New York: Guilford Press.

Chapman, H. A., D. A. Kim, et al. (2009). In bad taste: Evidence for the oral origins of moral disgust. *Science* 323(5918): 1222-1226.

Chekhov, A. (1977). *Portable Chekhov.* New York: Penguin.

Chib, V. S., A. Rangel, et al. (2009). Evidence for a common representation of decision values for dissimilar goods in human ventromedial prefrontal cortex. *Journal of Neuroscience* 29(39): 12315-12320.

Choi, J. K., and S. Bowles (2007). The coevolution of parochial altruism and war. *Science* 318(5850): 636-640.

Cialdini, R. B. (2003). Crafting normative messages to protect the environment. *Current Directions in Psychological Science* 12(4): 105-109.

Cialdini, R. B., M. Schaller, et al. (1987). Empathy-based helping: Is it selflessly or selfishly motivated? *Journal of Personality and Social Psychology* 52(4): 749.

Ciaramelli, E., M. Muccioli, et al. (2007). Selective deficit in personal moral judgment following damage to ventromedial prefrontal cortex. *Social Cognitive and Affective Neuroscience* 2(2): 84-92.

Clark, A., Y. Georgellis, et al. (2003). Scarring: The psychological impact of past unemployment. *Economica* 68(270): 221-241.

Clark, A. E., and A. J. Oswald (1994). Unhappiness and unemployment. *The Economic Journal* 104 (May): 648-659.

Cohen, D., and R. E. Nisbett (1994). Self-protection and the culture of honor: Explaining southern violence. *Personality and Social Psychology Bulletin* 20(5): 551-567.

Cohen, G. L. (2003). Party over policy: The dominating impact of group influence on political beliefs. *Journal of Personality and Social Psychology* 85(5): 808.

Cohen, J. D. (2005). The vulcanization of the human brain: A neural perspective on interactions between cognition and emotion. *The Journal of Economic Perspectives* 19(4): 3-24.

Condon, S. (2011, April 21). Poll: One in four Americans think Obama was not born in U. S. CBS News.

Conway, P., and B. Gawronski (2012). Deontological and utilitarian inclinations in moral decision making: A process dissociation approach. *Journal of Personality and Social Psychology* doi:10.1037/a0031021.

Copenhagen Consensus Center (2012). Copenhagen Census 2012 Report. Retrieved February 3, 2013, from http://www.copenhagenconsensus.com/Admin/Public/DWSDownload.aspx?File=%2fFiles%2fFiler%2fCC12+papers%2fOutcomeDocumentUpdated1105.pdf.

Craig, W. L., and W. Sinnott-Armstrong (2004). *God? A debate between a Christian and an atheist*. Oxford, UK: Oxford University Press.

Crisp, R., and M. A. Slote (1997). *Virtue ethics*. Oxford, UK: Oxford University Press.

Crockett, M. J., L. Clark, et al. (2010). Serotonin selectively influences moral judgment and behavior through effects on harm aversion. *Proceedings of the National Academy of Sciences* 107(40): 17433-17438.

Cunningham, W. A., M. K. Johnson, et al. (2004). Separable neural components in the processing of black and white faces. *Psychological Science* 15(12): 806-813.

Cushman, F. (in press). Action, outcome and value: A dual-system framework for morality. *Personality and Social Psychology Review*.

Cushman, F., K. Gray, et al. (2012). Simulating murder: The aversion to harmful action. *Emotion* 12(1): 2.

Cushman, F., and J. D. Greene (2012). Finding faults: How moral dilemmas illuminate cognitive structure. *Social Neuroscience* 7(3): 269-279.

Cushman, F., D. Murray, et al. (2011). Judgment before principle: engagement of the frontoparietal control network in condemning harms of omission. *Social Cognitive and Affective Neuroscience*. doi:10.1093/scan/nsr072.

Cushman, F., L. Young, et al. (2006). The role of conscious reasoning and intuition in moral judgment testing three principles of harm. *Psychological Science* 17(12): 1082-1089.

Cushman, F. A., and J. D. Greene (2011). The philosopher in the theater. In M. Mikulincer and P. R. Shaver, eds., *The Social Psychology of Morality*. Washington, DC: APA Press.

Daly, M., and M. Wilson (1988). *Homicide*. New Brunswick, NJ: Aldine.

Damasio, A. R. (1994). *Descartes' error: Emotion, reason, and the human brain*. New York: G. P. Putnam.

Dancy, J. (2009). Moral Particularism. In Edward N. Zalta (ed.), *The Stanford Encyclopedia of Philosophy* http://plato.stanford.edu/archives/spr2009/entries/moral-particularism/.

Daniels, N. (2008). Reflective equilibrium. *Stanford Encyclopedia of Philosophy*.

Daniels, N. (2011). Reflective Equilibrium. In Edward N. Zalta (ed.), *The Stanford Encyclopedia of Philosophy* http://plato.stanford.edu/archives/spr2011/entries/reflective-equilibrium/.

Darwin, C. (1871/1981). *The descent of man, and selection in relation to sex*. Princeton, NJ: Princeton University Press.

Darwin, C. (1872/2002). *The expression of the emotions in man and animals*. New York: Oxford University Press USA.

Davidson, A. B., and R. B. Ekelund (1997). The medieval church and rents from marriage market regulations. *Journal of Economic Behavior & Organization* 32(2): 215-245.

Davies, J. B., A. Shorrocks, et al. (2007). The World Distribution of Household Wealth. UC Santa Cruz: Center for Global, International and Regional Studies. Retrieved February 3, 2013, from http://escholarship.org/uc/item/3jv048hx

Dawes, R. M., J. McTavish, et al. (1977). Behavior, communication, and assumptions about other people's behavior in a commons dilemma situation. *Journal of Personality and Social Psychology* 35(1): 1.

Dawkins, R. (1986). *The blind watchmaker: Why the evidence of evolution reveals a universe without design*. New York: WW Norton & Company.

De Brigard, F. (2010). If you like it, does it matter if it's real? *Philosophical Psychology* 23(1): 43-57.

De Dreu, C. K. W., L. L. Greer, et al. (2010). The neuropeptide oxytocin regulates parochial altruism in intergroup conflict among humans. *Science* 328(5984): 1408-1411.

De Dreu, C. K. W., L. L. Greer, et al. (2011). Oxytocin promotes human ethnocentrism. *Proceedings of the National Academy of Sciences* 108(4): 1262-1266.

de Waal, F. (1989). Food sharing and reciprocal obligations among chimpanzees. *Journal of Human Evolution* 18(5): 433-459.

de Waal, F. (1997). *Good natured: The origins of right and wrong in humans and other animals*. Cambridge, MA: Harvard University Press.

de Waal, F. (2009). *Primates and philosophers: How morality evolved*. Princeton, NJ: Princeton University Press.

de Waal, F. (2010). *The age of empathy: Nature's lessons for a kinder society*. New York: Three Rivers Press.

de Waal, F., and A. Roosmalen (1979). Reconciliation and consolation among chimpanzees. *Behavioral Ecology and Sociobiology* 5(1): 55-66.

de Waal, F., and L. M. Luttrell (1988). Mechanisms of social reciprocity in three primate species: Symmetrical relationship characteristics or cognition? *Ethology and Sociobiology* 9(2): 101-118.

Decety, J. (2011). Dissecting the neural mechanisms mediating empathy. *Emotion Review* 3(1): 92-108.

Decety, J., and P. L. Jackson (2004). The functional architecture of human empathy. *Behavioral and Cognitive Neuroscience Reviews* 3(2): 71-100.

Degomme, O., and D. Guha-Sapir (2010). Patterns of mortality rates in Darfur conflict. *The Lancet* 375(9711): 294-300.

Denmark TV2 (2004, October 9). Overfaldet efter Koran-læsning. Retrieved February 3, 2013, from http://nyhederne.tv2.dk/article.php/id-1424089:overfaldet-efter-koranl%C3%A6sning.html.

Dennett, D. C. (1987). *The intentional stance*. Cambridge, MA: MIT Press.

Dennett, D. C. (1995). *Darwin's dangerous idea: Evolution and the meanings of life*. New York: Simon & Schuster.

DeScioli, P., and R. Kurzban (2009). Mysteries of morality. *Cognition* 112(2): 281-299.

Devos, T., and M. R. Banaji (2005). American=white? *Journal of Personality and Social Psychology* 88(3): 447.

Diener, E. (2000). Subjective well-being: The science of happiness and a proposal for a national index. *American Psychologist* 55(1): 34.

Diener, E., E. M. Suh, et al. (1999). Subjective well-being: Three decades of progress. *Psychological Bulletin* 125(2): 276.

Dongen, L. G. R., and E. G. Goudie (1980). Fetal movement patterns in the first trimester of pregnancy. *BJOG: An International Journal of Obstetrics & Gynecology* 87(3): 191-193.

Doris, J., and A. Plakias (2007). How to argue about disagreement: Evaluative diversity and moral realism. In W. Sinnott-Armstrong, ed., *Moral Psychology, vol. 2: The Cognitive Science of Morality*. Cambridge, MA: MIT Press.

Dreber, A., D. G. Rand, et al. (2008). Winners don't punish. *Nature* 452(7185): 348-351.

Driver, J. (2009). The History of Utilitarianism. In Edward N. Zalta (ed.), *The Stanford Encyclopedia of Philosophy*. http://plato.stanford.edu/archives/sum2009/entries/utilitarianism-history/

Dunbar, R. I. M. (2004). Gossip in evolutionary perspective. *Review of General Psychology* 8(2): 100.

Dunbar, R. I. M., A. Marriott, et al. (1997). Human conversational behavior. *Human Nature* 8(3): 231-246.

Dunlap, R. (2008, May 29). Climate-change views: Republican-Democratic gaps expand. Retrieved February 3, 2013, from http://www.gallup.com/poll/107569/ClimateChange-Views-RepublicanDemocratic-Gaps-Expand.aspx.

Dutton, D. G., and A. P. Aron (1974). Some evidence for heightened sexual attraction under conditions of high anxiety. *Journal of Personality and Social Psychology* 30(4): 510.

Dworkin, R. (1978). *Taking rights seriously*. Cambridge, MA: Harvard University Press.

Dworkin, R. "Rights as Trumps" (1984). In J. Waldron (ed.), *Theories of Rights*, 153-167. Oxford: Oxford University Press.

Easterlin, R. A. (1974). Does economic growth improve the human lot? In P. David and M. Reder, eds., *Nations and Households in Economic Growth: Essays in Honour of Moses Abramovitz*. New York: Academic Press.

Easterlin, R. A., L. A. McVey, et al. (2010). The happiness-income paradox revisited. *Proceedings of the National Academy of Sciences* 107(52): 22463-22468.

Eberhardt, J. L., P. G. Davies, et al. (2006). Looking deathworthy: Perceived stereotypicality of black defendants predicts capital-sentencing outcomes. *Psychological Science* 17(5): 383-386.

The Economist (2005). The Economist Intelligence Unit's Quality-of-Life Index. http://www.economist.com/media/pdf/QUALITY_OF_LIFE.pdf

Ellingsen, T., B. Herrmann, et al. (2012). Civic Capital in Two Cultures: The Nature of Cooperation in Romania and USA. Available at SSRN.

Espresso Education (n. d.). Earthquake legends. Retrieved February 3, 2013, from http://content.espressoeducation.com/espresso/modules/t2specialreports/naturaldisasters/eqlegnd.html.

European Commission, (2005). Special Eurobarometer 225: Social values, science and technology. Brussels: Directorate General Press.

FactCheck.org (2009, August 14). Palin vs. Obama: Death panels. Retrieved February 3, 2013, from http://www.factcheck.org/2009/08/palin-vs-obama-death-panels.

FactCheck.org (2009, August 18). Keep your insurance? Not everyone. Retrieved February 3, 2013, from http://www.factcheck.org/2009/08/keep-your-insurance-not-everyone.

Falk, G. (1990). *Murder, an analysis of its forms, conditions, and causes*. Jefferson, NC: McFarland & Company Incorporated Pub.

Fehr, E., and S. Gachter (2002). Altruistic punishment in humans. *Nature* 415(6868): 137-140.

Fehr, E., and S. Gachter (1999). Cooperation and punishment in public goods experiments. Institute for Empirical Research in Economics Working Paper (10).

Feiman, R., Cushman, F., Carey, S. (in prep): Infants fail to represent a negative goal, but not a negative event.

Feinberg, M., R. Willer, et al. (2012a). Flustered and faithful: Embarrassment as a signal of prosociality. *Journal of Personality and Social Psychology* 102(1): 81.

Feinberg, M., R. Willer, et al. (2012b). The virtues of gossip: Reputational information sharing as prosocial behavior. *Journal of Personality and Social Psychology* 102(5): 1015.

Fellows, L. K., and M. J. Farah (2007). The role of ventromedial prefrontal cortex in decision making: judgment under uncertainty or judgment per se? *Cerebral Cortex* 17(11): 2669-2674.

Fernbach, P. (2012, May 27) Weak evidence. WAMC Northeast Public Radio.

Fernbach, P. M., T. Rogers, C. R. Fox, and S. A. Sloman (in press). Political extremism is supported by an illusion of understanding. *Psychological Science*.

Financial Crisis Inquiry Commission (2011). Financial crisis inquiry report. Retrieved February 3, 2013, from http://fcic-static.law.stanford.edu/cdnmedia/fcic-reports/fcicfinalreportfull.pdf.

Finnemore, M., and K. Sikkink (1998). International norm dynamics and political change. *International Organization* 52(4): 887-917.

Fischer, D. H. (1991). *Albion's seed: Four British folkways in America.* New York: Oxford University Press USA.

Fischer, J. M., and M. Ravizza, eds. (1992). *Ethics: Problems and principles*. Fort Worth, TX: Harcourt Brace Jovanovich College Publishers.

Fisher, R. (1930). *The genetical theory of natural selection*. Oxford, UK: Clarendon Press.

Fisher, R. (1971). *Basic negotiation strategy: International conflict for beginners*. London: Allen Lane.

Fodor, J. A. (1983). *Modularity of mind: An essay on faculty psychology.* Cambridge, MA: MIT Press.

Foot, P. (1967). The problem of abortion and the doctrine of double effect. *Oxford Review* 5: 5-15.

Forsyth, D. R., and B. R. Schlenker (1977). Attributional egocentrism following performance of a competitive task. *The Journal of Social Psychology* 102(2): 215-222.

Forsythe, R., J. L. Horowitz, et al. (1994). Fairness in simple bargaining experiments. *Games and Economic Behavior* 6(3): 347-369.

Frank, R. H. (1988). *Passions within reason: The strategic role of the emotions*. New York: WW Norton & Company.

Frederick, S. (2005). Cognitive reflection and decision making. *The Journal of Economic Perspectives* 19(4): 25-42.

Fredrickson, B. L. (2001). The role of positive emotions in positive psychology: The broaden-and-build theory of positive emotions.

American Psychologist 56(3): 218.
Frijda, N. H. (1987). *The emotions*. Cambridge, UK: Cambridge University Press.
Fudenberg, D., D. Rand, et al. (2010). Slow to anger and fast to forgive: cooperation in an uncertain world. *American Economic Review* 102(2): 720-749.
Gaes, G. G., and A. L. Goldberg (2004). *Prison rape: A critical review of the literature*. Washington, DC: National Institute of Justice.
Gardiner, S. M. (2011). *A perfect moral storm: The ethical tragedy of climate change.* New York: Oxford University Press USA.
Gauthier, D. (1987). *Morals by agreement*. Oxford, UK: Clarendon Press.
Gazzaniga, M. S. (2006). *The ethical brain: The science of our moral dilemmas.* New York: Harper Perennial.
Gazzaniga, M. S., and J. E. Le Doux (1978). *The integrated mind.* New York: Plenum.
Gervais, W. M., and A. Norenzayan (2012). Analytic thinking promotes religious disbelief. *Science* 336(6080): 493-496.
Gervais, W. M., A. F. Shariff, et al. (2011). Do you believe in atheists? Distrust is central to anti-atheist prejudice. *Journal of Personality and Social Psychology* 101(6): 1189.
Gewirth, A. (1980). *Reason and morality.* Chicago: University of Chicago Press.
Gilbert, D. (2006, July 2). If only gay sex caused global warming. *Los Angeles Times* 2.
Gilbert, D. (2006). *Stumbling on happiness*. New York: Knopf.
Gilbert, S. (2010). *Developmental biology,* 9th ed. Sunderland, MA: Sunderland, Sinauer Associates.
Gilovich, T., D. Griffin, et al. (2002). *Heuristics and biases: The psychology of intuitive judgment*. Cambridge, UK: Cambridge University Press.
Gintis, H. (2000). Strong reciprocity and human sociality. *Journal of Theoretical Biology* 206(2): 169-179.
Gintis, H., S. Bowles, et al. (2005). Moral sentiments and material interests: The foundations of cooperation in economic life, MIT press.
Givewell.org (2012). Top charities. Retrieved February 3, 2013, from http://www.givewell.org/charities/top-charities.
Givewell.org (n. d.). Against Malaria Foundation. Retrieved February 3, 2013, from http://www.givewell.org/international/top-charities/AMF.
Glenn, A. L., A. Raine, et al. (2009). The neural correlates of moral decision-making in psychopathy. *Molecular Psychiatry* 14(1): 5-6.
Goldman, A. I. (1970). *A theory of human action*, Prentice-Hall Englewood Cliffs, NJ.
Graham, J., J. Haidt, et al. (2009). Liberals and conservatives rely on different sets of moral foundations. *Journal of Personality and Social Psychology* 96(5): 1029.
Graham, J., B. A. Nosek, et al. (2012). The moral stereotypes of liberals and conservatives: Exaggeration of differences across the political

spectrum. *PLOS ONE* 7(12): e50092.

Graham, J., B. A. Nosek, et al. (2011). Mapping the moral domain. *Journal of Personality and Social Psychology* 101(2): 366.

Greenberg, D. (2012, February 27). Sick to his stomach. *Slate*. Retrieved February 3, 2013, from http://www.slate.com/articles/news_and_politics/history_lesson/2012/02/how_santorum_misunderstands_kennedy_s_speech_on_religious_freedom_.html.

Greene, J. (1997). Moral psychology and moral progress. Undergraduate thesis, Department of Philosophy, Harvard University.

Greene, J. (2002). The terrible, horrible, no good, very bad truth about morality and what to do about it. Doctoral Thesis, Department of Philosophy, Princeton University.

Greene, J. (2007). The secret joke of Kant's soul. In W. Sinnott-Armstrong, ed., *Moral Psychology, vol. 3: The Neuroscience of Morality: Emotion, Disease, and Development*. Cambridge, MA: MIT Press.

Greene, J. D. (2009). Dual-process morality and the personal/impersonal distinction: A reply to McGuire, Langdon, Coltheart, and Mackenzie. *Journal of Experimental Social Psychology* 45(3): 581-584.

Greene, J. D. (2010). Notes on "The Normative Insignificance of Neuroscience" by Selim Berker. Retrieved from http://www.wjh.harvard.edu/~jgreene/GreeneWJH/Greene-Notes-on-Berker-Nov10.pdf.

Greene, J. D. (under review). Beyond point-and-shoot morality: Why cognitive (neuro)science matters for ethics.

Greene, J. D., and J. Baron (2001). Intuitions about declining marginal utility. *Journal of Behavioral Decision Making* 14: 243-255.

Greene, J. D., and J. Paxton (2009). Patterns of neural activity associated with honest and dishonest moral decisions. *Proceedings of the National Academy of Sciences* 106(30): 12506-12511.

Greene, J. D., F. A. Cushman, et al. (2009). Pushing moral buttons: The interaction between personal force and intention in moral judgment. *Cognition* 111(3): 364-371.

Greene, J. D., S. A. Morelli, et al. (2008). Cognitive load selectively interferes with utilitarian moral judgment. *Cognition* 107: 1144-1154.

Greene, J. D., L. E. Nystrom, et al. (2004). The neural bases of cognitive conflict and control in moral judgment. *Neuron* 44(2): 389-400.

Greene, J. D., R. B. Sommerville, et al. (2001). An fMRI investigation of emotional engagement in moral judgment. *Science* 293(5537): 2105-2108.

Greenwald, A. G., and M. R. Banaji (1995). Implicit social cognition: Attitudes, self-esteem, and stereotypes. *Psychological Review* 102(1): 4-27.

Greenwald, A. G., D. E. McGhee, et al. (1998). Measuring individual differences in implicit cognition: The implicit association test. *Journal of Personality and Social Psychology* 74(6): 1464.

Grice, H. P., and P. F. Strawson (1956). In defense of a dogma. *The Philosophical Review* 65(2): 141-158.
Griffiths, P. E. (1997). *What emotions really are: The problem of psychological categories*. Chicago: University of Chicago Press.
Grossman, D. (1995). *On killing. E-reads/E-rights*. New York: Little, Brown.
Gusnard, D. A., M. E. Raichle, et al. (2001). Searching for a baseline: Functional imaging and the resting human brain. *Nature Reviews Neuroscience* 2(10): 685-694.
Guth, W., R. Schmittberger, et al. (1982). An experimental analysis of ultimatum bargaining. *Journal of Economic Behavior & Organization* 3(4): 367-388.
Haberkorn, J. (2012, November 6). Abortion, rape controversy shaped key races. *Politico*.
Haidt, J. (2001). The emotional dog and its rational tail: A social intuitionist approach to moral judgment. *Psychological Review* 108: 814-834.
Haidt, J. (2006). *The happiness hypothesis*. New York: Basic Books.
Haidt, J. (2007). The new synthesis in moral psychology. *Science* 316: 998-1002.
Haidt, J. (2012). *The righteous mind: Why good people are divided by politics and religion*. New York: Pantheon.
Haidt, J., and J. Graham (2007). When morality opposes justice: Conservatives have moral intuitions that liberals may not recognize. *Social Justice Research* 20(1): 98-116.
Haldane, J. (1932). *The causes of evolution*. London: Longmans, Green & Co.
Haley, K. J., and D. M. T. Fessler (2005). Nobody's watching? Subtle cues affect generosity in an anonymous economic game. *Evolution and Human Behavior* 26(3): 245-256.
Hamilton, W. (1964). The genetical evolution of social behavior. *Journal of Theoretical Biology* 7(1): 1-16.
Hamlin, J. K., K. Wynn, et al. (2007). Social evaluation by preverbal infants. *Nature* 450(7169): 557-559.
Hamlin, J. K., K. Wynn, et al. (2011). How infants and toddlers react to antisocial others. *Proceedings of the National Academy of Sciences* 108(50): 19931-19936.
Hardin, G. (1968). The tragedy of the commons. *Science* 162: 1243-1248.
Hardman, D. (2008). Moral dilemmas: Who makes utilitarian choices? (unpublished manuscript).
Hare, R. M. (1952). *The language of morals*. Oxford, UK: Clarendon Press.
Hare, R. M. (1981). *Moral thinking: Its levels, method, and point*. Oxford, UK: Oxford University Press.
Hare, T. A., C. F. Camerer, et al. (2009). Self-control in decision-making involves modulation of the vmPFC valuation system. *Science*

324(5927): 646-648.

Harinck, F., C. K. W. De Dreu, et al. (2000). The impact of conflict issues on fixed-pie perceptions, problem solving, and integrative outcomes in negotiation. *Organizational Behavior and Human Decision Processes* 81(2): 329-358.

Harman, G. (1975). Moral relativism defended. *The Philosophical Review* 84(1): 3-22.

Harris, J. R., and C. D. Sutton (1995). Unravelling the ethical decision-making process: Clues from an empirical study comparing Fortune 1000 executives and MBA students. *Journal of Business Ethics* 14(10): 805-817.

Harris, M., N. K. Bose, et al. (1966). The cultural ecology of India's sacred cattle. *Current Anthropology*: 51-66.

Harris, S. (2010). *The moral landscape: How science can determine human values*. New York: Free Press.

Harris, S. (2011, January 29). A response to critics. *Huffington Post.* Retrieved February 3, 2013, from http://www.huffingtonpost.com/sam-harris/a-response-to-criticsb815742.html.

Harsanyi, J. (1953). Cardinal utility in welfare economics and in the theory of risk-taking. *Journal of Political Economy* 61: 434-435.

Harsanyi, J. (1955). Cardinal welfare, individualistic ethics, and interpersonal comparisons of utility. *Journal of Political Economy* 63: 309-321.

Harsanyi, J. C. (1975). Can the maximin principle serve as a basis for morality? A critique of John Rawls's theory. *The American Political Science Review* 69(2), 594-606.

Hastorf, A. H., and H. Cantril (1954). They saw a game; a case study. *The Journal of Abnormal and Social Psychology* 49(1): 129.

Hauk, O., I. Johnsrude, et al. (2004). Somatotopic representation of action words in human motor and premotor cortex. *Neuron* 41(2): 301-307.

Hauser, M., F. Cushman, et al. (2007). A dissociation between moral judgments and justifications. *Mind & Language* 22(1): 1-21.

Heberlein, A. S., and R. Adolphs (2004). Impaired spontaneous anthropomorphizing despite intact perception and social knowledge. *Proceedings of the National Academy of Sciences* 101(19): 7487-7491.

Heider, F., and M. Simmel (1944). An experimental study of apparent behavior. *The American Journal of Psychology* 57(2): 243-259.

Henrich, J., R. Boyd, et al. (2001). In search of homo economicus: Behavioral experiments in 15 small-scale societies. *American Economic Review* 91(2): 73-78.

Henrich, J., J. Ensminger, et al. (2010). Markets, religion, community size, and the evolution of fairness and punishment. *Science* 327(5972): 1480-1484.

Henrich, J., and F. J. Gil-White (2001). The evolution of prestige: Freely conferred deference as a mechanism for enhancing the benefits of cultural transmission. *Evolution and Human Behavior* 22(3): 165-196.

Henrich, J., S. J. Heine, et al. (2010). The weirdest people in the world. *Behavioral and Brain Sciences* 33(2-3): 61-83.

Henrich, J., R. McElreath, et al. (2006). Costly punishment across human societies. *Science* 312(5781): 1767-1770.

Herrmann, B., C. Thoni, et al. (2008). Antisocial punishment across societies. *Science* 319(5868): 1362-1367.

Hobbes (1651/1994). *Leviathan*. Indianapolis: Hackett.

Hoffman, M. L. (2000). *Empathy and moral development: Implications for caring and justice*. New York: Cambridge University Press.

Horgan, T., and M. Timmons (1992). Troubles on Moral Twin Earth: Moral queerness revived. *Synthese* 92(2): 221-260.

Howard-Snyder, F. (2002, May 14). Doing vs. allowing harm. *Stanford Encyclopedia of Philosophy*.

Hsee, C. K., G. F. Loewenstein, et al. (1999). Preference reversals between joint and separate evaluations of options: A review and theoretical analysis. *Psychological Bulletin* 125(5): 576.

Huettel, S. A., A. W. Song, et al. (2004). *Functional magnetic resonance imaging*. Sunderland, MA: Sinauer Associates, Inc.

Hume, D. (1739/1978). *A treatise of human nature*, ed. L. A. Selby-Bigge and P. H. Nidditch. Oxford, UK: Oxford University Press.

Hursthouse, R. (2000). *On virtue ethics*. New York: Oxford University Press, USA.

Indian Express (2006, February 18). Rs 51-crore reward for Danish cartoonist's head, says UP Minister. Retrieved February 3, 2013, from http://www.indianexpress.com/storyOld.php?storyId=88158.

Inglehart, R., R. Foa, et al. (2008). Development, freedom, and rising happiness: A global perspective (1981-2007). *Perspectives on Psychological Science* 3(4): 264-285.

Intergovernmental Panel on Climate Change (2007). Synthesis report. Retrieved February 3, 2013, from http://www.ipcc.ch/pdf/assessment-report/ar4/syr/ar4syr.pdf.

International Business Times (2012, September 21). "Innocence of Muslims" protests: Death toll rising in Pakistan. Retrieved February 3, 2013, from http://www.ibtimes.com/%E2%80%98innocence-muslims%E2%80%99-protests-death-toll-rising-pakistan-794296.

International Labour Organization (2012). Summary of the ILO 2012 Global Estimate of Forced Labour. Retrieved February 3, 2013, from http://www.ilo.org/sapfl/Informationresources/ILOPublications/WCMS_181953/lang--en/index.htm.

Jamieson, D. (1999). *Singer and his critics*. Oxford, UK: Wiley-Blackwell.

Jensen, K., J. Call, et al. (2007). Chimpanzees are vengeful but not spiteful. *Proceedings of the National Academy of Sciences* 104(32): 13046-13050.

John Paul II (1995). The gospel of life. *Evangelium vitae* 73.

Jones, J. (2010, March 11). Conservatives' doubts about global warming grow. Gallup. Retrieved October 29, 2011, from http://www.gallup.com/poll/126563/conservatives-doubts-global-warming-grow.aspx.

Joyce, R. (2001). *The myth of morality.* Cambridge, UK: Cambridge University Press.

Joyce, R. (2006). *The evolution of morality*. Cambridge, MA: MIT Press.

Joyce, R. (2011). The accidental error theorist. *Oxford Studies in Metaethics* 6: 153.

Kahan, D. M., M. Wittlin, et al. (2011). The tragedy of the risk-perception commons: Culture conflict, rationality conflict, and climate change. Temple University Legal Studies Research Paper (2011-26).

Kahan, D. M., D. A. Hoffman, et al. (2012). They saw a protest: Cognitive illiberalism and the speech-conduct distinction. *Stanford Law Review* 64: 851.

Kahan, D. M., H. Jenkins-Smith, et al. (2011). Cultural cognition of scientific consensus. *Journal of Risk Research* 14(2): 147-174.

Kahan, D. M., E. Peters, et al. (2012). The polarizing impact of science literacy and numeracy on perceived climate change risks. *Nature Climate Change* 2(10): 732-735.

Kahane, G., and N. Shackel (2010). Methodological issues in the neuroscience of moral judgment. *Mind and Language* 25(5): 561-582.

Kahane, G., K. Wiech, et al. (2012). The neural basis of intuitive and counterintuitive moral judgment. *Social Cognitive and Affective Neuroscience* 7(4): 393-402.

Kahneman, D. (2003). A perspective on judgment and choice: Mapping bounded rationality. *American Psychologist* 58(9): 697-720.

Kahneman, D. (2011). *Thinking, fast and slow*. New York: Farrar, Straus & Giroux.

Kahneman, D., E. Diener, et al. (2003). *Well-being: The foundations of hedonic psychology*. New York: Russell Sage Foundation Publications.

Kahneman, D., D. Schkade, et al. (1998). Shared outrage and erratic rewards: The psychology of punitive damages. *Journal of Risk and Uncertainty* 16: 49-86.

Kahneman, D., and A. Tversky. (2000). *Choices, Values, and Frames.* New York: Cambridge University Press.

Kamm, F. M. (1998). *Morality, mortality, vol. I: Death and whom to save from it*. New York: Oxford University Press USA.

Kamm, F. M. (2000). The doctrine of triple effect and why a rational agent need not intend the means to his end. *Proceedings of the Aristotelian Society* 74(Suppl. S.): 21-39.

Kamm, F. M. (2001). *Morality, mortality, vol. II: Rights, duties, and status*. New York: Oxford University Press USA.

Kamm, F. M. (2006). *Intricate ethics: Rights, responsibilities, and permissible harm*. New York: Oxford University Press USA.

Kamm, F. M. (2009). Neuroscience and moral reasoning: a note on recent research. *Philosophy & Public Affairs* 37(4): 330-345.

Kant, I. (1785/2002). *Groundwork for the metaphysics of morals*. New Haven, CT: Yale University Press.

Kant, I. (1994). *The metaphysics of morals: Ethical philosophy*. Indianapolis: Hackett.

Keil, F. C. (2003). Folkscience: Coarse interpretations of a complex reality. *Trends in Cognitive Sciences* 7(8): 368-373.

Keltner, D. (2009). *Born to be good: The science of a meaningful life*. New York: WW Norton & Company.

Keltner, D., and J. Haidt (2003). Approaching awe, a moral, spiritual, and aesthetic emotion. *Cognition & Emotion* 17(2): 297-314.

Kim, S. (2011, December 12). "Occupy a desk" job fair coms to Zuccotti Park. ABC News. Retrieved Feburary 3, 2013, from http://abcnews.go.com/Business/york-anti-occupy-wall-street-campaign-hosts-job/story?id=15121278.

Kinsley, M. (2003, October 2). Just supposin': In defense of hypothetical questions. *Slate*. Retrieved from http://www.slate.com/articles/news_and_politics/readme/2003/10/just_supposin.html

Kinzler, K. D., E. Dupoux, et al. (2007). The native language of social cognition. *Proceedings of the National Academy of Sciences* 104(30): 12577-12580.

Kitcher, P. (1994). Four ways of "biologicizing" ethics. *Conceptual Issues in Evolutionary Biology* 439-450.

Koechlin, E., C. Ody, et al. (2003). The architecture of cognitive control in the human prefrontal cortex. *Science* 302(5648): 1181-1185.

Koenigs, M., M. Kruepke, et al. (2012). Utilitarian moral judgment in psychopathy. *Social Cognitive and Affective Neuroscience* 7(6): 708-714.

Koenigs, M., L. Young, et al. (2007). Damage to the prefrontal cortex increases utilitarian moral judgements. *Nature* 446(7138): 908-911.

Kogut, T., and I. Ritov (2005). The singularity effect of identified victims in separate and joint evaluations. *Organizational Behavior and Human Decision Processes* 97(2): 106-116.

Korsgaard, C. M. (1996). *Creating the kingdom of ends*. New York: Cambridge University Press.

Kosfeld, M., M. Heinrichs, et al. (2005). Oxytocin increases trust in humans. *Nature* 435(7042): 673-676.

Koven, N. S. (2011). Specificity of meta-emotion effects on moral decision-making. *Emotion* 11(5): 1255.

Krugman, P. (2009, July 28). Why Americans hate single-payer insurance. *New York Times*.

Krugman, P. (2011, November 24). We are the 99.9%. *New York Times*.

Kuhse. H, P. Singer (2006). *Bioethics. An Anthology*, 2nd edition. Oxford: Blackwell Publishing.

Kurzban, R., P. DeScioli, et al. (2007). Audience effects on moralistic punishment. *Evolution and Human Behavior* 28(2): 75-84.

Kurzban, R., J. Tooby, et al. (2001). Can race be erased? Coalitional computation and social categorization. *Proceedings of the National*

Academy of Sciences 98(26): 15387-15392.

Ladyna-Kots, N. (1935). Infant chimpanzee and human child. Museum Darwinianum, Moscow.

Lakoff, G., and M. Johnson (1980). *Metaphors we live by*. Chicago: University of Chicago Press.

Lakshminarayanan, V. R., and L. R. Santos (2008). Capuchin monkeys are sensitive to others' welfare. *Current Biology* 18(21): R999-R1000.

Layard, R. (2006). *Happiness: Lessons from a new science*. New York: Penguin Press.

Leitenberg, M. (2003). Deaths in wars and conflicts between 1945 and 2000. *Occasional Paper* (29).

Lerner, J. S., D. A. Small, et al. (2004). Heart strings and purse strings: Carryover effects of emotions on economic decisions. *Psychological Science* 15(5): 337-341.

Liberman, V., S. M. Samuels, et al. (2004). The name of the game: Predictive power of reputations versus situational labels in determining prisoner's dilemma game moves. *Personality and Social Psychology Bulletin* 30(9): 1175-1185.

Lieberman, M. D., R. Gaunt, et al. (2002). Reflection and reflexion: A social cognitive neuroscience approach to attributional inference. *Advances in Experimental Social Psychology* 34: 199-249.

Lind, M. (1999). Civil war by other means. *Foreign Affairs* 78: 123.

Lind, M. (2012, October 10). Slave states vs. free states, 2012. *Salon*. Retrieved February 3, 2013, from http://www.salon.com/2012/10/10/slave_states_vs_free_states_2012/.

List, J. A. (2007). On the interpretation of giving in dictator games. *Journal of Political Economy* 115(3): 482-493.

Loewenstein, G. (1996). Out of control: Visceral influences on behavior. *Organizational Behavior and Human Decision Processes* 65(3): 272-292.

Loewenstein, G., S. Issacharoff, et al. (1993). Self-serving assessments of fairness and pretrial bargaining. *The Journal of Legal Studies* 22(1): 135-159.

Lord, C. G., L. Ross, et al. (1979). Biased assimilation and attitude polarization: The effects of prior theories on subsequently considered evidence. *Journal of Personality and Social Psychology* 37(11): 2098.

MacDonald, A. W., J. D. Cohen, et al. (2000). Dissociating the role of the dorsolateral prefrontal and anterior cingulate cortex in cognitive control. *Science* 288(5472): 1835-1838.

MacIntyre, A. (1981). *After virtue*. Notre Dame, IN: University of Notre Dame Press.

Mackie, J. L. (1977). *Ethics: Inventing right and wrong*. Harmondsworth, UK, and New York: Penguin.

Macmillan, M. (2002). *An odd kind of fame: Stories of Phineas Gage*. Cambridge, MA: MIT Press.

Madison, L. (2012, October 23). Richard Mourdock: Even pregnancy from rape something "God intended." CBS News. Retrieved February 3, 2013, from http://www.cbsnews.com/8301-250_162-57538757/richard-mourdock-even-pregnancy-from-rape-something-god-intended/

Mahajan, N., M. A. Martinez, et al. (2011). The evolution of intergroup bias: Perceptions and attitudes in rhesus macaques. *Journal of Personality and Social Psychology* 100(3): 387.

Mahajan, N., and K. Wynn (2012). Origins of "Us" versus"Them": Prelinguistic infants prefer similar others. *Cognition* 124(2): 227-233.

Margulis, L. (1970). *Origin of eukaryotic cells: Evidence and research implications for a theory of the origin and evolution of microbial, plant, and animal cells on the Precambrian earth.* New Haven, CT: Yale University Press.

Mariner, J. (2001). No escape: Male rape in US prisons. Human Rights Watch.

Marlowe, F. W., J. C. Berbesque, et al. (2008). More "altruistic" punishment in larger societies. *Proceedings of the Royal Society B: Biological Sciences* 275(1634): 587-592.

Marsh, A. A., S. L. Crowe, et al. (2011). Serotonin transporter genotype (5-HTTLPR) predicts utilitarian moral judgments. *PLOS ON*E 6(10): e25148.

McClure, S. M., K. M. Ericson, et al. (2007). Time discounting for primary rewards. *Journal of Neuroscience* 27(21): 5796-5804.

McClure, S. M., D. I. Laibson, et al. (2004). Separate neural systems value immediate and delayed monetary rewards. *Science* 306(5695): 503-507.

McElreath, R., R. Boyd, et al. (2003). Shared norms and the evolution of ethnic markers. *Current Anthropology* 44(1): 122-130.

McGuire, J., R. Langdon, et al. (2009). A reanalysis of the personal/impersonal distinction in moral psychology research. *Journal of Experimental Social Psychology* 45(3): 577-580.

McMahan, J. (2009). *Killing in war.* New York: Oxford University Press.

Medak, P. (1986). Button, button, *The Twilight Zone*.

Mendez, M. F., E. Anderson, et al. (2005). An investigation of moral judgement in frontotemporal dementia. *Cognitive and Behavioral Neurology* 18(4): 193-197.

Mercier, H., and D. Sperber (2011). Why do humans reason? Arguments for an argumentative theory. *Behavioral and Brain Sciences* 34(2): 57.

Messick, D. M., and K. P. Sentis (1979). Fairness and preference. *Journal of Experimental Social Psychology* 15(4): 418-434.

Metcalfe, J., and W. Mischel (1999). A hot/cool-system analysis of delay of gratification: Dynamics of willpower. *Psychological Review*

106(1): 3-19.

Michor, F., Y. Iwasa, et al. (2004). Dynamics of cancer progression. *Nature Reviews Cancer* 4(3): 197-205.

Mikhail, J. (2000). Rawls' linguistic analogy: A study of the "Generative Grammar" model of moral theory described by John Rawls in *A Theory of Justice*. Cornell University, Dept. of Philosophy.

Mikhail, J. (2011). *Elements of moral cognition: Rawls' linguistic analogy and the cognitive science of moral and legal judgment*. New York: Cambridge University Press.

Milgram, S., L. Mann, et al. (1965). The lost letter technique: A tool for social research. *Public Opinion Quarterly* 29(3): 437-438.

Milinski, M., D. Semmann, et al. (2002). Reputation helps solve the "tragedy of the commons" *Nature* 415(6870): 424-426.

Mill, J. S. (1865). *On liberty*. London: Longman, Green, Longman, Roberts and Green.

Mill, J. S. (1895). The subjection of women. National American Woman Suffrage Association.

Mill, J. S. (1998). Utility of Religion. In *Three Essays on Religion*. Amherst, NY: Prometheus Books.

Mill, J. S., and J. Bentham (1987). *Utilitarianism and other essays*. Harmondsworth, UK: Penguin.

Millbank, D., and C. Deané (2003, September 6). Hussein link to 9/11 lingers in many minds. *Washington Post.* Retrieved October 29, 2011, from http://www.washingtonpost.com/ac2/wp-dyn/A32862-2003Sep5?language=printer.

Miller, E. K., and J. D. Cohen (2001). An integrative theory of prefrontal cortex function. *Annual Review of Neuroscience* 24(1): 167-202.

Miller, G. F., and P. M. Todd (1998). Mate choice turns cognitive. *Trends in Cognitive Sciences* 2(5): 190-198.

Mills, C. M., and F. C. Keil (2005). The development of cynicism. *Psychological Science* 16(5): 385-390.

Mitani, J. C., D. P. Watts, et al. (2010). Lethal intergroup aggression leads to territorial expansion in wild chimpanzees. *Current Biology* 20(12): R507-R508.

Mooney, C. (2012). *The Republican brain: The science of why they deny science—and reality*. Hoboken, NJ: Wiley.

Moore, A. B., B. A. Clark, et al. (2008). Who shalt not kill? Individual differences in working memory capacity, executive control, and moral judgment. *Psychological Science* 19(6): 549-557.

Moore, G. E. (1903/1993). *Principia ethica*. Cambridge, UK: Cambridge University Press.

Moretto, G., E. Ladavas, et al. (2010). A psychophysiological investigation of moral judgment after ventromedial prefrontal damage. *Journal of Cognitive Neuroscience* 22(8): 1888-1899.

Morrison, I., D. Lloyd, et al. (2004). Vicarious responses to pain in anterior cingulate cortex: Is empathy a multisensory issue? *Cognitive, Affective & Behavioral Neuroscience* 4(2): 270-278.

Musen, J. D. (2010). The moral psychology of obligations to help those in need. Undergraduate thesis, Department of Psychology, Harvard University.

Nagel, J., and M. R. Waldmann (2012). Deconfounding distance effects in judgments of moral obligation. *Journal of Experimental Psychology: Learning, Memory, and Cognition* 39(1).

Nagel, T. (1979). *The possibility of altruism*. Princeton, NJ: Princeton University Press.

Navarrete, C. D., M. M. McDonald, et al. (2012). Virtual morality: Emotion and action in a simulated three-dimensional "trolley problem." *Emotion* 12(2): 364.

New York Times (1976, February 15). "Welfare queen" becomes issue in Reagan campaign.

Nichols, S. (2002). How psychopaths threaten moral rationalism: Is it irrational to be amoral? *The Monist* 85(2): 285-303.

Nichols, S., and J. Knobe (2007). Moral responsibility and determinism: The cognitive science of folk intuitions. *Nous* 41: 663-685.

Nichols, S., and R. Mallon (2006). Moral dilemmas and moral rules. *Cognition* 100(3): 530-542.

Nietzsche, F. (1882/1974). *The Gay Science*. New York: Random House.

Nisbett, R. E., and D. Cohen (1996). *Culture of honor: The psychology of violence in the South*. Boulder, CO: Westview Press.

Nisbett, R. E., K. Peng, et al. (2001). Culture and systems of thought: Holistic versus analytic cognition. *Psychological Review* 108(2): 291.

Nisbett, R. E., and T. D. Wilson (1977). Telling more than we can know: Verbal reports on mental processes. *Psychological Review* 84(3): 231.

Norenzayan, A., and A. F. Shariff (2008). The origin and evolution of religious prosociality. *Science* 322(5898): 58-62.

Norton, M. I., and D. Ariely (2011). Building a better America—one wealth quintile at a time. *Perspectives on Psychological Science* 6(1): 9-12.

Nowak, M., and K. Sigmund (1993). A strategy of win-stay, lose-shift that outperforms tit-for-tat in the Prisoner's Dilemma game. *Nature* 364(6432): 56-58.

Nowak, M. A. (2006). Five rules for the evolution of cooperation. *Science* 314(5805): 1560-1563.

Nowak, M. A., and K. Sigmund (1992). Tit for tat in heterogeneous populations. *Nature* 355(6357): 250-253.

Nowak, M. A., and K. Sigmund (1998). Evolution of indirect reciprocity by image scoring. *Nature* 393(6685): 573-577.

Nowak, M. A., and K. Sigmund (2005). Evolution of indirect reciprocity. *Nature* 437(7063): 1291-1298.

Nowak, M. A., C. E. Tarnita, et al. (2010). The evolution of eusociality. *Nature* 466(7310): 1057-1062.

Nozick, R. (1974). *Anarchy, state, and utopia*. New York: Basic Books.

O'Neill, P., and L. Petrinovich (1998). A preliminary cross-cultural study of moral intuitions. *Evolution and Human Behavior* 19(6): 349-367.

Obama, B. (2006). Speech at the Call to Renewal's Building a Covenant for a New America conference. Retrieved February 3, 2013, from http://www.nytimes.com/2006/06/28/us/politics/2006obamaspeech.html?pagewanted=all

Ochsner, K. N., S. A. Bunge, et al. (2002). Rethinking feelings: An fMRI study of the cognitive regulation of emotion. *Journal of Cognitive Neuroscience* 14(8): 1215-1229.

Olsson, A., and E. A. Phelps (2004). Learned fear of "unseen" faces after Pavlovian, observational, and instructed fear. *Psychological Science* 15(12): 822-828.

Olsson, A., and E. A. Phelps (2007). Social learning of fear. *Nature neuroscience* 10(9): 1095-1102.

Onishi, K. H., and R. Baillargeon (2005). Do 15-month-old infants understand false beliefs? *Science* 308(5719): 255-258.

Packer, C. (1977). Reciprocal altruism in Papio anubis. *Nature* 265: 441-443.

Padoa-Schioppa, C. (2011). Neurobiology of economic choice: A good-based model. *Annual Review of Neuroscience* 34: 333.

Paharia, N., K. S. Kassam, J. D. Greene, M. H. Bazerman (2009). Dirty work, clean hands: The moral psychology of indirect agency. *Organizational Behavior and Human Decision Processes* 109: 134-141.

Parfit, D. (1984). *Reasons and persons*. Oxford, UK: Clarendon Press.

Paxton, J. M., T. Bruni, and J. D. Greene (under review). Are "counter-intuitive" deontological judgments really counter-intuitive? An empirical reply to Kahane et al. (2012).

Paxton, J. M., and J. D. Greene (2010). Moral reasoning: Hints and allegations. *Topics in Cognitive Science* 2(3): 511-527.

Paxton, J. M., L. Ungar, and J. D. Greene (2011). Reflection and reasoning in moral judgment. *Cognitive Science* 36(1) 163-177.

Pedersen, C. A., J. A. Ascher, et al. (1982). Oxytocin induces maternal behavior in virgin female rats. *Science* 216: 648-650.

Perkins, A. M., A. M. Leonard, et al. (2012). A dose of ruthlessness: Interpersonal moral judgment is hardened by the anti-anxiety drug lorazepam. *Journal of Experimental Psychology* 999. doi:10.1037/a0030256.

Petrinovich, L., P. O'Neill, et al. (1993). An empirical study of moral intuitions: Toward an evolutionary ethics. *Journal of Personality and Social Psychology* 64(3): 467.

Pinillos, N. A., N. Smith, et al. (2011). Philosophy's new challenge: Experiments and intentional action. *Mind & Language* 26(1): 115-139.

Pinker, S. (1997). *How the mind works*. New York: WW Norton & Company.

Pinker, S. (2002). *The blank slate: The modern denial of human nature*. New York: Viking.

Pinker, S. (2007). *The stuff of thought: Language as a window into human nature.* New York: Viking.

Pinker, S. (2008). Crazy love. *Time* 171(4): 82.

Pinker, S. (2011). *The better angels of our nature: Why violence has declined*. New York: Viking

Pizarro, D. A., and P. Bloom (2003). The intelligence of the moral intuitions: Comment on Haidt (2001). *Psychological Review* 110(1): 193-196; discussion, 197-198.

Plato (1987). *The Republic*. London: Penguin Classics.

Plutchik, R. (1980). *Emotion, a psychoevolutionary synthesis*. New York: Harper & Row.

Politisite (September 13, 2011). CNN Tea Party debate transcript part 3. Retrieved February 3, 2012, from http://www.politisite.com/2011/09/13/cnn-tea-party-debate-transcript-part-3-cnnteaparty/#.USAY2-jbb_I.

Posner, M. I., and C. R. R. Snyder (1975). *Attention and cognitive control: Information processing and cognition*, ed. R. L. Solso, pp. 55-85. Hillsdale, NJ: Erlbaum.

Poundstone, W. (1992). *Prisoner's Dilemma: John von Neumann, game theory, and the puzzle of the bomb*. New York: Doubleday.

Powell, J. (2012, November 15). Why climate deniers have no scientific credibility—in one pie chart. *DeSmogBlog*. Retrieved February 3, 2013, from http://www.desmogblog.com/2012/11/15/why-climate-deniers-have-no-credibility-science-one-pie-chart.

Premack, D., and A. J. Premack (1994). Levels of causal understanding in chimpanzees and children. *Cognition* 50(1): 347-362.

Putnam, R. D. (2001). *Bowling alone: The collapse and revival of American community*. New York: Simon & Schuster.

Putnam, R. D., D. E. Campbell (2010). *American grace: How religion divides and unites us*. New York: Simon & Schuster.

Quine, W. V. (1951). Main trends in recent philosophy: Two dogmas of empiricism. *The Philosophical Review* (60) 20-43.

Rand, D. G., S. Arbesman, et al. (2011). Dynamic social networks promote cooperation in experiments with humans. *Proceedings of the National Academy of Sciences* 108(48): 19193-19198.

Rand, D. G., A. Dreber, et al. (2009). Positive interactions promote public cooperation. *Science* 325(5945): 1272-1275.

Rand, D. G., J. D. Greene, et al. (2012). Spontaneous giving and calculated greed. *Nature* 489(7416): 427-430.

Rand, D. G., H. Ohtsuki, et al. (2009). Direct reciprocity with costly punishment: Generous tit-for-tat prevails. *Journal of Theoretical Biology* 256(1): 45.

Rangel, A., C. Camerer, et al. (2008). A framework for studying the neurobiology of value-based decision making. *Nature Reviews Neuroscience* 9(7): 545-556.

Ransohoff, K. (2011). Patients on the trolley track: The moral cognition of medical practitioners and public health professionals. Undergraduate thesis, Department of Psychology, Harvard University.

Rathmann, P. (1994). *Goodnight Gorilla*. New York: Putnam.

Rawls, J. (1971). *A theory of justice*. Cambridge, MA: Harvard University Press.

Rawls, J. (1999). *A Theory of Justice*, rev. ed. Cambridge, MA: Harvard University Press.

Reuters (2008, September 10). No consensus on who was behind Sept 11: Global poll. Retrieved October 29, 2011, from http://www.reuters.com/article/2008/09/10/us-sept11-qaeda-poll-idUSN1035876620080910.

Richeson, J. A., and J. N. Shelton (2003). When prejudice does not pay effects of interracial contact on executive function. *Psychological Science* 14(3): 287-290.

Rodrigues, S. M., L. R. Saslow, et al. (2009). Oxytocin receptor genetic variation relates to empathy and stress reactivity in humans. *Proceedings of the National Academy of Sciences* 106(50): 21437-21441.

Roes, F. L., and M. Raymond (2003). Belief in moralizing gods. *Evolution and Human Behavior* 24(2): 126-135.

Royzman, E. B., and J. Baron (2002). The preference for indirect harm. *Social Justice Research* 15(2): 165-184.

Rozenblit, L., and F. Keil (2002). The misunderstood limits of folk science: An illusion of explanatory depth. *Cognitive Science* 26(5): 521-562.

Rozin, P., L. Lowery, et al. (1999). The CAD triad hypothesis: A mapping between three moral emotions (contempt, anger, disgust) and three moral codes (community, autonomy, divinity). *Journal of Personality and Social Psychology* 76(4): 574.

Ruse, M. (1999). *The Darwinian revolution: Science red in tooth and claw*. Chicago: University of Chicago Press.

Ruse, M., and E. O. Wilson (1986). Moral philosophy as applied science. *Philosophy* 61(236): 173-192.

The Rush Limbaugh Show (2011, September 22). Retrieved February 3, 2013, from http://www.rushlimbaugh.com/daily/2011/09/22/quotes the big voice on the right.

Russell, S. J., and P. Norvig (2010). *Artificial intelligence: A modern approach*. Upper Saddle River, NJ: Prentice Hall.

Sachs, J. (2006). *The end of poverty: Economic possibilities for our time*. New York: Penguin Group USA.

Sarlo, M., L. Lotto, et al. (2012). Temporal dynamics of cognitive-emotional interplay in moral decision-making. *Journal of Cognitive Neuroscience* 24(4): 1018-1029.

Saver, J. L., and A. R. Damasio (1991). Preserved access and processing of social knowledge in a patient with acquired sociopathy due to ventromedial frontal damage. *Neuropsychologia* 29(12): 1241-1249.

Schachter, S., and J. Singer (1962). Cognitive, social, and physiological determinants of emotional state. *Psychological Review* 69(5): 379.

Schaich Borg, J., C. Hynes, et al. (2006). Consequences, action, and intention as factors in moral judgments: An fMRI investigation. *Journal of Cognitive Neuroscience* 18(5): 803-817.

Schelling, T. C. (1968). The life you save may be your own. In S. B. Chase, ed., *Problems in public expenditure analysis.* Washington, DC: Brookings Institute.

Schlesinger Jr, A. (1971). The necessary amorality of foreign affairs. *Harper's Magazine* 72: 72-77.

Seligman, M. (2002). *Authentic happiness: Using the new positive psychology to realize your potential for lasting fulfillment.* New York: Free Press.

Semin, G. R., and A. M*anstead (1982). The social implications of embarrassment displays and restitution behaviour.* European Journal of Social Psychology 12(4): 367-377.

Seyfarth, R. M., and D. L. Cheney (1984). Grooming, alliances and reciprocal altruism in vervet monkeys. *Nature* 308(5959): 3.

Seyfarth, R. M., and D. L. Cheney (2012). The evolutionary origins of friendship. *Annual Review of Psychology* 63: 153-177.

Shenhav, A., and J. D. Greene (2010). Moral judgments recruit domain-general valuation mechanisms to integrate representations of probability and magnitude. *Neuron* 67(4): 667-677.

Shenhav, A., and J. D. Greene (in prep.). Utilitarian calculations, emotional assessments, and integrative moral judgments: Dissociating neural systems underlying moral judgment.

Shenhav, A., D. G. Rand, et al. (2012). Divine intuition: Cognitive style influences belief in God. *Journal of Experimental Psychology: General* 141(3): 423.

Shergill, S. S., P. M. Bays, et al. (2003). Two eyes for an eye: the neuroscience of force escalation. *Science* 301(5630): 187.

Shiffrin, R. M., and W. Schneider (1977). Controlled and automatic information processing: II. Perceptual learning, automatic attending, and a general theory. *Psychological Review* 84: 127-190.

Shiv, B., and A. Fedorikhin (1999). Heart and mind in conflict: The interplay of affect and cognition in consumer decision making. *Journal of Consumer Research* 26(3): 278-292.

Sidanius, J., F. Paratto (2001). *Social Dominance*. New York: Cambridge University Press.

Sidgwick, H. (1907). *The methods of ethics*. Indianapolis, IN: Hackett Publishing Company Incorporated.

Singer, P. (1972). Famine, affluence and morality. *Philosophy and Public Affairs* 1: 229-243.

Singer, P. (1979). *Practical ethics*. Cambridge, UK: Cambridge University Press.

Singer, P. (1981). *The expanding circle: Ethics and sociobiology*. New York: Farrar Straus & Giroux.

Singer, P. (1994). *Rethinking life and death*. New York: St. Martin's Press.

Singer, P. (2004). *One world: The ethics of globalization*. New Haven, CT: Yale University Press.
Singer, P. (2005). Ethics and intuitions. *The Journal of Ethics* 9(3): 331-352.
Singer, P. (2009). *The life you can save: Acting now to end world poverty*. New York: Random House.
Singer, P., and H. Kuhse (1999). *Bioethics: An Anthology*. Malden, MA: Blackwell Publishers.
Singer, T., B. Seymour, et al. (2004). Empathy for pain involves the affective but not sensory components of pain. *Science* 303(5661): 1157-1162.
Singer, T., R. Snozzi, et al. (2008). Effects of oxytocin and prosocial behavior on brain responses to direct and vicariously experienced pain. *Emotion* 8(6): 781.
Sinnott-Armstrong, W. (2006). Moral intuitionism meets empirical psychology. In T. Horgan and M. Timmons, eds., *Metaethics after Moore*, pp. 339-365. New York: Oxford University Press.
Sinnott-Armstrong, W. (2008). Abstract + concrete = paradox. In J. Knobe and S. Nichols, eds., *Experimental philosophy*, pp. 209-230. New York: Oxford University Press.
Sinnott-Armstrong, W. (2009). *Morality without God?* New York: Oxford University Press.
Sloane, S., R. Baillargeon, et al. (2012). Do infants have a sense of fairness? *Psychological Science* 23(2): 196-204.
Sloman, S. (1996). The empirical case for two systems of reasoning. *Psychological Bulletin* 119(1): 3-22.
Sloman, S., Fernbach, P. M. (2012). I'm right! (For some reason). *New York Times*. Retrieved November 8, 2012, from http://www.nytimes.com/2012/10/21/opinion/sunday/why-partisans-cant-explain-their-views.html?_r=0.
Slovic, P. (2007). If I look at the mass I will never act: Psychic numbing and genocide. *Judgment and Decision Making* 2: 79-95.
Small, D. A., and G. Loewenstein (2003). Helping a victim or helping the victim: Altruism and identifiability. *Journal of Risk and Uncertainty* 26(1): 5-16.
Small, D. M., and G. Loewenstein (2005). The devil you know: The effects of identifiability on punitiveness. *Journal of Behavioral Decision Making* 18(5): 311-318.
Smart, J. J. C., and B. Williams (1973). *Utilitarianism: For and against.* Cambridge, UK: Cambridge University Press.
Smith, A. (1759/1976). *The Theory of Moral Sentiments*. Indianapolis: Liberty Classics.
Smith, J. M. (1964). Group selection and kin selection. *Nature* 201: 1145-1147.
Smith, M. (1994). *The moral problem*. Oxford, UK, and Cambridge, MA: Blackwell.
Snopes. com (2012, November 7). Letter to Dr. Laura. Retrieved February 3, 2013, from http://www.snopes.com/politics/religion/drlaura.asp.

Sober, E., and D. S. Wilson (1999). *Unto others: The evolution and psychology of unselfish behavior*. Cambridge, MA: Harvard University Press.

Stanovich, K. E., and R. F. West (2000). Individual differences in reasoning: Implications for the rationality debate? *Behavioral and Brain Sciences* 23(5): 645-665.

Stephens-Davidowitz, S. (2012). The effects of racial animus on a black presidential candidate: Using google search data to find what surveys miss. Available at http://www.people.fas.harvard.edu/~sstephen/papers/RacialAnimusAndVotingSethStephensDavidowitz.pdf.

Stevenson, B., and J. Wolfers (2008). Economic growth and subjective well-being: Reassessing the Easterlin paradox. National Bureau of Economic Research.

Stevenson, R. L. (1891/2009). *In the South Seas*. Rockville, MD: Arc Manor.

Stich, S. (2006). Is morality an elegant machine or a kludge. *Journal of Cognition and Culture* 6(1-2): 181-189.

Stoll, B. J., N. I. Hansen, et al. (2010). Neonatal outcomes of extremely preterm infants from the NICHD Neonatal Research Network. *Pediatrics* 126(3): 443-456.

Strohminger, N., R. L. Lewis, et al. (2011). Divergent effects of different positive emotions on moral judgment. *Cognition* 119(2): 295-300.

Stroop, J. R. (1935). Studies of interference in serial verbal reactions. *Journal of Experimental Psychology: General* 121(1): 15.

Stuss, D. T., M. P. Alexander, et al. (1978). An extraordinary form of confabulation. *Neurology* 28(11): 1166-1172.

Sunstein, C. R. (2005). Moral heuristics. *Behavioral and Brain Sciences* 28(4): 531-542; discussion, 542-573.

Susskind, J. M., D. H. Lee, et al. (2008). Expressing fear enhances sensory acquisition. *Nature Neuroscience* 11(7): 843-850.

Suter, R. S., and R. Hertwig (2011). Time and moral judgment. *Cognition* 119(3): 454-458.

Swami, P. (2009, June 15). GOP hits Obama for silence on Iran protests. CBS News.

Tajfel, H. (1970). Experiments in intergroup discrimination. *Scientific American* 223(5): 96-102.

Tajfel, H. (1982). Social psychology of intergroup relations. *Annual Review of Psychology* 33(1): 1-39.

Tajfel, H., and J. C. Turner (1979). An integrative theory of intergroup conflict. *The Social Psychology of Intergroup Relations* 33: 47.

Talmy, L. (1988). Force dynamics in language and cognition. *Cognitive Science* 12(1): 49-100.

Tennyson, A., and M. A. Edey (1938). *The poems and plays of Alfred Lord Tennyson*. New York: Modern Library.

Tesser, A., L. Martin, et al (1995). The impact of thought on attitude extremity and attitude-behavior consistency. In *Attitude strength: Antecedents and consequences,* ed. R. E. Petty and J. A. Krosnick, 73-92. Mahwah, NJ: Lawrence Erlbaum.

Thomas, B. C., K. E. Croft, et al. (2011). Harming kin to save strangers: Further evidence for abnormally utilitarian moral judgments after ventromedial prefrontal damage. *Journal of Cognitive Neuroscience* 23(9): 2186-2196.

Thompson, L., and G. Loewenstein (1992). Egocentric interpretations of fairness and interpersonal conflict. *Organizational Behavior and Human Decision Processes* 51(2): 176-197.

Thomson, J. (1985). The trolley problem. *Yale Law Journal* 94(6): 1395-1415.

Thomson, J. (2008). Turning the trolley. *Philosophy and Public Affairs* 36(4): 359-374.

Thomson, J. J. (1976). Killing, letting die, and the trolley problem. *The Monist* 59(2): 204-217.

Thomson, J. J. (1990). *The realm of rights.* Cambridge, MA: Harvard University Press.

Tienabeso, S. (2012, January 25). Warren Buffett and his secretary talk taxes. ABC News.

Tonry, M. (2004). *Thinking about crime: Sense and sensibility in American penal culture.* New York: Oxford University Press.

Tooley, M. (2008). The problem of evil. *Stanford Encyclopedia of Philosophy.*

Tremoliere, B., W. D. Neys, et al. (2012). Mortality salience and morality: Thinking about death makes people less utilitarian. *Cognition.*

Trivers, R. (1971). The evolution of reciprocal altruism. *Quarterly Review of Biology* 46: 35-57.

Trivers, R. (1972). Parental investment and sexual selection. In B. Campbell, ed., *Sexual selection and the descent of man*, 1871-1971, pp. 136-179. Chicago: Aldine.

Trivers, R. (1985). *Social evolution.* Menlo Park, CA: Benjamin/Cummins Publishing Co.

Unger, P. K. (1996). *Living high and letting die: Our illusion of innocence.* New York: Oxford University Press.

Union of Concerned Scientists (2008). Each country's share of CO2 emissions. Retrieved November 7, 2011, from http://www.ucsusa.org/globalwarming/scienceandimpacts/science/each-countrys-share-of-co2.html.

United Nations (2011). Human development report 2011. Retrieved February 3, 2013, from http://hdr.undp.org/en/media/HDR2011ENComplete.pdf.

United Nations Office of Drugs and Crime (2011). Global study on homicide. Retrieved February 3, 2013, from http://www.unodc.org/documents/data-and-analysis/statistics/Homicide/Globastudyonhomicide2011web.pdf.

US Energy Information Administration (2009). Emissions of greenhouse gases in the United States in 2008. USDOE Office of Integrated Analysis and Forecasting.

US General Accounting Office (1990). Death penalty sentencing: Research indicates pattern of racial disparities.

US House of Representatives (2008). Final vote results for roll call 681. Retrieved February 3, 2013, from http://clerk.house.gov/evs/2008/roll681.xml.

US Senate (2008). US Senate roll call votes 110th Congress, 2nd session, on passage of the bill (HR 1424 as amended). Retrieved February 3, 2013, from http://www.senate.gov/legislative/LIS/rollcalllists/rollcallvotecfm.cfm?congress=110&session=2&vote=00213.

Valdesolo, P., and D. DeSteno (2006). Manipulations of emotional context shape moral judgment. *Psychological Science* 17(6): 476-477.

Valdesolo, P., and D. DeSteno (2007). Moral hypocrisy: Social groups and the flexibility of virtue. *Psychological Science* 18(8): 689-690.

Valdesolo, P., and D. DeSteno (in press). Moral hypocrisy: The flexibility of virtue. *Psychological Science.*

Vallone, R. P., L. Ross, et al. (1985). The hostile media phenomenon: Biased perception and perceptions of media bias in coverage of the Beirut massacre. *Journal of Personality and Social Psychology* 49(3): 577.

van Yperen, N. W., K. van den Bos, et al. (2005). Performance-based pay is fair, particularly when I perform better: Differential fairness perceptions of allocators and recipients. *European Journal of Social Psychology* 35(6): 741-754.

Variety (1989). TV Reviews—Network: Everybody's baby. 3335(7): May 31.

Von Neumann, J., and O. Morgenstern (1944). *Theory of games and economic behavior*. Princeton, NJ: Princeton University Press.

Wade-Benzoni, K. A., A. E. Tenbrunsel, and M. H. Bazerman (1996). Egocentric interpretations of fairness in asymmetric, environmental social dilemmas: Explaining harvesting behavior and the role of communication. *Organizational Behavior and Human Decision Processes* 67(2): 111-126.

Waldmann, M. R., and J. H. Dieterich (2007). Throwing a bomb on a person versus throwing a person on a bomb: Intervention myopia in moral intuitions. *Psychological Science* 18(3): 247-253.

Walster, E., E. Berscheid, et al. (1973). New directions in equity research. *Journal of Personality and Social Psychology* 25(2): 151.

Warneken, F., B. Hare, et al. (2007). Spontaneous altruism by chimpanzees and young children. *PLOS Biology* 5(7): e184.

Warneken, F., and M. Tomasello (2006). Altruistic helping in human infants and young chimpanzees. *Science* 311(5765): 1301-1303.

Warneken, F., and M. Tomasello (2009). Varieties of altruism in children and chimpanzees. *Trends in Cognitive Sciences* 13(9): 397.

Wert, S. R., and P. Salovey (2004). Introduction to the special issue on gossip. *Review of General Psychology* 8(2): 76.

West, T. G., and G. S. West (1984). *Four texts on Socrates*. Ithaca, NY: Cornell University Press.

Whalen, P. J., J. Kagan, et al. (2004). Human amygdala responsivity to masked fearful eye whites. *Science* 306(5704): 2061-2061.

Wiggins, D. (1987). *Needs, values, and truth: Essays in the philosophy of value*. Oxford, UK: Blackwell.

Wike, R. (2009, September 21). Obama addresses more popular U. N. Pew Research Global Attitudes Project.

Wilson, D. S. (2003). *Darwin's cathedral: Evolution, religion, and the nature of society*. Chicago: University of Chicago Press.

Wilson, T. D. (2002). *Strangers to ourselves: Discovering the adaptive unconscious*. Cambridge, MA: Harvard University Press.

Winkelmann, L., and R. Winkelmann (2003). Why are the unemployed so unhappy? Evidence from panel data. *Economica* 65(257): 1-15.

Winner, C. (2004). *Everything bug: What kids really want to know about insects and spiders*. Minocqua, WI: Northword Press.

Wittgenstein, L. (1922/1995). *The Tractatus Locigo-Philosophicus*, trans. C. K. Ogden. London: Routledge and Kegan Paul.

Wolff, P. (2007). Representing causation. *Journal of Experimental Psychology*: General 136(1): 82.

Woodward, A. L., and J. A. Sommerville (2000). Twelve-month-old infants interpret action in context. *Psychological Science* 11(1): 73-77.

Woodward, J., and J. Allman (2007). Moral intuition: Its neural substrates and normative significance. *Journal of Physiology-Paris* 101: 179-202.

World Bank (2012, February 29). World Bank sees progress against extreme poverty, but flags vulnerabilities. Retrieved February 3, 2013, from http://www.worldbank.org/en/news/press-release/2012/02/29/world-bank-sees-progress-against-extreme-poverty-but-flags-vulnerabilities.

Wright, R. (1994). *The moral animal: Why we are, the way we are: The new science of evolutionary psychology*. New York: Vintage.

Wright, R. (2000). *NonZero: The logic of human destiny*. New York: Pantheon.

圖版出處
Image Credits

2.1 Magic Corner: Courtesy of author.

2.5 Decision Time: Courtesy of the author.

3.1 Cities in Public Goods Game: Image courtesy of the author, with data from: Herrmann, B., C. Thöni, and S. Gachter (2008). Antisocial punishment across societies. *Science* 319(5868): 1362–1367.

3.4 Force Applied: From Shergill, S. S., P. M. Bays, C. D. Firth, and D. M. Wolport (2003). Two eyes for an eye: the neuroscience of force escalation. *Science* 301(5630): 187–187; reprinted with permission from AAAS.

4.1 Footnridge: Courtesy of author.

4.2 Switch: Courtesy of author.

4.3 Dual-process morality emotions: This work uses emoticons licensed under the Creative commons Attribution 3.0 Unported License. To view a copy of this license, visit http://creativecommons.org/licenses/by/3.0/or send a letter to Creative Commons, 444 Castro Street, Suite 900. Mountain View. California. 94041, USA.

5.1 Three brains: *Top row*: From McClure, S. M., D. I. Laibson, G. Loewenstein, and J. D. Chohen (2004). Separate neutral Systems valued immediate and delayed monetary rewards. *Science* 306(5695): 503–507. Reprinted with permission from AAAS. Adapted with permission of authors *Middle row*: From Ochsner, K. N., S. A Bunge, J. J. Gross, and J. D. E. Gabrieli (2002). Rethinking feeling: An f MRI study of the cognitive regulation of emotion. *Journal of Congnitive Neuroscience* 14(8): 1215–1229; © 2002 by the Massachusetts Institute of Technology. *Bottom row*: From Cunningham, W. A., M. K. Johnson, C. L. Raye, J. C. Gathenby, J. C. Gore, and M. R. Banaji

(2004). *Psychological Science* 15(12): 806–813; © 2004 by Cunningham, Johnson, Raye, Gatenby, Gore, & Banaji. Reprinted by Permission of SAGE Publications.

5.2 Fearful Eyes: From Whalem, P. J., J. Kagan, R. G. Cook, et al. (2204). Human amygdala reponsivity to masked fearful eye white. Science 306(5704): 2061–2061; Reprinted with permission from AAAS.

9.1 Remote footbridge: Courtesy of author.

9.2 Footbridge switch: Courtesy of author.

9.3 Footbridge pole: Courtesy of author.

9.4 Obstacle collide: Courtesy of author.

9.5 Loop case: courtesy of author.

9.6 Collision alarm: courtesy of author.

9.7 Action plans: Courtesy of author.

9.8 Casual chain footbridge: Courtesy of author.

9.9 Causal chain loop: Courtesy of author.

9.10 Diagram loop: Courtesy of author.

9.11 Spatial loop: Courtesy of author.

9.12 Diagram dual-process emoticons: This work uses emoticons licensed under the Creative Commons Attribution 3.0 Unported License. To view a copy of this license, visit http://creativecommons.org/licenses/by/3.0/ or send a letter to Creative Commons, 444 Castro Street, Suite 900, Mountain View, California, 94041, USA.

Discourse 63

道德部落

道德爭議無處不在，該如何建立對話、凝聚共識？

原 著 書 名／Moral Tribes
作　　　者／約書亞・格林（Joshua D. Greene）
譯　　　者／高忠義
責 任 編 輯／謝汝萱、李尚遠
版　　　權／林易萱
行 銷 業 務／周佑潔、周丹蘋、賴正祐
總　編　輯／楊如玉
總　經　理／彭之琬
發　行　人／何飛鵬
法 律 顧 問／元禾法律事務所　王子文律師
出　　　版／商周出版
城邦文化事業股份有限公司
台北市中山區民生東路二段141號9樓
電話：(02) 2500-7008　傳真：(02) 2500-7759
Email：bwp.service@cite.com.tw
發　　　行／英屬蓋曼群島商家庭傳媒股份有限公司城邦分公司
台北市中山區民生東路二段141號2樓
書虫客服服務專線：02-25007718・02-25007719
服務時間：週一至週五09:30-12:00・13:30-17:00
24小時傳真服務：02-25001990・02-25001991
郵撥帳號：19863813　戶名：書虫股份有限公司
讀者服務信箱：service@readingclub.com.tw
城邦讀書花園　網址：www.cite.com.tw
香港發行所／城邦（香港）出版集團有限公司
香港灣仔駱克道193號東超商業中心1樓
Email：hkcite@biznetvigator.com
電話：(852) 25086231　傳真：(852) 25789337
馬新發行所／城邦（馬新）出版集團【Cité (M) Sdn. Bhd.】
41, Jalan Radin Anum, Bandar Baru Sri Petaling, 57000 Kuala Lumpur, Malaysia
電話：(603) 90578822　傳真：(603) 90576622　Email: cite@cite.com.my

國家圖書館出版品預行編目資料

道德部落：道德爭議無處不在，該如何建立對話、凝聚共識？／約書亞.格林(Joshua D. Greene)著；高忠義譯. -- 二版. -- 臺北市：商周出版，城邦文化事業股份有限公司出版：英屬蓋曼群島商家庭傳媒股份有限公司城邦分公司發行，民111.03. -- 面；　公分. -- (Discourse；63)
譯自：Moral tribes : emotion, reason, and the gap between us and them.
ISBN 978-626-318-193-9(平裝)
1.CST：倫理學
190　　　111002388

封 面 設 計／李東記
排　　　版／張紓嘉
印　　　刷／高典印刷有限公司
總　經　銷／高見文化行銷股份有限公司　電話：(02) 2668-9005
傳真：(02) 2668-9790　客服專線：0800-055-365

2015年（民104年）7月2日初版
2022年（民111年）3月3日二版

Printed in Taiwan.

商周出版

廣　告　回　函
北區郵政管理登記證
台北廣字第000791號
郵資已付，免貼郵票

104台北市民生東路二段141號2樓
英屬蓋曼群島商家庭傳媒股份有限公司　城邦分公司

請沿虛線對摺，謝謝！

商周出版

書號：BK7063X	書名：道德部落	編碼：

請於此處用膠水黏貼

商周出版

讀者回函卡

感謝您購買我們出版的書籍！請費心填寫此回函卡，我們將不定期寄上城邦集團最新的出版訊息。

不定期好禮相贈！
立即加入：商周出版
Facebook 粉絲團

姓名：________________________________ 性別：□男 □女

生日：西元__________年__________月__________日

地址：________________________________

聯絡電話：________________ 傳真：________________

E-mail ：

學歷：□ 1. 小學 □ 2. 國中 □ 3. 高中 □ 4. 大學 □ 5. 研究所以上

職業：□ 1. 學生 □ 2. 軍公教 □ 3. 服務 □ 4. 金融 □ 5. 製造 □ 6. 資訊
□ 7. 傳播 □ 8. 自由業 □ 9. 農漁牧 □ 10. 家管 □ 11. 退休
□ 12. 其他________________

您從何種方式得知本書消息？

□ 1. 書店 □ 2. 網路 □ 3. 報紙 □ 4. 雜誌 □ 5. 廣播 □ 6. 電視
□ 7. 親友推薦 □ 8. 其他________________

您通常以何種方式購書？

□ 1. 書店 □ 2. 網路 □ 3. 傳真訂購 □ 4. 郵局劃撥 □ 5. 其他________

您喜歡閱讀那些類別的書籍？

□ 1. 財經商業 □ 2. 自然科學 □ 3. 歷史 □ 4. 法律 □ 5. 文學
□ 6. 休閒旅遊 □ 7. 小說 □ 8. 人物傳記 □ 9. 生活、勵志 □ 10. 其他

對我們的建議：________________________________

____

____

請於此處用膠水黏貼